Entdecken und Verstehen 5/6

Geschichtsbuch für Grundschulen in Berlin und Brandenburg

Herausgegeben von
Dr. Thomas Berger,
Prof. Dr. Hans-Gert Oomen

Von der Urgeschichte bis zum Beginn des Mittelalters

Herausgegeben von
Prof. Dr. Hans-Gert Oomen

Bearbeitet von
Dr. Thomas Berger,
Armin Fingerhut,
Hans-Jürgen Kaiser,
Christel Kneppenberg,
Karl-Heinz Müller,
Prof. Dr. Hans-Gert Oomen,
Dr. Dieter Potente,
Rocco Schwarz
Fritz Sperth
und
Hans-Otto Regenhardt

Cornelsen
VOLK UND WISSEN

Redaktion: Elke Fleing, Helena Wittkowski
Gestaltung: Simone Siegel
Technische Umsetzung: sign, Berlin
Umschlaggestaltung: Katrin Nehm

www.cornelsen.de
www.vwv.de

Die Links zu externen Webseiten Dritter, die in diesem Lehrwerk angegeben sind, wurden vor Drucklegung sorgfältig auf ihre Aktualität geprüft. Der Verlag übernimmt keine Gewähr für die Aktualität und den Inhalt dieser Seiten oder solcher, die mit ihnen verlinkt sind.

1. Auflage, 5. Druck 2011 / 06

Alle Drucke dieser Auflage sind inhaltlich unverändert und können im Unterricht nebeneinander verwendet werden.

Druck: CS-Druck CornelsenStürtz, Berlin

ISBN 978-3-464-64185-9

Inhalt gedruckt auf säurefreiem Papier aus nachhaltiger Forstwirtschaft.

Liebe Schülerinnen und Schüler!

Mit dem Beginn der fünften Klasse habt ihr nun auch Geschichte als neues Fach. Doch sicher habt ihr euch schon vorher in der Schule mit Geschichte beschäftigt: Ihr kennt die Geschichte eures Bezirkes, Gebäude, Traditionen und Persönlichkeiten, die für die Geschichte Berlins und Brandenburgs von Bedeutung sind. In diesem Band geht es nun um die früheste und frühe Geschichte der Menschen:

- das Leben in der Ur- und Altsteinzeitzeit (Kapitel 2);
- die Jungsteinzeit und die Metallzeit (Kapitel 3);
- Mythen aus Rom und Griechenland (Kapitel 4);
- das Alte Ägypten (Kapitel 5);
- das Alte Griechenland und das Römische Reich (Kapitel 6 und 7);
- das Erbe der Antike (Kapitel 8);
- die Zeit zwischen Antike und Mittelalter (Kapitel 9);
- das europäische Mittelalter (Kapitel 10);
- Lebensformen im Mittelalter (Kapitel 11).

Da wir auf ganz unterschiedlichen Wegen die Geschichte unserer Vorfahren erkunden können, findet ihr in den Kapiteln viele Bilder, Karten und Grafiken. Auch die Texte sind unterschiedlich gestaltet. Die folgenden Erklärungen sollen euch helfen, die unterschiedlichen Möglichkeiten, die euch das Buch bietet, zu erkennen:

Einführung in das Thema

Jedes Kapitel beginnt mit einer „Auftaktseite". Sie will euch neugierig auf das kommende Thema machen und zu Fragen anregen. Mit ihrer Hilfe könnt ihr auch zusammentragen, was ihr schon wisst.

Themenseiten

Auf jeder Seite berichten die Autoren in einem zusammenhängenden Text über die damaligen geschichtlichen Ereignisse. Das Thema verdeutlicht die Überschrift auf dem oberen Seitenrand.

Quellen

Q1 Manchmal lassen die Autoren die damals lebenden Menschen oder Forscherinnen und Forscher selbst zu Wort kommen. Diese Berichte heißen Quellen. Ihr erkennt sie an der Überschrift und an dem farbigen Streifen links neben dem Text. Auch die Abbildungen, Gemälde und Fotos sind historische Quellen, denen ihr wichtige Informationen entnehmen könnt.

Die Randspalte

Jede Themenseite ist mit einer farbigen Randspalte versehen. Je nach Bedarf findet ihr hier:

- die Erklärung für schwierige Begriffe, die im Text mit einem Sternchen* versehen sind,
- wichtige Jahreszahlen und Ereignisse,
- Zusatzinformationen zu den Themen, die auf der Seite behandelt werden.
- Unter Fundgrube oder Lesetipps findet ihr Buch- oder Internet-Empfehlungen oder auch Adressen von Museen oder Sehenswürdigkeiten.

Aufgaben

1 *In den Arbeitsaufgaben werdet ihr dazu angeleitet, aus den Texten und den Quellen Informationen zu entnehmen und einen Sachverhalt mit ihrer Hilfe zu bearbeiten.*

Zum Weiterlesen

Die Seiten „Zum Weiterlesen" enthalten Auszüge aus spannenden Jugendbüchern.

Methode

Auf diesen Seiten lernt ihr verschiedene Arbeitstechniken, die euch bei der Informationsbeschaffung, beim Lernen oder Weitergeben von Informationen nützlich sind.

Werkstatt Geschichte

Hier findet ihr Gestaltungs- und Bauanleitungen und sogar Kochrezepte.

Zusammenfassung

Die umfangreichen Kapitel werden durch eine Zusammenfassung abgeschlossen, die noch einmal das Wichtigste des Themas enthält.

Der Anhang

Hier findet ihr ein Register. Mit diesem Stichwortverzeichnis könnt ihr schnell herausfinden, auf welcher Seite etwas über z. B. den Pharao berichtet wird. Und es gibt ein großes Zeitfries, auf dem alle im Buch vorkommenden Epochen ihrer Reihenfolge nach angeordnet sind.

Wenn ihr Fragen habt oder eure Meinung zu diesem Buch mitteilen wollt, schreibt uns:

Cornelsen Verlag
Mecklenburgische Straße 53
14197 Berlin

Inhaltsverzeichnis

Inhaltsverzeichnis

Inhaltsverzeichnis

Aus der Geschichte des Römischen Reiches 122

Das Erbe der Antike 180

Inhaltsverzeichnis

Auf den Spuren der ältesten Menschen und ihrer Gesellschaft

Sicher kennt ihr berühmte Sehenswürdigkeiten oder Baudenkmäler, die für die Geschichte von Bedeutung sind. Aber auch im Alltag begegnet uns Geschichte, z. B. auf unserem Weg zur Schule. Wenn ihr mit offenen Augen durch euren Heimatort geht, könnt ihr Gebäude, Brücken, Stadtmauern oder Straßen entdecken, die aus früheren Zeiten stammen. Wie haben die Menschen gelebt, die all dies erbaut haben? Was haben sie gedacht und gefühlt? Unsere Spurensuche im Fach Geschichte beginnt mit dem ersten Auftreten der Menschen auf dem Planeten Erde. Sie reicht bis in unsere Gegenwart. Das ist ein gewaltiger Zeitraum von fast 2 Millionen Jahren. Doch für eine erste Begegnung mit der Geschichte müssen wir gar nicht so weit zurückgehen.
Wir können gleich bei uns beginnen …

Einführung in die Geschichte

1 **Erinnerungsstücke einer Familie.**

Die Beatles: *Englische Beatband, die zwischen 1962 und 1970 sehr großen Erfolg bei Jugendlichen hatte. Die LP „Sgt. Pepper's lonely hearts club band" erschien 1967.*

Q1 Der Großvater berichtet:

Der Wehrpass gehörte meinem Vater. Er wurde 1943 im Zweiten Weltkrieg ausgestellt. Als 45 Jahre alter Mann war mein Vater noch „bedingt kriegstauglich" und musste im „Landsturm" in der Heimat mitkämpfen. 1915 hatte er sich schon im Ersten Weltkrieg als Freiwilliger gemeldet. Er kämpfte in Frankreich und wurde 1917 mit dem Eisernen Kreuz* ausgezeichnet. Darauf war er immer sehr stolz. Uns Kindern hat Vater nur sehr wenig vom Krieg erzählt. Nur wenn Kameraden von früher zu Besuch kamen, wurde er ganz lebhaft. Meine Mutter mochte solche Unterhaltungen gar nicht und schickte meine Geschwister und mich immer hinaus.

Eisernes Kreuz*: *Kriegsauszeichnung, vergeben für besondere Tapferkeit. Es wurde 1813/15 gestiftet.*

Q2 Die Mutter erzählt:

Das Foto wurde im September 1967 an meinem ersten Schultag aufgenommen. Ich ging in eine kleine Dorfschule, in der außer mir noch elf weitere Kinder die 1. Klasse besuchten. Deshalb wurden wir zusammen mit den Schülerinnen und Schülern der 2. Klasse in einem Klassenzimmer abwechselnd von unserer Lehrerin unterrichtet. Auch die 3. und 4. Klasse waren zusammen in einem Raum untergebracht. Ab und zu bin ich getadelt worden, weil ich dem Unterricht der 2. Klasse zugehört habe, anstatt meine Aufgaben zu machen. Diese Schule gibt es immer noch, aber heute lernen die Schulkinder in getrennten Klassen.

Zeugnisse der Vergangenheit in meiner Umwelt

1 *Bringt zur nächsten Stunde von zu Hause ein Erinnerungsstück der Eltern oder Großeltern mit. Lasst euch erklären, warum die Erwachsenen diesen Gegenstand aufbewahrt haben.*
2 *Zeigt diese Gegenstände in der Klasse und erklärt ihre Bedeutung. Erzählt die Geschichten, die dazu gehören.*
3 *Findet heraus, aus welchen Ländern/Orten die Gegenstände kommen.*
4 *Schreibt die Fragen, die ihr zu den Erinnerungsstücken noch habt, auf ein Plakat.*
5 *Beschreibt die Abbildung 2 möglichst genau und überlegt, woran ihr erkennen könnt, dass das Bild schon recht alt ist.*
6 *Sucht nach Einzelheiten auf dem Bild, die etwas über das Leben der Menschen aussagen.*
7 *Vergleicht die Abbildungen 2 und 3 miteinander. Was haben die Fotos gemeinsam, was unterscheidet sie?*

Bei der Betrachtung der eigenen Lebensgeschichte beschäftigt ihr euch ganz von selbst mit eurer Familie. Und natürlich reicht die Geschichte der Familie viel weiter zurück, als ihr euch erinnern könnt. Jede Generation* hat ihre eigene Geschichte. Fragt eure Eltern, welche Ereignisse und Erlebnisse ihnen aus ihrer Kindheit in Erinnerung geblieben sind. Wenn die Großeltern noch leben und erreichbar sind, können sie ebenfalls von früheren Zeiten erzählen. Wie war es z. B., als sie selbst zur Schule gingen? Wie und wo haben sie gelebt? Womit haben sie gespielt? Wie wurden früher Familienfeste gefeiert? Gab es auch Geschenke? Vielleicht erinnern sich die Großeltern auch an Geschichten, die sie von ihren Eltern erzählt bekommen haben. Aber Vorsicht: Viele Ereignisse werden bei der mündlichen Weitergabe von Generation zu Generation immer mehr abgewandelt.
Auch Fotoalben, alte Schmalfilme, Urkunden und andere Dokumente lassen Vergangenheit lebendig werden. Je weiter ihr jedoch in der Familiengeschichte zurückgeht, desto schwieriger wird es, sichere Erkenntnisse zu erlangen. Ihr werdet dann nur noch wenige Aufzeichnungen, Bilder und Gegenstände finden, die sich über die Jahrzehnte, ja vielleicht sogar Jahrhunderte in eurer Familie erhalten haben.

Generation*:
Alle Menschen, die innerhalb eines bestimmten Zeitabschnittes leben. Eine Generation umfasst die Zeitspanne, bis Kinder wieder Kinder bekommen. Das sind ungefähr 25 Jahre.

2 **Familienfoto 1915.**

3 **Familienfoto 2008.**

Quellen – Zeugnisse der Vergangenheit

1 **Körpergräber mit und ohne Steinschutz.** Museum für Ur- und Frühgeschichte, Weimar.

2 **Griechischer Tempel in Paestum, Italien.** Um 460 v. Chr. Foto.

Geschichte und Gegenwart

Wenn wir uns mit der Vergangenheit der Menschen beschäftigen, dann lernen wir auch etwas über unsere Zeit. Wir sehen, dass die Menschen auch anders leben können, als wir es gewohnt sind. Vielleicht finden wir Wege, heutige Schwierigkeiten zu überwinden. Oder wir verstehen besser, wie das Zusammenleben in unserer Gemeinde, unserem Land, unserem Staat geregelt wird.

Woher wissen wir, was früher war?

Alles Wissen über die Vergangenheit ist an das Vorhandensein von Zeugnissen aus früherer Zeit gebunden. Diese Zeugnisse aus der Vergangenheit nennt man Quellen*, weil aus ihnen die Kenntnis über die früheren Zeiten fließt. Alle überlieferten Quellen, ob Bilder, Schriften oder Gegenstände, bedürfen der Auslegung, damit man erkennt, was sie aussagen. Sie müssen immer wieder neu befragt werden. Dies gilt auch für die neue Art von Quellen, die in den letzten Jahrzehnten entstanden sind: Video, Film, Radioberichte usw. Sicher wird manche Quelle in 50 Jahren anders gedeutet werden als heute. Auch der Schulbuchtext gibt nur die Kenntnisse wieder, die die Wissenschaft heute von der Vergangenheit erarbeitet hat. „Irrtum eingeschlossen".

Quellen*:
Alle Zeugnisse und Überlieferungen aus der Vergangenheit. Wir unterscheiden drei Quellenarten: Sachquellen, Bildquellen und Schriftquellen. Hinzu kommt die mündliche Überlieferung z. B. durch Zeitzeugen (Eltern, Großeltern …).

3 **Luther auf der Kanzel.** Gemälde von Lucas Cranach. Ausschnitt aus dem Altar der Stadtpfarrkirche in Wittenberg. Um 1547.

Quellen – Zeugnisse der Vergangenheit

Zu den schriftlichen Quellen zählen wir: *Tagebücher, Inschriften, Verträge, Briefe, Urkunden …*

Zu den Sachquellen gehören: *Gefäße, Werkzeuge, Knochen, Baudenkmäler …*

Bildquellen sind z. B.: *Fotografien, Karten, Zeichnungen, Grafiken …*

4 **Römisches Fußbodenmosaik mit kämpfenden Gladiatoren.** Ausschnitt. 2. Jahrhundert n. Chr.

6 **Ritterrüstung aus dem 16. Jahrhundert.** Deutsches Historisches Museum Berlin. Foto 2010.

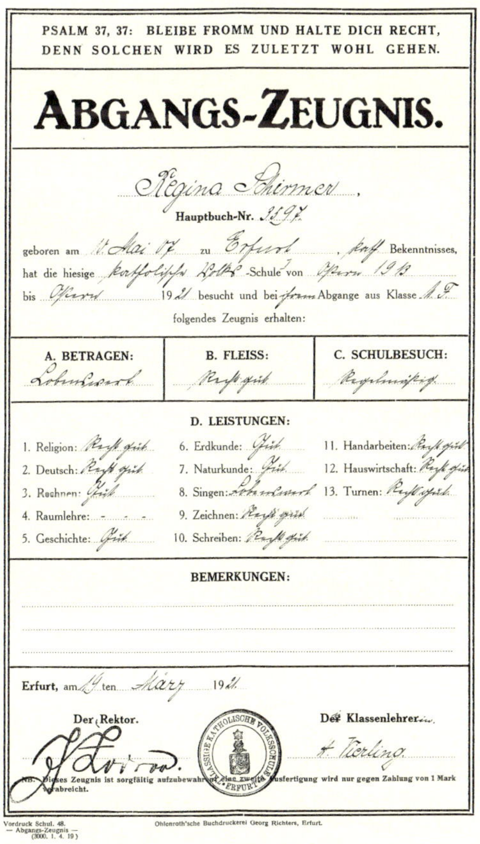

PSALM 37, 37: BLEIBE FROMM UND HALTE DICH RECHT, DENN SOLCHEN WIRD ES ZULETZT WOHL GEHEN.

ABGANGS-ZEUGNIS.

Regina Schirmer,

Hauptbuch-Nr. 3597.

geboren am 11. Mai 07 zu Erfurt, kath. Bekenntnisses, hat die hiesige katholische Volks-Schule von Ostern 1913 bis Ostern 1921 besucht und bei ihrem Abgange aus Klasse 1. F. folgendes Zeugnis erhalten:

A. BETRAGEN:	B. FLEISS:	C. SCHULBESUCH:
Lobenswert	Recht gut	Regelmäßig

D. LEISTUNGEN:

1. Religion: Recht gut	6. Erdkunde: Gut	11. Handarbeiten: Recht gut
2. Deutsch: Recht gut	7. Naturkunde: Gut	12. Hauswirtschaft: Recht gut
3. Rechnen: Gut	8. Singen: Lobenswert	13. Turnen: Recht gut
4. Raumlehre: - - -	9. Zeichnen: Recht gut	
5. Geschichte: Gut	10. Schreiben: Recht gut	

BEMERKUNGEN:

Erfurt, am 19ten März 1921.

Der Rektor. Die Klassenlehrerin.

Vierling

NB. Dieses Zeugnis ist sorgfältig aufzubewahren, eine zweite Ausfertigung wird nur gegen Zahlung von 1 Mark verabreicht.

Vordruck Schul. 48. — Abgangs-Zeugnis — (3000. 1. 4. 19) Ohlenroth'sche Buchdruckerei Georg Richters, Erfurt.

5 **Volksschulzeugnis.**

7 **Banknoten. Deutsches Reich 1919–1924.** Foto.

1 *Betrachtet die Quellen (Abbildungen 1 bis 7) und prüft, wovon sie berichten.*

2 *Seht euch besonders das Schulzeugnis an. Es ist wie die anderen Abbildungen eine Quelle. Stellt fest, wie alt das Zeugnis ist.*

3 *Prüft, was auf dem Zeugnis anders ist, als auf euren Zeugnissen.*

4 *Im Zeugnis könnt ihr erfahren, wann der Schüler zur Schule gegangen ist. Erzählt, was ihr über die Zeit wisst.*

5 *Ordnet die Bilder folgenden Begriffen zu: Schriftquelle – Bildquelle – Sachquelle.*

Geschichte erforschen und bewahren

*Archäologie**: Wissenschaft, die mithilfe von Ausgrabungen und Bodenfunden alte Kulturen erforscht. Vieles wird zufällig entdeckt, z. B. beim Straßenbau, und sorgsam ausgegraben. Die Auswertung der Funde erfolgt meist im Labor.*

Archäologin

Grabungstechniker

Restauratorin

Zeichner

Sammlungsverwalterin

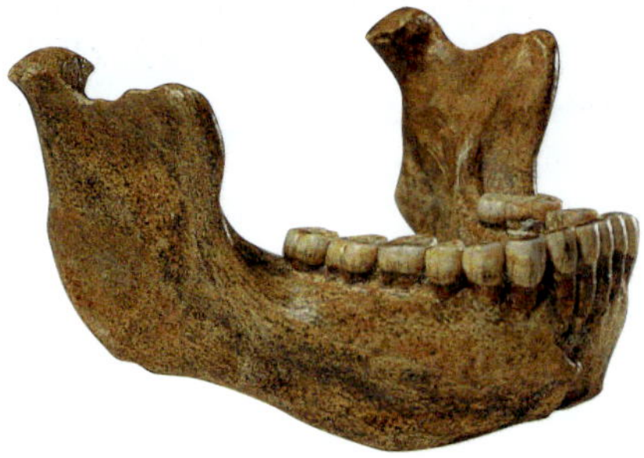

1 **„Heidelberger Unterkiefer".** Alter: ca. 600 000 Jahre.

„Hait haww isch den Adam gefunne", verkündete am Abend des 7. Oktober 1907 der Sandgrubenarbeiter Daniel Hartmann in Mauer bei Heidelberg. Schon Jahre vorher hatte der Altertumsforscher Otto Schoetensack die Arbeiter in der Sandgrube immer wieder besucht und ihnen erklärt, dass die Knochen, die sie im Sand fanden, von längst ausgestorbenen Tieren stammten. Er bat sie, beim Graben genau aufzupassen und ihn jedes Mal zu benachrichtigen, wenn sie Knochen fanden.

Daniel Hartmann hatte einen menschlichen Unterkiefer gefunden, den Prof. Schoetensack untersuchte. Er fand heraus, dass der Unterkiefer von einem Menschen stammte, der vor etwa 600 000 Jahren gelebt hatte, dem „Heidelbergmenschen".

1 *Vergleicht die Abbildung 1 und den Text.*
2 *Prüft, was das Bild allein aussagt.*
3 *Stellt eine Liste von Fragen auf, die beantwortet werden müssten, damit man den Unterkiefer des Heidelbergmenschen erklären könnte.*
4 *Überlegt, wer bei der Beantwortung der Fragen helfen kann.*

Die Arbeit der Archäologen*

Funde aus der Vor- und Frühgeschichte bis in die frühe Neuzeit sind das Forschungsgebiet der Archäologen. Sie bearbeiten oberirdisch noch sichtbare und im Boden verborgene Kulturdenkmäler.

- Sie suchen und sammeln Funde.
- Sie sichern Spuren aus der Vergangenheit.
- Sie vergleichen mit anderen Funden.
- Sie legen für ihre Funde eine zeitliche Ordnung fest.
- Sie ziehen Schlussfolgerungen.
- Sie versuchen zu rekonstruieren.

2 **Vorgeschichtsforscher bei einer Ausgrabung.**

3 **Fund aus dem Jahr 4013.**

Das 20. Jahrhundert wird „ausgegraben"

25. Mai 4013 – European Intersat Pressedienst
Sensationelle archäologische Funde aus dem 20. Jahrhundert geben Rätsel auf. Vorläufige Untersuchungsergebnisse:
Der runde Metallbehälter war ein damals weit verbreitetes Trinkgefäß, das ein zuckerhaltiges Getränk enthalten hat. Auf den Resten der Rotlackierung sind drei Buchstaben zu erkennen: „ola". Der beschädigte Buchstabe davor könnte ein L oder ein C gewesen sein. Die Bedeutung der Buchstabenkombination ist noch unbekannt.
Das schwarze, aus Gummi bestehende Reifenteil diente als federnde Verkleidung der Metallräder so genannter Autos. Das waren metallene Fahrkästen, in denen sich die Menschen fortbewegten.
Rätselhaft ist das grüne Flaschenbruchstück aus Synthetikmaterial. Das Gefäß enthielt eine Chemikalie, deren Verwendungszweck noch nicht zu erklären ist.
Der vierte Fund stellt einen mechanisch betriebenen Zeitmesser dar. Er wurde von einem komplizierten Räderwerk angetrieben und scheint nach bestimmter Voreinstellung Schrilltöne abgegeben zu haben.

5 *Vergleicht die Abbildung 3 und den Text.*
6 *Überlegt, welche Schwierigkeiten bei der Forschung im Jahr 4013 wohl zu überwinden waren.*
7 *Erklärt aus eurer Kenntnis die im Bericht nicht geklärten Fragen.*

Geschichtsschreibung heute

Alle Quellen, die über die Vergangenheit Aufschluss geben, werden in Archiven und Museen aufbewahrt. Geschichtswissenschaftler untersuchen diese „Zeugen" der Geschichte. Sie betrachten und prüfen Gegenstände, sie lesen Urkunden, Briefe, Dokumente und andere Schriften, sie werten Bilder, Fotografien, Filme und Tonquellen aus. Die Ergebnisse ihrer Forschungen machen die Historiker dann in Ausstellungen oder Büchern interessierten Menschen zugänglich.

8 *Erkundigt euch, welche Archive und Museen in der Nähe eures Heimatortes zu finden sind.*
9 *Befragt die Verwaltungsangestellten und die Rektorinnen und Rektoren eurer Schule, was im Schularchiv aufbewahrt wird, und überlegt euch, wozu diese „Quellen" benötigt werden.*
10 *Schaut im Internet nach, welche Museen ihr virtuell besuchen könnt.*

Wichtige Archive und historische Museen in Berlin und Brandenburg:
- *Deutsches Historisches Museum, Berlin*
- *Ägyptisches Museum und Papyrussammlung, Berlin*
- *Museum für Byzantinische Kunst, Berlin*
- *Pergamon-Museum, Berlin*
- *Ethnologisches Museum Berlin*
- *Museumsinsel Berlin-Mitte*
- *Vorderasiatisches Museum, Berlin*
- *Museum für Naturkunde, Berlin*
- *Museum für Vor- und Frühgeschichte, Berlin*
- *Museumsdorf Düppel, Berlin*
- *Altes Museum Berlin*
- *Jugendmuseum Schöneberg*
- *MACHmit! Museum für Kinder, Berlin*
- *Münzkabinett, Berlin*
- *Spreewaldmuseum, Lübbenau-Lehde*
- *Wendisches Museum, Cottbus.*

Slawenburg Raddusch

1 **Slawenburg Raddusch um 1000 n. Chr.** Rekonstruktionszeichnung*.

Rekonstruktionszeichnung*:
Anhand z. B. von archäologischen Funden ermitteln Wissenschaftler, wie ein Lebewesen oder eine Sache, z. B. ein Gebäude vermutlich ausgesehen haben. Diese Forschungsergebnisse werden dann in einer Zeichnung festgehalten.

Die Slawenburg Raddusch

Fährt man ca. 100 km südlich von Berlin durch die Niederlausitz in Brandenburg, erhebt sich plötzlich neben der Strecke bei Vetschau ein großer eigentümlicher Ringwall. Genau hier bei Raddusch stand diese Burg vor etwa 1000 Jahren schon einmal.

Damals war dieser Landstrich relativ dicht besiedelt von Slawen des Stammes der Lusizi. Ihnen verdankt die (Nieder-) Lausitz ihren Namen. Die Burgen dienten den Lusizi als Zufluchtsort in kriegerischen Zeiten. Über 40 solcher Burgen gab es im 9. und 10. Jahrhundert im Stammesgebiet der Lusizi südlich und westlich des Spreewaldes. Die Burgen standen in unmittelbarer Dorfnähe und waren das besondere Kennzeichen der slawischen Siedlungen. Diese Slawendörfer nennt man deshalb auch Vorburgsiedlungen.

Intensive archäologische Untersuchungen haben ergeben, dass die Burg in sog. Holzrostkonstruktion gebaut wurde: Aufwändig wurden Eichenstämme übereinander geschichtet und mittels Zimmermannstechnik verbunden. Die Zwischenräume (Rostsektionen) füllte man mit Sand, Erde und Lehm. Der so schon wehrhafte Charakter der Befestigung wurde durch eine aus starkem Weidengeflecht gebaute Brustwehr noch zusätzlich unterstützt. So wurde der Radduscher Burgwall ca. 9 m hoch und hatte einen Durchmesser von 58 m. Damit wurde ein Innenhof geschaffen, der 1000 qm groß war. Der Burgwall war von einem 5,5 m breiten Graben umgeben, der entstanden war, weil die Erbauer mit dem Erdmaterial die Holzkonstruktion auffüllten. Die Radduscher Burg hatte zwei – statt des üblichen einen – Tunneltore, durch die man in den Innenhof gelangen konnte, in dem sich mehrere Brunnen und Gebäude befanden. Die Gebäude dienten vor allem als Speicher für Getreide und andere Ackerfrüchte, einige waren von einer kleinen Burgbesatzung bewohnt.

Wiedereröffnung nach 1000 Jahren

Die heutige „Burg" – an der über vier Jahre lang gebaut und die am 28.5.2003 eröffnet wurde, ist ein Museum und wurde ganz anders errichtet.

Äußerlich hat das Bauwerk das Aussehen einer Slawenburg des 9./10. Jahrhunderts. Die Verkleidung ist eine nachempfundene Holz-Erde-Konstruktion und basiert auf Ausgrabungser-

2 **Die Ringwallanlage von innen.** Rekonstruktionszeichnung.

Fundgrube:
Hier könnt ihr mehr über die Slawenburg Raddusch und die Veranstaltungen dort erfahren.

www.slawenburg-raddusch.de

Slawenburg Raddusch

3 **So haben die Erbauer der Burg wohl ausgesehen.** Rekonstruktion.

gebnissen der Radduscher Burg und weiterer niederlausitzer Anlagen.
Gebaut aber ist die Ringanlage aus Beton, und der einst massive Erdwall ist heute hohl, sodass er begehbar ist. Er lädt ein in eine überraschend moderne Ausstellung ausgegrabener niederlausitzer Geschichte. Man kann hier erfahren, wie die Slawen vor einem Jahrtausend gewohnt und gelebt haben.
Darüber hinaus gibt es eine Ausstellung zur Archäologie in der Niederlausitz mit folgenden Themen: Von der Alt- zur Jungsteinzeit, Bronze- und frühe Eisenzeit der Lausitzer Kultur, Germanen in der römischen Kaiserzeit slawisches und deutsches Mittelalter. Hier werden archäologische Funde und Ergebnisse der Ausgrabungen in den Vorfeldern der Niederlausitzer Braunkohlentagebaue präsentiert. Ein herausragender Fund ist übrigens die einzige slawische Götterfigur der Niederlausitz, der „Götze von Raddusch".
Computeranimationen und Filmsequenzen lassen vor unseren Augen ein germanisches Dorf entstehen, nehmen uns mit zum Burgbau des slawischen Stammes Lusizi.
Die sieben Meter hohe Wallkrone kann über eine äußere Treppe im Innenhof betreten werden und bietet einen Rundblick vom Spreewald bis zur ehemaligen Tagebaulandschaft.

1 *In die archäologische Untersuchung und die Rekonstruktion der Slawenburg wurde viel Fachwissen, Zeit und Geld investiert. Überlegt, welche Motive dahinter stehen und diskutiert darüber.*
2 *Fertigt eine Zeichnung der Burg an und beschriftet sie. Oder baut ein Modell der Burg.*
3 *Informiert euch über andere archäologische Ausstellungen in Berlin und Brandenburg.*

4 **Die Ausstellung im Wall der Slawenburg Raddusch heute.** Foto.

Methode: Besuch eines archäologischen Museums

Was ist ein archäologisches Museum?
Sicherlich habt ihr schon einmal ein Museum besucht. Ihr wisst, dass es verschiedene Arten von Museen gibt, z. B. Heimat-, Stadt- oder Diözesanmuseen, historische, naturkundliche oder technische Museen, Uhren-, Spielzeug- oder sogar Schulmuseen und viele andere mehr.
Museen sammeln und bewahren Gegenstände aus der Vergangenheit auf, erforschen diese und stellen sie für die Öffentlichkeit aus. In einem archäologischen Museum werden vorwiegend Funde aus der Vor- und Frühgeschichte, die von Archäologen ausgegraben, erforscht und restauriert worden sind, präsentiert.
Archäologische Museen oder archäologische Abteilungen in Stadt- und Heimatmuseen gibt es in Berlin und Brandenburg viele. Eines davon ist das Museum für Vor- und Frühgeschichte in Berlin-Charlottenburg. Das Museum besitzt eine der größten überregionalen Sammlungen zur Vor- und Frühgeschichte der Alten Welt. In den sechs Ausstellungssälen werden Zeugnisse der prähistorischen Kulturen Europas und Vorderasiens von ihren Anfängen bis ins Mittelalter gezeigt.
Der Rundgang beginnt mit der Darstellung der Menschwerdung, den ältesten Werkzeugen und künstlerischen Äußerungen der Menschen der Altsteinzeit (ab ca. 40 000 v. Chr.). Ausgehend von den frühen Ackerbaukulturen und der Stadtentwicklung im Alten Orient werden die jungsteinzeitlichen Kulturen Europas als Zeugnisse der Entstehung bäuerlicher Siedlungen vorgestellt. Im Bronzezeitsaal (ab ca. 2. Jahrtausend v. Chr.) stehen die Themen Metallurgie, Handel und Verkehr, Lebenswelten, Tod und Jenseitsglaube im Mittelpunkt. Im Anschluss daran lädt der Rundgang zur Besichtigung der größten prähistorischen Kaukasus-Sammlung außerhalb Russlands ein.
Der folgende Saal ist dem großen Komplex der europäischen Eisenzeit (ab ca. 700 v. Chr.) gewidmet. Römerzeitliche Funde aus dem freien Germanien und kunsthandwerkliche Produkte aus den Römischen Provinzen schließen sich an.
Mit völkerwanderungszeitlichem Schmuck aus Südrussland beginnt das frühe Mittelalter (ab 5. Jahrhundert n. Chr.). Zum Abschluss des chronologischen Rundgangs wird ein Einblick in die Archäologie des deutschen Hochmittelalters gegeben.
Ein besonderer Höhepunkt ist schließlich die Schliemannn-Sammlung mit den berühmten „Trojanischen Altertümern" aus dem mehr als 3000 Jahre bewohnten Siedlungshügel Hissarlik im westlichen Kleinasien.

1 **Museum für Vor- und Frühgeschichte im Langhansbau, Berlin-Charlottenburg.**

Wie kann man ein archäologisches Museum erkunden?
Ein Museumsbesuch löst sicherlich nicht bei allen Schülerinnen und Schülern eures Alters Begeisterung aus.
Museen gelten häufig als langweilig und öde. Das muss aber nicht so sein. In einem archäologischen Museum kann man als Schüler/-in oftmals selbstständig auf Entdeckungsreise gehen, an Modellen und Nachbildungen selbst ausprobieren, wie z. B. ein jungsteinzeitlicher Steinbohrer oder Webstuhl funktionierte, oder versuchen, den Mechanismus eines keltischen Fallriegelschlosses zu überlisten und so wichtige Informationen über die Vor- und Frühgeschichte seiner Heimat zu sammeln. Wie interessant und spannend ein Museumsbesuch aber wird, hängt von einer überlegten und geplanten Durchführung ab.

Methode: Besuch eines archäologischen Museums

1. Schritt
Die Erkundung vorbereiten

- Das Ziel auswählen und evtl. Anreise und Kosten klären.
- Einen Termin für die Besichtigung/Führung vereinbaren.
- Das Thema, z. B. „Mit Heinrich Schliemann in Troja" vorbereiten und einen Fragebogen entwerfen bzw. entsprechende Arbeitsmaterialien beim Museum anfordern.
- Arbeitsgruppen mit bestimmten Aufgabenstellungen einteilen, z. B.: Was hat Schliemann in Troja gefunden? Wer war König Priamos? Wie lebten die Trojaner? Vergleich zwischen Legende und Wirklichkeit usw.
- Klären, wie die Ergebnisse festgehalten werden sollen, z. B. Notizen, Skizzen, Fotos oder Videofilm (falls erlaubt).

2. Schritt
Die Erkundung durchführen

Sicherlich spricht nichts dagegen, wenn ihr zunächst einmal in Kürze durch das gesamte Museum streift, um euch einen ersten groben Überblick zu verschaffen. Aber bei größeren Museen wird man durch die Fülle der Ausstellungsstücke eher verwirrt oder verliert sogar die Lust an einer weiteren Besichtigung. Man muss sich deshalb auf bestimmte Bereiche konzentrieren. Museen sind entweder zeitlich oder nach bestimmten Themen aufgebaut. Einen Gesamtüberblick findet ihr zumeist im Eingangsbereich des Museums. Danach geht es ins Detail.

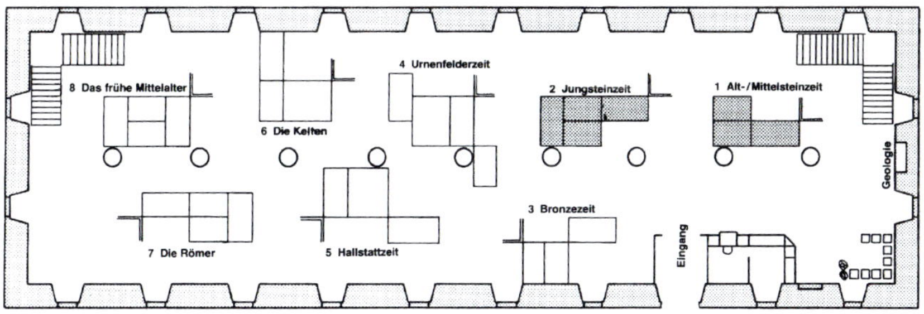

2 Beispiel für einen Museumsplan, auf dem ihr euch einen Überblick über die gesamte Ausstellung verschaffen könnt.

Deshalb:
- Bei einer Führung möglichst alle vorbereiteten Fragen stellen.
- Gegebenenfalls Arbeits- oder Fragebogen ausfüllen.
- Wenn möglich und erlaubt: Skizzen anfertigen, Fotos machen, Werkstücke herstellen, Videofilm drehen …
- Wenn nötig: spontane Fragen stellen, weitere Informationen sammeln, unerwartete Beobachtungen festhalten.

3. Schritt
Die Ergebnisse auswerten und dokumentieren

- Das gesamte Material sichten, ordnen und feststellen, ob alle wichtigen Fragen beantwortet sind.
- Wenn nötig, weitere Informationen zusammenstellen oder beschaffen (Museumsführer, Arbeitsmaterial des Museums, Lexika, CD-ROM).
- Festlegen, wie die Ergebnisse dokumentiert werden sollen. Möglichkeiten: Erkundungsbericht, Museumsrätsel, Wandzeitung, Ausstellung …

Veränderungen in Zeit und Raum

Wie andere Kulturen die Zeit berechnen:
*Im **Alten Ägypten** wurden die Jahre nach den Regierungszeiten der Könige gezählt.*
*Für die **Römer** galt das Jahr der Gründung Roms (753 v. Chr.) als Beginn ihrer Zeitrechnung.*
*In den **islamischen Ländern** beginnt die Zeitrechnung heute noch mit dem Tag, an dem der Prophet Mohammed aus Mekka auszog. Nach unserer Zeitrechnung war das der 16. Juli 622 nach Christus.*

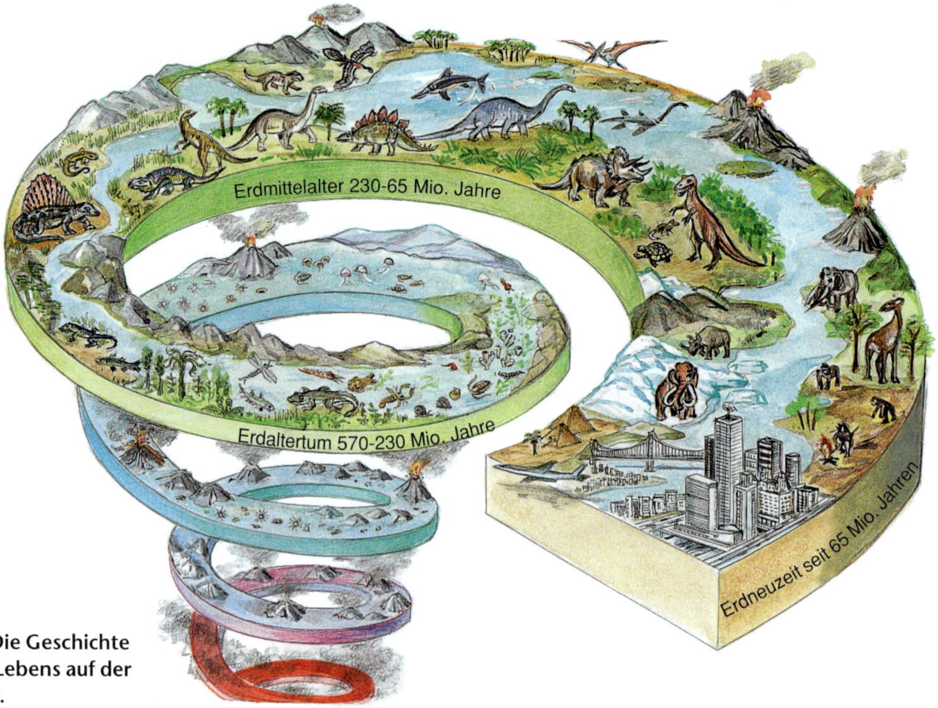

1 Die Geschichte des Lebens auf der Erde.

Unsere Zeitrechnung

Die Zeit kann durch eine Gerade veranschaulicht werden. Eine solche Darstellung seht ihr unten. Man nennt sie eine Zeitleiste. Auf ihr sind die letzten 12 000 Jahre der Menschheitsentwicklung maßstabsgetreu (2 cm = 1000 Jahre) dargestellt. Für die Zeit davor – den Menschen gibt es seit ungefähr 2 Millionen Jahren – ließ sich dieser Maßstab natürlich nicht einhalten: Diese Buchseite hätte sonst 15 Meter breit werden müssen! Daher ist diese Zeit mit einem Wollknäuel dargestellt.
Unsere Zeitrechnung orientiert sich an der Geburt Christi*. Andere Kulturen berechneten ihre Zeit nach anderen Daten (s. Randspalte).

Die christliche Zeitrechnung*:
Die Zeit vor Christi Geburt benennen wir mit „vor Christus" (v. Chr.) – links in der Zeitleiste unten.
Die Zeit nach Christi Geburt bezeichnen wir als „nach Christus" (n. Chr.) – rechts vom Geburtsjahr in der Zeitleiste.

Die Lebensuhr

Menschen gibt es nicht erst seit einigen 100 oder 1000 Jahren. Menschen gibt es seit mindestens 2 000 000 Jahren. Noch viel älter ist die Erde, ungefähr 5 Milliarden Jahre alt. Unter diesen Zahlen kann man sich eigentlich nichts vorstellen. Etwas leichter fällt uns dies, wenn wir diese Zeit darstellen in den 12 Stunden eines Zifferblattes:

Um 0 Uhr entstand die Erde – vor 5 Milliarden Jahren.

3 Uhr 30: Im Wasser regt sich das erste Leben – eine einzige Zelle, kleiner als ein Stecknadelkopf.

10 Uhr 34: Im Wasser entstehen die ersten Algen.

11 Uhr: Jetzt gibt es Korallen- und Tintenfische.

Veränderungen in Zeit und Raum

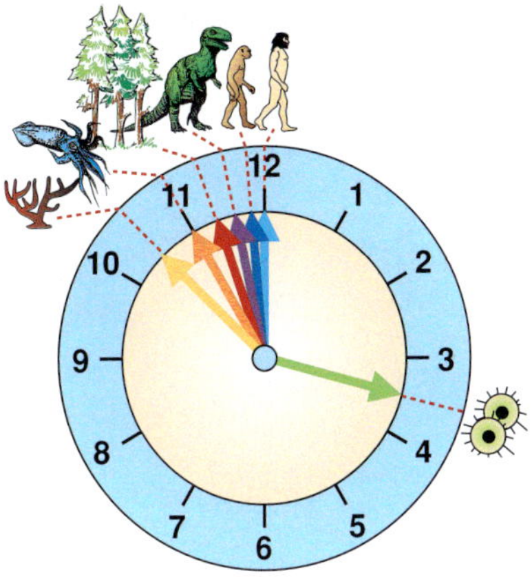

2 **Die große Lebensuhr.**

3 **Weltkarte nach Pomponius Mela.** Römischer Geograph, um 43 n. Chr.

11 Uhr 15: Große Wälder sind herangewachsen. Sie versinken später im Sumpf und werden zu Kohle.

11 Uhr 30: Die ersten Säugetiere treten auf. Es ist dies die Zeit der mächtigen Drachen und Saurier sowie des Urvogels.

11 Uhr 53: Jetzt tauchen die ersten Menschenaffen auf.

Es war 11 Uhr, 59 Minuten und 50 Sekunden, 10 Sekunden vor 12 Uhr: Da lebten die ersten Menschen: Allein von diesen 10 Sekunden auf der großen Lebensuhr will dieses Buch berichten.

Die Welt – wie wir sie sehen

Die Menschen hatten und haben nicht nur unterschiedliche Zeitrechnungen. Auch ihr räumliches Bild von der Welt unterschied sich in alter Zeit stark von unserem heutigen. Heute besitzen wir sehr genaue Weltkarten, erstellt mit Hilfe von Satellitenbildern aus dem Weltraum. In früheren Zeiten konnten Menschen von der Erde nur das verzeichnen, was sie auf Reisen entdeckten. Ganze Kontinente und das Innere großer Kontinente waren aber zu manchen Zeiten noch gar nicht von Menschen gefunden oder erforscht worden. Noch im Mittelalter kannte man nur drei Kontinente: Afrika, Asien, Europa. Man nahm an, dass sie allein den Erdkreis formten. Erst die Einsicht in die Kugelgestalt der Erde und die Entdeckung Amerikas und später Australiens sowie die Verbesserung kartographischer Methoden führten allmählich zu einem zuverlässigen Bild von unserer Erde.

1 *Erkundigt euch, welche geschichtlichen Ereignisse für euren Geburtsort besonders wichtig waren.*

2 *Fragt, wann diese Ereignisse stattgefunden haben und tragt die Zeitangaben in eine eigene Zeitleiste ein.*

3 *Rechnet nach: Wann wurde nach römischer Zeitrechnung Jesus Christus hingerichtet (30 v. Chr.)? In welchem Jahr leben wir heute nach islamischer Zeitrechnung?*

4 *Überlegt: Menschen mit welchen Berufen oder Interessen erstellten früher Landkarten und benötigten sie auch dringend?*

5 *Vergleicht die Weltkarte des P. Mela (oben) mit einer aktuellen aus eurem Atlas.*

Zeitleiste*:
Damit wir die lange Geschichte der Menschheit überhaupt darstellen können, benutzen wir eine Zeitleiste. Sie ist eine Linie, auf der man Jahre, Jahrzehnte oder Jahrtausende einträgt. Bei der Zeit leiste auf dieser Seite stehen 2 cm für 1000 Jahre.

Exkursionstipp:
Museum für Naturkunde, Invalidenstraße 43, 10115 Berlin, Tel. 030 20938591. www.naturkunde museum-berlin.de

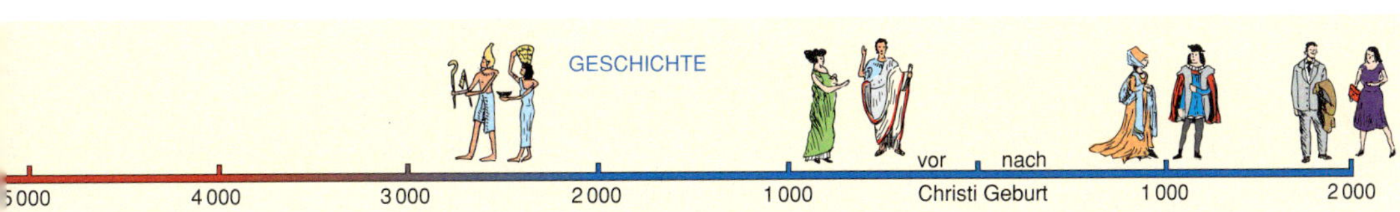

Erste Spuren in der Geschichte – Europa in der Altsteinzeit

Wie unsere Vorfahren vor 10 000 oder vor gar 100 000 Jahren gelebt haben, wissen wir nicht genau. Es gibt weder Bilder noch Berichte. Wissenschaftler und Wissenschaftlerinnen sammeln und untersuchen seit 150 Jahren Skelettreste und Geräte unserer Vorfahren, die sich in der Erde erhalten haben. Mit ihrer Hilfe befragen sie die Frühzeit der Menschheit: Wie haben die ersten Menschen ausgesehen? Wie haben sie zusammen gelebt? Wovon haben sie sich ernährt? Gab es Erfindungen, die ihr Leben veränderten?
Antworten findet ihr auf den nächsten Seiten. Zunächst könnt ihr herausfinden, wann die ersten Menschen entstanden sind …

Die Entwicklungsetappen des Menschen

So haben die Lebewesen vermutlich ausgesehen, deren Spuren in Laetoli gefunden wurden. Rekonstruktionszeichnung.*

Spuren in Laetoli

Das folgende Ereignis ist 3,6 Millionen Jahre her. Es geschah an einem Ort, der heute Laetoli heißt und im afrikanischen Staat Tansania liegt:

Schon seit längerem hatte es im Inneren des Vulkans rumort. Nun stieß er eine Wolke feinen Staubes aus, und Asche legte sich über das Land ringsum. Es begann zu regnen. Doch schon bald schien wieder die Sonne, denn die Regenzeit hatte noch nicht richtig begonnen. Da kam ein etwa 1,40 m großes, sich aufrecht auf zwei Beinen bewegendes Lebewesen und ging über die feuchte Asche. Kurze Zeit darauf folgten zwei Lebewesen der gleichen Art – das eine setzte seine Füße genau in die Fußstapfen des vorangegangenen, das andere, etwa 1,20 m groß, lief hinterher oder voraus. Einmal hielt es an und drehte sich nach links um. Vielleicht hatte ein Tier seine Aufmerksamkeit erregt. In den nächsten Tagen stieß der Vulkan neue Asche aus, die alle Fußspuren zudeckte. Woher wissen wir das alles? Seit vielen Jahren suchen Forscher und Wissenschaftlerinnen nach Fossilien (versteinerte Knochen) der Frühmenschen. Bei Laetoli entdeckten sie 1976 eine versteinerte Schicht aus Vulkanasche. Als sie diese Schicht genauer unter-

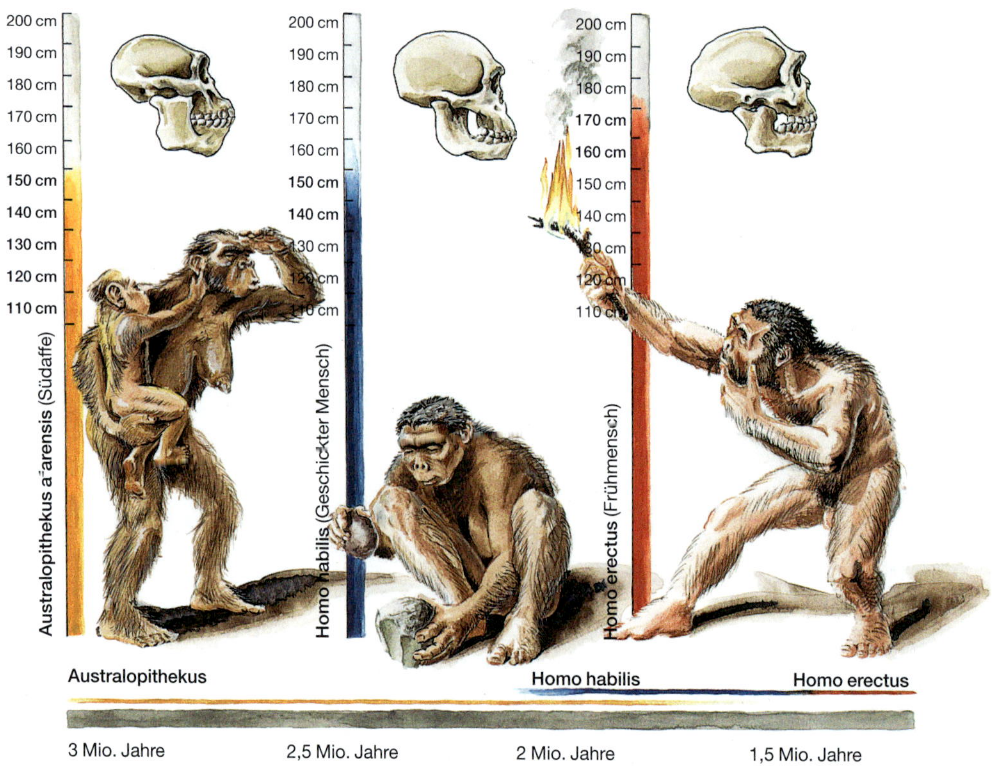

Vormensch – Australopithekus, (Südaffe) 1,10–1,50 m, keine Werkzeugherstellung, Pflanzenkost, Afrika

Geschickter Mensch – Homo habilis, 1,45 m, einfache Werkzeuge, gemischte Kost, Ostafrika

Frühmensch – Homo erectus, (der aufrecht gehende Mensch), 1,65 m, Faustkeilkultur, gemischte Kost, siedelte erstmals in Europa und Asien

Die Entwicklungsetappen des Menschen

suchten, fanden sie die Fußabdrücke. Sie konnten nur von Lebewesen stammen, die aufrecht auf zwei Beinen gingen. Von der Größe der Fußabdrücke und der Schrittlänge schloss man auf die Körpergröße. Aus den Knochenfunden versuchte man die Lebewesen zu rekonstruieren* (Abbildung in der Randspalte S. 24). Ob sie wirklich so ausgesehen haben, ist ungewiss. Für die Wissenschaftler sind die Lebewesen von Laetoli noch keine Menschen. Ihr Kopf ist noch sehr affenähnlich, aber sie konnten schon auf zwei Beinen gehen.

Der Frühmensch

Aber auch die ersten Menschen entwickelten sich in Ostafrika. Ihr aufrechter Gang ermöglichte einen vielseitigen Gebrauch der Hände. Das Gehirn hatte sich wesentlich vergrößert und in seiner Form verändert. Die frühen Menschen lernten, das Feuer zu beherrschen, konnten Werkzeuge aus Stein herstellen und lebten in kleinen Gruppen. Im Laufe der Zeit wanderten sie von Afrika nach Europa und Asien. Bei Heidelberg wurde im Jahre 1807 der Unterkiefer eines Frühmenschen gefunden. Sein Alter wird heute auf 600 000 Jahre geschätzt. Nicht ganz so alt sind die Spuren der Frühmenschen, die bei Bilzingsleben im Nordosten Thüringens gefunden wurden. (S. 26 f.)

1 *Beschreibt den Frühmenschen (Homo erectus), wie er auf der Abbildung dargestellt ist. Überlegt, wodurch er sich vom heutigen Menschen unterscheidet.*

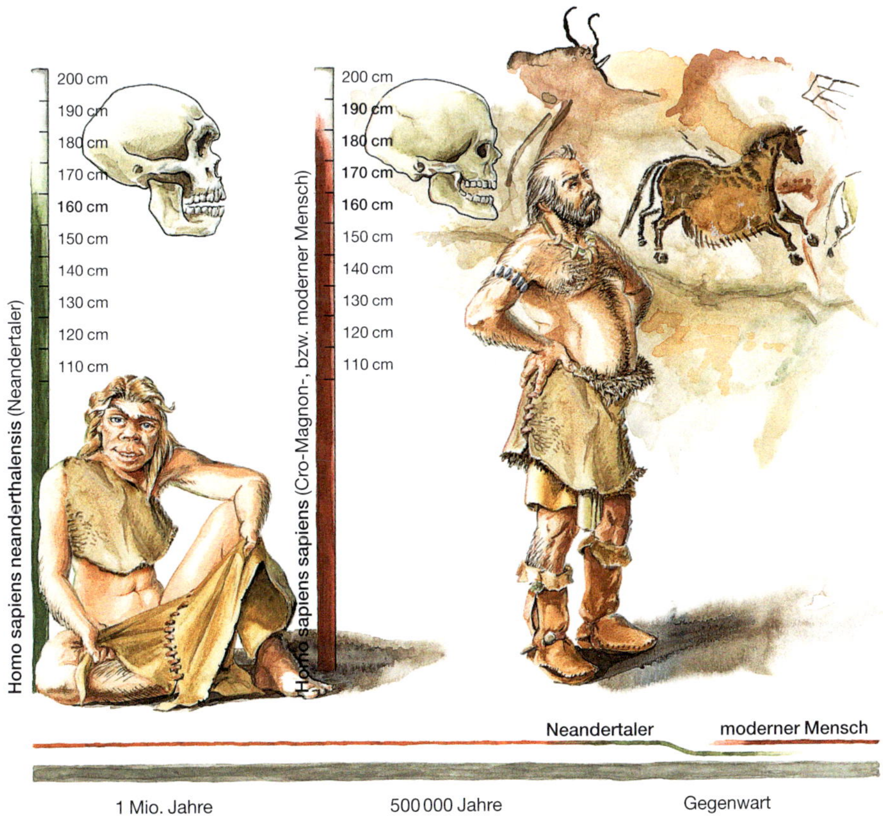

Neandertaler – Homo neanderthalensis, 1,60 m, vielfältige Werkzeuge, gemischte Kost, an die Kälte angepasst, in Europa ab 130 000 v. Chr., frühe Formen der Religion

Jetztzeitmensch – Cro-Magnon-Mensch, etwa vor 35 000 Jahren, 1,60–1,85 m, erfindungsreich, Schöpfer von Kunstwerken, weltweit verbreitet

Bei den Frühmenschen von Bilzingsleben

Archäologen machen eine Entdeckung

Bei Bilzingsleben im Nordosten Thüringens wurde 1969 ein Lagerplatz von Frühmenschen entdeckt. Am Ufer eines Sees wurden Schädelteile und Zähne von mindestens drei Frühmenschen gefunden.
Die dort arbeitenden Archäologen kamen zu dem Ergebnis, dass die gefundenen Spuren 300 000–500 000 Jahre alt sind.
Entdeckt wurden verschiedene Behausungen. Dabei handelte es sich wahrscheinlich um einfache zeltartige Hütten mit Stangengerüsten (siehe S. 30, Abbildung 2). Außen waren diese Zelte mit großen Steinen und Knochen befestigt. Reste von Holzkohle und Brennholz vor den Häusern verrieten die Feuerstellen.

Die Arbeitsstätten der Frühmenschen

Außerdem wurden auch zwei Arbeitsstätten entdeckt. Es wurden zwei Ambosse* benutzt: einer aus Muschelkalk, der andere aus einem Elefantenknochen. Darauf wurden Stein, Knochen, Elfenbein, Geweihe und Holz bearbeitet. Auf den Ambossen waren die Spuren der Hiebe noch zu erkennen. Insgesamt wurden 100 000 bearbeitete Feuersteine gefunden.

Die Großwildjäger von Bilzingsleben

Anhand der Knochenfunde ließen sich auch die Tiere bestimmen, die gejagt wurden: Nashörner, Elefanten, Bären und Höhlenlöwen. Die Bilzingslebener waren also regelrechte Großwildjäger. Wie es ihnen gelang, die zum Teil riesigen Tiere zu erlegen, wissen wir nicht. Sicher ist, dass sie dazu in Gruppen zusammen arbeiten mussten. Die Horde* von Bilzingsleben umfasste wahrscheinlich 30–40 Personen. Aus heutiger Sicht erstaunt uns das Vorkommen vieler Tierarten, die es gegenwärtig nur noch in Afrika gibt. Aber zur Zeit der Bilzingslebener war es viel wärmer als heute. Selbst im kältesten Monat lagen die Durchschnittstemperaturen gerade um den Gefrierpunkt. Milde Winter und warme Sommer bestimmten das Klima.
Sie ernährten sich aber nicht nur von dem Fleisch der verschiedenen Tiere sondern auch von Pflanzen, die gesammelt wurden.

Der Lagerplatz

Die Frühmenschen von Bilzingsleben hatten sich für ihr Lager einen sehr günstigen Platz ausgesucht.

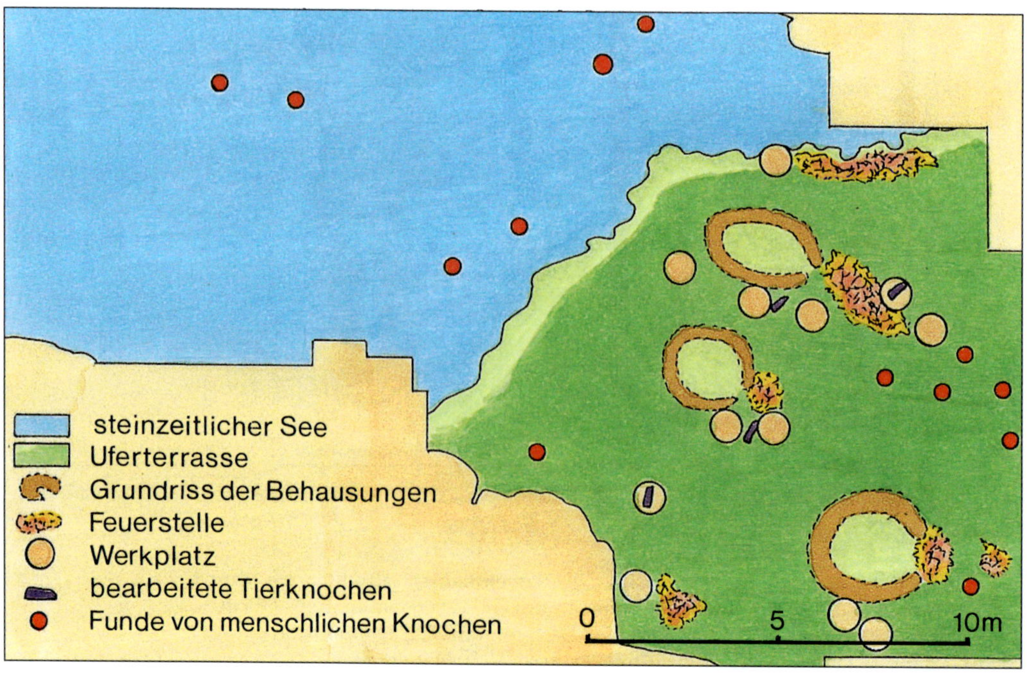

1 **Der Lagerplatz von Bilzingsleben.** Rekonstruktionsskizze nach den Funden der Forscher.

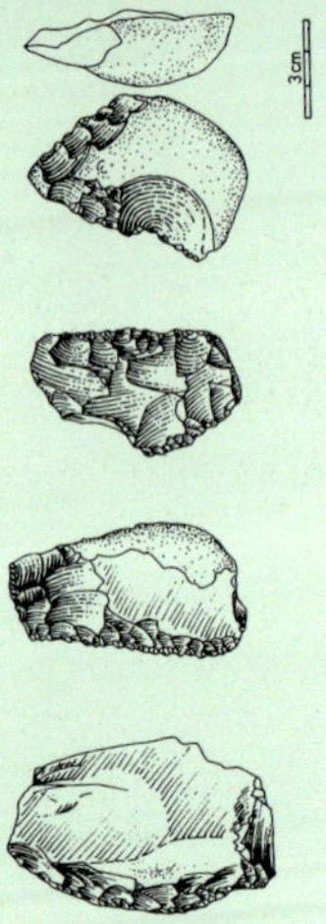

Steingeräte aus Bilzingsleben. *Rekonstruktionszeichnung.*

Amboss*:
Harte Unterlage, auf der z. B. Schmiede mit schwerem Werkzeug arbeiten. Heute fast immer aus Stahl.

Horde*:
Ungeordnete Gruppe umherziehender Menschen ohne größeren inneren Zusammenhalt und ohne Führung.

Frühmensch - Neandertaler - Jetztzeitmensch

Der See bot den Vorteil der Wassernähe. Sein Schilfgürtel umgab mehr als die Hälfte des Rastplatzes und schützte vor Raubtieren. Hinter dem Lagerplatz stieg ein Talhang auf. Von dem Hang aus hatte man eine freie Sicht auf die wildreiche Gegend.

1 *Erklärt, warum es so schwierig ist, Einzelheiten über das Leben der Frühmenschen zu erfahren.*

2 *Erklärt die Abbildung 1, S. 26 mit eigenen Worten. Berücksichtigt dabei die wichtigsten Erkenntnisse der Forscher.*

3 *Überlegt, welche Bedeutung die Werkzeuge für die Bilzingslebener hatten.*

4 *Erklärt, warum die Bilzingslebener in einer Gruppe zusammen arbeiten mussten. Ihr könnt in einer Geschichte ausmalen, wie es bei einer Jagd zugegangen sein mag (vgl. Abbildungen S. 28/29).*

Der Neandertaler

Die im August 1856 von Steinbrucharbeitern in einer Höhle im Neandertal bei Düsseldorf gefundenen Fossilien gehörten zu einem anderen Menschentyp, der nach seinem Fundort Homo sapiens neanderthalensis (Neandertaler) genannt wird. Er hat sich in seiner Lebensweise dem eiszeitlichen Klima (S. 38) angepasst. Die Neandertaler waren Sammler und Jäger sowie hervorragende Werkzeughersteller. Eine besondere Neuerung war die sorgsame Bestattung der Toten. Daraus kann man schließen, dass die Neandertaler bereits an ein Weiterleben nach dem Tod glaubten. Umstritten ist, ob der Neandertaler über eine voll ausgeprägte Sprache verfügte. Manche Anthropologen* bescheinigen ihm eine grundsätzliche Sprachfähigkeit, doch sei diese kaum über die Sprechfertigkeit von Kleinkindern hinausgegangen. Da es keine Funde von diesen Menschen nach 35 000 v. Chr. mehr gibt, nimmt man an, dass sie um diese Zeit schon ausgestorben waren.

Der Jetztzeitmensch

Vor etwa 40 000 Jahren wanderten Leute von der Art der Jetztzeitmenschen in Europa ein. Nach ihrem ersten Fundort in Frankreich wurden sie Cro-Magnon-Menschen genannt. Wie die Funde zeigen, waren diese Menschen geschickter als ihre Vorfahren. Sie entwickelten mit der Höhlenmalerei (S. 34) bereits die frühesten Formen der Kunst. Aber sie lebten noch vom Sammeln und Jagen.

Vor 18 000 Jahren wanderten Jetztzeitmenschen von Asien über die Beringstraße nach Amerika.

1 *Betrachtet die verschiedenen Rekonstruktionen des Vor- und Frühmenschen (S. 24/25): Zählt auf, worin ihr die Vorteile des aufrechten Ganges seht.*

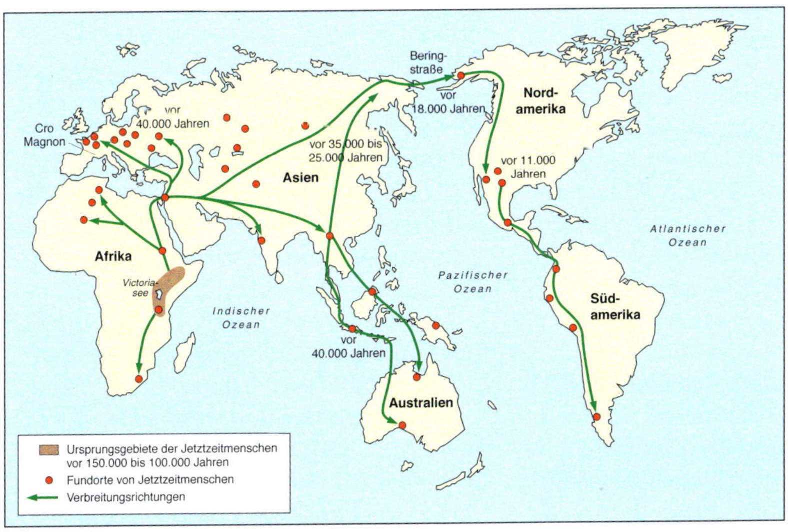

2 Fundstätten und Verbreitung des Jetztzeitmenschen.

2 *Stellt auf der Karte 2 fest, wie sich der Jetztzeitmensch über die ganze Erde verbreitete.*

3 *Überlegt, warum für die frühen Menschen der Gebrauch des Feuers so wichtig war (hierzu auch S. 32/33).*

4 *Erklärt, welchen Nutzen das Zusammenleben in Gruppen bzw. Horden bot.*

Ein Neandertaler in der U-Bahn?
1957 beschrieben zwei englische Forscher den Neandertaler als ein Wesen, das uns ähnlicher ist als man bisher geglaubt hatte: „Wenn es möglich wäre, dass er wieder auferstünde und in einer New Yorker Untergrundbahn führe, würde er – vorausgesetzt man hätte ihn gebadet, rasiert und in moderne Kleidung gesteckt – vermutlich kaum mehr Aufsehen erregen als ein anderer Bürger."

Vor ca. 350 000 Jahren:
Eine Gruppe von Frühmenschen lebte in der Nähe von Bilzingsleben. Sie beherrschten sehr genaue Techniken zur Bearbeitung von Steinen, Knochen und Holz. Die Großwildjagd war ihre wichtigste Nahrungsquelle.

Anthropologie*:
Die Wissenschaft von Menschen. Besonders berücksichtigt werden Fragen der Biologie, der Weltanschauung, der Erziehung und des Glaubens.

Die Menschen als Jäger und Sammler

Die typische Jagdbeute der Menschen der Nacheiszeit:
1 Hirsch
2 Reh
3 Elch
4 Ur

1

2

3

4

1 Jäger und Sammler. Rekonstruktionszeichnung.

Die Nahrungsbeschaffung

Überleben konnten die frühen Menschen nur in kleineren Gruppen. Ihr Leben war ausgefüllt durch die Sorge um die tägliche Nahrung. Der Großteil der Nahrung wurde gesammelt. Früchte, Beeren, Nüsse, Pilze essen wir heute auch noch. Doch die Frühmenschen verschmähten auch Wurzeln, Insekten und Kleingetier nicht. Die Nahrung konnte noch nicht für längere Zeit konserviert werden. Fleisch gab es nur nach erfolgreichen Jagden, solange die gebratenen Stücke ausreichten und genießbar waren.
Mit den einfachen Waffen aus Stein, Holz oder Geweih war die Jagd sehr schwierig und sicher sehr gefährlich.

1 *Tragt zusammen, was die Menschen auf der Abbildung 1 alles für das Leben ihrer Gruppe tun.*

Fundstellen in Berlin und Brandenburg

In Berlin und Brandenburg haben Archäologen bis heute nur wenige Hinweise für die Anwesenheit früher Menschen wie etwa in Bilzingsleben (siehe S. 26) gefunden. Möglicherweise haben die riesigen Gletscher, die Berlin und Brandenburg in den letzten beiden Eiszeiten (S. 38) unter einer dicken Eisschicht begruben, alle Spuren verwischt.

Q1 Die Feuersteine und Faustkeile, die man z. B. in Schulzendorf (Kreis Königs Wusterhausen) oder in Berlin-Neukölln fand, stammen erst aus der Zeit zwischen 70 000 und 40 000 v. Chr. Eine Wissenschaftlerin schreibt:
... Deutlichere Spuren einer stärkeren Besiedlung gibt es erst am Ende der Eiszeit um 15 000 v. Chr. In dieser Zeit gab es im heutigen Berlin und Brandenburg Pferde- und Rentierherden, Antilopen, vereinzelt auch noch Mammute und Wollnashörner sowie Bären, Wölfe, Polarfüchse, Schneehasen, Schneehühner, Lemminge und verschiedene Vogelarten. Vereinzelt traten auch schon Waldbewohner wie Rothirsch, Reh und Elch auf. Wo das Wild besonders reichlich Futter fand und die Herden in Abständen immer wieder

Die Menschen als Jäger und Sammler

2 **Skelett eines Auerochsen, der von späteiszeitlichen Jägern erlegt wurde.** Fund auf der Talsandinsel „Schlaatz“ im Nuthetal bei Potsdam. Foto.

hinzogen, folgte der Mensch. So kam es zunächst in den breiten, tief eingeschnittenen Tälern der Saale und Elster zu einer regelrechten Besiedlung durch Jäger, die den nach Norden mit dem Eis zurückweichenden Rentierherden folgten. ...

Ein besonders eindrucksvoller Fund aus dieser Zeit ist das Skelett eines Auerochsen, das bei Postdam gefunden wurde (siehe Abbildung 2). Das Tier wurde von späteiszeitlichen Jägern erlegt und ausgeweidet.

Siedlungsplätze der Rentierjäger wurden in Berlin und Brandenburg an zahlreichen Orten entdeckt. Besonders bedeutungsvoll ist die Fundstelle in Friesack im Landkreis Havelland. An dem Moorfundplatz wurden nicht nur 100 000 Gegenstände aus Stein gefunden, wie z. B. Pfeilspitzen, Schaber, Kratzer, Beile und Hacken. Auch Gegenstände aus Holz und Knochen sind durch das Moor erhalten geblieben, so z. B. Schöpfgefäße und Becher aus Rinden oder Einbaumboote aus Holz. Zudem fand man in Friesack die bisher ältesten Schnüre, Seile und Netze der Welt. Sie wurden vor ca. 9000 Jahren aus Baumbast hergestellt.

2 *Informiert euch im Museum für Vor- und Frühgeschichte Berlin (Tel. 030 266 42 42 42) über frühgeschichtliche Fundstellen in Berlin und Brandenburg.*

3 *Überlegt, wie sich das Leben der Jäger und Sammler in der Warmzeit von dem in der Eiszeit unterschied.*

4 *Vermutet, wie und warum sich die Jagdmethoden in der Warm- und Kaltzeit änderten.*

Die typische Jagdbeute der Menschen der Nacheiszeit:
5 Braunbär
6 Wildschwein
7 Wolf
8 Luchs

5

6

7

8

Leben in der Altsteinzeit

1 **Rekonstruktion der Bekleidung aus der Altsteinzeit*.** Nach dem Grabfund von Sungir bei Moskau.

2 **Rekonstruktion eines Zeltes.** Foto.

Altsteinzeit*:
Vor etwa 2 Millionen Jahren begann die Altsteinzeit. Sie endete mit der letzten Eiszeit um 8000 v. Chr.
In dieser Zeit lebten die Menschen ausschließlich als Jäger und Sammler.
Sie zogen in familienähnlichen Lebensgemeinschaften von etwa 20–30 Personen umher.
Ihre Geräte und Waffen stellten sie aus Steinen, Knochen und Holz her.

Kleidung, Wohnen und Feuer

Aufschlüsse über Kleidung und Wohnung in dieser frühen Zeit geben nur wenige Funde. Wahrscheinlich stellten die Frauen die Kleidung her, während die Männer auf der Jagd waren. Am Ende der Altsteinzeit bestand die Kleidung vermutlich aus einer parkaähnlichen Jacke, einer Hose und Schuhen, manchmal auch einer Mütze (Abbildung 1).

In einigen Höhlen wurden Feuerstellen gefunden. Vor Höhlen und im Schutz der Felsen konnten Überreste von Lagerplätzen festgestellt werden. Von Bilzingsleben (siehe S. 26/27) und von anderen Fundstellen wissen wir, dass die Jäger und Sammler in Zelten aus Fellen wohnten (Abbildung 2).

Die Menschen kannten aber auch schon andere Wohnstätten. Bei einer Grabung wurde neben dem Feuerplatz eine Wohngrube gefunden. Sie hatte einen runden Grundriss mit ungefähr 2,50 m Durchmesser und war bis 1,70 m tief in den Boden eingegraben. Die Grube war wahrscheinlich mit einem Dach aus Zweigen und Fellen bedeckt.

Der Feuerplatz hatte Raum für 8 bis 10 Personen. Einen Meter von der Feuerstelle entfernt befand sich ein Haufen unverbrannter Mammutknochen: das aufgestapelte Feuerungsmaterial.

Das Feuer bedeutete für die Menschen Wärme, Licht, Schutz vor wilden Tieren und die Möglichkeit, das Essen zuzubereiten (S. 32/33). Es wurde in den Wohnplätzen sorgsam gehütet. War es einmal ausgegangen, musste man es mühsam neu entzünden (vgl. Abbildung 3). Auf den Wanderungen wurde die Glut mitgenommen. Am neuen Lagerplatz konnte dann schnell ein neues Feuer entfacht werden.

1 *Wiederholt, welche Bedeutung das Feuer hatte.*

2 *Überlegt, wie auch das Wohnen die Menschen zwang, in Gruppen zu leben.*

3 *Gebt Gründe dafür an, warum die Lebensweise der Jäger und Sammler den Bau fester Häuser nicht zuließ.*

3 **So machen Ureinwohner in Australien heute noch Feuer.** Foto.

Leben in der Altsteinzeit

Die Werkzeugherstellung

Q1 Der Archäologe F. Behn schrieb über die Entwicklung der Werkzeuge*:

... Die ersten Werkzeuge des Menschen waren seine Körperteile, voran Arme und Beine. Ihre Wirkung zu steigern ... war das Ziel ... frühester Erfindertätigkeit der Menschen. Die Reichweite des Armes konnte durch einen abgerissenen Ast, der Schlag der Faust durch einen aufgehobenen Stein verstärkt werden. Der nächste Schritt ... bestand darin, dem Rohstoff eine Form zu geben, die ihn für bestimmte Handlungen geeigneter machen konnte. ... Das wichtigste Gerät der ersten Zeit hat Mandelform, man hat es Faustkeil genannt. Es konnte für ... alle Zwecke verwendet werden. Wir können seine Entwicklung an Tausenden von Exemplaren ... verfolgen. ... Der schwere Faustkeil wird ständig kleiner und endet als zierliche Handspitze. An die Stelle des allein verwendeten Werkzeuges tritt nun eine lange Reihe von Spezialformen: Schaber, Messer, Bohrer, Kratzer ... usw. Außer Holz und Stein stand den Menschen der Eiszeit noch ein weiterer Rohstoff zur Verfügung, der Knochen. ...

4 *Ordnet die Werkzeuge in Abbildung 4 nach dem Alter. Begründet die Reihenfolge und erklärt, warum neue Werkzeuge erfunden wurden.*

5 *Beschreibt die Herstellung eines Werkzeuges nach Abbildung 5.*

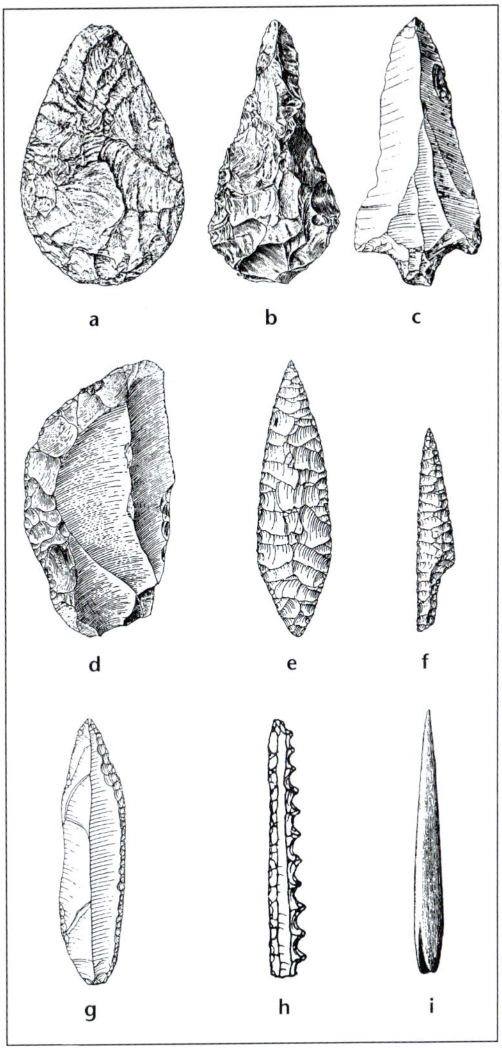

4 **Werkzeuge aus verschiedenen Schichten.** Rekonstruktionszeichnung.

***Werkzeuge**:**
Die Menschen der Altsteinzeit stellten ihre Werkzeuge und Waffen aus Steinen, Knochen und Holz her. Ihr wichtigstes Gerät war zunächst der Faustkeil. Im Laufe der Zeit entwickelten sich zahlreiche Werkzeuge mit Spezialformen für die unterschiedlichsten Aufgaben: Schaber, Messer, Bohrer, Kratzer ...

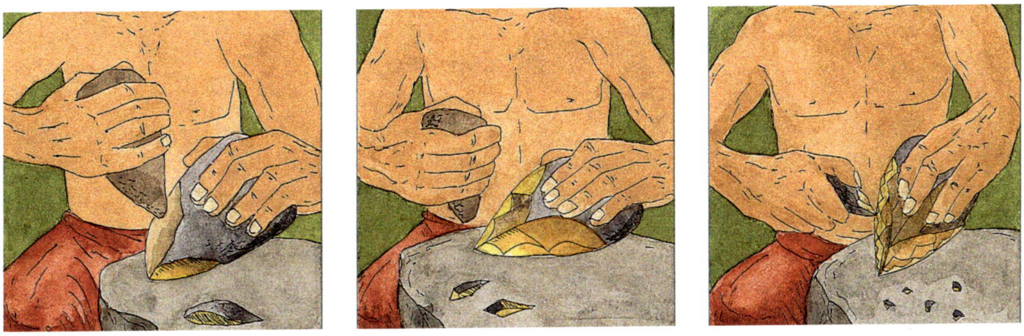

5 **Herstellung eines Werkzeuges.** Rekonstruktionszeichnung.

Gemeinschaft am Feuer

1 Lagerplatz einer Horde von Steinzeitmenschen.

Vor 500 000 Jahren:
Die Menschen entdeckten das Feuer und beginnen, es sich nutzbar zu machen.

Vor 50 000 Jahren:
Unsere Vorfahren lernten, selbst Feuer zu entzünden: Sie rieben einen harten Ast auf einem Stück trockener Baumrinde und brachten durch die Reibung die Rinde zum Glühen. Oder sie schlugen zwei Feuersteine gegeneinander. Dadurch entstanden Funken, mit denen sie trockenes Gras entzündeten.

Zunächst hatten die Menschen Angst vor dem Feuer, denn es kam mit gewaltigem Donnern und mit Blitzen daher und verbrannte alles in seiner Umgebung. Sie nannten es deshalb „das Feuertier".

Doch dann erkannten sie, dass das Feuer ihnen viele Vorteile bot: Es spendete ihnen Licht und Wärme, bot Schutz vor wilden Tieren und machte das Essen genießbarer. Sie hüteten das Feuer gut und nahmen es mit, wenn sie den Lagerplatz wechselten. Die Feuerstelle wurde rasch zum Mittelpunkt der Horde. Am Feuer kamen sie zusammen, verteilten die Jagdbeute, bereiteten ihr Essen zu und tauschten dabei ihre Erlebnisse und Erfahrungen aus. So entwickelte sich ein festes Zusammengehörigkeitsgefühl zwischen ihnen.

Durch die Nutzung des Feuers verbesserten sie ihre Arbeits- und Lebensbedingungen enorm.

Q1 „Das Feuertier"

„In einer tiefen, geräumigen Höhle hauste in jener Zeit eine Urmenschenfamilie, eine Horde.

Viele Tage lang konnte sie die Höhle nicht verlassen, denn es stürmte und regnete ununterbrochen. Längst hatten die Urmenschen ihre Nahrungsvorräte aufgegessen. Endlich beruhigte sich der Sturm, und der Regen ließ nach. Zögernd wagte sich die Horde wieder ins Freie. Nur eine Frau, ein alter Mann und ein Kind blieben zurück. Sie saßen am Höhleneingang. Dort brannte ein Feuer, das große, flache Steine erwärmte. Die Frau hielt einen langen Ast aus hartem Holz in der Hand. Damit stocherte sie immer wieder in der Glut. Wollte das Feuer zusammensinken, so stieß die Frau dumpfe Laute aus und deutete in die Tiefe der Höhle. Sofort stand das Kind auf und verschwand. Mit Reisig und Ästen kam es zurück. Die Frau warf die trockenen Zweige ins Feuer. Sie lohten auf und verbreiteten wohltuende Wärme.

Plötzlich bewegte sich das Gebüsch neben der Höhle. Zwei Männer zogen ein getötetes Wildpferd hinter sich her. Nach und nach kam die Horde zurück. Alle Männer trugen Holzkeulen, Steine oder spitz auslaufende Äste als Waffen.

Die Frauen und Kinder schwenkten Zweige, an denen rote Beeren hingen. Manche hatten die Hände auch voller Wurzeln und Knollen.

Alle versammelten sich um das Feuer. Mit Steinen rissen sie vom Skelett des Wildpferdes die Fleischstücken ab und legten sie auf die flachen Steine, die im Feuer heiß ge-

Gemeinschaft am Feuer

worden waren. Das Fleisch verbreitete bald einen angenehmen Geruch. Jeder bekam ein großes Stück Fleisch und konnte seinen Hunger stillen.
Vor langer Zeit hatten Vorfahren dieser Horde das Feuertier eingefangen. Das war in einem besonders heißen Sommer gewesen. Trockenes, dürres Steppengras war von selbst in Brand geraten. Sofort loderte auch das morsche Holz der Sträucher und Bäume hell auf. In kurzer Zeit brannte die weite Steppe. Wie ein rasendes Ungeheuer wälzte sich das Feuertier den Urmenschen entgegen. Sie flohen, doch es verfolgte sie. Hatte es sie erreicht, biss es unbarmherzig zu und versengte ihnen Haut und Haare. Kreischend hatten sich die Urmenschen in eine Höhle geflüchtet. Dorthin konnte ihnen das Feuertier nicht folgen.
Seine Gewalt ließ nach, als es Gras und Sträucher verschlungen hatte. Nur noch an einigen Stellen züngelten kleine rote Feuerschlangen. Die Urmenschen wagten sich wieder aus ihrer Höhle heraus. Sie spürten, dass die sengende Hitze einer wohligen Wärme gewichen war. Im Umkreis der Höhle fanden sie tote Vögel, Mäuse und Eichhörnchen, die kein Fell mehr hatten. Wie angenehm sie jetzt rochen! Vorsichtig ergriffen die Urmenschen einige Tiere und bissen hinein. Wie leicht das ging! Wie gut das schmeckte!
In den Flammen war das Fleisch weich und knusprig geworden. Die Urmenschen sammelten nun die vom Feuertier gebratenen Tiere. Dabei kamen sie auch an Sträuchern und Ästen vorbei, an denen das Feuertier noch züngelte. Ein Mann nahm das vom Feuer unversehrte Ende eines brennenden Astes in die Hand und schwang ihn durch die Luft. Das Feuer lohte hell auf. Aber es tat ihm nichts. Ein anderer Mann wollte ein verkohltes, noch glimmendes Holzstück anfassen. Schreiend ließ er es wieder fallen. Das Feuertier hatte ihm in die Finger gebissen. Doch als das Holzkohlenstück nur noch wenig glimmte, fasste er wieder Mut. Er holte aus der Höhle einen Tierschädel und nahm auch einen Stein mit. Behutsam schob er die Holzkohle mit dem Stein in den Schädel. Schnell trug er seine Beute zur Höhle. Den Gefährten hielt er das glühende, rauchende Feuertier ruhig entgegen.

1 *Welche Vorteile hatte es für die Menschen, das Feuer zu nutzen?*
2 *Wie bewachten die frühen Menschen das Feuer?*

2 **Gemeinschaft am Feuer.** Filmszene.

Lesetipp:
Mehr vom Feuertier könnt ihr lesen in dem Buch von Gerda Rottschalk: Vom Feuertier und den Wildpferdjägern Berlin: Kinderbuchverlag 1985

Die ersten Kunstwerke entstehen

Frauenfiguren aus der Steinzeit

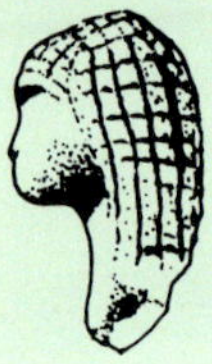

Frauenkopf aus Elfenbein, Frankreich, um 8000 v. Chr.

Venus von Véstonice, geformt aus Ton und Knochenmehl, um 15 000 v. Chr.

Der tanzende Zauberer. Höhlenmalerei.

1 **Malerei in der Höhle von Lascaux, Frankreich.** Um 15 000 v. Chr. Foto.

Jagdzauber und Höhlenmalerei

1 *Betrachtet die Abbildung 1 und beschreibt, was ihr erkennen könnt.*

1940 entdeckten vier Jungen die Höhle von Lascaux in Südfrankreich. Wände und Decke der Höhle waren von Hunderten von Tierbildern bedeckt. Die Malereien sind nicht zufällig angeordnet, sondern scheinen einen Zusammenhang zu haben. Also eine Bildergeschichte, deren Sinn wir nicht ganz deuten können. Andere Höhlenmalereien in Südfrankreich und Spanien lassen vermuten, dass es sich um eine Art Jagdzauber handelte.

Q1 Ein Vorgeschichtsforscher berichtete über seinen Besuch in einer eiszeitlichen Höhle:

… Wir zünden unsere Lampen an und dann geht es in die Höhle. Der Boden ist ganz feucht und glitschig. Es geht hinauf und hinab. … Dann kommt der Tunnel. Der ist nicht viel breiter als meine Schulter und auch nicht höher. Die Arme dicht am Körper, so kriechen wir auf dem Bauch vorwärts. Der Gang ist stellenweise nur 30 cm hoch. … Meter um Meter muss so erkämpft werden, 40 m insgesamt. Es ist grausig, so dicht über dem Kopf die Decke zu haben. Riesig ist der Saal – und da sind auch die Zeichnungen. Eine Wand ist bedeckt mit Bildern. … Da sieht man alle Tiere, die damals in der Gegend lebten: Mammut, Rhinozeros, Bison, Wildpferd, Bär, Rentier, … Hase, Schneehuhn und Fische. Überall sieht man Pfeile, die auf die Tiere zufliegen. Sie zeigen Einschusslöcher. Das richtige Jagdbild also, das Bild des Zaubers der Jagd. …

Über den Bildern erkennt man in 4 m Höhe einen Steinzeitjäger, der als Zauberer in seinem Tanz die Jagd beschwört (siehe die Abbildung in der Randspalte links).

Q2 Der Forscher berichtet weiter:

… Auf dem Kopf trägt er das Geweih des Rentiers, an den Händen die Pfoten des Bären, er hat … den Schweif des Pferdes. Das ist der Herr der Tiere. …

Woran glaubten die Jäger und Sammler?

2 **Hünengrab***. Foto 1993.

An diesem Platz versammelten sich die Jäger vor der Jagd, zeichneten Pfeile in die Tierleiber und tanzten. Sie wollten damit den Geist der Tiere beschwören, um sich eine gute Jagd zu sichern.
Auch in Sachsen gibt es Zeugnisse des Jagdzaubers. In Groitzsch bei Erlenburg wurde ein Lager ausgegraben, das von Wildpferdjägern stammte. Auf einer Schieferplatte fand man drei Wildpferdköpfe mit jeweils einem Einstich am Hals. Vermutlich sollte damit das Pferd gebannt und ein Jagderfolg herbeigezaubert werden.

Grabsitten in der Altsteinzeit

Durch eine Reihe von Funden wissen wir, dass schon die Jäger und Sammler die Toten beerdigt haben.

Q3 Otto Hauser, ein Archäologe, berichtet:
... Es war ein unvergesslicher Moment, als ich mit bloßen Händen die Erde sacht abhob und das Schädeldach bloßlegte. ...
Alle Anzeichen sprachen dafür, dass die alte Höhlenhorde den 16 bis 18-jährigen Mann ehrfurchtsvoll bestattet hatte. Wegzehrung in Form gebrannter Bisonkeulen, schöne Feuersteinwerkzeuge lagen bei der Hand. Eine Grabstätte aus grauferner Zeit. ...

3 **Steinkistengrab aus der Jungsteinzeit.** Ähnliche Bestattungen gab es schon in der Altsteinzeit. Foto.

Die Jäger und Sammlerinnen betteten die Toten in Gruben, oft in unmittelbarer Nähe ihrer eigenen Wohnstätte.
Schmuck, Werkzeuge, Lebensmittel wurden mit ins Grab gegeben. Sie glaubten offensichtlich an ein Weiterleben nach dem Tod. Wie sie sich das Leben nach dem Tod vorstellten, wissen wir nicht.
Es ist anzunehmen, dass sich die Menschen gegenüber den Naturgewalten hilflos fühlten und Angst vor Blitz und Donner, Krankheit und Tod hatten. Sie werden sich gefragt haben, woher das alles kommt.
Beim Nachdenken über diese Fragen kamen die damaligen Menschen vermutlich auf den Gedanken, dass übernatürliche Kräfte, Götter und Geister ihr Leben beeinflussten.

2 *Fasst zusammen, was ihr über die Grabstätten in der Altsteinzeit erfahren habt. Überlegt, inwieweit sie sich von unseren heutigen Vorstellungen unterscheiden.*
3 *Stellt selbst Höhlenzeichnungen her. Beachtet hierzu die Hinweise auf S. 37.*

Hünengräber*: *Übliche Bezeichnung für Großsteingräber. Sie wurden in der Steinzeit aus großen Steinblöcken oder -platten errichtet und waren ursprünglich mit einem Erdhügel bedeckt.*

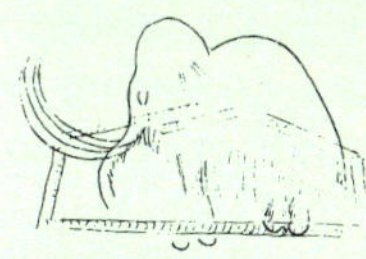

Ein Mammut in der Falle. Höhlenmalerei um 12 000 v. Chr.

Von Pfeilen getroffener Wisent. Höhlenmalerei um 15 000 v. Chr.

Werkstatt Geschichte: Werkzeuge und Höhlenbilder

1. Ein Jäger braucht ein neues Werkzeug
Auf der Jagd ist ein Faustkeil verloren gegangen. Ein Neuer muss hergestellt werden.

- Sucht euch dazu geeignete Steine, am besten Feuersteine.
- Probiert, welche Steine sich am besten bearbeiten lassen.
- Sammelt mehrere Steine von der Art, die sich gut bearbeiten lässt.
- Legt einen Stein von der passenden Größe auf einen festen Untergrund und versucht, durch vorsichtige Schläge mit einem anderen Stein kleine Splitter abzuschlagen. Gebt so eurem Werkzeug eine handliche und spitze Form.
- Schärft nun die Spitze und die Kanten, indem ihr mit einem kleinen Stein Splitter vom Rand abschlagt.
- Prüft, ob man die abgeschlagenen Splitter als Werkzeuge benutzen kann.
- Sucht die heraus, die sich als Messerklingen oder als Schaber eignen.

Vielleicht findet ihr auch einen spitzen Splitter, mit dem ihr Löcher in ein Fell bohren könnt. Diese Bohrer brauchten die Jäger, wenn sie aus mehreren Fellen eine Zeltdecke zusammennähen wollten.

1 **Faustkeil.** Foto.

Wenn man Steine gegeneinander schlägt, springen Splitter ab, die weit fliegen können. Deshalb müsst ihr bei der Bearbeitung der Steine eine Schutzbrille tragen.

2. Nichts darf verloren gehen

- Wozu konnten die Steinzeitmenschen ihre Jagdbeute verwenden? Nahrung, Kleider, Fäden, Schnüre, Waffen, Schmuck, Geräte, Werkzeuge, Zeltdecken, Heizmaterial, …
- Zeichnet die Grafik ab und tragt die Verwendungszwecke in eure Zeichnung ein.

Werkstatt Geschichte: Werkzeuge und Höhlenbilder

2 **Höhlenmalerei.** Buchillustration.

3. Höhlenbilder selbst gemacht

Die Maler der Steinzeit zeichneten mit Holzkohle geheime Zeichen oder die Umrisse wilder Tiere auf die Felswände. Dann trugen sie mit einem Stück Fell oder mit gebündelten Blättern Farbe aus zerriebenen Mineralien auf. Solche Felsmalereien könnt ihr auch selbst herstellen.

Das braucht ihr:

- Farbige, pulvrige Materialien: Erde, Mehl, Sand, Tee- oder Kaffeesatz, Gewürze (Paprika, Curry ...), Sägemehl oder Ähnliches.
- Tapetenkleister.
- Ein großes Einmachglas, möglichst verschließbar.
- Feste Pappen und Zeitungspapier.
- Pinsel oder Löffel.

So geht es:

1. Seht euch Höhlenmalereien aus der Steinzeit an. Motive findet ihr auf den S. 34–35 oder in einem Lexikon.
2. Rührt Tapetenkleister in dem Einmachglas an.
3. Vermischt euer Pulver mit dem Kleister.
4. Zerknüllt euer Zeitungspapier. Bestreicht es dann mit Kleister und klebt es auf die Pappe. Klebt das Papier so auf, dass kleine Berge und Täler entstehen (so wie die Oberfläche einer echten Felswand).
5. Jetzt könnt ihr euer Bild malen: Tiere, Landschaften, Geheimzeichen ...; die Farbe könnt ihr mit dem Finger, einem Löffel oder einem Pinsel auftragen.

Lebensbedingungen in der Eiszeit

Eiszeiten:*
Durch den weltweiten Rückgang der Temperaturen kam es in verschiedenen Epochen der Erdgeschichte zum Vorrücken von Gletschern. Von Nordeuropa kommend schoben sich die Eismassen immer weiter nach Mitteleuropa. Die Zeiträume zwischen den Eiszeiten nennt man Warmzeiten.

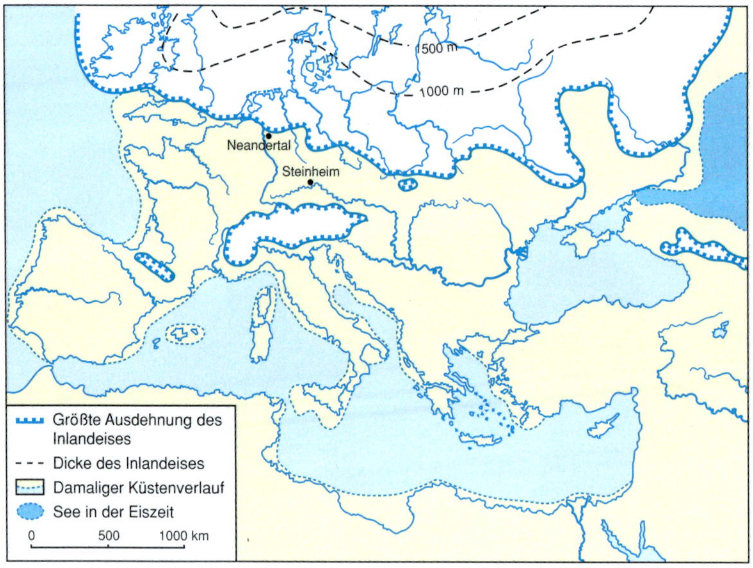

1 Die Verbreitung des Eises in der Eiszeit.

Sibirische Tundra* (Mehrzahl: Tundren):
Baumlose Kältesteppe (Flechten, Moose) in den nördlichen Kaltzonen der Erde. In versumpften Gegenden herrschen große Stechfliegen- und Mückenplagen.

Vegetation*:
Pflanzenwelt.

Fundgrube:
Atlas der Frühgeschichte. Von den Anfängen der Menschheit bis zur Antike. United Soft Media Verlag, München 1998.

Das Klima in Europa war nicht immer gleich. Es veränderte sich mehrmals. Vier lang andauernde Eiszeiten* hat es in dem Zeitraum, in dem die Frühmenschen lebten, gegeben. Man benannte sie nach kleinen Flüssen im Voralpenland: Günz-, Mindel-, Riss- und Würm-Eiszeit. Über Jahrtausende lag die Durchschnittstemperatur im Juli bei +5° C, und im Winter sank die Temperatur auf bis zu –40° C. Dicke Eisschichten bildeten sich in Nordeuropa und in den Alpen. Die Eismassen schoben sich als Gletscher immer weiter nach Mitteleuropa vor und bildeten eine Eisdecke von 100 bis 3000 m Dicke. Vor den Gletschern taute der Boden auch im Sommer kaum auf. Die Vegetation* veränderte sich. Die Wälder verschwanden; Steppen, Tundren und Moore entstanden.

Wie die Tundra* heute in Sibirien sah wohl ein großer Teil Mitteleuropas in der Eiszeit aus. Näher an den Gletscherrändern hörte der Baumwuchs auf. Flechten und Moose bedeckten den Boden. Die Tiere, die nicht an die Kälte gewohnt waren, zogen fort oder starben aus. Andere, wie das Mammut, der Höhlenbär oder das Ren, breiteten sich aus. Zwischen den Eiszeiten gab es immer wieder lange Zeiten, in denen es wärmer wurde. Das Eis schmolz; Tiere und Pflanzen, die wärmeres Klima brauchten, kehrten zurück.

1 *Beschreibt nach der Karte 1 die Verbreitung des Eises.*

2 *Was könnt ihr über die Menschen und ihren Lebensraum herauslesen?*

3 *Sprecht über die Auswirkungen einer solchen „Eiszeit" auf Pflanzen, Tiere und Menschen.*

4 *Erläutert mithilfe des Textes die Grafik 2. Achtet auf die Zeiten.*

2 Eiszeiten und Warmzeiten.

Zusammenfassung

Der Mensch als Jäger und Sammler
Die ältesten Spuren der Menschen auf der Erde sind rund zwei Millionen Jahre alt.
Die Frühmenschen gingen aufrecht, und ihr Gehirn hatte sich in Größe und Form zu dem der Affen wesentlich verändert.
Das Leben der Menschen war ein ständiger Kampf um Nahrung und Kleidung. Die Menschen jagten Tiere und sammelten pflanzliche Nahrung. Sie mussten dem wandernden Wild nachziehen und Gebiete aufsuchen, in denen es genügend pflanzliche Nahrung gab. Deshalb lebten sie als Nomaden.

Die Menschen stellen Werkzeuge her und beherrschen das Feuer
Die frühen Menschen lebten in Horden und lernten, Werkzeuge aus Stein, Knochen und Holz herzustellen: Vor allem Faustkeile, später auch Schaber, Messer, Bohrer, Kratzer …
Wesentliche Verbesserungen ihrer Lebens- und Arbeitsbedingungen brachte ihnen die Nutzung des Feuers: Feuer brachte Licht und Wärme, Schutz vor wilden Tieren und machte das Essen genießbarer.
Man lebte in Höhlen und Zelten, aber auch z. T. schon in Wohngruben.

Die Menschen entwickeln einen Glauben
Schon bei den Neandertalern wurden die Toten sorgsam bestattet, woraus man schließen kann, dass die Menschen an ein Weiterleben nach dem Tod glaubten.

Der Mensch als Künstler
Vor ca. 40 000 Jahren wanderten Jetztzeitmenschen – nach ihrem ersten Fundort Cro-Magnon-Menschen genannt – nach Europa ein. Sie waren geschickter als ihre Vorfahren und erfindungsreich. Und sie stellten Höhlenmalereien her, die ersten Formen der Kunst.

Zum Nachdenken
Ein Wissenschaftler hat einmal folgende Behauptung aufgestellt: Der heutige Mensch könne unter den Lebensbedingungen der Neandertaler nicht überleben. Umgekehrt wäre es wohl denkbar, dass ein Neandertaler ein zuverlässiger Vorarbeiter oder Abteilungsleiter in einem Betrieb werden könne.

1 *Erklärt diese Behauptung.*

vor etwa 2 000 000 Jahren

In Afrika entwickelt sich der Homo Sapiens.

vor etwa 500 000 Jahren

Der Mensch entdeckt das Feuer und beginnt, es sich nutzbar zu machen. Seit ca. 50 000 Jahren kann er es selbst entzünden.

vor etwa 200 000 Jahren

Die Neandertaler waren an die Kälte der Eiszeit angepasst und stellten vielfältige Werkzeuge her.

vor etwa 40 000 Jahren

Der Homo Sapiens wandert in Europa ein. Die Menschen der Altsteinzeit lebten als Jäger und Sammler.

Die Entwicklung im Gebiet des fruchtbaren Halbmondes

Bloß eine schäbige Hütte?

Auf den ersten Blick sieht das Haus auf dieser Doppelseite nicht besonders toll aus. Aber könnt ihr euch vorstellen, dass Häuser wie dieses vor wenigen tausend Jahren allein mit Muskelkraft und Werkzeugen aus Stein errichtet wurden? Da gab es noch keine Kettensäge, keinen Schlagbohrer und keinen Elektrohobel. Dahinter steckt eine beachtliche Leistung.

Andere Kulturen, wie die Bewohner Catal Hüyüks oder die in Mesopotamien bauten sogar schon ganze Städte.

Aber warum bauten die Menschen überhaupt Häuser oder gar Städte? Als Jäger und Sammler hatten sie oft den Lagerplatz wechseln müssen, um Nahrung zu finden. Nun begannen sie in vielen Regionen der Welt, sesshaft zu werden. Warum und wie, erfahrt ihr in diesem Kapitel.

Catal Hüyük – Wiege der Zivilisation

1 Bauweise der Stadt Catal Hüyük. Teilrekonstruktion. Animation.

Typischer Hauptraum *mit Dachkonstruktion und Einstiegsleiter. Animation.*

Catal Hüyük (auch: Catal Höyük) liegt in der Türkei, etwa 50 Kilometer östlich der Stadt Konya. Es ist eine archäologische Sensation, die ihren Entdecker James Mellaart in kurzer Zeit weltberühmt machte.
Catal Hüyük ist nämlich eine der ältesten Städte der Jungsteinzeit mit einer für diese Zeit unvorstellbar hoch entwickelten Kultur. Sie wurde etwa 6000 v. Chr. gebaut. Die meisten Menschen zogen damals noch als Jäger und Sammler umher und lebten in Höhlen oder Zelten. Die Bewohner von Catal Hüyük dagegen konnten sich bereits an dem Luxus von Spiegeln, Metallklingen und Schmuckstücken aus Metall erfreuen.
Auf zwei Hügeln an den gegenüberliegenden Ufern eines Flusses – „Catal Hüyük" bedeutet „geteilter Hügel" – hatten die Bewohner ihre Stadt immer weiter auf den Resten vergangener Siedlungen gebaut.
Ackerbau und Viehzucht waren bei den Bewohnern Catal Hüyüks weit entwickelt. 14 verschiedene Kulturpflanzen wurden angebaut, z. B. Erbsen, Linsen und Getreide. Die Menschen dort hielten Haustiere und gingen auf die Jagd. Die Bewohner übten eine Vielzahl von verschiedenen Tätigkeiten in Handel, Gewerbe, künstlerischen und religiösen Bereichen aus, und es gab einen regen Handel mit Rohstoffen.

Der britische Archäologe Mellaart fand eine Stadt, deren Bauweise sehr den südamerikanischen Pueblodörfern ähnelt. Dicht an dicht waren die Häuser verschachtelt; Straßen und Durchgänge gab es kaum.
Die Häuser hatten Mauern aus Lehmziegeln ohne jeden Durchbruch – keine Fenster, keine Türen. Außen und innen wurden die Wände sorgfältig mit weißem Ton verputzt und regelmäßig renoviert. Die Wissenschaftler fanden bis zu 120 Putzlagen übereinander.
Die Bewohner gelangten nur mittels einer Leiter über eine Öffnung im Flachdach ins Innere. Diese Dachöffnung ließ gleichzeitig das Tageslicht herein und den Rauch des Herdes und des Backofens hinaus.

2 Ausgrabungsstätte Catal Hüyük. Foto.

James Mellaart veröffentlichte die Ergebnisse seiner Ausgrabungen und die daraus gezogenen Schlüsse in mehreren Büchern, z. B.: „Catal Hüyük, Stadt aus der Steinzeit".

Catal Hüyük – Wiege der Zivilisation

3 **Wohnraum eines Hauses in Catal Hüyük, in dem auch gekocht und geschlafen wurde. Unter den steinernen Plattformen sind die Toten begraben.** Animation.

In den Schlaf-Wohnküchen gab es außerdem steinerne Plattformen, die sorgfältig verputzt und teilweise mit Matten belegt waren. Sie dienten zum Sitzen, Arbeiten und Schlafen. Eine kleinere Eckplattform gehörte dem Vater, die größere Hauptplattform der Mutter mit den Kindern. Direkt unter diesen Plattformen bestattete man die Toten. Die Menschen lebten mit und auf ihren Ahnen.

Die technischen Fähigkeiten dieser Kultur waren ihrer Zeit weit voraus. Es gab z. B. Schmuckperlen mit Löchern, die feiner waren als mit einer Stahlnadel gestochen. Kupfer und Blei wurden geschmolzen, Holz vielgestaltig zu Gebrauchsgegenständen oder Kultfiguren bearbeitet, und sogar kunstvoll gefärbte und verzierte Textilprodukte konnte man schon herstellen. In vielen Häusern wurden Wandmalereien entdeckt. Neben vielen dekorativen Wandbildern gibt es Jagdszenen wie in den Höhlenmalereien (s. S. 34) und bemalte Reliefs für die Götterkulte. Außerdem gab es Statuen und sogenannte Bukranien*. Hier wurde auch die bisher älteste kartographische* Darstellung in der Menschheitsgeschichte gefunden: Die Wandmalerei zeigt die Siedlung um 6200 v. Chr. mit ihren Häusern und dem Doppelgipfel des Vulkan Hasan Dag. Viele der gefundenen Bildnisse oder Kultfiguren sind weiblich. So auch die Figur auf dem Leopardenthron (s. Randspalte). Die Statuette aus Ton misst nur zwanzig Zentimeter. Wahrscheinlich verkörpert sie eine Muttergöttin oder eine Herrscherin. Als gesichert gilt, dass Frauen in Catal Hüyük über lange Zeit eine vorherrschende Rolle einnahmen.

Um 5600 v. Chr. wurde Catal Hüyük durch eine Brandkatastrophe zerstört.

1 *Was ist so außergewöhnlich an der Kultur der Bewohner Catal Hüyüks? Nennt mehrere Punkte.*

2 *Besucht die Internet-Seite www.smm.org und zeichnet danach ein Haus in Catal Hüyük von innen.*

Bukranien*: *Stirnbeine und Gehörne wilder Stiere.*

Kartographie*: *Die Wissenschaft der Erstellung von Karten und Atlanten.*

Statuette einer Göttin oder Herrscherin

Fundgrube: ***www.smm.org.*** *Hier könnt ihr im Internet einen Rundgang durch Catal Hüyük machen. Außerdem gibt es dort Videos, Spiele und Comics zu Catal Hüyük (die Seite ist in englischer Sprache).*

Die Jungsteinzeit

1 Erntearbeit. Getreide wurde auf freien Flächen angebaut, manchmal auch zwischen Baumstümpfen. Das Korn wurde dicht unter den Ähren mit der Sichel abgeschnitten. Man nimmt an, dass die Getreideernte Frauenarbeit war. Rekonstruktionszeichnung aufgrund von Fundergebnissen.

__Jungsteinzeit:__*
In dieser Zeit (10 000 bis 3000 v. Chr.) gingen die Menschen zum Ackerbau und zur Viehzucht über. Sie wurden sesshaft und lebten in Siedlungen.

__Nomaden:__*
(übersetzt: Hirten- oder Wandervölker). Die Jäger und Sammler der Altsteinzeit mussten dem wandernden Wild nachziehen und Gebiete aufsuchen, in denen es ausreichend pflanzliche Nahrung gab. Deshalb hatten sie keine festen Wohnsitze, und sie lebten als Nomaden.

Eine neue Wirtschaftsform entsteht

Das Klima wurde nach der letzten Eiszeit (S. 38) sehr viel wärmer. Das hatte weitreichende Veränderungen in der Tier- und Pflanzenwelt zur Folge. Im Vorderen Orient kam es in dieser Zeit (um 10 000 v. Chr.) zu ergiebigen Regenfällen. Die Wildformen von Weizen und Gerste, die hier schon lange wuchsen, breiteten sich dadurch rasch aus. Bald gab es mehr Wildgetreide als die Menschen in der kurzen Reifezeit verbrauchen konnten. Sie legten Vorräte an. Diese Vorräte, die man wohl in Erdgruben aufbewahrte, schützten über Wochen und Monate vor Hunger. Die Menschen mussten nicht mehr umherziehen, um Nahrung zu suchen.

2 Jungsteinzeitliche* Weizenarten (Einkorn, Zwergweizen, Emmer, Saatweizen), daneben eine heutige Weizenähre zum Vergleich.

Ackerbau und Viehzucht werden erfunden

Die Menschen beobachteten, dass die Getreidekörner auskeimen und sich daraus neue Pflanzen entwickeln. Sie begannen selbst Samen in die Erde zu legen, um wieder Körner zu ernten. Dann fanden sie heraus, dass sie mehr ernteten, wenn sie den Boden auflockerten und wenn sie den Samen von den größten Ähren nahmen. So züchteten sie aus den Wildformen ertragreiche Getreidesorten. Waren anfangs die Vorratsgruben der Grund, nicht weiterzuziehen, so kamen nun die bearbeiteten Felder dazu. Die Getreidepflanzer wurden sesshaft und gaben ihr Leben als Nomaden* auf.

Etwa in der gleichen Zeit lernten die Menschen im Vorderen Orient auch, Schafe und Ziegen, später Schweine und Rinder zu zähmen und zu züchten. So waren sie nicht mehr auf das Jagdglück angewiesen. Aus Jägern und Sammlern wurden Bauern und Hirten.

In dieser Zeit hat sich vermutlich auch die Arbeitsteilung zwischen Männern und Frauen verstärkt. So wird das Pflanzen und Säen eher Frauenarbeit, die Versorgung des Viehs mehr Männerarbeit geworden sein.

Die Ausbreitung einer neuen Lebensweise

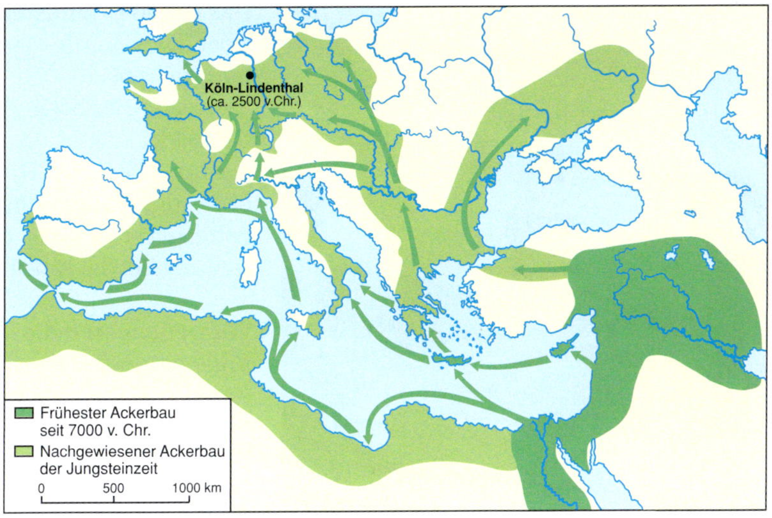

3 **Ausbreitung des Ackerbaus.**

1 *Beschreibt, wie die Menschen darauf kamen, dass Getreide auch „vor der eigenen Tür" wächst.*
2 *Schreibt eine Geschichte: „Die Menschen entdecken, dass man Tiere selbst züchten kann."*

Ackerbau und Viehzucht kommen zu uns
Ackerbau und Viehzucht machten die Ernährung sicherer. Die Bevölkerungszahl wuchs. Bald reichte das fruchtbare Land nicht mehr aus. Ganze Gruppen von Menschen machten sich auf die Suche nach neuem geeigneten Land. Beliebte Zugwege waren die Flusstäler. Auf diese Weise verbreitete sich die neue Lebensweise vom Vorderen Orient aus in einem immer größer werdenden Gebiet.
Entlang der Elbe aus Böhmen kommend brachten die Bandkeramiker* die neue Wirtschaftsform etwa um 4500 v. Chr. in das Gebiet des heutigen Sachsen. Auf dem westlichen Elbufer südöstlich von Dresden fanden sie fruchtbare Böden. Weiter nördlich folgten sie nicht mehr der Elbe, sondern siedelten westlich in einem Streifen Richtung Leipzig – Halle.
3 *Beschreibt Abbildung 4. Begründet, warum durch den Ackerbau so viel mehr Menschen auf gleichem Raum ernährt werden können als bei der Jagd.*
4 *Fasst mithilfe der Karte und des Textes zusammen, wie sich die bäuerliche Kultur ausgebreitet hat.*
5 *Vermutet, welche Auswirkungen die neue Wirtschaftsform für das Leben der Jäger und Sammler hatte. Überlegt, wie sich ihr Verhältnis zu den Neuankömmlingen gestaltet haben könnte.*

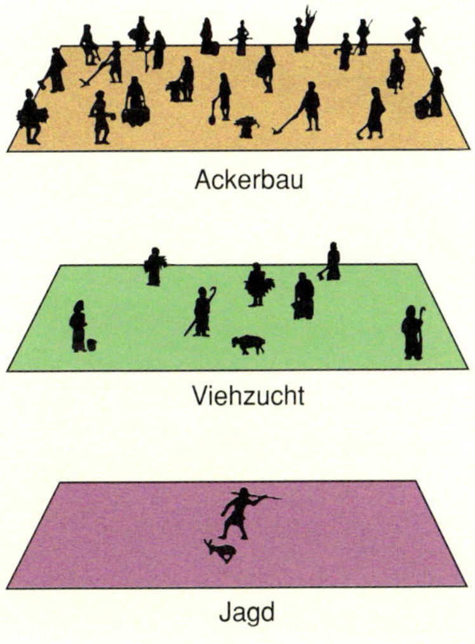

4 **So viele Menschen konnten auf 1 km²* ernährt werden.**

Bandkeramiker*: *Die ersten Bauern in Mitteleuropa nennen wir aufgrund ihrer Muster auf Keramikgefäßen Bandkeramiker. Sie verzierten ihre Gefäße mit bandähnlichen Mustern und Wellenlinien.*

Gefäße der Bandkeramiker.

km²= Quadratkilometer: Eine Fläche, die z. B. 1000 m breit und 1000 m lang ist.*

In einem Dorf der Jungsteinzeit

Jungsteinzeitliche Terrine, gefunden in Britz.

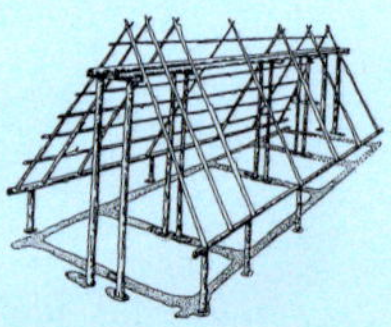

Rekonstruktion eines jungsteinzeitlichen Hauses.

1 Gebrannte Tongefäße werden aus dem Ofen genommen. Rekonstruktionszeichnung.

Das Leben in jungsteinzeitlichen Dörfern

Über das Zusammenleben in den Dörfern der Jungsteinzeit können wir nur Vermutungen anstellen. Dies hat auch der Maler getan, der die Bilder dieser Doppelseite gemalt hat. Nachdem er viele Funde gesehen und sich über die Forschungsergebnisse informiert hatte, hat er versucht, die Menschen der Jungsteinzeit bei der Arbeit darzustellen.

Wir beobachten die Menschen bei ihrer täglichen Arbeit

Aus den Bodenfunden wissen wir, dass die Menschen in Dörfern zusammen gelebt haben. Die Dörfer lagen fast immer an einem Bach oder einem Teich.

Jede Familie baute ihre Nahrung an. Sie fertigte fast alle Geräte, die Werkzeuge und die Kleidung selbst. Die Frauen arbeiteten mit auf dem Feld, töpferten, spannen und webten, nähten die Kleidung. Sie rieben auf einem Reibstein das Getreide zu Schrot und bereiteten die Mahlzeiten.

Die Männer machten den Boden urbar, bearbeiteten den Acker, bauten Häuser, stellten Werkzeuge her, hüteten das Großvieh und gingen auf die Jagd.

In den Dörfern haben in einem Haus wohl mehrere Familien zusammen gelebt und gearbeitet. Wenn neue Äcker kultiviert, ein neues Haus gebaut oder der Wall ums Dorf erneuert werden musste, dann werden sie wohl eng zusammen gearbeitet haben.

In den Familien lebten und arbeiteten alle zusammen. Die Kinder gingen mit Vater oder Mutter und sahen ihnen bei der Arbeit zu, solange sie klein waren. Wurden sie größer, dann halfen sie bei allen vorkommenden Arbeiten. So konnten sie alles lernen, was zum Leben nötig war.

Die alten Menschen blieben in der Familie, halfen, soweit sie noch konnten, und wurden von den Jüngeren versorgt. So lebte die ganze Familie von dem, was sie gemeinsam erwirtschaftet hatte.

In einem Dorf der Jungsteinzeit

2 **Das Mahlen der Getreidekörner.** Rekonstruktionszeichnung.

1 Beschreibt die Tätigkeiten und die Werkzeuge, die auf den Abbildungen bei der Arbeit benutzt werden.

2 Erstellt eine Liste der Tätigkeiten. Unterscheidet dabei nach Arbeiten, die
a) von der einzelnen Familie,
b) von der Dorfgemeinschaft
ausgeführt wurden.

3 Auch heute wird Getreide gemahlen, wird der Boden gepflügt und werden gebrannte Gefäße aus dem Brennofen genommen. Erkundigt euch, wie das heute geschieht. Beschreibt die Unterschiede.

4 Überlegt, worin sich das Dorfleben der Jungsteinzeit vom heutigen Dorfleben unterscheidet. Denkt dabei auch an die Kinder.

Mahlstein mit zugehörigem Reibestein. Steinzeitdorf Britz.

3 **Das Pflügen mit dem Hakenpflug war sehr anstrengend.** Rekonstruktionszeichnung.

Amphore aus dem Steinzeitdorf Britz.

Neue Techniken

Verzierte Spinnwirtel aus Ton. Sie dienten beim Spinnen unten als Gewicht.

1 **Töpferwaren aus einem jungsteinzeitlichen Dorf.** Foto.

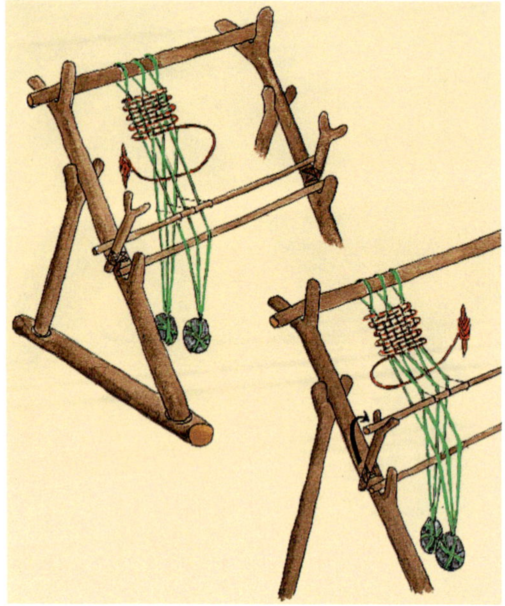

2 **Modell für steinzeitliches Weben.** Rekonstruktionszeichnung.

Töpfern und Weben

In allen ausgegrabenen Siedlungen der Jungsteinzeit fanden die Frühgeschichtsforscher Töpferwaren. Wann und wo die Töpferei erfunden wurde, ist nicht genau bekannt, aber die einwandernden Bauern und Hirten kannten schon gebrannte Tonwaren. Die gebräuchlichste Technik war, dass aus einem Stück gekneteter feuchter Tonerde ein flacher Boden hergestellt wurde. Aus kleinen Klumpen formten die Menschen Rollen und drückten diese dann ringförmig übereinander auf den Bodenrand. So entstand die Wand des Gefäßes. Nachdem die Wände glattgestrichen waren, mussten die Gefäße an der Luft trocknen. Sie wurden anschließend im Feuer gebrannt. Dadurch wurden sie hart. Man hatte Gefäße für viele Zwecke, z. B. für die Aufbewahrung des Korns, zum Kochen und zum Trinken.

Die Funde von Spindeln beweisen, dass die Menschen in der Jungsteinzeit schon Garn gesponnen und Stoffe gewebt haben. Dazu verwendeten sie Flachs und Wolle.

1 *Beschafft euch Ton und formt Gefäße.*

2 *Erkundigt euch, wie heute Tongeschirr geformt und gebrannt wird. Berichtet darüber.*

3 *Vergleicht die Nutzung von Tongeschirr in der Steinzeit und heute.*

4 *Beschreibt nach der Abbildung 2, wie ein Stoff gewebt wird.*

Wagen der Jungsteinzeit. *Rekonstruktionszeichnung. Um schwere Lasten zu transportieren, erfand man das Rad, die Achse und den Wagen.*

3 **Grabstock, Spaten und Pflug.** Rekonstruktionszeichnung.

Vom Grabstock zum Pflug

Auch für die Bearbeitung des Bodens hatten die Jungsteinzeitmenschen Werkzeuge entwickelt. Die Zeichnung 3 zeigt die Entwicklungsreihe.

5 *Überlegt, wie man mit den Geräten arbeiten kann.*

6 *Beschreibt die Vorteile, die der Spaten gegenüber dem Grabstock und der Pflug gegenüber dem Spaten brachte.*

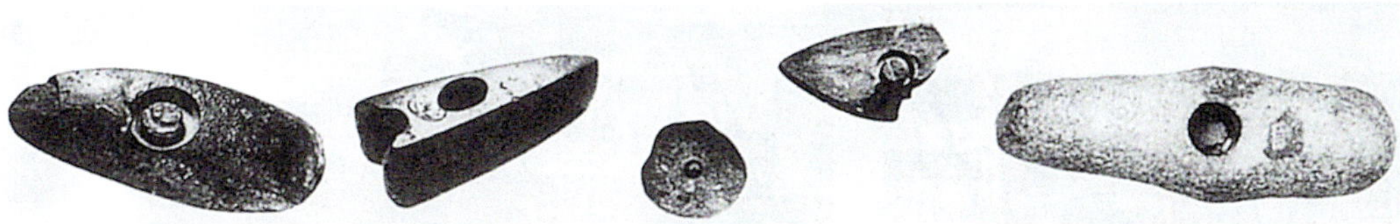

4 **Steingeräte der Jungsteinzeit.** Foto.

5 **Schleifen von Steingeräten.** Modellversuch.

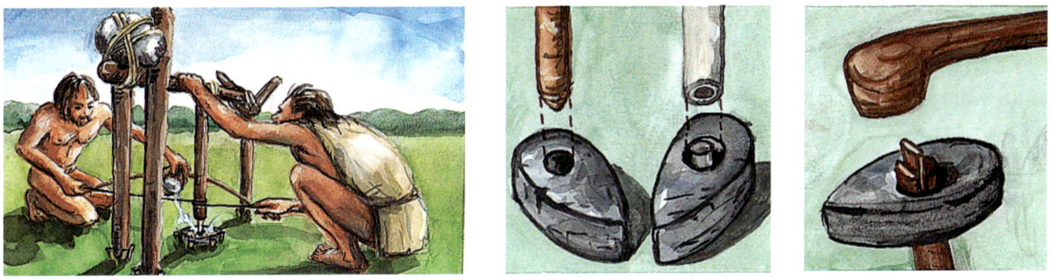

6 **Bohren von Steinen.** Modellversuch.

Steinbearbeitung

In der Jungsteinzeit erfanden die Menschen das Schleifen und Bohren. Damit konnten sie bessere Beile herstellen, die für die vielen Holzarbeiten sehr nützlich waren.

Die grobe Form des Beils wurde aus einem Stein herausgeschlagen. Mit Hilfe von Sand und Wasser konnte dann die Oberfläche des Beils glattgeschliffen werden.

Schwieriger war das Bohren eines Loches für die Befestigung des Stiels.

Als Bohrstab diente ein Stück Rundholz. Auf das fertig geschliffene Beil wurde Sand gestreut, der immer wieder angefeuchtet wurde. Darauf drehte sich der Bohrstab und schliff so allmählich ein Loch in den Stein. Man hat in Versuchen festgestellt, dass es etwa 100 Stunden dauerte, bis ein 4 cm dicker Stein durchbohrt war.

Die Suche nach einem schnelleren Verfahren führte dann zur Erfindung der „Hohlbohrung". Hierzu benutzte man keinen Vollholzstab, sondern einen Röhrenknochen. Nun blieb beim Bohren der „Kern" stehen. Mit dieser Technik konnte man einen 4 cm dicken Stein schon in 67 Stunden durchbohren.

7 *Vergleicht die Geräte in Abbildung 4 mit den altsteinzeitlichen Geräten auf S. 31, Abbildung 4.*

8 *Erklärt, wie Steine geschliffen wurden. Nehmt dafür den Text und Abbildung 5 zu Hilfe.*

9 *Versucht, die Arbeitsweise der Bohrmaschine, Abbildung 6, zu erklären.*

10 *Überlegt, was es bedeutet, dass die Herstellung eines Steinbeils so lange dauerte.*

11 *Versucht, einen Stein mithilfe von Wasser und Sand auf einer Steinunterlage glatt zu schleifen.*

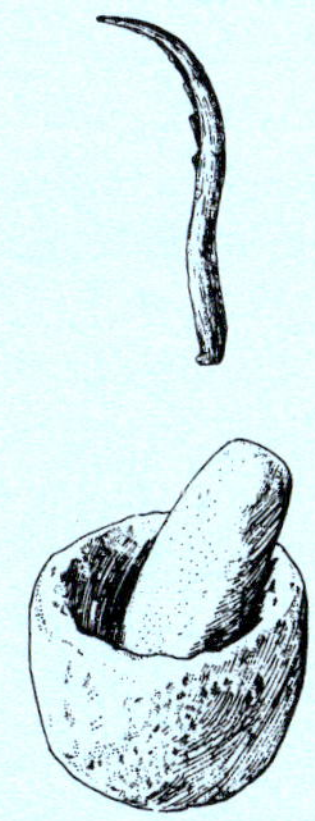

Erntemesser und Mahlstein. *Zwei wichtige Geräte für die Menschen der Jungsteinzeit.*

Methode: Informationen sammeln

1 Informationen gewinnen wir häufig aus Büchern.

2 Schülerinnen und Schüler suchen nach Büchern am alphabetisch geordneten Autorenkatalog.

Interessanten Fragen nachgehen

In diesem Kapitel habt ihr nur einen kleinen Teil dessen erfahren, was über die Steinzeitmenschen bekannt ist. Wenn ihr noch mehr erfahren wollt, könnt ihr euch auf anderen Wegen weitere Informationen beschaffen.

Am häufigsten suchen wir uns zusätzliche Informationen in anderen Büchern. Wir finden sie in Büchereien oder Bibliotheken. Die meisten Schulen haben eine Schülerbücherei, in jeder Stadt und auch in vielen Gemeinden gibt es eine Bibliothek. Aber auch die Pfarrgemeinden unterhalten Büchereien, die ihr besuchen könnt.

1 *Erkundigt euch nach den Büchereien und Bibliotheken in eurer Umgebung, sammelt ihre Adressen und Telefonnummern und fragt nach, ob es dort Jugendbücher über die Steinzeit gibt.*

Die Bibliothek besuchen

In der Bibliothek eurer Gemeinde werdet ihr sowohl Romane als auch Sachbücher über die Steinzeit finden. Die Angestellten der Büchereien helfen euch sicher gerne bei der Suche. Ihr könnt aber auch nach den folgenden Arbeitsschritten vorgehen:

1. Schritt
Besuchstermin vereinbaren

Vereinbart einen Termin für einen gemeinsamen Besuch in der Bibliothek. Wenn ihr euch zum ersten Mal mit der ganzen Klasse anmeldet, vereinbart ihr am besten eine Führung.

2. Schritt
Im Katalog suchen

Ihr könnt nach den Büchern auch selber suchen. Dazu müsst ihr in den „Katalog“ schauen. Der Katalog ist ein Verzeichnis, in dem alle Bücher der Bibliothek notiert sind. Er sieht ganz anders aus, als ihr euch wahrscheinlich einen Katalog vorstellt. In einigen Büchereien ist es ein Schrank mit vielen Schubladen, in denen Tausende von Karteikarten stecken, in anderen Bibliotheken müsst ihr an einem Bildschirm arbeiten. Stets findet ihr aber einen Autoren- und einen Schlagwortkatalog. Der Autorenkatalog hilft euch, wenn ihr schon wisst, von welchem Autor ihr ein Buch haben wollt. Der Schlagwortkatalog ist für den Anfang besser. Hier könnt ihr beispielsweise unter dem Stichwort „Steinzeit“ oder „Eiszeit“ nachsehen, aber auch unter vielen anderen Schlagworten. Fallen euch schon welche ein?

3. Schritt
Bücher ausleihen

Im Katalog findet ihr zu jedem Buch eine Buchstaben- und Zahlen-Kombination, die so genannte Signatur. Notiert die Signatur, den Namen des Autors und den Buchtitel und fragt nun die Angestellten, wie es weitergeht. Entweder lassen sie das Buch aus dem Magazin holen oder sie zeigen euch die Stelle im Regal, an der das Buch steht.

Methode: Informationen sammeln

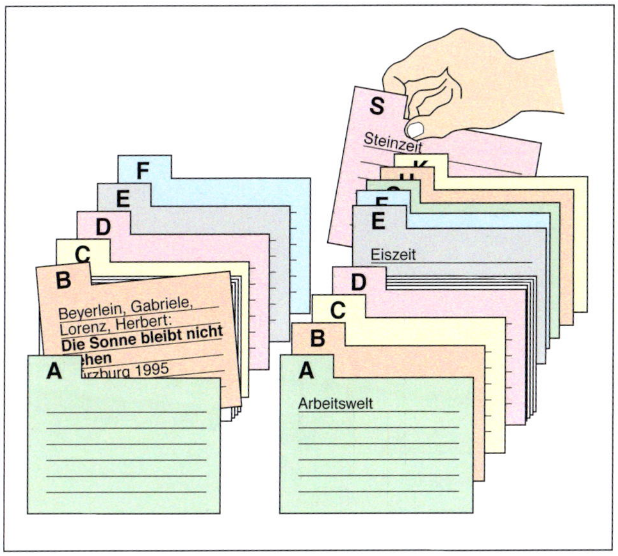

3 **Kataloge zum Suchen von Büchern in einer Bibliothek: alphabetisch geordneter Autoren- und Schlagwortkatalog.**

4 **Recherche im Internet.**

Noch ein paar Tipps ...
In den Regalen stehen die Bücher oft nach Themengebieten sortiert. Wenn ihr also die Stelle mit den Steinzeit-Büchern gefunden habt, entdeckt ihr dort meistens noch eine Anzahl weiterer Bücher.
Wenn ihr euch zwischen den Regalen umschaut, lernt ihr die Ordnung der Bibliothek bald kennen und findet euch auch in anderen Themengebieten zurecht.
Wenn ihr ein Buch zu eurem Thema kennt, schaut ruhig noch einmal im Autorenkatalog nach. Autoren schreiben oft mehrere Bücher mit ähnlichen Themen ...
Meistens dürft ihr die Bücher für eine bestimmte Zeit ausleihen.
Das ist natürlich sehr bequem, es sei denn, das Buch ist bereits ausgeliehen. Dann könnt ihr das Buch vorbestellen und abholen, wenn der vorherige Benutzer es zurückgegeben hat. Wenn die Bücherei das gewünschte Buch nicht hat, kann es sogar über Fernleihe bestellt werden.

4. Schritt
Eine Dokumentation anlegen

Ausgeliehene Bücher müsst ihr nach einiger Zeit zurückgeben. Wenn ihr trotzdem wichtige Informationen behalten oder wenn ihr eure Mitschülerinnen und Mitschüler über euer Thema informieren wollt, müsst ihr diese Informationen auswählen und festhalten. Das heißt: „eine Dokumentation anlegen".
In einem Hefter sammelt ihr Fotokopien von Bildern und Texten aus den ausgeliehenen Büchern. Einige Bilder könnt ihr auch selber zeichnen. Wichtige Informationen aus langen Texten lassen sich besser kurz mit eigenen Worten zusammenfassen. Auf jedem Blatt solltet ihr als Überschrift das Thema festhalten, um das es geht. Am besten nummeriert ihr die Seiten durch, wenn eure Dokumentation abgeschlossen ist. So besitzt ihr euer eigenes „Geschichtsbuch".

2 *Wählt euch verschiedene Spezialthemen aus der Steinzeit aus, beispielsweise „Tiere in der Steinzeit" oder „Werkzeuge der Urmenschen". Sammelt dazu Informationen und tragt sie in einer Dokumentation zusammen.*
Anregungen, wie ihr eure gewonnenen Informationen an andere weitervermitteln könnt, findet ihr auf den S. 85 und 86.

Entstehung erster Städte in Mesopotamien

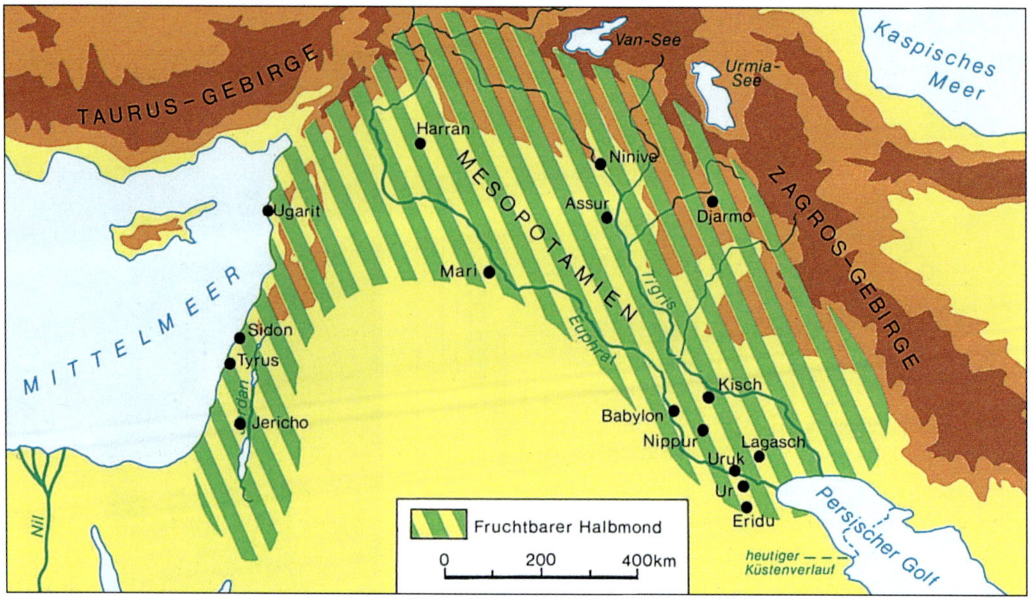

1 **Der Vordere Orient zur Zeit der frühen Hochkulturen um 3000 v. Chr.**

Mesopotamien*:
Das Land zwischen den Flüssen Euphrat und Tigris. Um 3000 v. Chr. schaffen die Sumerer hier eine der ersten Hochkulturen.

Die Hochkultur der Sumerer

Für die Entwicklung Ägyptens zu einer Hochkultur (ab S. 70) waren die Bedingungen im Niltal von entscheidender Bedeutung. Das fruchtbare Schwemmland und das reichlich vorhandene Wasser waren günstige Voraussetzungen für hohe Erträge beim Ackerbau. Es ist deshalb nicht verwunderlich, dass sich auch in anderen Gegenden und unter ähnlichen Bedingungen Hochkulturen entwickelten. So fanden Archäologen im Tal des Indus im heutigen Indien und im Tal des Gelben Flusses, des Hwangho, in China, Spuren einst blühender Kulturen aus dem 3. und 2. Jahrtausend v. Chr. Fast in der Nachbarschaft von Ägypten aber, in Mesopotamien*, entwickelte sich die erste Hochkultur der Geschichte überhaupt.

Die Hochkultur in Mesopotamien

Mesopotamien heißt wörtlich übersetzt „zwischen den Flüssen". Dieses Gebiet zwischen den Flüssen Euphrat und Tigris gehört heute zu den Ländern Irak, Iran und Syrien. Im 5. Jahrtausend v. Chr. siedelten hier die Sumerer, ein Bauernvolk aus den gebirgigen Gegenden im Osten oder Nordosten Mesopotamiens.

In jedem Frühjahr wurden weite Teile der Flusslandschaft überschwemmt. Wenn die Fluten wieder zurückgingen, blieben fruchtbare Lehmablagerungen zurück, auf denen Getreide und Gemüse in Fülle wuchsen. Allerdings mussten die Saaten und Pflanzen bewässert werden, denn die heißen Sommer trockneten das Tiefland zu einer Lehmwüste aus. Gemeinsam gingen die Sumerer daran, das Bewässerungsproblem zu lösen. Sie zogen Kanäle und Gräben und bauten Dämme zum Schutz vor Hochwasser. Immer größere Flächen konnten so zum Anbau von Getreide, Gemüse und Obst gewonnen werden. Die Bauern ernteten mehr, als sie selber brauchten. Vorräte konnten angelegt werden, und es mussten sich nicht mehr alle Menschen mit dem Ackerbau beschäftigen. Der Weg zur Arbeitsteilung zwischen Bauern, Handwerkern, Beamten und Ingenieuren war frei.

Das Land zwischen Euphrat und Tigris

2 **Der Tempelturm des Gottes Nanna von Ur, erbaut um 2250 v. Chr.** (teilweise Rekonstruktion). Seine Vorderfront war 60 m lang, die Seitenkante 40 m. Die erste Plattform ragte 15 m in die Höhe. Im heutigen Irak nennt man einen solchen Turm eine „Zikkurat".

Zikkurat*: *Stufenturm. Tempelanlage der Sumerer.*

Die Städte der Sumerer

Immer mehr Menschen kamen in das fruchtbare Land, und schon um 3000 v. Chr. bauten die Sumerer große Städte, die durch Mauern geschützt waren. Jede Stadt wurde von einem Stadtkönig regiert, der zugleich oberster Priester war. Deshalb nannte man ihn Priesterkönig. Die Wohlhabenden und Herrschenden hatten sich in ihren Vierteln prächtige Wohnsitze aus Lehmziegeln errichten lassen. In anderen Stadtteilen bauten Handwerker und Händler an den Straßen und Gassen dicht an dicht ihre Werkstätten und Geschäfte. Sie waren meistens direkt mit den Wohngebäuden verbunden.

Die Tempel der Götter

In den Zentren der Städte fand man große Tempelanlagen. Dazu gehörte fast immer ein Stufenturm, eine sogenannte Zikkurat*. Die Zikkurat waren nach dem Glauben der Sumerer der Weg, auf dem Priester und König zu den Göttern gelangen und umgekehrt die Götter zu den Menschen herabsteigen konnten. Um 450 v. Chr. besuchte der griechische Geschichtsschreiber Herodot die Stadt Babylon.

Q1 Er schrieb über den Tempelturm:

... Der Tempelbezirk ist viereckig, jede Seite zwei Stadien lang (1 Stadion = etwa 180 m). Mitten in diesem heiligen Bezirk ist ein fester Turm errichtet, ein Stadion, lang und breit und auf diesem Turm steht wiederum ein Turm und dann noch einer, im Ganzen acht Türme übereinander. Alle diese Türme kann man ersteigen auf einer außen herumführenden Treppe. Auf mittlerer Höhe sind Ruhebänke angebracht, auf die sich der Hinaufsteigende setzten kann, um sich zu erholen. In dem höchsten Turm steht das eigentliche große Tempelhaus ...

1 *Vergleicht die Situation in Mesopotamien mit der in Ägypten (ab S. 70). Listet Gemeinsamkeiten und Unterschiede auf.*

Die Metallzeit*

Metallzeit*:
Um 3000 v. Chr.:
Die Verarbeitung von Bronze setzt sich für Werkzeuge, Waffen und Schmuck durch (Bronzezeit).

Um 800 v. Chr.:
Beginn der Eisenzeit in Europa. Waffen, Küchengeräte und Werkzeuge werden nun aus Eisen hergestellt.

Die Bronze- und Eisenzeit

Die ältesten Metallgeräte stammen aus dem Raum des östlichen Mittelmeeres und sind aus Kupfer. Doch Kupfer ist sehr weich und war deshalb den Steinwerkzeugen nicht überlegen. Erst mit der Erfindung der härteren Bronze (Kupfer erhielt Zinn zugesetzt) trat das Metall seinen Siegeszug an. Wir sprechen deshalb auch von der Bronzezeit, die in Mitteleuropa um 2000 v. Chr. begann und etwa 1000 Jahre dauerte. Dann setzte sich ein noch besser zu bearbeitendes und verwendbares Metall durch: das Eisen.

Wie Bronze hergestellt wurde

Viele bronzezeitliche Bergwerke sind ausgegraben worden. Man fand z. B. in Spanien in einer Kupfergrube 20 tote Bergleute aus der Bronzezeit, die während einer Arbeitspause von niederstürzendem Gestein erschlagen worden waren. Kleidung, Geräte, Werkzeuge und Lampen sind von diesem, aber auch von anderen Schächten bekannt. Daher wissen wir, dass die Bergleute damals hauptsächlich im Tagebau arbeiteten. Lagen die erzführenden Schichten aber zu tief, gruben sie einen Schacht und erweiterten ihn unten, wo die Erze lagen, zu großen Räumen. Behauene Bäume dienten als Treppen; mit einer Winde und Seilen wurden die Körbe mit Erz herausgefahren.

Mit starkem Feuer erhitzten die Bergleute die Gesteinswand, dann schütteten sie kaltes Wasser dagegen. Dadurch wurden die Steine spröde und brüchig. Nun konnte das Erz aus dem Stein herausgeschlagen werden. Über Tage wurde das Erz weiterverarbeitet und in „Hochöfen" ausgeschmolzen. Dazu schichteten die Menschen abwechselnd Erz und Holzkohle zu einem mannshohen Haufen auf, den sie mit Lehm abdeckten. Je ein Loch im Lehmmantel oben und unten sorgte für den Durchzug. Außerdem führten sie mit einem Blasebalg Frischluft zu, um die Temperatur im Ofen zu erhöhen. Das geschmolzene Metall floss unten aus dem Ofen in vorbereite-

Bronzewagenmodell von Eiche bei Potsdam.

1 Die verschiedenen Verfahren der Metallherstellung. Unterschiedliche Gusstechniken. Rekonstruktionszeichnungen.

A Der offene Herdguss.

B Der Schalenguss.

C Der Guss in der verlorenen Form.

Das Metall – ein gewaltiger Fortschritt

2 **Das Totenhaus von Leubingen bei Erfurt (etwa 1500 v. Chr.).** Rekonstruktionszeichnung. Im Grab von Leubingen fand man die Überreste eines Mannes und einer Frau, die beide lang ausgestreckt lagen. An Geräten wurden gefunden: reicher Goldschmuck, Äxte, Dolche und Meißel aus Bronze, Streitäxte aus Stein und Tongefäße.

So arbeitete man mit einer Bronzeaxt. Die Schäftung wurde mit Schnüren an einem gebogenen Holzstiel befestigt.

te Formen aus Lehm und erkaltete. Jetzt waren die Barren fertig. Um Geräte oder Waffen herzustellen, wurden Zinn und Kupfer zusammen geschmolzen, dadurch erhielt man Bronze. Die wurde dann in Formen gegossen.

Die Menschen teilen die Arbeit*

Funde aus der Bronzezeit zeigen, dass die Bauern mehr Lebensmittel produzierten, als sie selbst verbrauchten. Dafür konnten sie Metallgeräte eintauschen. Die starke Nachfrage nach Werkzeugen, Waffen und Schmuck aus dem neuen Metall ließ ein regelrechtes Handwerk entstehen. Die neuen Handwerker gaben die Landwirtschaft auf und trieben mit ihren Produkten Handel. Fernhändler legten große Strecken zurück. Einige Menschen konnten größeren Besitz ansammeln. Das zeigen auch die Grabbeigaben von Leubingen (Abbildung 2).

1 *Beschreibt die Arbeitsgänge, die nötig sind, um eine Bronzesichel, eine Speerspitze und eine Bronzefigur herzustellen.*

2 *Vergleicht die Arbeitsvorgänge in den verschiedenen Techniken. Welche mag man für Massenwaren benutzt haben?*

3 *Überlegt, was es für die Bauern bedeutete, dass ein Kilogramm Kupfer den Wert von 20 Arbeitstagen hatte.*

3 **Funde aus der Bronzezeit.** Foto.

Arbeitsteilung*:
Wenn ein Mensch mehr produzieren kann, als er selbst für seine Ernährung braucht, kann es zur Arbeitsteilung kommen; die einen arbeiten z. B. in der Landwirtschaft, die anderen als Spezialisten im Handwerk oder als Händler usw. Mit der Arbeitsteilung und der Möglichkeit, Besitz anzuhäufen kam es zu einer immer stärkeren Gliederung der Bevölkerung in verschiedene Gruppen.

Methode: Im Internet recherchieren

Auf den Seiten 50/51 habt ihr erfahren, wie ihr in Bibliotheken Informationen sammeln könnt. Doch Büchereien sind nur eine Möglichkeit für eure Recherche (= Ermittlung, Nachforschung, Untersuchung). Natürlich findet ihr auch im Internet Texte und Bilder zu allem und jedem. Ihr müsst die entsprechenden Seiten nur finden. An einem Beispiel aus dem Fach Geschichte werden wir sehen, wie das am besten geht. Eure Aufgabe heißt:

1 *Recherchiert im Internet Informationen zu dem* ***mumifizierten Gletschermann „Ötzi"****. Findet heraus, welche Werkzeuge er bei sich trug, welchem Zweck sie dienten und präsentiert der Klasse eure Ergebnisse.*

1. Schritt
Was genau wo suchen?

Damit ihr euch bei der Suche in der riesigen Informationsflut des Internets nicht verzettelt, notiert euch genau, wonach ihr suchen wollt. Z. B.: „Ötzi", „Gletschermann", „Ötzis Kleidung", „Ötzis Werkzeuge", „Geschichte des Auffindens der Leiche", „Mumifizierung". Am einfachsten ist es, wenn ihr auf Seiten für Kinder und Jugendliche sucht, von denen es inzwischen einige wirklich gute gibt. Ein paar Beispiele:

www.milkmoon.de	Sehr gute Suchmaschine für Jugendliche.
www.blinde-kuh.de	Portal mit Links auf andere Jugendseiten.
www.wasistwas.de	Artikel mit Bildern zu vielen Themen aus Natur, Geschichte und Technik.
www.tk-logo.de	Portal und Lexikon für Jugendliche.
www.geolino.de	Geo für Jugendliche online.
www.wissen.de	Online-Lexikon mit guten Erklärungen.

Natürlich könnt ihr auch im gesamten Internet mithilfe von Suchmaschinen oder Katalogen suchen, z. B.: **www.google.de** oder **www.yahoo.de**. Dann solltet ihr aber eure Suchbegriffe sehr genau formuliern und mehrere miteinander kombinieren – z. B. „Ötzi + Werkzeug" – damit ihr nicht in der Informationsflut ertrinkt und Seiten angezeigt bekommt, die wirklich mit eurem Thema zu tun haben. Wenn ihr z. B. nur „Ötzi" eingebt, findet z. B. google 157 000 Seiten, wovon viele z. B. von DJ Ötzi handeln.

2. Schritt
Gold von Blech unterscheiden

Nicht alles, was ihr im Internet findet, wird euch bei der Bearbeitung eures Themas helfen. Einerseits gibt es viele schlicht falsche Informationen, weil jeder Mensch im Internet veröffentlichen darf und die Seiteninhalte von niemandem überprüft werden. Andererseits ist die Menge auch der glaubwürdigen Informationen so groß, dass ihr bei oder nach eurer Recherche aussieben müsst, was ihr verwenden wollt und was nicht. Lest dazu euren Arbeitsauftrag genau. Z. B. braucht ihr nicht so viele Einzelheiten über Ötzis Kleidung herauszufinden sondern nur über seine Werkzeuge.
Bedenkt auch, dass ihr eure Ergebnisse der Klasse präsentieren wollt. Ihr braucht also auch Bilder zum Thema, um eure Präsentation anschaulicher zu gestalten.

3. Schritt
Sichern ist sicherer

Weil sich die Inhalte im Internet ständig verändern, ist es ganz wichtig, dass ihr die gefundenen Informationen auf einem Datenträger speichert, damit sie nicht auf einmal verschwunden sind. Das gilt für ganze Seiten, einzelne Textpassagen und für die Bilder. Außerdem könnt ihr so Online-Zeit sparen, weil ihr alles in Ruhe offline auswerten könnt.

4. Schritt
Quellen nennen

Auch für Inhalte aus dem Internet gilt: Keinen Raub geistigen Eigentums! Gebt also immer an, von welcher Seite ihr an welchem Datum Inhalte entnommen habt.

Zusammenfassung

Der Mensch als Ackerbauer und Viehzüchter
Vor 12 000 Jahren begann eine umwälzende Veränderung bei den Jägern und Sammlern im Vorderen Orient. Den Menschen wurde bewusst, dass sie sich besser ernähren konnten, wenn sie selbst Pflanzen anbauten, und dass man um so mehr erntete, je besser man den Boden bearbeitete. Deshalb erfanden sie neue Arbeitsgeräte: den Grabstock, den Spaten, den Pflug. Die Menschen lernten auch, Tiere zu züchten: Hunde, Schafe und Ziegen, bald auch Rinder und Schweine. Damit wurde die Fleischversorgung sicherer. Die Menschen wurden sesshaft. Dort, wo die Äcker angelegt wurden, bauten sie sich Häuser. In den Dörfern lebten sie in Familien und Sippen zusammen. Die neue Wirtschaftsform dehnte sich langsam auch nach Mitteleuropa aus. Etwa um 5000 v. Chr. erreichte sie unsere Gegend. Nun gab es genügend Nahrung, und einzelne Menschen konnten sich als Handwerker spezialisieren. Neue Techniken wurden entwickelt.

Eine der ältesten Städte der Menschheit wird ausgegraben
Der Archäologe James Mellaart entdeckte ca. 1960 in der Türkei die legendäre Stadt Catal Hüyük. Hier fand er Spuren einer enorm hoch entwickelten Kultur aus einer Zeit, als die meisten Menschen noch als Jäger und Sammler umherzogen. Die Stadt ähnelte einer südamerikanischen Pueblo-Siedlung, und die Toten wurden direkt in den Häusern bestattet.

In Mesopotamien entsteht eine Hochkultur
Mesopotamien lag zwischen den Flüssen Euphrat und Tigris. Wie in Ägypten wurden hier weite Teile der Landschaft überschwemmt und wurden so zu fruchtbarem Boden für die Landwirtschaft. Die Sumerer, die hier lebten, hatten reiche Ernten, was immer mehr Menschen anzog. Schon um 3000 v. Chr. wurden hier die ersten Städte gebaut.

Beginn der Metallzeit in Europa
Vor 5000 Jahren begann die Metallzeit. Die Menschen lernten im Laufe der Zeit, aus Kupfer und Zinn Bronze herzustellen. Funde aus der Bronzezeit deuten darauf hin, dass Bauern und Hirten mehr Lebensmittel produzierten, als sie selbst verbrauchten. Dafür konnten sie wertvolle Metallwaffen und -geräte, aber auch Schmuck eintauschen.

vor etwa 12 000 Jahren

Erster Getreideanbau und erste Viehzucht. Beginn der Jungsteinzeit.

vor etwa 8000 Jahren

Die hochentwickelte Stadt Catal Hüyük wird gebaut.

vor etwa 5000 Jahren

In Mesopotamien entstehen die ersten Städte.

vor etwa 5000 Jahren

Beginn der Metallzeit in Europa.

Große Reiche und ihre Kulturen im Mittelmeerraum

Viele Mythen der Alten Griechen und Römer – aufgeschrieben und erzählt von den großen Dichtern der Antike – berichten darüber, wie Sterbliche sich durch ihre Heldentaten Unsterblichkeit verdienen, wie sie Ungeheuer bekämpfen, eine neue Heimat für ihr Volk finden oder wie Götter sich streiten und versöhnen. Auch bei der Sage um das Trojanische Pferd, das ihr hier sehen könnt, gelang es den Griechen nur mit einer List, die Stadt Troja zu erobern: Versteckt in dem hölzernen Pferd kamen sie in die Stadt, die sie zuvor 10 Jahre lang vergeblich belagert hatten. Überall im antiken Griechenland wurde immer wieder die Sage von diesem Sieg erzählt, der auch heute noch viele Leser und Kinobesucher beschäftigt.
Wir tauchen jetzt ein in diese Welt der Götter und Helden, Dämonen und Fabeltiere.

Mythen – Geschichten über Götter und Helden

Heroen*:
Helden

Trojanischer Krieg*:
Historisch umstrittener Krieg, vermutlich im 12. Jahrhundert v. Chr. zwischen Griechen und Trojanern in Troja, sagenumwoben und viel besungen (Homer, Vergil). Paris, Sohn des greisen Königs Priamos von Troja, raubte Helena, die Frau des Menelaos, König von Sparta. Dieser und sein Bruder Agamemnon riefen die Griechen zur Befreiung Helenas auf; es beteiligten sich u. a. Achilles, die beiden Aias, Diomedes, Nestor und Odysseus. Sie vermochten aber das unter Führung von Priamos' ältestem Sohn Hektor verteidigte Troja nicht zu nehmen. Erst Jahre später gelang es den Griechen mithilfe einer List (Trojanisches Pferd), die Stadt doch noch zu besiegen.

Odysseus*:
Mythischer König von Ithaka, während des Trojanischen Krieges auf Seiten der Gewinner, danach zehnjährige gefahrvolle Rückkehr zu seiner Frau Penelope. Die Abenteuer des Odysseus hat Homer in seiner Odyssee ausführlich erzählt.

1 Der Concordiatempel auf Sizilien.

Das Wort Mythos ist griechisch und bedeutet „Erzählung". Mythen sind Erzählungen über Gottheiten, Heroen*, fabelhafte Kreaturen oder Dämonen. Schon seit frühester Zeit wollten die Menschen wissen, woher sie kommen, was nach ihrem Tod passiert, was richtig oder falsch ist. Auch Beobachtungen in der Natur waren oft unerklärlich und rätselhaft. Mythische Geschichten halfen den Menschen, sich diese geheimnisvolle Welt, die anscheinend von übernatürlichen Kräften eingerichtet und gesteuert wird, zu erklären.
Es gibt Mythen, die den Anfang der Welt erklären (Schöpfungsmythen). Z. B. die Theogonie (Götterabstammung), in der der griechische Dichter Hesiod (um 700 v. Chr.) in 1200 Versen die Entstehung der Welt und die Herkunft der griechischen Götter beschreibt. Die Erzählung über Prometheus schildert die Erschaffung des Menschen und seiner Kultur, wie die antiken Griechen sie sich vorstellten.
Andere Mythen berichten über die Geschichte eines Volkes oder begründen eine bestimmte staatliche Ordnung: Der Äneas-Mythos z. B. berichtet von der Herkunft und den göttlichen Voraussagen über die Entwicklung des Römischen Reiches und seiner Herrscher (vgl. S. 62/63). Der Mythos über Romolus und Remus (vgl. S. 124) beschreibt die Gründung Roms. Auch Beobachtungen in der Natur (Regen, Dürre, Fluten, Säen, Ernten usw.) und der Kreislauf des Lebens – von der Geburt bis zum Tod – werden in Mythen verarbeitet.
Tatsächliche Personen oder Ereignisse in der Vergangenheit können in Mythen so verändert worden sein, dass sie mit der historischen Wahrheit nur noch wenig gemein haben. So berichtet der Grieche Homer (8. Jahrhundert v. Chr.) in der Ilias über den Trojanischen Krieg*, den Kampf um die Stadt Troja. Helden in diesem Krieg waren z. B. Hektor, Odysseus*, Paris, Achill und Agamemnon, die von Gottheiten beeinflusst wurden. Die Wissenschaft ist sich einig, dass es Troja wirklich gegeben hat, und zwar auf dem Hügel Hisarlik in der heutigen Türkei (S. 18/19). Für das Stattfinden des Trojanischen Krieges aber, wie ihn Homer beschrieben hat, fanden sich keine Beweise (s. Rdsp. S. 62). Dass Troja durch einen verlorenen Krieg zugrunde ging, gilt heute als sehr wahrscheinlich. Ob die in der Ilias beschriebenen Personen wirklich gelebt und so am Krieg beteiligt waren, konnte nicht belegt werden. Homer diente ein bekannter Krieg, der lange vor seinen Lebzeiten stattgefunden haben musste, als Rahmen für das Handeln der Götter und Helden. Am Beispiel dieser Figuren beschäftigt sich Homer mit Problemen, Fragen und der Werteordnung zu seiner Zeit.
Die Römer verehrten in ihren Mythen Götter wie Virtus (Tapferkeit), Fortuna (Glück), Concordia (Eintracht) (s. Abbildung 1), Felicitas (Glückseligkeit), Justitia (Gerechtigkeit), Victoria (Sieg) oder Libertas (Freiheit). Die Verehrung solcher Gottheiten und das Zuordnen von Eigenschaften auf andere Götter (vgl. S. 100/101 und S. 164/165) zeigen uns heute, welche Dinge den Menschen der Antike wichtig waren, welche sie verachteten und wovor sie Angst hatten. Zu Ehren der Gottheiten baute man in der Antike prächtige Tempel. Dort wurden die Gottheiten um Schutz gebeten und mit Opfern besänftigt. Die Menschen hofften, dass sich die Eigenschaften der Götter auch auf sie übertragen würden. Durch rituelle Handlungen versuchten die Menschen zu erkennen, was die Götter von ihnen forderten. Priester und Priesterinnen stellten ihr Leben in den Dienst der Götterverehrung.
Helden, auch Heroen genannt, spielen in der griechischen und später der römischen Mythologie neben den Göttern eine Hauptrolle. Heroen sind meist körperlich sehr stark, sie

Tugenden antiker Helden

2 **Apollo und Herakles streiten um den delphischen Dreifuß.**
Römisches Relief, um 36 v. Chr.

sind klug, tapfer und hilfsbereit. Sie vermitteln uns bis heute, welche menschlichen Eigenschaften und Fähigkeiten in der Antike hoch angesehen waren. Vieles davon gilt bis heute als erstrebenswert und vorbildlich.
Heroen befreiten in den alten Mythen die Welt von Ungeheuern, Monstern – die als Sinnbild wirklicher Plagen: Hungersnöte, Brände, Krankheiten, Kriege – gesehen werden können und schlechten Menschen. Sie setzten sich mit den Gottheiten und deren Launen auseinander, holten sich Rat bei ihnen an Orakelstätten, verließen sich aber auch auf sich selbst, lernten und trafen eigene Entscheidungen. So verbirgt sich in den Heldenerzählungen ein Menschenbild, dass uns zutraut, Dinge zu tun, die eigentlich nicht machbar erscheinen. Die Ungeheuer und Dämonen, mit denen sie es aufnehmen mussten, können als Bildnis für tatsächliche Herausforderungen gesehen werden (z. B. Flüsse begradigen oder umleiten, Seefahrten bestehen, sich gegen Angreifer oder Tyrannen wehren, nach Wahrheit suchen). Die Mythen weisen denen, die sie hören, immer einen Weg, die Probleme zu lösen. So gaben die Geschichten Mut und Zuversicht und unterstrichen den Wert von Freundschaft und Liebe. Nicht immer handelten und dachten die mythischen Helden und Gottheiten edel und gut. Aber fast immer lernten die menschlichen Helden aus ihren Taten und Fehlern und mit ihnen das Publikum, dem die mythischen Geschichten auf Marktplätzen, bei großen Feiern oder im Theater erzählt wurden.
Bevor man sie aufschrieb, verbreiteten sich die Mythen mündlich. Und jeder weitere Erzähler ließ etwas weg und fügte anderes hinzu. Daher schildern diese Geschichten die Erfahrungen vieler Generationen aus konfliktreichen Situationen im Leben der Frauen und Männer.

1 *Antike Götter und Göttinnen werden sehr menschlich beschrieben. Welche Eigenschaften hatten sie?*
2 *Nennt Beispiele, wie Heroen vorbildhaft handeln.*
3 *Haben die antiken Helden für euch Vorbildcharakter? Begründet eure Antwort.*
4 *Welche bedeutenden (existenziellen) Fragen stellten sich die Menschen, und welche Antworten gaben sie sich in ihren Mythen?*
5 *Stellen sich die Menschen heute auch solche Fragen? Wie werden sie beantwortet? Diskutiert darüber.*

Mythen aus Rom und Griechenland

1 Flucht des Äneas mit seinem gelähmten Vater Anchises und seinem Sohn Askanius aus dem brennenden Troja. Amphora, um 520 v. Chr.

Die Abstammung Roms

Äneas stand am Ende des Trojanischen Krieges auf der Seite der Verlierer und musste aus der brennenden Stadt in Kleinasien fliehen. Die Flucht wurde beschützt durch seine Mutter Aphrodite, der römischen Venus (vgl. S. 164/165). Frauen, Kinder, Männer, Alte und Junge bauten sich Schiffe und flohen über das Meer, einer noch ungewissen Zukunft entgegen.
Sie gelangten auf die Insel Delos, dem Geburtsort des Gottes Apoll. In seinem Tempel rief Äneas den Gott an und flehte um eine neue Heimat für ihn und die Seinen.
Das Orakel im Tempel antwortete ihm:
„Ausdauerndes Volk der Dardaner, ihr kehrt in den Schoß eines Landes zurück, das schon den Stamm eurer Ahnherren getragen hat. Eure alte Mutter suchet ihr auf: Von dort wird das Haus Äneas in seinen spätesten Enkeln alle Länder der Erde beherrschen."
Äneas' alter Vater Anchisis glaubte, dass die Insel Kreta die Ursprungsheimat der Trojaner gewesen war. Er forderte die Flüchtlinge auf, in See zu stechen und nach Kreta zurückzukehren.

Dem glücklichen Anfang dort setzte eine große Dürre alsbald ein Ende. Als die Not am größten und ein erneuter Aufbruch beschlossen war, sprachen die geretteten Hausgeister aus Troja zum schlafenden Äneas: „Wir werden deinem Geschlecht einen Wohnsitz finden, den Ruhm deiner Enkel verherrlichen und ihrer Stadt die Herrschaft der Welt verleihen. Du selbst bist dazu erkoren, deinen großen Nachkommen diesen Sitz vorzubereiten, und darfst deswegen die langen Beschwerden der Flucht nicht scheuen. Weit von hier liegt das Land, auf welches dich der Götterspruch hinweist, die Griechen nennen es Hesperien: Es ist ein uraltes Land, mächtig durch die Waffen seiner Bewohner, reich durch den Segen seines Bodens. Seine ersten Bewohner hießen Önotrier, von den jüngsten soll es jetzt Italien genannt werden und das Volk Italervolk, nach dem Namen eines einheimischen Königs Italus. Dies ist der Sitz, der euch von euren Ahnen her gehört, dort her stammen eure Väter Dardanus und Jasius, die ältesten Begründer eures Geschlechts. Wohlan, mach dich auf, melde deinem betagten Vater fröhlich dieses unzweifelhafte Wort: Italien sollt ihr aufsuchen; die Gefilde Kretas verweigert euch Jupiter."
Der Weisung des Gottes folgend, lag eine lange und gefahrvolle Reise vor ihnen. Dabei begegneten sie den Harpyien, Vögel mit fratzenhaften Mädchengesichtern. Nahe der Insel Sizilien überstanden sie die Fahrt durch einen Strudel, wurden an das Ufer geworfen und retten sich vor dem von Odysseus geblendeten Zyklopen Polyphem.
Die Göttin Juno (Hera) stellte sich aus alter Feindschaft den zukünftigen Herren Italiens entgegen. Sie sorgte für einen Sturm, der die Seefahrer an den Strand Libyens, dem Reich der Königin Dido verschlug.
Venus, die Schutzgöttin der Trojaner, gesellte sich weinend zu Jupiter und offenbarte ihre Trauer über das Schicksal der Flüchtenden. Der Vater antwortete ihr: „Sei getrost, Töchterchen, das Los deiner Schützlinge bleibt unverrückt. Laviniums* Mauern in Italien werden sich erheben, in mächtigem Kriege wird Äneas dort siegen, trotzige Völker bändigen,

Lavinium*:
Gemeint ist Latium, eine Region in Italien.

Die Abstammung Roms

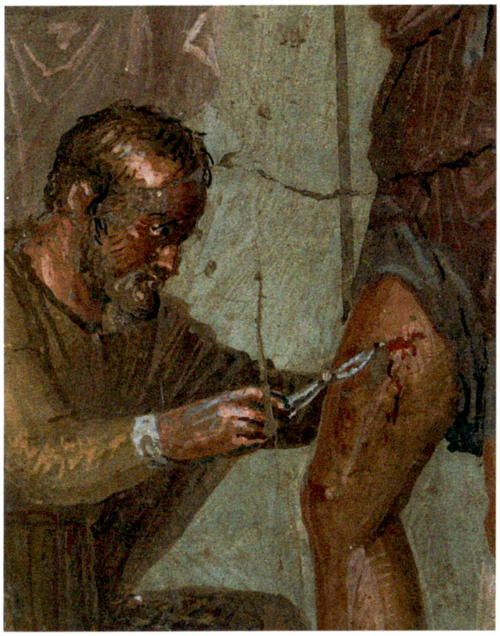

2 **Ein Arzt versorgt die Wunde des Äneas.** Römische Wandmalerei aus Pompeji, 1. Jahrhundert n. Chr.

3 **Der Gott Jupiter, der Weltenherrscher.** Römisches Reliefband, 113 n.Chr.

Gesetz und Ordnung gründen. Drei Jahre wird er in Latium herrschen, sein Sohn Askanius oder Julius* wird den Sitz der Herrschaft von Lavinium nach Albalonga* verlegen. Drei Jahrhunderte wird dort das Geschlecht des Priamus* auf dem Throne sitzen, bis eine Priesterin der Vesta* aus dem Königshause dem Kriegsgott Zwillingsknaben gebiert. Von diesen wird Romulus, von einer Wölfin gesäugt, seinem Vater Mars neue Mauern bauen und der Stifter des Römervolkes werden (vgl. S. 124).

Die Römer aber mache ich zu Herren der Welt, und ihrer Herrschaft ist kein Ziel gesetzt. Juno selbst, die deinen Sohn jetzt quält, wird sich mit seinen Enkeln versöhnen und sie mit mir begünstigen, und der größte Römer wird ein Nachkomme des Julus sein und Julius heißen. Sein Ruhm wird zu den Sternen sich erheben, er selbst, dein Nachkomme, o Tochter, wird in den Himmel unter die Götter aufgenommen werden. Unter den Menschen aber wird nach beendigten Kriegen der ewige Friede wohnen; eiserne Riegel werden die Pforten der Zwietracht schließen, die, mit hundert Ketten gefesselt, vergebens mit den blutigen Zähnen knirschen wird." Die Prophezeiung Jupiters sollte in Erfüllung gehen. Äneas verließ die afrikanische Küste und gelangte nach Italien. Dort musste er schwere Auseinandersetzungen bestehen. Juno schaffte es, Einheimische gegen ihn aufzubringen. Andere Götter und Könige Italiens unterstützten aber Äneas. Schließlich siegte der Trojaner, indem Äneas seinen Hauptgegner Turnus erschlug.

1 *Lest die Aussagen der Orakel und Götter gründlich. Erstellt eine zweispaltige Tabelle, in der ihr die Voraussagen Jupiters den tatsächlichen Ereignissen gegenüberstellt.*

2 *Kann man behaupten, dass dieser Mythos den Römern dazu diente, ihren Herrschaftsanspruch in den eroberten Provinzen zu rechtfertigen? Begründet eure Aussage.*

3 *Welche Rolle wird den zukünftigen Herrschern von Rom vorausgesagt? Wie nutzten sie diese mythischen Aussagen zur Erlangung und Sicherung ihrer Macht?*

4 *Wie drückt sich in diesem Mythos das Weiterleben der antiken griechischen Kultur in weiten Teilen des Römischen Reiches aus?*

Julius*:
Unter diesen Namen wird Askanius Begründer des Julischen Geschlechts. Julius ist häufiger Beiname römischer Kaiser.

Albalonga*:
Oft auch Alba Longa geschrieben. Hauptort des Volkes der Latiner. Heute ist hier das Castel Gandolfo, Sommersitz des Papstes, Teil des Vatikans.

Priamus*:
Mythischer König von Troja, wird von den griechischen Heeren geschlagen, seine Stadt verbrannt.

Vesta*:
Sie ist die alte Göttin des Herdfeuers auf der Apenninenhalbinsel. Die Priesterinnen in ihren Tempeln nannte man Vestalinnen. Männliche Priester gab es dort nicht.

Demeter – Göttin über Ackerbau und Fruchtbarkeit

1 **Hades raubt Persephone.** Marmorstaue von G. L. Bernini, um 1621.

2 **Telesterion* in Eleusis.** Rekonstruktionszeichnung.

Telesterion*: *(griechisch: Weihehalle) ... ist ein monumentaler Kultbau für Demeter und Persephone, das innerste Heiligtum von Eleusis.*

Demeter*: *Schutzgöttin des Ackerbaus und der Fruchtbarkeit.*

Da dem Kronos von seiner Mutter Gaia prophezeit wurde, dass ihn eines seiner Kinder vom Thron stürzen würde, verschlang er jedes sofort nach der Geburt. Nur das jüngste Kind Zeus wurde von seiner Mutter versteckt. Als erwachsener Mann bekämpfte Zeus seinen Vater und zwang ihn, seine Geschwister Hades, Hera, Demeter*, Hestia und Poseidon wieder auszuspucken. Die Prophezeiung hatte sich erfüllt. Zeus wurde Herr über alle Götter. Vom Berg Olymp aus herrschte er über den Himmel. Jedem seiner Geschwister übertrug er eigene Bereiche:
Hades herrschte im Totenreich über die Schatten der Verstorbenen; wer einmal dorthin gelangte, durfte niemals mehr auf die Erde zurückkehren. Hera wurde Beschützerin der Ehe, der Frauen und die Gattin ihres Bruders Zeus. Hestia wurde Göttin des Herdes und des Herdfeuers Poseidon Herrscher über das Meer.
Demeter machte er zur Schutzgöttin des Ackerbaus und der Fruchtbarkeit, sie wurde vor allem von Bauern und Bäuerinnen verehrt. Das griechische Wort für Getreide „demitriaka" leitet sich von ihrem Namen ab.
Und dies – so sagten die Griechen – ist ihre Geschichte: Demeter wurde von ihrem Bruder Zeus schwanger und brachte die schöne Persephone zur Welt. Sie wurde die Lieblingstochter ihrer Mutter.
Die Schönheit Persephones führte dazu, dass sich Hades, der Gott der Unterwelt, in sie verliebte und beschloss, sie zu entführen und zu heiraten. Dabei half ihm Zeus: Er bat Gaia, die Mutter Erde, eine magische Narzisse wachsen zu lassen. Als Persephone diese nun pflücken wollte, öffnete sich die Erde, aus der Tiefe sprang Hades auf einem Wagen und riss Persephone mit sich in die Unterwelt.
Das Echo ihres hoffnungslosen Wehklagens drang von den Bergen zu Demeter. Voller Trauer und Wut suchte die Mutter ihre Tochter neun Tage lang auf der ganzen Welt und konnte sie nirgends finden. Der Sonnengott Helios, der vom Himmel aus alles sehen konnte, erzählte Demeter, was geschehen war.
Wütend und enttäuscht über das Verhalten der anderen Götter verließ Demeter den Olymp, wanderte umher und ließ sich in Eleusis am Königshof nieder. Dort wurde sie Amme des jungen Prinzen. Die Bewohner der Polis bauten ihr zu Ehren einen Tempel, in dem

Demeter – Göttin über Ackerbau und Fruchtbarkeit

3 Opfer an Demeter. Votivrelief, 4. Jahrhundert v. Chr.

sie den Verlust ihrer Tochter betrauern konnte. Aus Gram verbot sie der Erde, Früchte wachsen zu lassen. Damit war alles Leben auf der Erde bedroht und Zeus griff ein: Er befahl seinem Bruder Hades, Persephone gehen zu lassen.
Durch einen Trick gelang es Hades jedoch, dass Persephone immer wieder zu ihm zurückkehren musste. So einigten sich die Götter darauf, dass Persephone vier Monate bei Hades in der Unterwelt verbringen solle, die restlichen acht Monate allerdings auf der Erde bei ihrer Mutter bleiben konnte. Voller Freude ließ Demeter wieder Früchte wachsen.
Dieser Mythos konnte den Griechen viel erklären. Vor allem die Bauern wussten, dass im Sommer, wenn es am Mittelmeer sehr heiß wird und es kaum regnet, die Felder austrocknen und nichts auf ihnen gedeihen kann. Diese Zeit dauert um die vier Monate lang. Vier Monate, an dem die Göttin des Ackerbaus nichts wachsen lässt, weil ihre Tochter wieder bei Hades in der Unterwelt weilen muss? Aber dann, wenn Persephone zurückkommt auf die Erde, lässt Demeter wieder alles wachsen und blühen. Genau dann, im September, fangen die Bauern an zu säen. Das Getreide kann den milden Winter hindurch wachsen und wird im April reif, dem Erntemonat. Acht glückliche Monate vergehen, bis Persephone zu Hades zurück muss – jahraus, jahrein.

Zu Ehren der Göttin und ihrer Tochter Persephone feierten die Griechen ein neuntägiges Freudenfest. So wollten sie Demeter gnädig stimmen und um die Fruchtbarkeit ihrer Äcker bitten.
Fruchtbarkeit findet sich aber nicht nur bei den Pflanzen auf den Äckern. So wie dort die Saaten aufgehen, bringen Frauen Kinder zur Welt und schenken damit neues Leben. Demeter war also vor allem eine Göttin der Frauen, der die Griechinnen mit einem weiteren Fest huldigten. Männern war die Teilnahme daran verboten. Aus der Zuständigkeit Demeters für Fruchtbarkeit und Ackerbau wird heute geschlossen, dass der Ackerbau ursprünglich von Frauen betrieben wurde und nicht von Männern.

1 *Beschreibt und bewertet das Verhalten der Gottheiten Zeus, Demeter und Hades.*

2 *Erklärt die Bedeutung der Göttin Demeter für Bauern und Bäuerinnen. Wie würdet ihr heute die Saat- und Erntezeiten begründen?*

3 *Nennt andere Göttinnen und vergleicht sie mit Demeter. Welche Gemeinsamkeiten und Unterschiede könnt ihr feststellen? (Arbeitet dabei mit Nachschlagewerken, Büchern über Mythen oder recherchiert im Internet.)*

4 *Bei Griechen und Römern gab es Götter und Göttinnen. Heute kennen die großen Religionen keine Göttinnen mehr. Wirkte sich das auf die Rolle der Frau in den jeweiligen Gesellschaften aus?*

Herakles – Held des Altertums

1 Herakles erschlägt Hydra. Frühchristl. Wandmalerei aus den römischen Katakomben (entdeckt 1955).

Herakles ist ein griechischer Held. Bei den Römern erzählte man sich seine Abenteuer auch, nur hieß er bei ihnen Herkules, und unter diesem Namen ist er bis heute sehr bekannt.
Herakles war ein Sohn des Göttervaters Zeus und von Alkmene, der Gattin des Königs Amphitryon.
Hera, die Gemahlin des Zeus, war sehr eifersüchtig auf Herakles und zornig auf ihren Mann. Sie wollte Herakles demütigen und töten. So schickte sie ihm, als er noch ein Kind war, nachts zwei Riesenschlangen, die ihn verschlingen sollten. Herakles aber erwachte rechtzeitig und erwürgte die Schlangen. Allen wurde nun klar, dass er ein Sohn des Zeus sein musste und besondere Fähigkeiten hatte.
Aber Hera gab nicht auf: Als Herakles schließlich glücklich verheiratet war und Kinder hatte, strafte sie ihn mit Wahnsinn. In seinem Wahn hielt er seine Frau und Kinder für Feinde und schoss sie nieder. Da aber griff Athene ein: Sie befreite Herakles von seinem Wahnsinn. Herakles, der nun erkannte, was er angerichtet hatte, wandte sich an das Orakel von Delphi (S. 101), um sich Rat zu holen. Dort erfuhr er, dass er sich von seiner Schuld nur reinwaschen könne, wenn er Eurystheus, dem hinterlistigen König von Mykene, Tiryns und Argos, zwölf Jahre treu diene.
Nur mit seiner sprichwörtlichen körperlichen Stärke, Ausdauer, Mut, Leidenschaft und wachem Verstand konnte er diese Herausforderungen bestehen. Letztendlich musste Herakles beispielhaft die Natur bezwingen und Fairness herstellen. Er überwand eigene Schwächen und durfte sich von Niederlagen nicht entmutigen lassen, auch wenn das mit großen Qualen verbunden war.
Herakles' erster Auftrag von Eurystheus bestand darin, den Löwen von Nemea zu töten. Allerdings war dieser Löwe unverwundbar, weder Eisen, Bronze, Stein noch Holz konnten seine Haut durchdringen. So blieb dem schlauen Herakles nur, mit dem Löwen zu kämpfen und ihn zu erwürgen. Das Löwenfell diente ihm danach als Mantel, das Löwenhaupt als Helm.
Zweite Aufgabe war, die Hydra von Lerna zu töten. Sie war ein Ungeheuer mit neun Schlangenköpfen, die immer wieder nachwachsen konnten. Gemeinsam mit seinem Neffen Iolaos bezwang er das Ungeheuer: Herakles schlug die Köpfe ab, sein Neffe brannte die Wunde aus und verhinderte so das Nachwachsen der Köpfe.
Die dritte Arbeit bestand darin, den riesigen und besonders wilden Keiler vom Berg Erymanthos lebendig zu fangen. Das Wildschwein plagte die Bauern, weil es ihre Felder verwüstete. Also hetzte Herakles das Tier so lange, bis es erschöpft zusammenbrach.
Als Viertes musste Herakles die Keryneiische Hirschkuh mit den goldenen Hörnern fassen, die der Göttin Artemis geweiht war. Nach einem Jahr der Verfolgung konnte er die Hirschkuh ergreifen. Mit Hilfe der Göttin Athene befreite er als Fünftes die Polis Stymphalos von schrecklichen, menschenfressenden Raubvögeln.
Mit seinem Einfallsreichtum gelang es Herakles, die sechste Arbeit zu erledigen. Er befreite die Ställe des König Augias an einem Tag vom Mist seiner vielen Rinder und Schafe. Die Stallungen sollen mit ihren 3000 Tieren 30 Jahre lang nicht gereinigt worden sein, was

Herakles – Held des Altertums

2 Herakles führt den Kerberos vor Eurystheus. Griechische Vasenmalerei, um 530–525 v. Chr.

von Misswirtschaft und Schlamperei zeugte. Herakles leitete Wasser zweier Flüsse über das Land, das den Mist mit sich in das Meer riss. Danach musste Herakles den feuerschnaubenden Stier fangen und nach Mykene bringen. Später wurde das Ungeheuer vom Heroen Theseus getötet (s. S. 68/69). Gleiches gelang ihm mit den feuerschnaubenden Rössern des Diomedes, die er friedlich stimmte, weil er ihnen ihren Herren zum Fraß vorwarf, der die Tiere vorher entsetzlich gequält hatte. Der neunte Auftrag führte ihn in das Land der Amazonen*, um den Gürtel der Königin Hippolyte zu stehlen. Wieder mischte sich Hera ein, verleumdete Herakles und verursachte dadurch, dass ein Krieg zwischen Herakles und den Amazonen entstand, bei dem Hippolyte getötet wurde. Ihren Gürtel brachte er dann Eurystheus.
Seine nächste Reise führte ihn weit in den Westen. Dort sollte er die Rinderherde des dreileibigen Geryon rauben und nach Griechenland bringen. An der Meerenge, an der sich Europa und Afrika am Nähesten kommen, errichtete er die Säulen des Herakles, lange Zeit für die Griechen gleichbedeutend mit dem Ende der Welt. Bald brach er zu seiner nächsten und gefährlichsten Reise auf. Sie führte ihn in den Tartaros*, wo er den Höllenhund Kerberos fing und zum König auf die Oberwelt beförderte. Aus dem Garten der Götter stahl Herakles die von den Hesperiden* und der hundertköpfigen Ladon bewachten goldenen Äpfel. Dabei musste er den Gott Atlas überlisten, auf dessen Schultern das Himmelsgewölbe ruhte.
Herakles vollbrachte im Laufe seines Lebens noch viele gute Taten. Als Lohn für seine Mühen wurde er von den Göttern mit Unsterblichkeit belohnt und zog zu ihnen auf den Olymp, wo er sich mit Hera versöhnte und Hebe, die Göttin der Jugend, zur Frau nahm.
Herakles war für die Griechen der bedeutendste Heroe. Ihm wurden göttliche Ehren zuteil, er war Heil- und Orakelgott und galt als Beschützer der Jugend, der Gymnasien und Paläste. Herakles erkennt man auf Bildern und als Statue an seinem Löwenfell, Bogen, Köcher, Keule und einem Füllhorn.

1 *Die Aufgaben des Herakles können als symbolische Redewendung für schwierige Probleme gesehen werden. Für welche Situationen kann der „Kampf mit der Hydra" stehen, was wird bis heute als das „Ausmisten der Augiasställe" umschrieben?*
2 *Sucht im Atlas die „Säulen des Herakles". Welchen Namen trägt diese Stelle heute?*
3 *Informiert euch über die Amazonen. Welches Frauenbild vermitteln sie? Hatte das etwas mit der Wirklichkeit im antiken Griechenland zu tun? (vgl. S. 114–115 und 117)*

Amazonen*:
Angehörige eines kriegerischen Frauenvolkes. Sie zogen nur die Mädchen auf. Herakles und Theseus vermählten sich mit Amazonenköniginnen.

Tartaros*:
Bodenloser Abgrund, Aufenthaltsort der Toten, beherrscht durch den Gott Hades und seiner Frau Persephone, bewacht durch den dreiköpfigen Hund Kerberos, begrenzt durch den Fluss Styx über den der Fährmann Charon die Seelen der Toten brachte.

Hesperiden*:
Die Hüterinnen der goldenen Äpfel, die ewige Jugend schenkten.

Ariadne und Theseus

1 Die wartende Ariadne. Römisches Mosaik, 4. Jahrhundert.

Labyrinth:* *(griechisch, vermutlich: „Haus der Doppelaxt") Ein Gebäude mit unübersichtlichen, sich überschneidenden Gängen und Räumen oder auch ein Garten mit verschlungenen Wegen zwischen Hecken (Irrgarten). In der griechischen Sage wurde daraus die von Daidalos für den kretischen König Minos errichtete Behausung des Minotauros.*

Die Spuren der ersten europäischen Hochkultur führen zur Insel Kreta im östlichen Mittelmeer. Dort wurden vor etwa 100 Jahren Paläste der untergegangenen Kultur der Minoer aus dem 2.Jahrtausend v.Chr. gefunden. Die Minoer hatten keine Schutzmauern um ihre Paläste gebaut. Sie waren vermutlich ein friedliches Volk,das keine Feinde fürchtete. Die Archäologen entdeckten in den Palästen eine Vielzahl beschrifteter Tontäfelchen. Die Minoer hatten also schon eine Schrift. Der größte Palast wurde in Knossos gefunden, einer Stadt im Norden Kretas. In der Mehrzahl lebten die Minoer als Bauern auf dem Land. Die meisten Städte lagen jedoch an den Küsten Kretas. Die Vielzahl der natürlichen Häfen bot den Schiffen Schutz. Man kann sagen, dass die Minoer eine richtige Flotte aus Ruderschiffen besaßen, die auch schon mit Segeln ausgestattet waren. Mit dieser Flotte trieben sie regen Handel im ganzen östlichen Mittelmeer, der so genannten Ägais, und mit Ägypten. Die vielfältigen Handelsbeziehungen der Minoer erklären vielleicht, warum sie eine höher entwickelte Kultur hatten als die Bewohner des umliegenden Festlands. Wandmalereien im Palast von Knossos zeigen Stiere. Dort sehen wir auch, dass es ein riskantes Stierspiel gab: Männer und Frauen packten den Stier bei den Hörnern und sprangen über seinen Rücken. Der Stier hatte für die Minoer eine große Bedeutung: Er wurde als heiliges Tier verehrt. Daran erinnert die Sage des Minotaurus.

Theseus war ein Held der Athener und Sohn des Königs Aigeus. Zu Beginn seiner Zeit aber hatte die Insel Kreta mit ihrem König Minos die Vorherrschaft im griechischen Raum. Auf Aigeus' Rat hin wurde der Stier von Marathon getötet, wobei der Sohn des Königs Minos ums Leben kam. Seitdem waren Kreta und Athen verfeindet. Als Wiedergutmachung für den Verlust des Königssohnes verlangten die Kreter, dass die Athener regelmäßig sieben Jungfrauen und sieben Jünglinge opfern mussten. Diese wurden dem Minotaurus – einem Ungeheuer mit Menschenkörper und Stierkopf – zum Fraß vorgeworfen. Er lebte in einem Labyrinth*, aus dem niemand mehr herausfand. Theseus wollte das immer wiederkehrende Leid seiner Landsleute beenden und bot sich selbst als Opfer für den Minotaurus an. Nur so konnte er in dessen Nähe gelangen, um ihn dann zu töten. Dem Vater fiel es schwer, der Absicht seines Sohnes zuzustimmen, willigte schließlich jedoch ein. Dem Kapitän des Schiffes, das die Opfer nach Kreta bringen sollte, befahl er jedoch, die schwarzen Segel gegen weiße auszutauschen, falls sein Sohn lebendig wieder zurückkäme.

2 Relief des Minotaurus am Palast von Knossos. Palast, um 1900/1700 v. Chr. gebaut.

Ariadne und Theseus

3 Theseus tötet den Minotaurus.
Griechische Vasenmalerei, 540–530 v. Chr.

Aphrodite, die Göttin der Liebe, wollte Theseus unterstützen. Sie sorgte dafür, dass sich Ariadne, die Tochter des kretischen Königs Minos in den Helden verliebte. Um den Geliebten zu retten, war sie bereit, Theseus zu helfen. Dies allerdings nur unter der Bedingung, dass er sie nach vollbrachter Tat zur Frau nehmen würde. Nachdem Theseus dies versprochen hatte, gab Ariadne ihm ein Wollknäuel. Er sollte den Anfang des Fadens am Eingang des Labyrinths festbinden und die Wolle dann langsam abwickeln. So würde er den Weg zurück finden. Theseus beherzigte den Rat, begab sich – immer den Wollfaden neben sich her abwickelnd – in das Labyrinth, tötete in einem dramatischen Kampf den Minotaurus und fand mithilfe des Ariadnefadens aus dem Labyrinth wieder ans Tageslicht.
Zusammen mit den anderen Athenern und Ariadne floh er von der Insel Kreta. Unterwegs machten die Flüchtenden Rast auf der Insel Naxos. Dort weilte der Gott Dionysos. Er verliebte sich in die schöne Ariadne und bat Theseus, ihm die Prinzessin zu überlassen. Theseus ließ sich darauf ein und fuhr ohne Ariadne weiter, die später die Frau des Dionysos wurde.
Allerdings vergaßen die Athener auf ihrem Rückweg, die schwarzen Segel gegen weiße zu tauschen, wie es ihr König Aigeus für den Fall der glücklichen Heimkehr befohlen hatte. Als er von der Akropolis aus die schwarzen Segel sah, stürzte er sich ins Meer. Seitdem heißt dieses Meer nach dem König von Athen Ägäisches Meer.
Theseus aber wurde König von Athen und schuf die mächtigste und einflussreichste Polis in Griechenland. Vielleicht hat die Geschichte um Theseus, Minos und Ariadne einen wahren Kern. Es ist bekannt, dass Kreta unter seinem sagenhaften König Minos einen großen Einfluss in dieser Region hatte. Es war auch nicht ungewöhnlich, dass an mächtigere Könige Abgaben zu leisten waren, die die schwächeren Königreiche nur mit Mühe aufbringen konnten. So könnten aus solchen Abgaben in der Mythologie Menschenopfer geworden sein. Ungefähr 1400 Jahren vor Christus verschwand Kreta als Vormacht in Griechenland. In der Mythologie wurde daraus das Vernichten des Minotaurus, der zuvor kraftstrotzend die griechische Welt beherrscht hatte. Neue Poleis, unter anderem Athen, kamen zu ihrer höchsten Blüte.

1 *Der Ariadnefaden ist bis heute ein Sinnbild. Erklärt dieses Sinnbild und nennt Beispiele für seine Anwendung.*
2 *Der Minotaurus kann als Verkörperung der Vormacht und Stärke Kretas verstanden werden. Kennst du Darstellungen aus unserer Zeit, die Macht und Stärke oder die Schwäche von Staaten, Unternehmen oder Organisationen darstellen sollen?*

4 Dionysos und Ariadne. Marmorrelief, 2. Jahrhundert.

Aus der Geschichte des Alten Ägypten

Schon in alter Zeit galten die Pyramiden als wahres Weltwunder. Und auch heute stehen Tag für Tag Tausende von Besuchern staunend vor den Riesenbauwerken. Über 4500 Jahre sind sie alt. In Europa lebten die Menschen in dieser Zeit in kleinen Siedlungen auf einfachste Weise von Ackerbau und Viehzucht. Sie kannten noch keinen Staat, keine Verwaltung, keine Schrift und keine Wissenschaft.

Alles das aber gab es schon in Ägypten. Deshalb bezeichnen wir das Land als eine frühe Hochkultur. Und an seiner Spitze standen Könige, so reich und so mächtig, dass sie sich als Grabstätten Pyramiden bauen lassen konnten …

Das Land am Nil

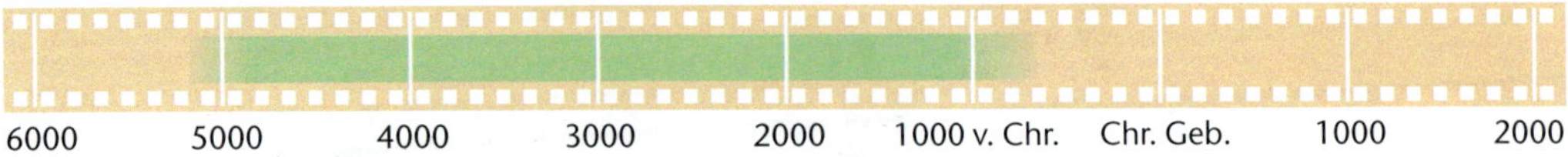

Der Nil:*
Er ist der längste Fluss der Erde; vom Ursprung bis zur Mündung misst er 6650 Kilometer. Das lange und schmale Niltal ist an manchen Stellen nur 1 km, nirgends mehr als 20 km breit. Vor seiner Mündung in das Mittelmeer teilt sich der Fluss in viele Arme. Dieses Delta hat einen Durchmesser von mehr als 200 km.

Die Geschichte beginnt am Nil*

Wo sich heute in Ägypten endlose Wüsten erstrecken, gab es einst tropische Wälder und zahlreiche Seen. Wie in Europa lebten die Menschen bis etwa 5000 v. Chr. als Jäger und Sammler von der Jagd und dem Fischfang, von Früchten und essbaren Pflanzen. Infolge einer allmählichen Klimaveränderung wurde es immer trockener. Ägypten verwandelte sich in eine Wüstenlandschaft. Die Grundlage für die Existenz der Jäger und Sammler ging verloren. Bald drängten sich immer mehr Menschen im schmalen Niltal. Dort bot der Fluss die Möglichkeit, als Bauern zu überleben.

1 *Die Abbildungen 1 und 3 zeigen das Niltal von Assiut. Sucht den Ort auf der Karte.*

2 *Stellt mithilfe der Abbildungen 1 und 3 fest, wo für die Ägypter Ackerbau möglich war und wo sie wohnten.*

1 Der Nil bei Assiut. Foto 1984.

2 Altägypten. Karte.

Der Nil – Lebensspender und Plage

Regelmäßig im Sommer führte der Nil Hochwasser und bewässerte das ausgetrocknete Land. Sein Schlamm war sehr fruchtbar, düngte die Felder und sorgte für eine reiche Ernte. Manchmal waren die Überschwemmungen aber so gewaltig, dass die Strömung alles mit sich riss. Waren die Niederschläge in der Regenzeit zu gering, blieben viele Felder trocken. Beides bedeutete eine Hungerkatastrophe für die Bevölkerung. Die Menschen mussten den Nil unter Kontrolle bringen.
Die Kräfte einzelner Bauern und ihrer Familien reichten dafür nicht aus. Viele Menschen mussten zusammenarbeiten. Das Tiefland am Fluss wurde durch Deiche geschützt und in große Felder unterteilt. War das Nilwasser genügend angestiegen, so wurden die Schleusen an den Deichen geöffnet. Das mit Schlamm beladene Hochwasser floss durch die Kanäle in die Felder. Das Niltal glich dann einem flachen See, aus dem nur die Deiche und die auf Hügeln erbauten Dörfer herausragten. Mit

Das Land am Nil

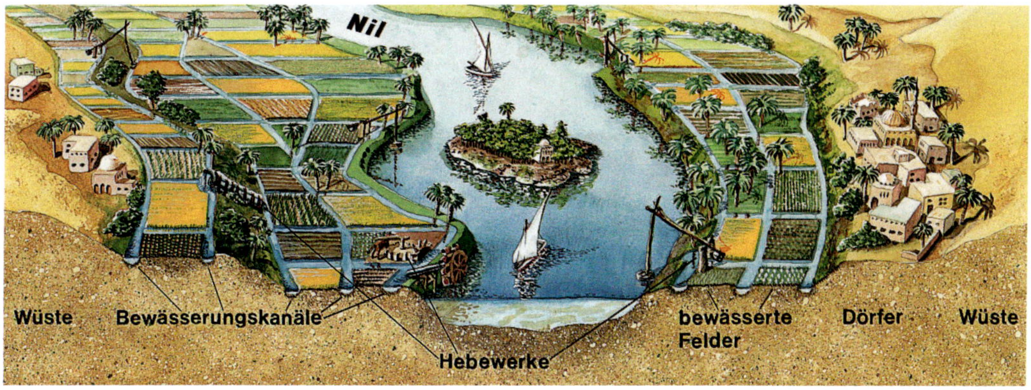

3 **Querschnitt durch das Niltal.**

Schöpfgeräten (s. Randspalte S. 74) wurde zusätzlich Wasser auf höhere und entfernter gelegene Felder verteilt.

3 *Erläutert, warum der Nil sowohl der Lebensspender sein konnte als auch eine Plage.*
4 *Versucht, in einem Spiel darzustellen, wie sich die Zusammenarbeit der Bauern entwickelte. Versucht euch vorzustellen, welche Argumente die Befürworter und welche die Gegner von Wasserbauprojekten vorbrachten.*

Der Kalender

Um den Beginn der alljährlichen Überschwemmungen berechnen zu können, beobachteten die Ägypter den Lauf der Gestirne. Sie erkannten, dass das Auftauchen des Sirius das Ansteigen des Nilwassers einläutete. Nach dieser Erkenntnis stellten die Ägypter einen Kalender auf. Er besaß 12 Monate zu je 30 Tagen und 5 Zusatztage, also insgesamt 365 Tage. Das Jahr wurde in drei Jahreszeiten eingeteilt: Überschwemmung, Aussaat und Ernte (s. S. 74).

Landvermessung und Geometrie

Die Bauern bekamen vom Staat jeweils ein Stück Land zum Bebauen zugewiesen. Von der Ernte behielten sie einen Teil, den anderen zogen Beamte ein. Nach jeder Überschwemmung hatte der Nil eine Schlammkruste auf den Äckern zurückgelassen, die Grenzen der Felder waren nicht mehr zu erkennen. Um zu klären, welches Stück Land der Bauer zu bestellen hatte und wie hoch die von ihm zu entrichtenden Abgaben waren, mussten die Felder jährlich neu vermessen werden. Aus dieser Landvermessung entwickelte sich die Wissenschaft der Geometrie.

5 *Erklärt, welche Rolle der Nil bei der Entstehung des Staates spielte.*

4 **Ein Bauer schöpft Nilwasser in einen Bewässerungskanal.** Grabmalerei, um 1250 v. Chr.
Die Schöpftechnik ist auch heute noch bei Bauern in Gebrauch.

Der Dichter Cheti schrieb um 1300 v. Chr. eine Lobpreisung über den Nil:
„Sei gegrüßt, Nil, der aus der Erde herauskommt und herbeikommt um Ägypten zu ernähren; von Re, dem falkenköpfigen Gott erschaffen um alle Durstigen zu beleben. (…) Ist er (der Nil) träge, dann werden die Nasen verstopft und jedermann verarmt. Wenn er steigt, dann ist das Land in Jubel, dann ist jeder Bauch in Freuden. (…).“

Exkursionstipp:
Ägyptisches Museum und Papyrussammlung Berlin, Bodestraße 1–3, 10178 Berlin, Tel. 030 20905101.

Die Wirtschaft im Niltal

Um 3000 v. Chr.:
Ober- und Unterägypten werden unter einem Herrscher vereinigt.

Fellache*:
So werden Bauern in den arabischen Ländern genannt.

Wasser fließt nicht bergauf
Um das Nilwasser auf höher gelegene Kanäle oder direkter auf die Felder zu schöpfen, bedienten sich die Ägypter eines Schöpfgerätes, das ***Schaduf*** *genannt wird. Dabei handelt es sich um einen hölzernen Hebearm mit einem Ledereimer und einem Stein (oder Lehmklumpen), der auf einem einfachen Gerüst befestigt ist. Der Eimer wird von einem Bauern nach unten gezogen und im Fluss gefüllt. Das Gewicht des Steines zieht ihn in die Höhe des Kanals oder Feldes, wo er entleert wird. Solche Geräte gibt es noch heute in Ägypten.*

1 **Ernte.** Untere Bildreihe: Ernte mit der Sichel – Abtransport der Ähren. Mittlere Bildreihe: Dreschen mit Rindern – Säubern des Getreides (Worfeln) – Schreiber notieren die Erträge. Obere Bildreihe: Vermessung der Äcker – ein Bauer wird verprügelt. Deutlich hervorgehoben zwei hohe Beamte. Wandmalerei aus dem Grab eines ägyptischen Beamten, um 1400 v. Chr.

Die Menschen sorgen vor

Die Menschen hatten gelernt, mit dem Nilhochwasser umzugehen. Aber immer wieder kam es zu Naturkatastrophen, wenn die Überschwemmungen so groß waren, dass sie alles zerstörten oder wenn das Hochwasser ausblieb. Die Folge waren Hungersnöte. Aus diesen Gründen begannen die Menschen schon sehr früh, in guten Erntejahren Überschüsse zu sammeln und sie in Speichern als Vorräte zu lagern.

Diese Vorratswirtschaft hatte noch weitere Vorteile. Nicht mehr alle Menschen mussten Bauern sein. Ein Teil der Bevölkerung wurde für andere Arbeiten frei und konnte von den Bauern mitversorgt werden. Forscher, Künstler, Handwerker und Händler konnten sich so ganz ihrem Beruf widmen. Eine vielfältige Arbeitsteilung bildete sich heraus. Im Laufe der Zeit gliederte sich die ganze Bevölkerung in verschiedene Schichten mit unterschiedlichen Aufgaben und Tätigkeiten.

1 *Erläutert den Zusammenhang zwischen Vorratswirtschaft und der Entstehung von Berufen.*

Vom Alltag der Fellachen*

Das Leben der Bauern war hart: Während der Phase der „Überschwemmung", die von Juli bis September dauerte, konnten sie zum Arbeitsdienst zwangsverpflichtet werden. Wich dann in der Saat-Zeit, der des „Auftauchens des Landes" die Flut zurück, brachen sie den Boden auf den Feldern mit hölzernen Pflügen um und säten Gerste, Emmer und Flachs. In der Trockenzeit, die im Februar begann, ernteten sie das Getreide und ließen es von Eseln und Rindern mit den Hufen dreschen.

Den Großteil ihrer Ernte mussten sie den Steuereintreibern für die königlichen Vorratskammern geben, den kleinen Rest verarbeiteten sie zu Brot und Bier, neben Gemüse ihre Hauptnahrungsmittel. Ihre Wohnstätten waren einfache Hütten.

2 *Vergleicht den Alltag der ägyptischen Fellachen mit dem der heutigen Bauern. Was ist ähnlich, was völlig anders?*

Werkstatt Geschichte: Nillandschafts-Modell bauen

Wenn ihr – wie die Schüler hier im Bild – ein Nilmodell basteln wollt, braucht ihr folgende

Materialien und Werkzeuge:
- Brett (ca. 1 m · 0,50 m)
- Bleistift, Wasserfarben und Pinsel
- Gips, Sand und Modellbau-Streu
- Spachtel, Gipsgefäß und Messerchen
- Knetgummi oder Fimo oder Holz
- Kleister
- etwas Draht

Und so wird es gemacht:
Mit einem Bleistift den Nil und die Grenze zum Mittelmeer von der Karte auf das Brett übertragen – Fluss und Meer mit Wasserfarbe blau ausmalen – Gips anrühren und Landschaft (Wüste, Gebirge) modellieren – fruchtbare Uferzonen mit Kleister einstreichen und mit Modellbau-Grünstreu bedecken – Pyramiden, Häuser, Palmen usw. aus Knetgummi, Fimo, Holz oder anderen Materialien modellieren und an passender Stelle in das Modell stellen und ankleben.

2 **Schüler bauen ein Nillandschafts-Modell.**

Die Zeichnungen unten dienen euch als Vorlagen für die Einzelteile des Nillandschafts-Modells. Sie geben nicht die tatsächlichen Größenverhältnisse wieder.

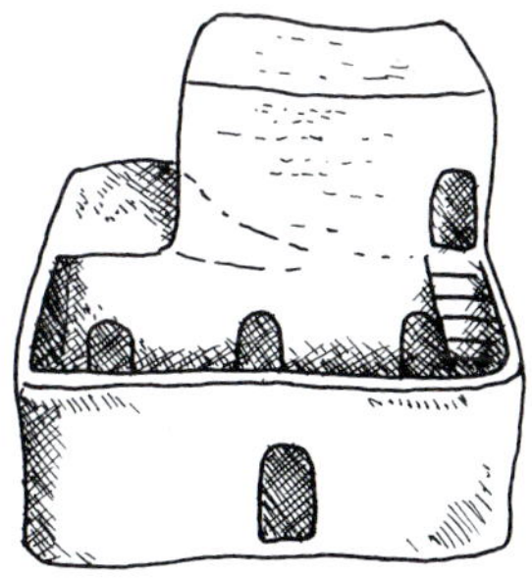

Hausmodell

Die Pyramiden von Giseh, 2500 v. Chr.

Dattelpalme

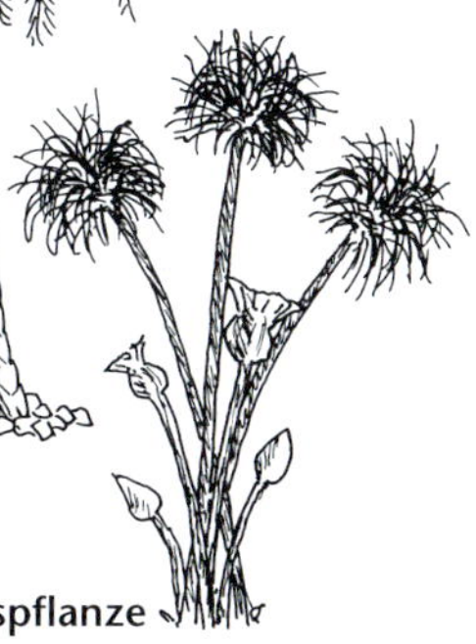

Papyruspflanze

Obelisk

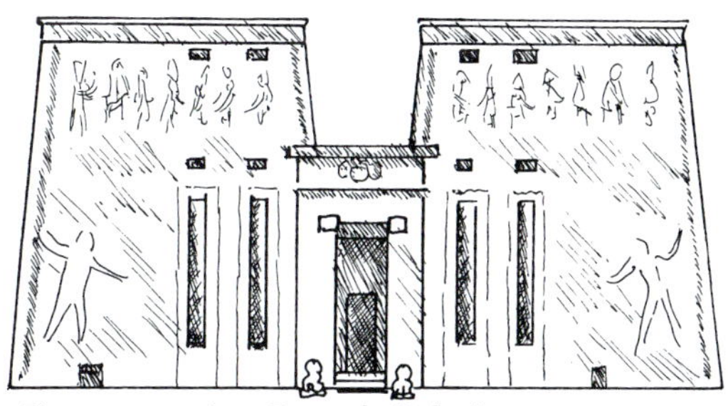

Eingangstor eines Tempels (Pylon)

Am Nil entsteht ein Staat

Jahr	Ereignisse	Kultur
30 v. Chr.	Ägypten wird Provinz des Römischen Reiches	
500		
1000	Ägyptens Großreich zerfällt in Teilreiche	
	Neues Reich	
	Pharao Ramses III. Pharao Ramses II. Pharao Tutenchamun	Königsgräber im Tal der Könige **Hauptstadt: Achetaton**
1500		
	Fremde Herrscher	
	Mittleres Reich	
	Ägypten wird Großmacht	Blütezeit von Kunst und Literatur **Hauptstadt: Theben**
2000		
	Machtkämpfe der Kleinkönige	
	Altes Reich	
	Pharao Chephren Pharao Cheops	Pyramiden in Giseh 1. Pyramide in Sakkara
2500		
3000 v. Chr.	Staatsgründung in Ägypten	Kalender Hieroglyphenschrift **Hauptstadt: Memphis**

1 Ägypten 3000–30 v. Chr.

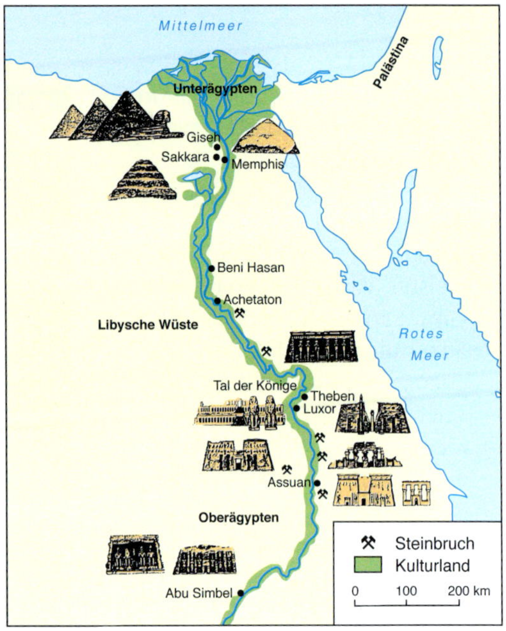

2 Altägypten.

Wo sich heute in Ägypten unter flimmernder Hitze endlos erscheinende Wüsten erstrecken, da gab es einst tropische Wälder und zahlreiche Seen. Wie in Europa so lebten auch dort die Menschen bis etwa 5000 v. Chr. von der Jagd, vom Fischfang, von Früchten und essbaren Pflanzen.

Allmählich jedoch begann sich das Klima zu ändern und Ägypten wurde zur Wüstenlandschaft. Immer mehr Menschen zogen deshalb bis etwa 3000 v. Chr. ins Niltal und wurden hier sesshaft. Sie lebten in Dörfern und Siedlungen. Im Zentrum jeder Gemeinschaft stand ein Tempel, in welchem dem Gott jeder Gemeinschaft geopfert wurde. Wahrscheinlich schlossen sich seit der Mitte des 4. Jahrtausends v. Chr. viele Dörfer zusammen, um in gemeinsamer Arbeit Deiche, Kanäle, Staudämme und Auffangbecken zu bauen. Aus dem Flusstal des Nils wurde so im Laufe der Zeit eine fruchtbare Flussoase.

Mit der Größe solcher „Verwaltungsbezirke", der Gaue, wuchs auch das Ansehen und die Macht der Gauverwalter. Schließlich kam es zur Bildung von zwei größeren Herrschaftsgebieten: das eine in Unter-, das andere in Oberägypten. Aus ihnen entstand um 3200 v. Chr. das altägyptische Reich. Man weiß bis heute noch nicht genau, welche Ereignisse schließlich dazu führten, dass sich die gesamte Macht in den Händen eines Einzelnen, des Königs, konzentrierte. Die erste Hauptstadt dieses Reiches war Memphis. Hier stand auch der Palast des Königs.

Man bezeichnet diesen frühen hoch entwickelten Staat heute als Hochkultur* im Vergleich etwa zu den gleichzeitigen bäuerlichen Kulturen der Jungsteinzeit in Mitteleuropa (ab S. 44).

Das ägyptische Reich bestand fast 3000 Jahre, in denen es von 50 verschiedenen Königsgeschlechtern regiert wurde. Man untergliedert diesen Zeitraum heute, indem man von der Geschichte des Alten, Mittleren und Neuen Reiches spricht.

1 *Lest auf den S. 44–49 und 54/55 nach, welche Ereignisse und Entwicklungen sich gleichzeitig in Europa abspielten.*

2 *Ihr könnt in den folgenden Wochen einen „Reiseführer" Ägypten erstellen. Themen könnten z. B. sein: Die Bedeutung des Nils für die wirtschaftliche und kulturelle Entwicklung Ägyptens; Bau und Bedeutung der Pyramiden; Die Rolle der Frau in der ägyptischen Gesellschaft damals und heute usw.*
Überlegt gemeinsam, woher ihr Informationen zu den einzelnen Themen bekommen könnt.

Hochkultur*:
Bezeichnung für Kulturen, die im Vergleich mit sog. primitiven Kulturen eine höhere Entwicklung in der Naturbeherrschung, des politischen und sozialen Systems, des geistigen Lebens und in den künstlerischen Ausdrucksformen aufweisen. Frühe Hochkulturen gab es u. a. auf Kreta, am Indus und am Hoangho sowie in Süd- und Mittelamerika.

Der Pharao – König und Gott

3 **Mumienmaske des Pharaos Tutenchamun (1332–1323 v. Chr.).**

Die ägyptischen Könige wurden Pharaonen* genannt. Für die Untertanen war der Pharao heilig und unerreichbar, ein Gott in menschlicher Gestalt. Seine Anordnungen und Entscheidungen galten als der Wille der Götter. Die Pharaonen hatten die Aufgabe, die Götter dem Volk gegenüber gnädig zu stimmen. Dies geschah durch den Bau von Tempeln, durch Opfergaben und den Gottesdienst.
Der Pharao besaß unumschränkte Macht. Ihm gehörte das ganze Land; Privatbesitz entwickelte sich erst langsam. Der König wachte über die Verwaltung des Landes und über die öffentlichen Bauten, er setzte die Steuern fest, die seine Beamten einzogen, und ordnete an, die Vorratshäuser zu füllen.

Q1 Über die Macht des Pharaos schreibt ein heutiger Wissenschaftler:
... An der Spitze der Regierung stand der König. Er galt als Sohn eines Gottes und war in den Augen des Volkes selbst göttlich. Seine Macht war unbegrenzt. Er beherrschte das Land im Namen des Gottes, als sein einziger Meister und Herr.
Leben, Güter und Arbeit der Untertanen lagen in der Hand des Königs, der darüber verfügen konnte, wie es ihm beliebte. Er ordnete an, welche Felder jedes Jahr besät werden sollten ... Er stellte fest, welchen Anteil von der Ernte der Bauer an die Regierung abzuführen hatte ...
Er ernannte Personen zur Ausführung bestimmter öffentlicher Arbeiten, um Kanäle anzulegen, Deiche, Tempel, Gräber, Paläste oder Schiffe zu bauen, Steine zu hauen, wilde Tiere zu jagen, Salz oder Metall zu fördern. Er bestimmte die genaue Zahl derer, die im Heer oder bei der Polizei oder als Ruderer oder Matrosen bei der Flotte dienen sollten. Er legte auch fest, welchen Anteil der Erzeugnisse seiner Arbeit der Handwerker an den Staat abzuliefern hatte und welche Handwerker ausschließlich für den König und die Tempel arbeiten sollten ...

3 *Schreibt aus Q1 alle Bereiche heraus, über die der Pharao bestimmte.*
4 *Sprecht darüber, welche Gefahren sich daraus ergeben können, wenn sich in einem Staat alle Macht in den Händen eines Einzelnen befindet.*

4 **Kleiner König.** Dieses Goldfigürchen zeigt die königlichen Abzeichen: die Krone, den Herrscherstab und die Uräusschlange* an der Stirn.

Pharao*: *Titel der ägyptischen Könige. Der Begriff bedeutet „großes Haus", das heißt Palast.*

Pharaonenkronen

a) aus Oberägypten,

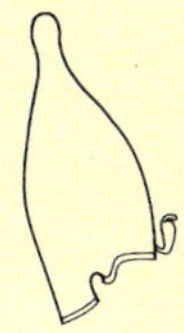

b) aus Unterägypten,

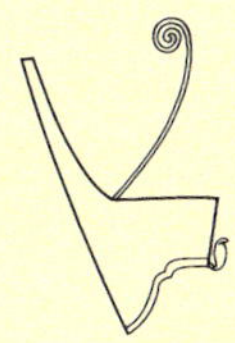

c) aus Gesamtägypten.

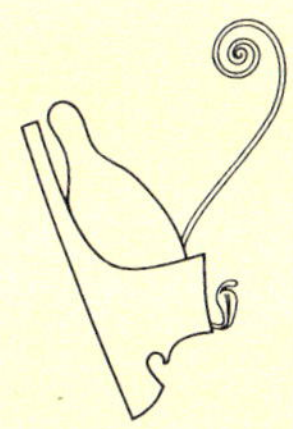

Uräus*: *Afrikanische Giftnatter.*

Die Verwaltung des Reiches

1 Der Schreiber. Bemalte Kalksteinstatue, um 2500 v. Chr.

Wesir*: *Stellvertreter des Königs. Er war der oberste Richter, oberster Polizeichef und oberster Heerführer.*

Die Beamten

Die Aufgaben des Pharaos wurden im Lauf der Zeit immer umfangreicher, sodass er sie allein nicht mehr bewältigen konnte. Beamte unterstützten den König in der Ausübung seiner Macht. An ihrer Spitze stand der Wesir*. Er leitete die Nahrungsmittelversorgung, die Schatzkammer, die Justiz und die Staatsarchive. Seine Aufträge erhielt er unmittelbar vom König; er erteilte seinerseits Befehle an die örtlichen Beamten. Diese zählten das Vieh, die Haushaltungen und das Korn, das von den Bauern in die Vorratskammern geliefert wurde.

1 *Erklärt die Rolle des Wesirs bei der Verwaltung des Reiches.*

Schreibgerät*. *Rekonstruktion. Es besteht aus einer Palette mit zwei Vertiefungen für rote und schwarze Farbe, einem Wasserbeutel zum Anrühren der Farbe und einem Behälter für die Pinsel.*

Der Schreiber

Wichtigste Voraussetzung für die Beamtenlaufbahn war die Fähigkeit zu schreiben (S. 80–81). Man nimmt an, dass von den zwei Millionen im alten Ägypten lebenden Menschen nur etwa 10 000 bis 20 000 schreiben konnten.
Die Ausbildung begann mit fünf Jahren. Im Alter von 16 bis 18 Jahren erhielt ein Schreiber seine erste Anstellung in der Verwaltung. Die Schreiber durften sich zu den Gebildeten zählen. Ihr Schreibgerät* trugen sie stolz über der Schulter. Auch wenn sie höhere Aufgaben zu erledigen hatten, ließen sie sich gern auf dem Boden hockend oder kniend als Leser oder Schreiber darstellen.

Q1 Diesen Rat gab ein Vater seinem Sohn:
... Werde Schreiber! Der ist vom Arbeiten befreit ... und ist erlöst vom Hacken mit der Hacke; er braucht keinen Korb zu tragen. Der Beruf des Schreibers trennt dich vom Arbeiten mit dem Ruder ... Du hast nicht viele Herren und hast nicht eine Menge von Vorgesetzten ... Selbst der Priester steht als Ackerer da ... Allein der Schreiber, der leitet jedes Werk, das in diesem Land geschieht ...

2 *Nennt die Vorteile, die der Beruf des Schreibers mit sich bringt.*
3 *„Der Beamte habe niemandem zu gehorchen." Beurteilt diese Aussage.*

Den Frauen blieb der Beruf der Schreiberin verschlossen, weshalb die wenigsten von ihnen schreiben oder lesen konnten. Der Wirkungskreis der Frau im Alten Ägypten blieb das Haus.

2 Getreidespeicher. Ein Schreiber notiert die gelieferte Menge. Modell aus einem ägyptischen Grab, um 2000 v. Chr.

Die Gesellschaft im Alten Ägypten

Die Priester

Als oberster Priester galt im Alten Ägypten der König. Weil er nicht in jedem Tempel anwesend sein konnte, ließ er sich durch den jeweiligen Hohenpriester eines Tempels vertreten. Die Tempelpriester erhielten aufgrund ihres großen Einflusses Ländereien und waren von Abgaben befreit.

Bauern, Händler, Handwerker

Der überwiegende Teil der ägyptischen Bevölkerung arbeitete als Bauern in der Landwirtschaft. Die Ackerfläche, die ein Bauer zu bearbeiten hatte, lag in der Regel zwischen 0,8 und 1,3 Hektar. Heute wird geschätzt, dass ihm nach Abzug aller Abgaben etwa ein bis zwei Sack Getreide pro Monat verblieben. (Zum Vergleich: Arbeiter erhielten für ihre Tätigkeit jeden Monat fünf Sack Getreide.) Eine Menge von ein bis zwei Sack Getreide reichte dem Bauern gerade aus, um sich und seine Familie notdürftig zu ernähren. Frauen halfen in der Landwirtschaft, indem sie beim Worfeln* des Getreides dabei waren, Ähren einsammelten, Kühe melkten. Der Willkür der Beamten waren die Bauern und ihre Familien schutzlos ausgeliefert. In der Zeit der Nilüberschwemmung, wenn sie wenig zu tun hatten, mussten sie im Auftrag des Königs Pyramiden, Tempel oder Paläste errichten.

Viele Jahre lang unterhielten die Pharaonen kein stehendes Heer. Im Bedarfsfall rekrutierte man Soldaten aus der Bevölkerung.

Ägyptische Händler versorgten das Land unter anderem mit Olivenöl und Wein aus Kreta. Diese Waren brachten sie mit Segelschiffen nach Ägypten.

Handwerker wie die Töpfermeister waren für ihre Kunstfertigkeit weithin bekannt. Oft füllten sie ihre Produkte gleich mit den entsprechenden Waren. So boten sie kleine Kosmetiktiegelchen bereits mit Parfüm oder Make-up an. Waren wurden anfangs gegen Naturalien eingetauscht.

Zur untersten Gesellschaftsschicht gehörten die Sklaven. Meist arbeiteten sie als Dienerinnen und Diener. Sie galten zwar als persönlich frei, ihr „Herr" konnte aber ihre Arbeitskraft vermieten.

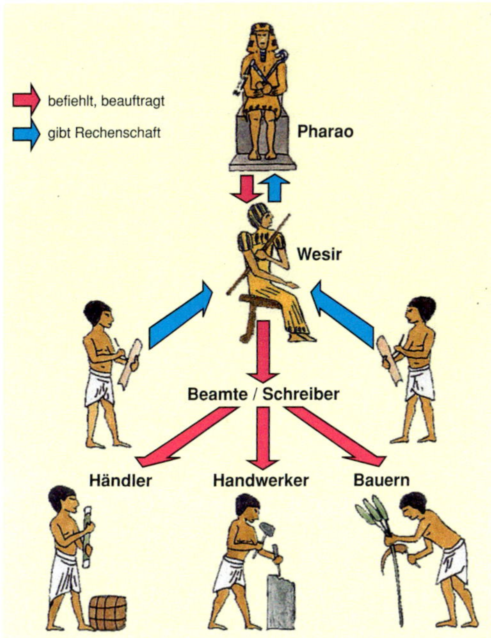

3 **Die Herrschaftsordnung im Ägypten der Pharaonenzeit.**

Q2 Im Auftrag des Pharaos mussten die Männer in Steinbrüchen arbeiten, um Baumaterial für die Pyramiden und andere Bauwerke zu beschaffen. Aufgrund der verteilten Brote, die sie als Lohn erhielten, ergibt sich eine Gesellschaftshierarchie*:

– Der Expeditionsleiter und der Herold	200 Brote
– die drei „Großen der 10 von Oberägypten", je	100 Brote
– die 30 Offiziere, je	30 Brote
– die Bürgermeister, je	100 Brote
– der Vorsteher aller Arbeiten des Königs	100 Brote
– 8 Schreiber, je	30 Brote
– der Bürovorsteher	30 Brote
– 60 Zimmerleute, je	20 Brote
– 17 000 Arbeiter, je	10 Brote

4 *Zeichnet aufgrund der Brotverteilung eine Gesellschaftspyramide.*

5 *Beurteilt diese Verteilung. Findet ihr sie gerecht oder nicht?*

Worfeln*: *Das Werfen des ausgedroschenen Getreides gegen den Wind. Dadurch wurde es von Spreu und Staub gereinigt.*

Hierarchie*: *Rangfolge, Rangordnung.*

Die Ausrüstung eines Soldaten bestand aus Holzschild, Streitaxt und Speer.

Die Entwicklung von Schrift und Papier

1 Ägyptisches Wort für Krokodil.

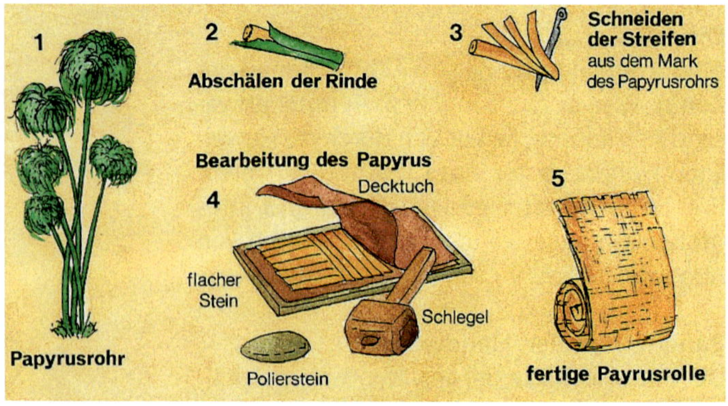

2 **Papyrusherstellung.** Die Papyrusstreifen werden kreuzweise aufeinander gelegt. Durch sanfte Schläge mit dem Schlegel kleben die beiden Schichten zusammen.

Hieroglyphen*: *Ägyptische Bilderschrift, die seit 3200 v. Chr. entwickelt wurde. Dem französischen Ägyptologen Champollion gelang es 1822, ihre Bedeutung zu entziffern.*

Papyrus*: *An den Ufern des Nils ernteten die Ägypter die Papyrusstaude. Sie ist ein Sumpfgras und wird bis zu 6 m hoch. Aus ihrer Staude stellten die Ägypter den Vorläufer des Papiers her. Die Schreiber zeichneten ihre Hieroglyphen auf den Pflanzenstoff. Einige Papyrusrollen waren über 20 m lang. Da es in Ägypten heiß und trocken ist, sind viele Schriftrollen bis heute gut erhalten und lesbar.*

Fundgrube: *Wenn ihr mehr über die Geschichte der Papierherstellung erfahren und Papier selbst schöpfen wollt, so könnt ihr die Papiermanufaktur und -museum in Eberswalde, Brandenburg, besuchen.*

Die Entwicklung der ägyptischen Schrift

Das ägyptische Wort für Beamter lautet „Schreiber". Schreiber und Beamte gab es seit Beginn der ägyptischen Hochkultur um 3200 v. Chr.; ebenso alt ist die Schrift.

Die Griechen nannten später diese Schrift, die sie vor allem an Tempeln und Götterstatuen sahen, Hieroglyphen* – heilige Einkerbungen. Geschrieben wurden diese Hieroglyphen von rechts nach links oder von links nach rechts oder von oben nach unten.

Wie die altägyptische Schrift entstanden ist, wissen wir bis heute nicht.

Die altägyptische Schreibschrift

Q1 Eine Wissenschaftlerin schrieb 1989 über die ägyptische Schrift:

Im altägyptischen Staat spielte die Bürokratie eine große Rolle und dazu war eine Schrift nötig, die man mit wenig Aufwand flott und mit leicht transportierbarem Schreibmaterial hinschreiben konnte. Denn die Schreiber taten ihre Arbeit nicht nur in ihren Amtsstuben, sondern mussten z. B. auch aufs Land gehen, um gleich an Ort und Stelle festzuhalten, wie viel Getreide ein Bauer einbrachte.

Als Schreibgeräte verwendeten die Schreiber Pinsel und Tinte. Die „Tinte" war ein festes, trockenes Stück Farbe; wollte man damit schreiben, strich man mit dem angefeuchteten Pinsel darüber. Brauchte man mehr „Tinte", weil man längere Texte schrieb, löste man ein größeres Stück Farbe in einem mit Wasser gefüllten Töpfchen auf. Zum Handwerkszeug eines altägyptischen Schreibers gehörten zwei „Tinten": eine schwarze, mit der üblicherweise geschrieben wurde, und eine rote zum Hervorheben bestimmter Stellen. Die schwarzen Farbstücke wurden hergestellt, indem man Ruß, die roten, indem man fein zerriebenen roten Ocker mit Wasser und Gummi mischte und dann trocknen ließ. Die Verwendung von Schwarz für die normale Schrift und von Rot zum Hervorheben wurde übrigens später von den Arabern übernommen und an uns weitergereicht.

Geschrieben wurde auf Scherben zerbrochener Tongefäße, auf Schreibtafeln aus Holz und vor allem auf Papyrus*. Das Wort „Papyrus" bedeutet in der altägyptischen Sprache vermutlich „zur Verwaltung gehörig". Von den Ägyptern übernahmen die Griechen diesen Ausdruck, von den Griechen wiederum die Römer und seit dem 14. Jahrhundert ist er in unserer deutschen Sprache als „Papier" gebräuchlich.

1 *Erklärt mithilfe von Abbildung 2 die Herstellung von Papyrusbögen.*

2 *Die ägyptische Verwaltung wäre ohne eine Schrift nicht möglich gewesen. Notiert euch dazu einige Begründungen. Lest euch nochmals die S. 78 daraufhin durch.*

Die Entwicklung von Schrift und Papier

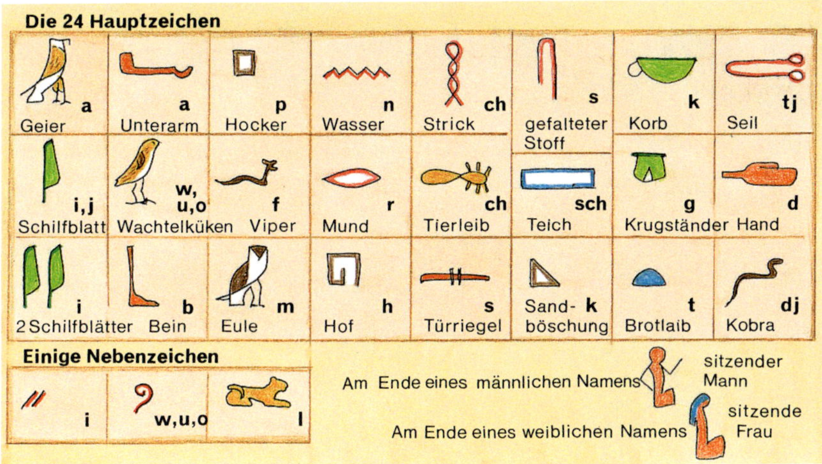

3 **Das ägyptische Alphabet.** Angegeben ist jeweils die Bildbedeutung und die Aussprache.

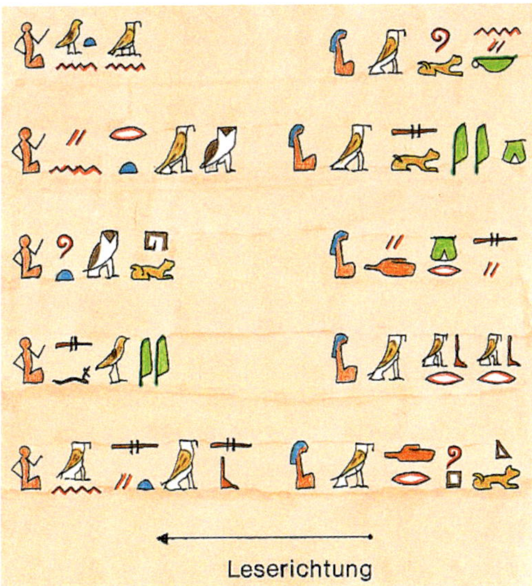

4 **Jungen- und Mädchennamen.** Jeweils von rechts nach links zu lesen.

Wichtige deutsche „Chat-Kürzel"	
„bvid"	bin verliebt in dich
„dbdb"	du bist der Beste/die Beste
„iha"	ich hasse Abkürzungen
„Sfh"	Schluss für heute
„snif"	traurig, weinen
„z"	zornig

Häufig verwendete „Smilies"	
:-)	lächelnd, glücklich
:-))	sehr glücklich
:-(	traurig, sauer
:-0	laut lachen
,-@	brüllen
,-(	weinen
|-|	schläft
=:-)	Hohlkopf

5 **„Chat-Kürzel" und „Smilies" im Internet.**

3 *Versucht mithilfe von Abbildung 3 die Namen in Abbildung 4 zu entziffern.*

4 *Malt mit den Hieroglyphen euren eigenen Namen.*

5 *Entwickelt allein oder in Gruppen eine eigene Bilderschrift. Schreibt einen Satz in eurer Bilderschrift an die Tafel. – Welche Schwierigkeiten ergeben sich für die Klasse, diesen Satz zu lesen?*

6 *Achtet in eurer Schule, aber auch in anderen öffentlichen Gebäuden, in Zügen, Bussen usw. darauf, welche Bildzeichen dort angebracht sind. Erklärt, warum diese Zeichen jeder versteht.*

7 *Malt diese Zeichen ab und schneidet entsprechende Zeichen aus Prospekten, Illustrierten usw. aus. Fertigt damit eine Wandzeitung für euer Klassenzimmer.*

8 *Versucht mithilfe der Übersicht 5, die Schriftzeichen im Internet zu entschlüsseln. Vergleicht sie hinsichtlich ihrer Entstehung und Erschließbarkeit mit dem ägyptischen Alphabet.*

Lesetipp:
Rudolf Majonica: Das Geheimnis der Hieroglyphen. Die abenteuerliche Entschlüsselung der ägyptischen Schrift. dtv, München 1988.

Alltag im Alten Ägypten

Tonmodell eines einfachen ägyptischen Hauses. Mittleres Reich.

1 Haus eines vornehmen Ägypters. Rekonstruktionszeichnung.

Der Schreiber Ani hat um 1500 v. Chr. für seinen Sohn Folgendes aufgeschrieben:
„Nimm dir eine Frau, solange du jung bist. Sie soll dir einen Sohn bringen und Kinder bekommen, solange du noch ein junger Mann bist. … Eine verheiratete Frau wird eingestuft nach ihrem Ehemann. Ein Mann wird eingestuft nach seinem Rang."

Wie wohnten die Ägypter?

Die Häuser der reichen und der armen Ägypter wurden aus ungebrannten Lehmziegeln gebaut, die im Sommer die Häuser kühl und im Winter warm hielten. Bilder in Gräbern zeigen prächtige Häuser, in denen reiche Ägypter wohnten. Ausgrabungen bestätigten diese Darstellungen. Solche Häuser hatten drei Bereiche: einen Wohnraum, einen Empfangsraum und den Schlafbereich, der mit einem Bad und einer Toilette ausgestattet war. Das ganze Haus war weiß gestrichen, die Türpfosten bunt. Die Häuser der Reichen hatten oft einen eigenen Brunnen, sonst versorgte man sich aus öffentlichen Brunnen mit Wasser. Die Wasserversorgung und die Entsorgung des Abwassers wurde sorgfältig überwacht, nichts wurde verschwendet. Über die Wohnungen der Armen wissen wir wenig. Die Ausgrabung einer Arbeitersiedlung zeigt, dass die Armen auf engem Raum in kleinen Häusern lebten und mit Wasser sehr viel schlechter versorgt waren als die Reichen.

Ägypten – die Wiege des Handwerks

Noch heute kann man in Ägypten die hohe Kunst der Handwerker im Alten Ägypten bewundern. Sie konnten Granit bearbeiten, sie erfanden die Glasherstellung und verarbeiteten Kupfer, Silber und Gold zu prächtigem Schmuck. Sie beherrschten die Techniken zur Erzeugung besonders hoher Temperaturen. Die Schreiner stellten Möbel aller Art und Boote her. In den Webereien entstanden prächtige Tuche und Alltagsstoffe. Für den Bau der Pyramiden hatten die Ägypter eine besondere Transporttechnik entwickelt, die noch heute beeindruckt. Die hoch entwickelte Küstenseefahrt mit Segelschiffen stellte den Kontakt zu vielen Ländern des Vorderen Orients her.

Männer und Frauen

Die Ägypter heirateten früh. Die Mädchen waren in der Regel erst 12 oder 13, die Jungen oft nicht älter als 15 Jahre. Das Ehepaar erschien vor einem Beamten des Pharaos, der den Namen und den Besitz von Mann und Frau aufschrieb. Anschließend ging man in den Tempel des Stadtgottes, um zu opfern und den Segen zu empfangen.
Nach der Meinung der Forschung gab es im alten Ägypten bereits eine feste Rollenverteilung. Der Mann ging seinem Beruf außerhalb des Hauses nach, auf dem Feld und in der Werkstatt. Die Frau führte den Haushalt und kümmerte sich um die Kindererziehung. In

Alltag im Alten Ägypten

2 **Ehepaar bei der Feldarbeit.** Grabmalerei, um 1500 v. Chr.

3 **Melkende Bäuerin.** Modell aus der Zeit um 2000 v. Chr.

vielen armen Familien konnte der Mann mit seiner Arbeit die Familie nicht allein ernähren. Deshalb arbeitete auf dem Land die Frau auch auf dem Feld (s. Abbildung 2). In der Stadt konnten Frauen auch als Blumenbinderin, Weberin oder Spinnerin arbeiten. Manche Frauen spezialisierten sich auf die Herstellung von Parfümen und Perücken oder auf die farbige Bemalung von Papyrus, dem Schreibmaterial der Ägypter. In Darstellungen reicher und vornehmer Familien erscheinen Frauen an der Seite ihres Mannes. Diese Frauen werden dort als „Herrin des Hauses" bezeichnet. Sie durften eigenes Vermögen besitzen und erben. Bei einer Scheidung erhielten sie ein Drittel des Familienbesitzes.

Die Familie

Viele Überlieferungen betonen die Bedeutung der Familie. Der Sinn der Ehe lag darin, Kinder zu bekommen und aufzuziehen. So bemerkte ein griechischer Schriftsteller mit Verwunderung, dass den Ägyptern jedes Kind willkommen war und keines – anders als z. B. in Griechenland (S. 117) – ausgesetzt wurde.

1 *Versetzt euch in die Lage der Menschen in Ägypten und schildert euren Tagesablauf. Teilt dazu in der Klasse die Rollen von Arm und Reich, Mann und Frau auf und vergleicht.*

4 **Der Zwerg Seneb, Vorstand der königlichen Webereien, mit seiner Frau, die ihn liebevoll umfasst, und seinen beiden Kindern.** Bemalter Sandstein, um 2250 v. Chr.

Schönheitspflege:
Viele Eigennamen der Ägypter sind mit dem Wort „nefer" (schön) gebildet, wie z. B. Nofret, Nofrete, Nofretari. Die vornehmen Ägypter liebten Schönheit und Mode. Männer und Frauen trugen z. B. Augenschminke aus Mineralien. Zahlreiche erhaltene Kämme, Spiegel und Schminkgefäße zeigen, wie viel den Ägyptern an der äußeren Erscheinung lag. Gedichte und Lieder priesen das Schönheitsideal im alten Ägypten. In einem Lied heißt es z. B.: „Lege Myrrhe auf dein Haupt und kleide dich in schöne Gewänder."

Zur Schönheitspflege siehe auch S. 93: „Schminken wie die Ägypter"

Kupferspiegel:
Die polierten Spiegel wurden am Hof des Pharaos benutzt.

Kindheit und Jugend

Spielstein:
Der geschnitzte Löwenkopf war vermutlich ein Spielstein.

Kinderspiele aus dem alten Ägypten:

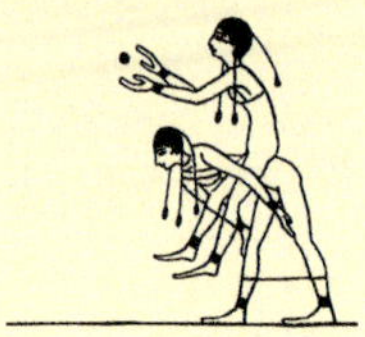

Der Schreiber Amenmose ermahnte um 1300 v. Chr. einen Schüler:
„... Schreib mit deiner Hand, sprich mit Leuten, die weiser sind als du. Durch tägliche Übung wird man stark. Wenn du nur einen Tag nachlässig bist, wirst du geschlagen werden. Das Ohr des jungen Menschen ist auf seinem Rücken; er hört nur auf den, der ihn schlägt. ...“

1 Auf einer Ausgrabung in Fenan/Jordanien arbeitende Beduinen (1993). Weder das im Sand markierte Spielfeld noch die Kiesel und Kamelmistbollen wären archäologisch nachweisbar. Vom gleichen Fundort stammen ganz ähnliche in Stein gravierte Spielfelder des 4. Jahrtausends v. Chr.

Hohe Wertschätzung der Kinder

Die Kleinfamilie war im Verständnis der Ägypter eine ganz enge Gemeinschaft. Die Namen der Kinder waren häufig Danksprüche an die Götter. Mädchen und Jungen hatten oft dieselben Namen, manchmal sogar alle Kinder einer Familie. Sie wurden dann nur durch Zusätze unterschieden, wie z. B. „der Rote“ oder „der Lange“. Säuglinge wurden bis in das dritte Lebensjahr gestillt. Das könnte die Überlebenschancen der Kinder verbessert haben. Die Kindersterblichkeit war hoch. Aber auch viele Frauen starben an den Folgen einer Geburt.
Die Kinder nahmen schon früh am Leben ihrer Eltern teil. Die Mütter nahmen ihre Kinder zu allen Arbeiten mit, häufig in einem Tragetuch. Man wünschte sich in Ägypten immer Kinder beiderlei Geschlechts.

Kinderspiele

Es gab Spiele, die nur von Jungen gespielt wurden wie Stockfechten, Ringkämpfe, Gewichtheben und Pfeilwurf. Beliebt scheint auch das Ziegenspiel (Bocksprung) gewesen zu sein, bei dem zwei Jungen sich im Sand gegenüber saßen und nicht umfallen durften, wenn andere über sie hinwegsprangen. Dieses Spiel wird in Ägypten heute noch unverändert gespielt.
Mädchen zogen wohl Geschicklichkeitsspiele vor. Bilder zeigen sie bei akrobatischen Tänzen oder dem Jonglieren mit Bällen.
In den Quellen werden immer nur Kinder von einigermaßen wohlhabenden Eltern gezeigt. Ob beispielsweise auch Jungen und Mädchen auf dem Land Zeit zum Spielen hatten oder ob sie schon sehr früh auf den Feldern, im Stall oder bei der Hausarbeit mithelfen mussten, wissen wir nicht.

1 *Stellt gegenüber, welche Spiele heute nur von Jungen oder nur von Mädchen gespielt werden.*

2 *Führt aus, welche von euren Spielen später archäologisch nicht nachweisbar wären.*

Schule und Unterricht

Alle Berufe, ob Bauer, Handwerker, Schreiber oder Priester, wurden vom Vater an den Sohn weitergereicht.
Die Ausbildung fand ab ca. 2000 v. Chr. in Gruppen statt. Sie wurde nach etwa 12 Jahren im Alter von 16–18 Jahren abgeschlossen. Es gibt keine Berichte darüber, dass Mädchen zur Schule geschickt wurden. Trotzdem gab es Frauen, die lesen und schreiben konnten. Nur wissen wir nicht, wie sie sich ihre Kenntnisse angeeignet haben.

3 *Auch heute kann man noch hören, dass eine langjährige Ausbildung für Mädchen nicht so wichtig sei. Wie denkt ihr darüber?*

Methode: Geschichte selbst präsentieren

Formen der Präsentation
Im vorletzen Kapitel habt ihr gelernt, Informationen zu einem bestimmten geschichtlichen Thema zu beschaffen (S. 50/51). Jetzt geht es darum, die gewonnenen Informationen in geeigneter Weise an andere weiterzuvermitteln und anschaulich zu präsentieren.
Eine Möglichkeit wäre ein mündlich vorgetragener Bericht oder ein Referat, das vor allem durch den Einsatz von geeignetem Anschauungsmaterial (Bilder, Schaubilder, Karten, Gegenstände) für die Zuhörer verständlich und interessant wird.
Mehr Zeit und Mühe verlangt die Anfertigung einer Dokumentation, beispielsweise in Form einer Wandzeitung, oder einer Collage auf einer Plakatwand sowie die Zusammenstellung und Durchführung einer Ausstellung.
Für Schülerinnen und Schüler, die schauspielerisches Talent besitzen, kann es spannend sein, das gesammelte Material zu einem Rollen- oder Theaterspiel umzugestalten, ein Drehbuch zu schreiben, Kostüme und Bühnenbilder zu entwerfen und sogar auf einer Bühne vor Zuschauern aufzuführen. Dabei werden geschichtliche Informationen auf lebendige und unterhaltsame Weise dargeboten.
Großen Zeitaufwand, gute Organisation und technisches Geschick erfordert es, ein Hörspiel oder vielleicht sogar einen Videofilm herzustellen und vorzuführen. Häufig lassen sich auch die verschiedenen Formen der Vermittlung und Darbietung von geschichtlichen Informationen miteinander verbinden. Für welche ihr euch entscheidet, hängt von verschiedenen Bedingungen ab, unter anderem von den räumlichen und technischen Voraussetzungen.

Vorbereitung einer Präsentation
Bevor sich ein Schüler/eine Schülerin, eine Arbeitsgruppe oder Klasse für eine bestimmte Form der Präsentation entscheiden, müssen folgende Fragen geklärt werden:
- Welche Möglichkeiten der Präsentation eignen sich für das gewählte Thema?
- Was geben die gesammelten Materialien (Texte, Bilder, Gegenstände …) her?
- Welcher Personenkreis (Mitschüler/innen, Eltern, größere Öffentlichkeit) soll mit der Präsentation angesprochen werden?
- Was trauen sich der einzelne Schüler/die einzelne Schülerin, die Arbeitsgruppe, die Klasse zu? Brauchen sie Unterstützung (z. B. von Lehrkräften anderer Fächer wie Kunst und Musik)?
- Wie viel Zeit steht für das Projekt zur Verfügung?
- Welche Kosten sind damit verbunden? Wie lassen sie sich finanzieren (über Elternspenden, Eintritte, Verkauf von Gegenständen)?
- Welche technischen oder organisatorischen Bedingungen (z. B. Kopierer, Projektor, Videokamera, Bühne) müssen erfüllt sein?

Am Beispiel des Themas „Alltag von Frauen, Männern und Kindern im Alten Ägypten" wollen wir nun eine Form der Informationsvermittlung und Präsentation ausprobieren.

Eine Wandzeitung gestalten

Beispiel „Schreiber"
Nehmen wir einmal an, euer Thema ist der Alltag der Bevölkerungsgruppe „Schreiber" im alten Ägypten und ihr wollt dazu eine Wandzeitung herstellen. Vorab muss klar sein: Eine Wandzeitung schaut der Betrachter im Stehen oder auch mal nur im Vorbeigehen an. Also: Wenige und überschaubare Texte, dazu einige möglichst großformatige Abbildungen und das Ganze übersichtlich anordnen!
In folgender Reihenfolge könnt ihr vorgehen:

1. Schritt
Informationen auswählen

Was ist wichtig, was kann weggelassen werden? Was soll als Text, was im Bild, Schaubild oder in einer Tabelle dargestellt werden?

2. Schritt
Gestaltung überlegen

Wie soll die Schrift aussehen (Druck- oder Schreibschrift, Größe, Farbe)? Welche Bilder sind geeignet und wie werden sie angeordnet? Welche Zeichnungen, Tabellen oder Schaubilder sollen angefertigt werden und an welchen Platz sollen sie kommen?

3. Schritt
Material bereitstellen

Welches Material wird benötigt (Tapete, Pappe, Transparentpapier, Stifte, Kleber, Heftzwecken, Stecknadeln, Scheren, Lineal usw.)? Wer besorgt es?

4. Schritt
Arbeit verteilen und durchführen

Wer möchte Texte schreiben, Bilder ausschneiden und beschriften, Zeichnungen, Tabellen anfertigen usw.? Sprecht euch untereinander ab. Wichtiger Hinweis: Bilder, Texte usw. nicht sofort festkleben, sondern erst alles lose auflegen!

5. Schritt
Wandzeitung präsentieren

Wandzeitung aufhängen und den anderen Gruppen vorstellen (präsentieren).

Der Glauben der Ägypter

1 **Osiris, Herrscher des Totenreiches.**

2 **Isis, die Muttergöttin.**

3 **Horus, der Königsgott.**

Alle drei Götterbilder stammen aus altägyptischen Gräbern.

Von den ägyptischen Göttern

Im Alten Ägypten gab es eine Vielzahl von Göttinnen und Göttern. Jedes Dorf und jeder Lebensbereich hatte seine eigene Gottheit. Einige von ihnen wurden in ganz Ägypten verehrt. So glaubte man, dass Osiris im Totenreich herrschte. Nach der Vorstellung der Ägypter kamen alle Menschen, die nichts Böses getan hatten, nach ihrem Tode dorthin. Besonders beliebt war Isis, die Muttergöttin, weil sie allen Frauen half. Auch die Pharaonen hatten einen Schutzgott. Der Königsgott Horus, das heißt übersetzt: der Ferne, besaß im regierenden Pharao seine menschliche Gestalt. Gleichzeitig galt jeder Pharao als Sohn des Re, dem Gott der Sonne, der nach der Vorstellung der Ägypter die Welt erschaffen hatte. So nahm der Pharao selbst den Rang eines Gottes ein. Er war für seine Untertanen heilig und unerreichbar. Seine Anordnungen und Entscheidungen galten als der Wille der Götter. Die Pharaonen hatten die Aufgabe, die Götter dem Volk gegenüber gnädig zu stimmen. Dabei halfen der Bau von Tempeln, Opfergaben und der Gottesdienst.

Die Tempel – Paläste der Götter

Die vielen Göttinnen und Götter spielten im Alltag der Ägypter eine große Rolle. Man betete zu ihnen für die Erfüllung ganz persönlicher Wünsche: für die Genesung von Krankheit, bei Kinderlosigkeit und vor allem für gute Ernten. Männer und Frauen opferten im Tempel Brot und Bier, Gänse und Rinder, Garn und Stoffe, aber auch Weihrauch, Myrrhe und Gold. Überall im Land standen Tempel, in denen die Priesterinnen und Priester lebten und Gottesdienste abhielten.

Die Götter verändern ihr Aussehen

Wie die Menschen in der Jungsteinzeit sahen auch die Ägypter in natürlichen Erscheinungen wie der Sonne oder dem Mond göttliche Mächte. Viele Tiere, deren Fähigkeiten bewundert wurden, galten als heilig, so etwa das Krokodil oder der Falke. Die Götter hatten ursprünglich oft Tiergestalt. In dem Maße, in dem es die Ägypter lernten, ihre Umwelt zu verstehen, nahmen ihre Götter zum Teil menschliche Gestalt an oder Tier- und Menschengestalt vermischten sich.

1 *Beschreibt die in den Bildern dargestellten ägyptischen Götter (Abbildung 1–3).*

2 *Fasst noch einmal zusammen, warum die Untertanen dem Pharao gehorsam sein mussten.*

Osiris
*Sohn der **Nut** und des **Geb**, wird von seinem Bruder **Seth** getötet und danach zum Gott und Richter der Toten; auch Symbol der Fruchtbarkeit und des Lebens, das über den Tod hinaus besteht. Seine Hautfarbe ist weiß wie die Mumienbinden, in die er meist gehüllt ist, oder schwarz als Hinweis auf die Totenwelt bzw. grün zum Zeichen der Auferstehung.*

Isis
*Gemahlin des **Osiris** und Mutter des **Horus**; als Mutter- und Schutzgöttin verehrt.*

Horus
*Falkenköpfiger Gott, Sohn von **Isis** und **Osiris**; Herrschergott auf Erden in der Verkörperung des Königs.*

Das Geheimnis der Mumien

Totengericht*:
Wie die Menschen der Jungsteinzeit glaubten auch die Ägypter an ein Weiterleben der Menschen nach dem Tode.
Neu ist der Glaube an ein Totengericht: Danach müssen sich die Toten vor einem Gericht der Götter für ihre Lebensführung verantworten. Hatte sich der Mensch im Leben nicht rechtschaffen verhalten, so musste er den so genannten zweiten Tod sterben, der ihn endgültig auslöschte.

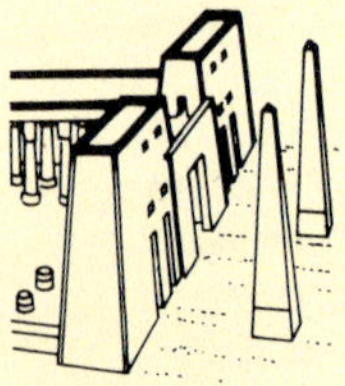

Horustempel in Edfu.

Das Totenbuch:
Die Ägypter legten den Verstorbenen ein Totenbuch in das Grab. Es sollte ihnen bei der Rechtfertigung vor dem Totengericht behilflich sein. Auszüge aus einem Totenbuch sind uns überliefert:
„Ich habe niemanden zum Weinen gebracht. Ich habe nicht getötet. …
Ich habe die Speise in den Tempeln nicht geschmälert. …
Ich habe am Ackermaß nichts vermindert. Ich gab Brot dem Hungrigen und Wasser dem Durstigen, eine Fähre dem, der ohne Schiff war."

1 **Die Mumifizierung.** Bemalter Holzsarg mit der Darstellung einzelner Szenen, 1./2. Jahrhundert v. Chr.
Unten: zwei verschiedene Versionen der Leichenwäsche;
Mitte: Aufbahrung und Auftreten der Balsamierungspriester;
oben rechts: Abschlusszeremonie durch den Totenpriester, der die Maske des Totenbegleiters Anubis trägt;
oben links: fertig gewickelte Mumie auf einer Löwenbahre, darunter die Krüge mit den Eingeweiden.

Die Sorge für das Leben nach dem Tode

Die Ägypter glaubten an ein Weiterleben nach dem Tode. Sie waren überzeugt, dass die Verstorbenen im Jenseits ein Leben führten, das dem auf der Erde glich. Die Körper sollten erhalten bleiben, damit die Seelen, die beim Tode die Körper verließen, jederzeit zurückkehren könnten. Deshalb entwickelten die Ägypter die Mumifizierung. Besonders wichtig war die Erhaltung der Mumie des Pharaos, denn er sollte im Jenseits weiterhin für die Untertanen sorgen.

Den Mumien wurde alles mit ins Grab gegeben, was sie vorher im Leben gewohnt waren: Essen und Trinken, Möbel und Geräte, Kleidung und Schmuck. In der frühen Zeit gab man den Toten die echten Gegenstände mit, später stellte man die Grabbeigaben nur noch in Bildern dar. Deshalb gibt es viele Gräber mit bunten Wandmalereien.

Das Leben nach dem Tode war aber nur für die erreichbar, die im Totengericht* von den Göttern aufgenommen wurden.

1 *Vergleicht eure Vorstellungen von dem Leben nach dem Tode mit den Vorstellungen der Ägypter.*

Der Körper des Toten wird einbalsamiert

Für die Mumifizierung legte man die Leiche auf einen Balsamierungstisch und entfernte mit langen Haken das Gehirn durch die Nase oder durch ein Loch am Hinterkopf. Was weiter mit dem Gehirn geschah, ist nicht bekannt. Danach wurden die Eingeweide durch einen Einschnitt an der linken Körperseite entfernt und ähnlich wie der ganze Körper haltbar gemacht. Leber, Lunge, Magen und Gedärm bestattete man in speziellen Gefäßen, Kanopen genannt. Jetzt reinigten die Balsamierer den Körper und rieben ihn mit Salben, Palmwein und Duftstoffen ein. Danach wurde der Leichnam 40 Tage lang mit Natronsalz bedeckt, damit die Haut vollkommen austrocknete.

Erst danach konnte der Körper mit wohlriechenden Materialien, aber auch mit Sägespänen ausgefüllt, mit Harzen eingerieben und mit Leichenbinden umwickelt werden.

Schließlich wurde der Leichnam in einen vorbereiteten Sarg aus Holz oder Stein gelegt.

2 *Sammelt Informationen über die Wirkung von Natron und anderen chemischen Mitteln zur Haltbarmachung.*

3 *Erkundet die Vor- und Nachteile von Erd-, Feuer- oder Seebestattungen.*

Ägyptische Götter im Überblick

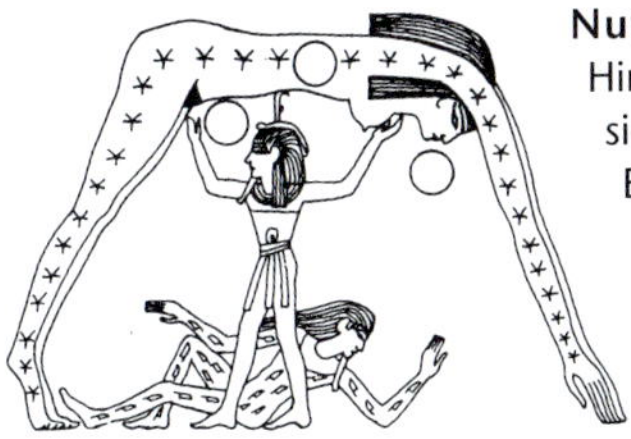

Nut
Himmelsgöttin, dargestellt als Frau, die sich über den Erdgott GEB, ihren Ehemann, beugt. SCHU, der Luftgott, trennt Himmel und Erde. Das Himmelsgewölbe wird gebildet vom Leib der NUT, und die Gestirne „gehen ein in ihren Mund und kommen wieder heraus aus ihrem Schoß". NUT ist auch die Mutter des Sonnengottes RE, den sie am Abend verschlingt und am Morgen wieder gebärt.

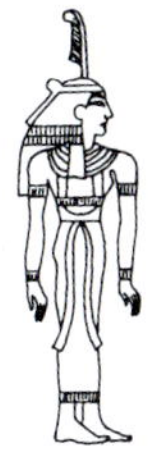

Maat
Göttin der Wahrheit, Tochter des RE; Verkörperung der göttlichen Ordnung

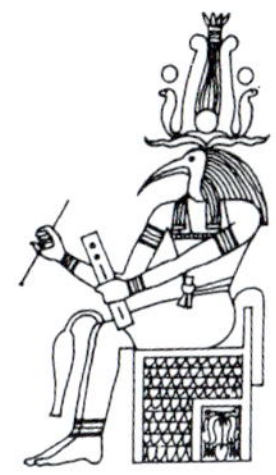

Thot
ibisköpfiger Gott der Gelehrten und Schreiber: Protokollführer beim Totengericht

Amun
zunächst Lokalgott von Theben, wird später durch Verschmelzung mit dem Sonnengott RE zum allgewaltigen AMUN-RE

Re Sonnengott und oberster aller Götter

Sachmet
löwenköpfige Göttin von Krankheit und Krieg

Götterszene im Grab des Pharaos Sethos I.
Relief um 1290 v. Chr. Der verstorbene Pharao Sethos I. wird vom Königsgott Horus vor Osiris, den Herrn des Totenreiches, geführt.

Chnum
widderköpfiger Schöpfergott, der die Menschen auf einer Scheibe bildet

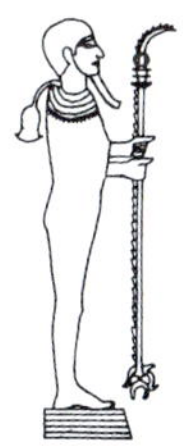

Ptah
Schöpfergott und Schutzpatron der Handwerker und Künstler

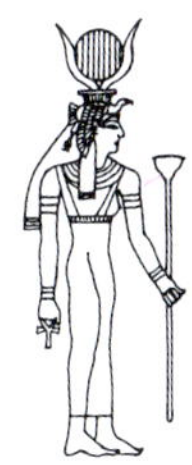

Hathor
Göttin der Liebe, oft in Gestalt einer Kuh mit der Sonnenscheibe zwischen den Hörnern; hier in Menschengestalt mit Kuhohren und -hörnern

Nephthys
Schwester der ISIS, als deren Partnerin sie meist erscheint

Toeris
nilpferdgestaltige Göttin, Beschützerin der Kinder und Schwangeren

Bastet
katzenköpfige oder -gestaltige Göttin der Freude und Liebe

Seth
Gott der Wüste und Mörder seines Bruders OSIRIS; mit dem Kopf eines zoologisch nicht bestimmbaren Tieres dargestellt

Anubis
schakalköpfiger oder -gestaltiger Gott; wirkt bei der Einbalsamierung und beim Totengericht mit

Bes
koboldhafter Zwerg, Schützer der Gebärenden

Pyramiden – Wohnungen für die Ewigkeit

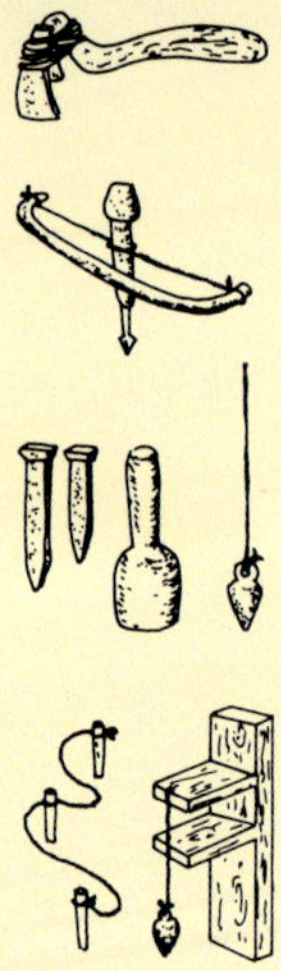

Ägyptische Werkzeuge zur Steinbearbeitung

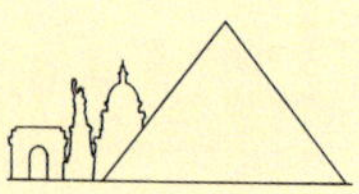

Wie hoch sind die Pyramiden?
Die höchste Pyramide ist die Pyramide des Pharaos Cheops. Sie ist mit 146 Metern höher als der Triumphbogen in Paris (49,50 m), höher als die Freiheitsstatue in New York (92 m) und die Kathedrale St. Paul in London (110 m).

Die Pharaonen – Herrscher auch nach dem Tode

Nach dem Glauben der Ägypter konzentrierte sich die ganze Macht in der Person des Pharaos (vgl. S. 77). Er sorgte für sein Volk aber auch über den Tod hinaus. Seine Verbindung mit dem Sonnengott Re sollte deshalb auch in seiner „Wohnung nach dem Tod" zum Ausdruck kommen. Aus diesem Glauben heraus entstanden im alten Reich die ungeheuren Bauwerke der Pyramiden.

2 300 000 Steine – die Cheopspyramide

Die Pyramide des Pharaos Cheops (um 2520 v. Chr.) ist der gewaltigste Steinbau der Welt (S. 192). Sie ist 146 m hoch und an jeder Seite 230 m lang; 2 300 000 Steine sind in dieser Pyramide verbaut. Jeder Stein wiegt 2,5 Tonnen. Zum Vergleich: Ein Mittelklassewagen wiegt etwa 1 Tonne. Würden alle Steine der Cheopspyramide auf einen Containerzug verladen, dann würde dieser Güterzug von Athen bis München reichen.

Wer baute die Pyramiden?

Nach heutigen Berechnungen waren beim Pyramidenbau etwa 4000 Facharbeiter 20 Jahre lang beschäftigt. Sie wohnten in eigens angelegten Dörfern in kasernenähnlichen Unterkünften. Nach Schätzungen mussten zusätzlich jedes Jahr 70 000 Bauern während der Überschwemmungszeit Zwangsarbeit leisten. Zu ihren Arbeiten gehörte auch der Transport der Steine von den Steinbrüchen bis zum Nil. Über die damit verbundenen Probleme berichten die Quellen nichts. Aus der sehr viel späteren Zeit Ramses IV. (12. Jh. v. Chr.) gibt es aber einen Hinweis. Eine Inschrift besagt, dass von 9262 Männern, die in die Steinbrüche des Wadi Hamamat gesandt wurden, 900 nicht mehr zurückkehrten; sie waren in der Wüste ums Leben gekommen.

Das „Tal der Könige"

Seit dem Mittleren Reich ließen die Pharaonen ihre Gräber im „Tal der Könige" in Felsen einhauen (vgl. Karte S. 76). Im Jahre 1922 wurde hier das Grab des Pharaos Tutenchamun (1347–1336 v. Chr.) gefunden. Es ist bislang das einzige Grab, dessen kostbare Ausstattung unversehrt gefunden wurde (vgl. Abbildung 3, S. 77).
Allein der innerste der drei Särge, in dem die Mumie des Königs lag, wog 110 kg reinen Goldes; das entsprach etwa dem Monatslohn von 35 000 Handwerkern. Kein Wunder, dass vor allem in Notzeiten diese Gräber aufgebrochen und beraubt wurden.

Ein Grabräuber berichtet

Q1 Der Grabräuber Amon-Panufer gestand im Jahre 1121 v. Chr. vor Gericht:
... „Wir sind in den Gräbern gewesen, um nach unserer Gewohnheit zu stehlen und fanden das Pyramidengrab des Königs ... Sebekemsaf. Dies war ganz und gar nicht wie die Pyramidengräber oder die Beamtengräber, die wir sonst geplündert haben. ... Wir öffneten ... die Särge, in denen der König und die Königin lagen und fanden die ehrwürdige Mumie des Königs. ... Seine Goldmaske bedeckte ihn. Die ehrwürdige Mumie des Königs war ganz mit Gold überzogen. Seine Särge waren innen und außen mit Gold und Silber geschmückt und mit jeder Art von Edelsteinen eingelegt.
Wir rissen das Gold ab, das wir an der ehrwürdigen Mumie des Gottes fanden. ... Die Königin fanden wir ganz in der gleichen Weise (ausgestattet) und wir rissen ebenso alles ab, was wir an ihr fanden, und legten Feuer an ihre Särge. ... Dann teilten wir zwischen uns (acht) Dieben das Gold, das wir bei beiden Göttern gefunden hatten. ..."

Jeder Dieb, so berichtet Amon-Panufer weiter, erhielt über 1,8 kg Gold. Diese Summe verdiente ein Arbeiter in etwa 48 Jahren, sofern er überhaupt das entsprechende Alter erreichte.

Pyramiden – Wohnungen für die Ewigkeit

1 **Die Arbeiter beförderten die Steinblöcke auf dem Nil vom Steinbruch zur Pyramidenbaustelle.**

2 **Auf die wachsende Pyramide wurden die Steinblöcke über eine Rampe geschleppt.**
Mit zunehmender Bauhöhe wurde die Rampe nach außen verlängert.

3 **Zum Abschluss wurde die Pyramide mit Steinplatten verkleidet und geglättet. Dabei benutzte man Holzgerüste.**

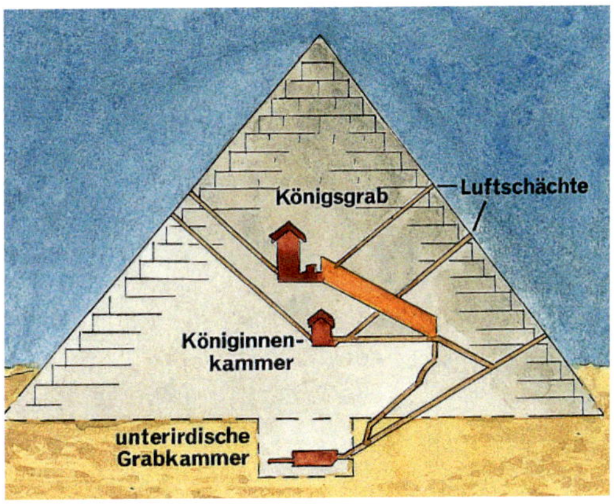

4 **Der Querschnitt durch die Cheopspyramide zeigt die drei Grabkammern sowie die Gänge und Luftschächte.** (Bilder 1–4 Rekonstruktionszeichnungen.)

5 **Die Cheopspyramide, erbaut um 2520 v. Chr.**
Die Außenverkleidung ist im Laufe der Jahrtausende zerstört worden. Foto 1979.

1 *Steckt in der Straße, in der eure Schule steht, die Seitenlinien der Cheopspyramide ab.*
2 *Sucht auf der Karte S. 76 die Steinbrüche und den Standort der Pyramiden. Überlegt euch, wie man die Steine transportieren konnte.*
3 *Stellt mithilfe der Bilder eine Liste aller Maßnahmen auf, die für den Bau einer Pyramide nötig waren. Denkt daran, dass die Arbeiter essen und wohnen mussten.*

Methode: Bilder „lesen“

1 **Grabbild des Amenemhet.** Kalkstein mit Bemalung. Höhe 30 cm, Breite 50 cm, aus Theben in Oberägypten, um 2000 v. Chr.

Bilder erzählen Geschichte(n)
Unser Wissen über die Vergangenheit gewinnen wir oft aus Bildern. An alten Fotos, Kirchenfenstern, Wand- oder Deckengemälden, Zeichnungen, Statuen oder Gemälden können wir häufig erkennen, wie die Menschen früher gelebt haben, was sie dachten, fühlten oder hofften. Oft genügt es schon, ein Bild genau zu betrachten und zu beschreiben, um beispielsweise etwas über das Alltagsleben früherer Menschen zu erfahren. Bilder zeigen aber Menschen, Dinge oder die Natur nicht immer so, wie sie in Wirklichkeit aussahen. Ein Beispiel: Bei dem Bild eines Ehepaares ist die Frau auffallend kleiner gezeichnet als der Mann. Es kann sein, dass sie es tatsächlich war. Häufig will der Künstler aber auch durch die Größe der Personen einen Rangunterschied zeigen. Eine Deutung ist also nicht ganz einfach. Schwierig wird es auch dann, wenn der Künstler Bildzeichen (Symbole) benutzt, die eine bestimmte Bedeutung haben. Das ägyptische Zeichen ☥ bedeutet „Leben“. Wer es nicht kennt, dem bleibt rätselhaft, warum es beispielsweise eine Person auf einem Grabbild in der Hand hält. Um ein Bild richtig zu deuten, brauchen wir also häufig zusätzliche Informationen.

1 *Lasst euch bitte zuerst auf ein kleines „Spiel“ ein: Vier Schülerinnen oder Schüler sollen nach vorn gehen und die Abbildung 1 so genau wie möglich „nachstellen“. Achtet dabei auf Stellung der Köpfe, der Oberkörper, der Arme, Hände, Beine und Füße. Berichtet dann über eure Eindrücke.*

Betrachten – beschreiben – deuten
Durch das kleine Spiel habt ihr sicher schnell gemerkt, dass die Ägypter Personen nicht „naturgetreu“ dargestellt haben. Obwohl das Gesicht von der Seite (im Profil) zu sehen ist, wird das Auge immer ganz dargestellt und soll den Betrachter ansehen. Der Oberkörper ist von vorn zu sehen. Unterkörper, Beine und Füße sind wie der Kopf im Profil gemalt. Personen oder Dinge sollten möglichst einzeln, ohne Überschneidungen, dargestellt und klar erkennbar sein. Auch die Farbgebung hält sich an immer wiederkehrende Vorschriften. Die Hautfarbe des Mannes ist rotbraun, die der Frau stets gelb gemalt. Wenn ihr dieses Kapitel durchblättert, werdet ihr sicher einige dieser Grundregeln der ägyptischen Malerei wiederfinden. Folgende Fragen werden euch helfen, nicht nur ägyptischen, sondern auch anderen Bildern wichtige Informationen zu entnehmen.

1. Schritt
Zum Kunstwerk

- Welche „Daten“ des Bildes sind bekannt (Name des Künstlers, Bildtitel, Entstehungszeit)?
- Was ist dargestellt? (Ist die Darstellung naturgetreu oder nicht? Farben, Helligkeit, Anordnung der Personen, Dinge usw.)
- Gibt es einen Mittelpunkt, auf den das Auge des Betrachters gelenkt wird? Sind Vorder- und Hintergrund erkennbar?
- Was will der Künstler ausdrücken?
- Zu welchem Zweck wurde das Bild geschaffen?

2. Schritt
Zum Betrachter

- Wie wirkt das Bild als Ganzes auf mich?
- Welche Einzelheiten sprechen mich besonders an, was finde ich interessant, schön, hässlich, abstoßend usw.?
- Was verstehe ich nicht?
- Welche offenen Fragen ergeben sich aus dem Bild?
- Wo finde ich weitere Informationen?

2 *Beschreibt und deutet Abbildung 1 und die Abbildungen 1 bis 3 auf S. 87 mithilfe des Fragenkatalogs.*

Werkstatt Geschichte: Sich schminken wie die Ägypter

Auf vielen Bildern ist belegt, dass die Menschen im Alten Ägypten Schminke benutzten. Sie taten es, um das Gesicht vor Staub und Sand zu schützen. Natürlich wollten sie auch schön sein und „mit der Mode gehen".
Das Badezimmer einer vornehmen Frau war übersät mit Kosmetikartikeln, Schminkpaletten, Kämmen und Spiegeln. Für die Augen benutzten sie den grünen Malachit und das rote Hämatit. Diese wertvollen Mineralien wurden in Wasser und Fett angerührt. Später setzte sich mehr und mehr schwarze Farbe durch, die aus Bleiglanz (Malachit) hergestellt wurde.
Die Schminke wurde mit dem Finger oder mit dünnen Stäbchen aufgetragen, was bei den reichen Damen von Dienerinnen besorgt wurde. Oft wurde die Farbe bis zu den Schläfen gezogen, damit die Augen größer wirken.
Mit der Augenschminke erhoffte man aber auch einen Schutz vor den weit verbreiteten Augenkrankheiten und vor dem „bösen Blick". Deshalb zogen auch Männer die Augen mit Schminkstrichen nach. Ocker-Rot wurde als Rouge für die Gesichtshaut und die Lippen benutzt. Henna färbte die Haare, Nägel, Handflächen und Fußsohlen.

Ägypter betrieben eine regelrechte Kosmetikindustrie

Labor entdeckte synthetische Stoffe

... Paris (AP). Dass die alten Ägypter Meister der Schminkkunst waren, ist bekannt – zahllose Abbildungen zeugen davon. Jetzt fanden französische Forscher heraus, dass sie bereits vor 4000 Jahren modernste Methoden zur Herstellung von Kosmetik anwendeten. Diese war nicht nur ein Mittel zur Verschönerung, sondern wurde auch zur Heilung und zum Schutz vor Augenkrankheiten eingesetzt. Dabei unterschied sich das Augen-Make-up in Zusammensetzung und Konsistenz kaum von dem aus heutiger Produktion. Die alten Ägypter betrieben über Jahrhunderte hinweg außerdem eine regelrechte »Kosmetikindustrie«.

»Es müssen Chemiker gewesen sein«, sagt Philippe Walter vom Forschungslabor des französischen Museums, das das Projekt in Zusammenarbeit mit Wissenschaftlern des Kosmetikherstellers L'Oreal durchführte. Drei Jahre lang untersuchten Experten 49 Schminktiegel aus der ägyptischen Sammlung des Louvre-Museums. Im Augen-Make-up identifizierten sie Bleiverbindungen wie Laurionit und Phosgenit, die in der Natur äußerst selten vorkommen – so von den Ägyptern synthetisch hergestellt worden sein müssen.

Tatsächlich entdeckten die Forscher auf Papyrus-Rollen überlieferte Rezepte für Augen- und Hautpflegemittel. Anhand der Anleitungen stellten sie diese Mittel im Labor her und wiesen so die chemischen Kenntnisse der Ägypter nach. Die Wissenschaftler fanden in den Schriften auch Hinweise auf die heilende Wirkung der Augenkosmetik. Einige Schminktiegel waren ebenfalls entsprechend beschriftet.

Mit den Mitteln wurden Erkrankungen der Augenlider, der Iris und Netzhaut oder Bindehautentzündungen behandelt. Diese Krankheiten waren im alten Ägypten aufgrund der Klimaverhältnisse weit verbreitet.

Die therapeutische Wirkung des Augen-Make-ups mag ein Grund dafür gewesen sein, dass sich Frauen, Männer und Kinder damals gleichermaßen schminkten – übrigens unabhängig vom sozialen Status.

2 Nefertari, die schöne Gemahlin von Pharao Ramses II. Wandmalerei aus ihrem Grab zu Theben, um 1250 v. Chr., Neues Reich, 19. Dynastie.

Schminktipps für Schülerinnen und Schüler
- grünen oder blauen Lidschatten (mit dem Finger oder Wattestäbchen) auf das Oberlid auftragen
- schwarze Linie mit einem Kajalstift um das Auge ziehen und wie bei Nefertari in Richtung Ohr verlängern; Augenbrauen mit schwarzem Augenbrauenstift nachziehen
- roten Lippenstift aufmalen
- das Gesicht mit Rouge pudern

Zum Weiterlesen: Rette dich, Pharao

Die folgende Geschichte spielt vor mehr als 3300 Jahren im alten Ägypten zur Zeit des Pharao Echnaton.
Er regierte von etwa 1364 bis 1347 v. Chr., hatte die alten Götter „abgesetzt" und ließ nur Aton, die Sonne, als einzige Gottheit gelten.
Die Hauptperson der Geschichte ist der fünfzehnjährige Senmut, der Sohn des Bäckers Nofru.

Krokodile
Mit einer Kraft, die ihm niemand zugetraut hätte, stieß und boxte sich Senmut durch die Menge. Keuchend erreichte er die Sperrkette der Soldaten, die den Pharao mit Speeren und Schilden gegen das Volk abschirmten, das sich zum Jubeln zusammendrängte.
Pharao Echnaton und alle Bewohner des heiligen Landes Ägypten feierten die Genesung der Großen königlichen Gemahlin Nofretete von schwerer Krankheit. Die meisten feierten befohlen, nur wenige freuten sich ehrlich.
Eine Woche lang war die Königin in hitzigem Fieber gelegen, dann wurde sie plötzlich gesund. „Der Pharao hat sie geheilt", verkündeten die Priester des Sonnengottes Aton. „Er ist Atons göttlicher Sohn und hat Macht über Leben und Tod ..." Senmut stieß zwei Soldaten zur Seite, stürzte auf den freien Platz zwischen Sperrkette und Atontempel und schrie: „Pharao, höre mich! Gib mir meinen Vater zurück! Du bist doch ein Gott. Pharao!" Mehr konnte er nicht schreien. Speerschäfte schlugen ihn nieder. Unbewegt blickten der Pharao und seine Gemahlin ins Nichts. Sie zuckten mit keiner Wimper, als sich Senmut noch einmal aufbäumte, bevor er liegen blieb.
Nur kurze Zeit war Stille gewesen. Jetzt setzte der Jubel von neuem ein. Gongschläge dröhnten. Trompeten schmetterten. Lauten und Harfen wurden geschlagen. Rohrflöten und Doppeloboen quiekten. Trommeln und Rasseln lärmten dazwischen und die befohlenen Jubler schrien: „Heil dem göttlichen Pharao! Heil der großen königlichen Gemahlin!" Wer nicht laut genug jubelte, dem halfen Aufpasser nach.
Der Hauptmann der Leibgarde hob die golddurchwirkte Offizierspeitsche. Zwei riesige Nubier liefen zu ihm hin. Die Peitschen in ihren Fäusten waren nicht vergoldet. Getrocknetes Blut klebte daran.
Der Hauptmann wies auf Senmut und befahl: „Ins Wasser mit ihm!" Einer der Schwarzen hob den Bewusstlosen auf und warf ihn über die Schulter. Der andere schlug mit der Peitsche eine Gasse durch die Menge. Wo er zuschlug, verebbte der Jubel, aber nur für kurze Zeit. Dann setzte er unter den strengen Blicken der amtlichen Aufpasser wieder ein ...
Am Nordende der heiligen Stadt Achetaton klatschte es kurze Zeit später im Wasser. Die Fluten des heiligen Nilstromes schlugen über Senmut zusammen.
An dem gegenüberliegenden Ufer klatschte es ebenfalls.
„Krokodile", sagte der eine Nubier zum anderen. Der schüttelte den Kopf. „Die weißen Ägypter sind seltsame Menschen", murmelte er, „Ihr Land ist ihnen heilig – das ist gut. Der Nil ist ihnen heilig – das ist noch besser. Aber warum sind vielen von ihnen die Ungeheuer heilig, die Menschen fressen und scheußlicher sind als unsere Dämonen?" Sein Kamerad zuckte die Achseln und meinte: „Vielleicht mögen sie Krokodile. Was manche mögen, ist seltsam. Meine Großmutter mochte Nilpferde, obwohl ein Nilpferd meinen Großvater ersäuft hatte."
Senmuts Körper trieb nordwärts. Die Krokodile folgten ihm. Beschwörend spuckten die Nubier in den Strom, um sich von ihrer Schuld am Tode des Jungen zu befreien. Dann liefen sie zurück.
Pharao Echnaton saß wie ein steinernes Abbild seiner selbst. Als Zeichen göttlich-königlicher Macht trug er die Doppelkrone mit dem Kopf der heiligen Uräusschlange; starr hielt er Geißel und Zepter. Königliches Leinen umhüllte den Körper, und der Wert des golddurchwirkten, mit Edelsteinen besetzten Halskragens war unschätzbar. Den Thron hatten Künstler aus edlen Hölzern gefertigt, mit geschnitzten Geierköpfen verziert und mit Goldblech überzogen. ...
Auf dem trägen Wasser des heiligen Stromes trieben fünf Körper nach Norden; einer voraus, die anderen hinterher. Der Zwischenraum verringerte sich in tödlichem Gleichmaß.

Senmut wird in letzter Minute gerettet. Was er dann erlebte, könnt ihr nachlesen in dem Buch von Josef Carl Grund, Rette dich, Pharao. Eine Erzählung aus dem alten Ägypten, Loewes Verlag, Bayreuth 1985.

Zusammenfassung

In Ägypten entsteht eine Hochkultur

Als sich das Klima in Ägypten änderte, das Land austrocknete und alles verdorrte, zogen sich seit etwa 5000 v. Chr. die Menschen an die Ufer des Nils zurück und wurden sesshaft.

Irgendwann um 3200 v. Chr. begannen die Ägypter Dämme und Kanäle zu bauen, um die Fluten des Nils auf ihre Äcker zu lenken. Sie erfanden Kalender und Schrift, bauten Städte und gründeten einen Staat mit dem Pharao an der Spitze. Eine große Zahl von Beamten war für die Verwaltung zuständig. Daneben gab es Handwerker, Künstler, Arbeiter, Priester, Wissenschaftler, die sich ganz ihren jeweiligen Tätigkeiten widmen konnten, da die Bauern mehr produzierten, als sie selber brauchten.

Der ägyptische Staat

An der Spitze des ägyptischen Staates stand der Pharao mit einer beinahe unbegrenzten Machtfülle, von seinen Untertanen wie ein Gott verehrt. Die Verwaltung des Landes, seiner Menschen und Erträge gehörte zu den Aufgaben der Beamten.

Frauen waren von der Beamtenlaufbahn ausgeschlossen. Ihnen begegnete man in der Landwirtschaft, wo sie mithelfen mussten oder auch als Handwerkerinnen. Ihr eigentlicher Tätigkeitsbereich aber waren das Haus und die Familie. „Herrin des Hauses" wurden sie in den Texten oft genannt, und in diesem Bereich genossen sie hohes Ansehen.

Die Religion der Ägypter

Im religiösen Bereich galt die Hauptsorge dem ewigen Leben im Jenseits, das man sich teilweise als Fortsetzung des hiesigen Lebens vorstellte. Sichtbarer Ausdruck dieses Glaubens waren die Mumifizierung der Toten sowie die Pyramiden und Grabkammern, in denen der Tote wohnte, versorgt mit allem, was er „zum Leben" brauchte.

Zum Nachdenken

1 *Sprecht darüber, ob ihr als Bauer lieber in Ägypten oder in einem Dorf der Jungsteinzeit gelebt hättet.*

2 *Begründet eure Entscheidung.*

5000 v. Chr.

Nomaden besiedeln die Tiefebene des Nils.

3200 v. Chr.

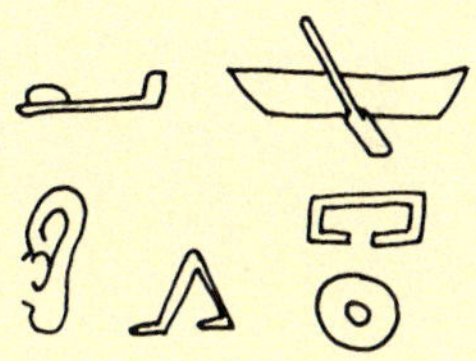

In Ägypten entsteht eine Hochkultur.

3000 v. Chr.

Die Ägypter gründen einen Staat mit dem Pharao an der Spitze.

1000 v. Chr.

Ägyptens Großreich zerfällt. Ägypten wird 30 v. Chr. römische Provinz.

Aus der Geschichte des Alten Griechenlands

In Pergamon, in der heutigen Türkei, bauten die Könige ihre Stadt nach dem Beispiel Athens aus. Der prächtigste Bau war der Altar, der heute im Pergamon-Museum in Berlin bewundert wird. Der weltberühmte Pergamon-Altar war ein Geschenk an die griechische Schutzgöttin Athene. Auf einem 120 Meter langen und 2,30 Meter hohen Figurenband sehen wir den Sieg der griechischen Götter über ihre Gegner, die Giganten.

Auch bei uns finden wir viele Bauten aus späterer Zeit, die die Säulenbauten der griechischen Tempel nachahmen: Theater, Kirchen und viele Regierungsgebäude. Die Namen vieler Unterrichtsfächer sind griechischen Ursprungs: Biologie, Physik, Geografie, Musik, Mathematik, Politik. Und das Wort Pause (griech. paũsa = Rast, Ruhe) stammt aus dem Griechischen. Die bedeutendsten sportlichen Wettkämpfe, die Olympischen Spiele, haben die Griechen als Erste veranstaltet.

Was die Alten Griechen gedacht und erfunden haben, gilt für die Europäer seit etwa einem halben Jahrtausend als beispielhaft. Woher sie kamen, warum sie heute noch als Vorbilder gelten, das könnt ihr auf den nächsten Seiten erkunden …

Ein Land von Stadtstaaten

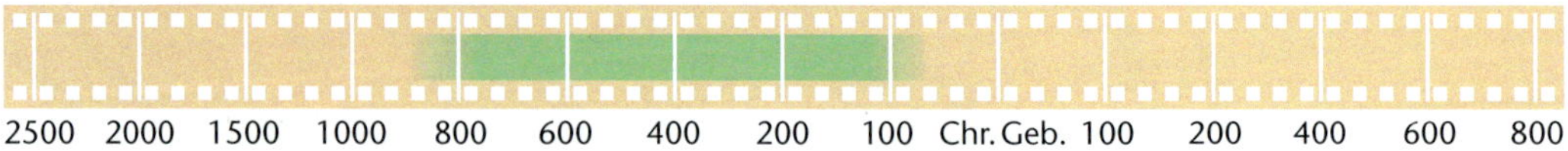

1 Das antike Griechenland.

Hellenen*: *Antike Bezeichnung für die Bewohner Griechenlands (Hellas).*

Akropolis*: *Hoch gelegener, geschützter Mittelpunkt (Zufluchtsplatz, Festung, Herrschersitz, Tempelbezirk) zahlreicher griechischer Städte der Antike.*

Polis* *(griech. = Burg, Stadt): Bezeichnung für den politisch selbstständigen und wirtschaftlich unabhängigen griechischen Stadtstaat; von ihm abgeleitet der Begriff „Politik", die Angelegenheiten, die alle Bürger angehen.*

Im Verlauf des 2. Jahrtausends vor Christus drangen von Norden her kriegerische Volksstämme nach Griechenland ein: erst die Achäer, dann die Ionier und Dorer. Nach einem kleinen Stamm in Hellas (Thessalien) nannten sie sich Hellenen*. Dieser Name unterschied sie von allen Fremden und von der Urbevölkerung, die sie auf dem Festland und auf den Inseln der Ägäis unterworfen hatten. Die Bezeichnung als „Griechen" tauchte erst später bei den Römern auf.

Die Eroberer kamen in ein Land mit meist kleinen, unfruchtbaren Ebenen, umschlossen von hohen Gebirgszügen und Hunderten von Inseln, die der Küste vorgelagert waren. Jedes Tal, jede Insel bildete eine in sich abgeschlossene Welt. So zersplitterte die Bevölkerung in zahlreiche, meist kleine, voneinander getrennte Gemeinschaften. Im Schutz der stark befestigten Akropolis*, auf denen der Fürst oder König herrschte, entstanden städtische Siedlungen, in denen sich Großgrundbesitzer, Händler und Handwerker niederließen. Die Bauern lebten auf dem Land, das die Siedlungen umgab. So entstand in Griechenland kein großes Reich mit einer Hauptstadt. Vielmehr bildete jede Stadt einen eigenen Staat für sich, einen Stadtstaat, Polis* genannt.

Die Polis als Heimat

In einer Polis lebten selten mehr als ein paar tausend Menschen. Für jeden Bürger war sein Stadtstaat das eigentliche Vaterland, für dessen Unabhängigkeit und Freiheit er kämpfte – auch gegen die Nachbarpolis. Wenn damals ein Grieche gefragt wurde, woher er komme, so antwortete er nicht: „Ich bin ein Hellene", sondern: „Ich bin ein Athener". Oder: „Ich bin ein Spartaner.", „Ich bin ein Korinther" usw.

1 *Beschreibt mithilfe der Karte 1 die griechische Landschaft.*

2 *Vergleicht sie mit der Landschaft Ägyptens (S. 76) und nennt wichtige Unterschiede.*

3 *Erklärt mithilfe der Karte 1 und des Textes, wie die Landschaft das politische Leben der Griechen bestimmte.*

4 *Überlegt, ob es auch heute noch Stadtstaaten gibt.*

Die Kolonisation

2 Die Welt der Griechen um 750–550 v. Chr.

Einige Stadtstaaten litten aber schon bald unter Überbevölkerung und Hungersnot, in anderen waren manche Bürger mit ihren Herrschern unzufrieden und wurden politisch verfolgt. Vor allem vielen Bauern ging es wirtschaftlich sehr schlecht; sie waren hoch verschuldet, sodass ihnen die Schuldknechtschaft drohte. Deshalb entschlossen sich viele Griechen, ihre Heimat zu verlassen und ihr Glück in der Fremde zu suchen. Vor ihrer Abreise befragten die Auswanderer aber das Orakel, wo günstige Siedlungsplätze zu finden seien. Schiffe wurden ausgerüstet und man bestimmte einen Anführer, der die gefährliche Expedition leiten sollte.

Zwischen 750 und 550 v. Chr. wurden so an den Küsten des Mittel- und des Schwarzen Meeres neue Tochter- und Enkelstädte, sog. Kolonien*, gegründet, die aber weiterhin eine enge Verbindung mit ihren Mutterstädten hielten. Das Gefühl der Zusammengehörigkeit blieb bestehen: Man sprach die gleiche Sprache, verehrte dieselben Götter und nahm an den Olympischen Spielen und anderen Festen in Griechenland teil. Vor allem ein reger Handel entwickelte sich zwischen Mutter- und Tochterstädten, die dadurch immer reicher und mächtiger wurden.

Wo die griechischen Auswanderer siedelten, beeinflussten sie mit ihrer Kultur und Zivilisation auch die Lebensweise der einheimischen Bevölkerung. Sie führten unter anderem neue Pflanzen und handwerkliche Techniken ein. So wurden z. B. in Sizilien und Spanien Ölbäume angepflanzt und griechische Vasen waren in Frankreich, Italien und Nordafrika in Gebrauch. Deshalb verlief die Kolonisation* auch meist unkriegerisch, weil sich für beide Bevölkerungsgruppen durch Handel, Waren- und Kulturaustausch Vorteile ergaben. Erst um 550 v. Chr. kam die Auswanderungswelle zum Erliegen, als im Westen die Konkurrenz Karthagos und Roms, im Osten der Gegendruck des sich ausdehnenden Persischen Großreiches immer stärker wurde.

5 *Erklärt den Ausspruch eines griechischen Gelehrten: „Wir sitzen um unser Meer wie die Frösche um einen Teich.“*

6 *Stellt anhand der Karte 2 und mithilfe eurer Atlanten eine Liste der heutigen Länder auf, in denen es griechische Kolonien gab. Entschlüsselt einige der Städtenamen.*

7 *Im Lauf der Geschichte haben oder mussten Menschen immer wieder ihre Heimat verlassen. Fragt z. B. eure ausländischen Mitschülerinnen und Mitschüler, welche Probleme es für sie gab, als sie nach Deutschland kamen.*

Kolonien* *(abgeleitet aus dem lateinischen Wort „colonus“ = Bebauer, Ansiedler): Viele Stadtstaaten litten unter Überbevölkerung und Hungersnöten. Deshalb wanderten seit 750 v. Chr. viele Griechen aus. Sie besiedelten die Küsten des Mittel- und des Schwarzen Meeres und gründeten dort neue Städte (Kolonien).*

Kolonisation*: *Auswanderung von Griechen und Besiedlung des Mittelmeerraumes (750–550 v. Chr.).*

Seit dem 7. Jahrhundert v. Chr. gab es in Griechenland ***Münzen****. Das abgebildete Geldstück stammt aus Sizilien, von der Kolonie Leontinoi (Leo = Löwe). Es zeigt einen Löwenkopf mit vier Gerstenkörnern.*

Die olympischen Götter

1 **Der Tempel zu Ehren der Göttin Athene auf der Akropolis in Athen, erbaut zwischen 448 und 438 v. Chr.**

Olymp*: *Gebirge in Griechenland an der Grenze Thessaliens und Makedoniens. Es ist bis 2911 m hoch. Nach der Vorstellung der alten Griechen lebten auf den Gipfeln des Olymps die Götter.*

Hesiod*: *Er lebte um 700 v. Chr. und ist der erste geschichtlich erfassbare Dichter Griechenlands bzw. Europas.*

Zeus

Hera

Hermes

Athene

Was die Griechen, ob sie nun im Mutterland selbst oder in den Kolonien lebten, besonders verband, war der Glaube an die gemeinsamen Götter. Überall gab es prächtige Tempel und heilige Stätten, an denen man die Götter und Göttinnen verehrte. Für viele Menschen lebten die Götter auf dem meist von Wolken umhangenen Gipfel des Olymp*. Hier wohnten sie als große Familie zusammen, ganz wie die Menschen, mit guten und schlechten Eigenschaften, nur mit mehr Luxus, mächtiger und unsterblich.

Q1 Vom Leben und Handeln der Götter berichten griechische Sagen:

… Zeus wollte wieder einmal seine Kinder und Geschwister beim Göttermahl vereint sehen. Daher ließ er Hermes, den Götterboten, zu sich kommen und befahl ihm: Ziehe deine Flügelschuhe an und rufe mir deine Brüder und Schwestern herbei. Ich will mit Hera, meiner Frau, ein Göttermahl geben.
Hermes flog zuerst zu Hephaistos, dem Gott des Feuers. Der schmiedete großartige Waffen. Seine Frau war die schöne Aphrodite. Sie warf noch einen Blick in ihren Spiegel und machte sich dann auf den Weg zum Olymp. Ihr hinkender Mann konnte mit ihr nicht Schritt halten.
Athene, die Lieblingstochter des Zeus, traf Hermes in jener Stadt an, deren Einwohner sie zur Schutzgöttin erwählt hatten. Sie nahm Lanze und Schild und eilte zu ihrem Vater. Zuletzt fand Hermes den Gott des Krieges, Ares. Wie er ihn antraf – mit Schild und Lanze –, so brachte ihn Hermes zu seinen Geschwistern auf den Olymp.
Auch die Brüder des Zeus waren gekommen: Poseidon, der Gott des Meeres, und Hades, der Gott der Unterwelt. Er verließ seinen Richterstuhl, um der Einladung zu folgen. Kerberos, den mehrköpfigen Hund, ließ er als Wächter der Unterwelt zurück. …

Die Griechen waren überzeugt, die ganze Natur und auch das menschliche Leben seien vom Wirken der Götter beeinflusst. Wenn es stürmte, dann wühlte Poseidon mit seinem Dreizack im Zorn das Meer auf. Gab es Probleme in Ehe und Familie, dann flehten insbesondere Frauen Hera, die Gattin des Zeus, um ihren Beistand und Schutz an.

Q2 Der griechische Geschichtsschreiber Xenophon (um 430–nach 355 v. Chr.):

… Alles haben Homer und Hesiod* auf die Götter geschoben, was bei den Menschen als Schimpf und Schande betrachtet wird: auch Diebstahl und Ehebruch und gegenseitige Täuschung. Aber die Sterblichen glauben, die Götter würden geboren und hätten Gestalt und Aussehen und Sprache ihnen gleich. …

1 *Die Götter handelten und fühlten, so die Vorstellung der Griechen, ähnlich wie die Menschen. Sucht für diese Behauptung Beweise in der Sage (Q1). Welche Kritik wird aber in Q2 an diesem Götterglauben geäußert?*

Der Glaube der Griechen

2 **Apollon-Heiligtum (Orakel) in Delphi.** Der Tempel wurde im 4. Jahrhundert v. Chr. über der Wirkungsstätte der Pythia erbaut.

Hephaistos

Aphrodite

Ares

Poseidon

Hades

Tempel und Orakelstätten

Die Griechen brachten Opfer und Gaben dar, damit die Götter sie vor Krankheiten bewahrten oder ihnen gute Ernten bescherten. Vor den Tempeln stand der Altar. Auf ihn legte man seine Opfergaben nieder, wie z. B. die Erstlingsfrüchte der Felder oder Tiere, die zu Ehren der Gottheit geschlachtet wurden. Im Inneren des Tempels, in der Cella, befand sich das Standbild des Gottes oder der Göttin, die man verehrte.

Heilige Orte waren auch die Orakelstätten. Eine der berühmtesten befand sich in Delphi (S. 66). Hier konnte man den Rat und die Vorhersagung der Götter einholen. Griechische Städte schickten bei Rechtsstreitigkeiten oder vor Kriegserklärungen ihre Boten zu den Orakelstätten. Aber auch einfache Menschen suchten den Rat der Götter. Aus Quellen wissen wir, welche Fragen sie stellten, z. B. „Soll ich Fischer werden?" oder „Soll ich heiraten?" Die Fragensteller mussten eine Gebühr entrichten und ein Opfer darbringen, meist eine schwarze Ziege. Danach durften sie den Tempel betreten. Auf einem Dreifuß sitzend kaute die Pythia (= Priesterin) Lorbeerblätter und atmete die Dünste aus einem Erdspalt ein. Dadurch geriet sie in Ekstase und stieß unverständliche Laute aus. Priester deuteten diese Laute und schrieben sie in Versform als Orakel auf.

Oftmals suchten auch Flüchtlinge und politisch Verfolgte die heiligen Stätten auf, um Zuflucht und Schutz (griechisch: Asyl) zu erbitten. Die Priester waren dann verpflichtet, ihnen Beistand zu gewähren.

Religiöse Feiern und Wettkämpfe

Besonders viele Griechen suchten die Heiligtümer zu den großen religiösen Feiern auf, an denen zu Ehren der Götter auch künstlerische und sportliche Wettkämpfe stattfanden. Aus allen Stadtstaaten fanden sich Besucher und Teilnehmer dazu ein. Gemeinsam feierte man den Gottesdienst in Prozessionen und öffentlichen Opfern und bestritt die Wettkämpfe. So kam man nach Delphi zu den Pythischen Spielen zu Ehren des Apollon, nach Korinth zu den Isthmischen Spielen zu Ehren des Poseidon und nach Athen zu den Panathenäischen Spielen zu Ehren der Athene. Die berühmteste dieser religiösen Feiern und Wettkämpfe fand alle vier Jahre zu Ehren des Zeus in Olympia statt. (s. S. 102–104)

2 *Sucht auf der Karte 1 auf S. 98 den Olymp, Delphi, Korinth und Olympia.*

3 *Menschen haben sich immer um ihre Zukunft Sorgen gemacht und sich „Orakeln" zugewandt. Nennt Beispiele aus unserer Zeit.*

4 *Beschreibt mithilfe der Abbildungen in der Randspalte auf diesen beiden Seiten die griechische Götterfamilie.*

Olympische Spiele

Olympische Spiele*: *Sportliche Wettkämpfe, die zu Ehren des Gottvaters Zeus in Olympia veranstaltet wurden. 293-mal – von 776 v. Chr. bis 393 n. Chr. – konnten die Spiele in ununterbrochener Reihenfolge stattfinden. Danach wurden sie durch den römischen Kaiser Theodosius verboten. Der Franzose Baron de Coubertin rief sie erst 1896 wieder ins Leben.*

1 **Wagenrennen.** Der Wagenlenker gehört zu den wenigen Athleten, die bekleidet sind.

2 **Weitsprung aus dem Stand.** Zwischen 1,5 und 4,5 kg schwere Gewichte aus Stein, Blei oder Eisen verstärken den Vorwärtsschwung. Der Athlet Phayllos von Kroton soll mithilfe solcher Hanteln 16 Meter weit gesprungen sein.

3 **Langstreckenlauf.** (Die Bilder auf dieser Seite sind Vasenmalereien aus dem 4. und 5. Jahrhundert v. Chr.)

Die olympischen Wettkämpfe

Q1 Die ersten Olympischen Spiele*, von denen wir sicher wissen, fanden im Jahre 776 v. Chr. statt. In einer heutigen Darstellung heißt es:

... Im Frühling eines olympischen Jahres machten sich drei heilige Boten auf den Weg und suchten jeden Winkel von Griechenland auf, um die bevorstehenden Spiele anzukündigen. Man forderte die Teilnehmer auf, mindestens einen Monat vorher zu erscheinen, um unter der Aufsicht der Kampfrichter zu trainieren.
Andere kamen zu Zehntausenden, wann und wie es ihnen beliebte – Zuschauer, Lebensmittel- und Getränkehändler, Abgesandte vieler griechischer Städte, Bettler, Blumenhändler und die Sänger, Tänzer und Redner, die das „Rahmenprogramm" bestritten – kurz, der ganze bunte Haufen, der sich überall bei großen Rennen und auf Jahrmärkten einfindet ...

Zwischen 30 000 und 40 000 Zuschauer waren zugegen, wenn die Wettkämpfe durchgeführt wurden. Sie dauerten fünf Tage:

Q2 **1. Tag:** Feierliche Eröffnung, die der Grieche Pausanias im Jahre 175 n. Chr. folgendermaßen beschreibt:

... Die Zeusstatue im Rathaus hat den Beinamen „Schwurgott" und hält in jeder Hand einen Blitz. Bei ihr müssen die Athleten und ihre Väter und Brüder und auch die Lehrer schwören, dass sie sich keinen Verstoß gegen die olympischen Wettkämpfe zuschulden kommen lassen werden ...

Die Athleten leisten dazu noch den Schwur, dass sie sich insgesamt zehn Monate nacheinander der sorgfältigsten Übung hingegeben hätten.
2. Tag: Wettstreit der Trompeter vor der Echohalle. Wagenrennen, Fünfkampf: Diskus, Weitsprung, Speerwurf, Ringen und Stadionlauf (192 m).
3. Tag: Festprozession zum heiligen Bezirk. Am Altar vor dem Zeustempel (S. 193): Opfe-

rung, Gesänge, Flötenspiel und Gebete. Abends: Opferschmaus.

4. Tag: Schwerathletische Kämpfe: Ringen, Faustkampf und Waffenlauf über 400 m.

5. Tag: Siegerehrung im Tempel mit Dankopfern zu Ehren des Zeus. Festessen der Sieger im Rathaus von Olympia. Abends: Die Sieger laden ihre Freunde zu einem festlichen Mahl bei Gesang und Musik ein.

Auszeichnungen und Ehrungen

Die Athleten wollten bei den Wettkämpfen keine Rekorde aufstellen. Sie wollten Erste sein, besser sein als alle anderen. Zweite oder dritte Plätze gab es nicht. Es gab nur einen Sieger und die Verlierer. Dabei war es völlig gleichgültig, ob man mit einem relativ schlechten Ergebnis gewonnen hatte. Von den Siegern wurden Standbilder angefertigt, die man in Olympia aufstellte. In ihrer Heimatgemeinde erhielten sie ein Leben lang kostenlose Verpflegung und Befreiung von den Steuern.

Auszeichnungen und Ehrungen führten seit dem 4. Jahrhundert v. Chr. dazu, dass immer mehr Berufssportler an den Olympischen Spielen teilnahmen; vereinzelt kam es auch zu Bestechungsversuchen, um den Sieg zu erkaufen.

1 *Vergleicht die Bilder auf dieser Doppelseite. Welche Gemeinsamkeiten könnt ihr feststellen, welche Unterschiede fallen euch auf?*

2 *Erkundigt euch, wie die Olympischen Spiele heute ablaufen und fertigt dann eine Tabelle an:*

Die Olympischen Spiele	
damals	heute
...	...
...	...
...	...
...	...

4 **Sprinterinnen der 4 x 400-Meter-Staffel in Peking 2008.**

5 **Das Finale des Rollstuhl-Basketball-Turniers in Peking 2008. Hier treten Kanada und Australien gegeneinander an.**

6 **Bei den Olympischen Winterspielen in Vancouver 2010 tritt Selina Joerg im Snowboard-Riesenslalom für Deutschland an.**

Berühmte Sieger der Olympischen Spiele:

Weitsprung: Chionis aus Sparta (664)

Wagenrennen: Kimon aus Athen (532, 528, 524)

Fünfkampf: Hieronymus von Andros (492)

Pferderennen: Hieron, Alleinherrscher von Syrakus (476)

Pankration: Euthymos aus Lokroi (460)

Faustkampf der Knaben: Antipatros aus Milet

Wettlauf: Ergoteles aus Himera (470)

Langlauf: Sotades aus Kreta (384)

Stadion- und Doppellauf: Astylos aus Kroton

Wagenrennen: Theron, Alleinherrscher von Akragas (476)

Zum Weiterlesen: Olympische Helden

Die ersten sechs Läufer sind soeben zum Wettlauf gestartet. Die Griechen kennen noch keinen Tiefstart mit einem Knie auf der Erde, sondern warten das Startsignal stehend ab, die Füße nah beieinander und den Körper vorgebeugt. Der Sportler vorn im Bild, der einen Kranz aus Ölbaumzweigen trägt, freut sich, weil er gerade den Sieg im 400-Meter-Lauf errungen hat. Dieser Wettbewerb geht zweimal über die Länge des Stadions.

Sportliche Wettkämpfe

„Die griechischen Stadtstaaten legen großen Wert darauf, dass sich bereits die Kinder in den verschiedenen Sportarten üben. Sportliche Wettkämpfe, zu denen die Besucher in Scharen herbeiströmen, finden in den Städten und in den großen Heiligtümern statt, dem des Zeus in Olympia und dem des Apollon in Delphi.

Der bekannteste Sport ist der Ringkampf, der vom zehnten Lebensjahr an ausgeübt wird.

Eine besondere Form des Ringkampfes ist das Pankration: Hier ist alles erlaubt, nur nicht dem Gegner die Augen auszukratzen! Die Kämpfer wälzen sich im Schlamm (die frisch umgepflügte Erde wird vorher mit Wasser besprengt) und verdrehen einander brutal die Glieder. Der Kampf ist beendet, wenn einer der beiden erschöpft den Arm hebt.

Die Kinder lernen Weitsprung, indem sie Hanteln aus Stein oder Metall in den Händen halten, die die Kontrolle über die Armbewegungen erleichtern.

Eine beliebte Disziplin ist auch das Diskuswerfen. Der Diskus kann bis zu vier Kilogramm wiegen. Auch das Boxen ist eine beliebte Sportart bei den Griechen; man wickelt sich dazu Lederriemen um die Hände.

Diese beiden Boxer kämpfen erbarmungslos gegeneinander. Der Kampfrichter überwacht die Einhaltung der Regeln. Hände und Unterarme der Boxer sind mit Lederriemen umwickelt, in die auch Bleistücke eingearbeitet sein können. Jeder Schlag ist gefährlich für den Gegner, und der Kampf ist erst beendet, wenn einer der beiden aufgibt oder erschöpft zur Erde fällt.

Auch der Speerwurf gehört zu den von den Griechen ausgeübten Sportarten. Doch am beliebtesten ist der Wettlauf im Stadion, der über unterschiedliche Strecken, meist über 200 Meter, geht.

Das Fest von Olympia – die Olympischen Spiele – findet alle vier Jahre beim Heiligtum des Zeus auf dem Peloponnes statt. Hier sind sogar Sklaven als Zuschauer zugelassen, nicht aber Frauen. Dieses Fest zieht alle berühmten Sportler Griechenlands an, darüber hinaus aber auch Wetter, die vor allem die Pferderennen sehen wollen.

Reiche Griechen wie Alkibiades besitzen Reitställe und können dadurch viele der großen Wagenrennen gewinnen. Im Jahre 416 v. Chr. lässt Alkibiades in Olympia neun Quadrigen (Vierspänner) starten, mit denen er den ersten, zweiten und vierten Platz gewinnt. Die Olympiade dauert sieben Tage und endet mit einer feierlichen Prozession, einem großen Festmahl und der Bekanntgabe der Resultate durch den Herold. Die Sieger, Olympioniken genannt, werden in ganz Griechenland berühmt und wie Helden verehrt."

Weitere interessante Informationen über das Leben der Griechen finden sich in dem Band von Pierre Miquel: So lebten sie im alten Griechenland. Tessloff Verlag, Hamburg 1982.

Sprache und Schrift der Griechen

Der Glaube an dieselben Götter und die Teilnahme an den olympischen Spielen verbanden alle Griechen miteinander. Das stärkste Bindeglied stellten jedoch ihre gemeinsame Sprache und Schrift dar.
In klassischer Zeit wurden im Gebiet des heutigen Griechenlands viele Dialekte* gesprochen. Zwei der wichtigsten sind:

- Der dorische Dialekt Nordwestgriechenlands, in dem viele klassische Werke griechischer Dichtkunst verfasst wurden
- Der Attisch-Ionische Dialekt, der in Athen und der umliegenden Region Attika gesprochen wurde, und der heute noch in den Schulen und Universitäten als „Altgriechisch" gelehrt wird.

Die politische, wirtschaftliche und kulturelle Vormachtstellung Athens im 5. Jahrhundert v. Chr. machten den dort gesprochenen attischen Dialekt zur überregionalen Gemeinsprache. Durch die Eroberungen Alexanders des Großen im 4. Jahrhundert v. Chr. stieg Greichisch zur Weltsprache auf. Auch im Römischen Reich blieb Griechisch neben Latein Amtssprache. Einige Jahrhunderte nach der Teilung des Römischen Reiches wurde Griechisch Amts- und Literatursprache des byzantinischen Reiches. Die Schrift, die wir heute noch als die griechische kennen, wurde dann ungefähr 900 Jahre v. Chr. von der Schrift der Phönizier* abgeleitet. Die Griechen vollzogen aber auch den letzten wirklich bedeutenden Schritt in der Entwicklung der Schrift: Sie erfanden 5 Selbstlaute (Vokale) und fügten sie der phönizischen Schrift hinzu. Dadurch schufen sie das erste vollständige Alphabet der Weltgeschichte. Es hatte 24 Buchstaben. Aus der griechischen Schrift ging die etruskische hervor. Griechische Sprache und Schrift hatten auf die Entwicklung Europas enormen Einfluss: Sowohl das lateinische als auch das kyrillische* Alphabet wurden auf der Basis des griechischen Alphabets entwickelt, und in den meisten europäischen Sprachen lassen sich zahlreiche griechische Wortwurzeln nachweisen. Viele unserer heutigen Fremdwörter, vor allem Fachbegriffe, sind aus dem Griechischen* abgeleitet.
So gibt es viele Wörter mit griechischem Wortbeginn oder griechischem Wortende.
Einige typische Vorsilben sind: arch- (alt, ursprünglich), astro- (Stern), auto- (selbst), biblio- (Buch), bio- (Leben), demo- (Volk), gastro- (Magen), geo- (Erde), kin- (bewegen), klin- (Bett), mikro- (Klein), photo- (Licht), phys- (Natur), polit- (Bürger/Stadt/Staat), thermo- (warm), tele- (das (andere) Ende), Zoo- (Lebewesen).
Und auch die folgenden griechischen Wortendungen werden heute oft verwendet: -archie, -kratie (herrschen), -ergie (Arbeit, Werk), -graphie (schreiben), -logie, -nomie (Wissenschaft, Lehre), -meter (messen), -phobie (Furcht), -skop (betrachten).

griechisch			deutsch
α	A	alpha	a
β	B	beta	b
γ	Γ	gamma	g
δ	Δ	Delta	d
ε	E	Epsilon	e
ζ	Z	Zeta	ds
n	H	Eta	e
ϑ	Θ	Theta	th
ι	I	Iota	i
κ	K	Kappa	k
λ	Λ	Lambda	l
μ	M	My	m
ν	N	Ny	n
ξ	Ξ	Xi	ks
ο	O	Omicron	o
π	Π	Pi	p
ρ	P	Rho	r
σ	Σ	Sigma	s
т	T	Tau	t
u	Y	Ypsilon	y
φ	Φ	Phi	f
χ	X	Chi	ch
φ	Ψ	Psi	ps
ω	Ω	Omega	o

1 *Lest das griechische Alphabet. Warum nennen wir es „Alphabet"?*
2 *Schreibt euren Vor- und Nachnamen in griechischen Buchstaben.*
3 *Findet mindestens drei Wörter mit griechischem Wortbeginn und mindestens drei mit griechischem Wortende, die heute verwendet werden.*

Dialekt*:
Mundart, regional begrenzte Varainte einer Sprache.

Phönizien*:
Schmaler Landstrich an der Ostküste des Mittelmeers, heute der Libanon. Die Phönizier bildeten ab etwa 2000 v. Chr. ein antikes Großreich. In seiner Blütezeit zwischen 1200 und 900 v. Chr. entwickelte sich Phönizien zur größten Handels- und Seemacht der Antike. Durch Koloniegründungen und Handelsbeziehungen im gesamten Mittelmeerraum wurde auch der kulturelle Austausch mit Griechenland gefördert.

Kyrillisch*:
Schrift der griechisch-orhtodoxen Slawen.

Neugriechisch*:
Man unterscheidet zwischen dem Griechisch der Antike („altgriechisch") und dem heutigen („neugriechisch").

Der Kriegerstaat Sparta

1 Kampf schwer bewaffneter Krieger in Reihen. Korinthische Vasenmalerei, um 650 v. Chr.

Sparta – ein Staat der Gleichen?

Um 900 v. Chr. wanderten die Vorfahren der Spartaner in die Halbinsel Peloponnes. Sie unterwarfen die dort lebende Bevölkerung und gründeten um 800 v. Chr. den Stadtstaat Sparta.

Jeder Spartiate* erhielt durch Los ein Landgut, das er weder verkaufen noch unter seinen Söhnen aufteilen durfte. Damit wurde der Lebensunterhalt jedes Spartiaten und seiner Familie gesichert. Alle Bürger hatten etwa gleich viel Besitz. Die Spartiaten nannten sich deshalb selbst „Die Gleichen".

Kein Spartiate bewirtschaftete sein Landgut selbst. Zu dieser Arbeit wurde die unterworfene Bevölkerung gezwungen. Man nannte diese Zwangsarbeiter Heloten*. Sie wohnten auf dem Land, bearbeiteten die Felder und lieferten einen bestimmten Teil der Ernte an ihre Herren ab, die in Sparta wohnten. Sie hatten keinerlei politische Rechte und waren den Spartiaten ganz und gar ausgeliefert. Es kam zu wiederholten Aufständen, die aber alle niedergeschlagen wurden. Besser gestellt als die Heloten war die Bevölkerung, die in den Randgebieten des Stadtstaates in eigenen Städten wohnte. Man nannte sie Periöken*, d. h. die „Umwohnenden". Periöken konnten ihr Land bestellen, ohne Abgaben leisten zu müssen. Viele waren auch als Handwerker oder Händler für die Spartaner tätig. Denn Handel und Gewerbe zu treiben war den Spartanern verboten, damit sie sich ganz der Sicherung ihres Staates widmen konnten. Periöken mussten Heeresdienst leisten, hatten aber ebenfalls keine politischen Rechte.

1 *Erklärt mithilfe von Abbildung 2 den gesellschaftlichen Aufbau Spartas.*

2 *Überlegt, ob Sparta wirklich ein „Staat der Gleichen" war.*

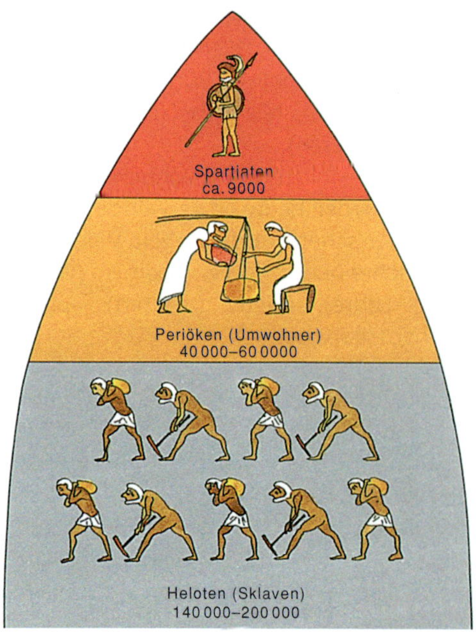

2 Bevölkerung Spartas. 5. Jahrhundert v. Chr.

Spartiaten*:
Adlige Herrschaftsschicht in Sparta mit gemeinsamer Abstammung, Landbesitz und staatlich geregelter militärischer Erziehung.

Heloten*:
Zwangsarbeiter, die für die spartiatischen Herren das Land bebauten. Als Sklaven gehörten sie dem spartanischen Staat.

Periöken*:
Bewohner der Städte, die auf spartanischem Staatsgebiet „um Sparta herum" lagen. Sie waren keine Sklaven, hatten aber weniger Rechte als die spartanischen Bürger.

Um 800 v. Chr.:
Gründung Spartas.

Der Kriegerstaat Sparta

Erziehung zum Kampf

Ständig lebten die Spartiaten in der Furcht vor einem Aufstand der Heloten. Deshalb mussten sie alles tun, um ihre Macht zu sichern.

3 *Erklärt die Furcht der Spartiaten vor einem Aufstand der Heloten.*

Q1 Der griechische Schriftsteller Plutarch (46–120 n. Chr.) berichtet:

... Wenn ein Kind geboren wurde, musste es der Vater zu den Ältesten der Gemeinde bringen; diese untersuchten das Kind. Wenn es wohl gebaut und kräftig war, gaben sie dem Vater den Auftrag, das Kind aufzuziehen. War es aber schwächlich und missgestaltet, so ließen sie es zu der so genannten Ablage an einem Felsengrund bringen. Sie meinten, für ein Wesen, das von Anfang an nicht fähig sei, gesund und kräftig heranzuwachsen, sei es besser, nicht zu leben.

Die Ammen erzogen die Säuglinge dazu, nicht wählerisch beim Essen zu sein, keine Angst zu haben im Dunkel und nicht weinerlich zu sein. Sobald die Jungen das siebente Lebensjahr erreicht hatten, mussten sie das Elternhaus verlassen. Jetzt übernahm der Staat die Erziehung.

Die Jungen wurden in Horden eingeteilt. Sie erhielten alle die gleiche Erziehung und Nahrung und gewöhnten sich an gemeinsames Spiel und gemeinsames Lernen.

... Lesen und Schreiben lernten sie nur so viel, wie sie brauchten, die ganze übrige Erziehung bestand darin, pünktlich zu gehorchen, Strapazen zu ertragen und im Kampf zu siegen ...

4 *Nennt die Grundsätze, nach denen die Knaben in Sparta erzogen wurden. Was haltet ihr von dieser Erziehung?*

5 *Auch heute noch spricht man von einer „spartanischen Erziehung". Erklärt, was ihr darunter versteht.*

Nachdem die jungen Spartiaten diese militärische Erziehung erfolgreich durchlaufen hatten, lebten sie bis zu ihrem 60. Lebensjahr in weiteren Gemeinschaften der Männer. Sie gingen auf die Jagd, übten sich in Waffen und kämpften als Hopliten* nebeneinander in der Phalanx*. Bei ihren Familien verweilten sie selten. Als Krieger lebten sie in der ständigen Vorbereitung auf den Krieg, und ihre höchste Ehre sahen sie darin, der Vaterstadt zu dienen und für sie zu sterben.

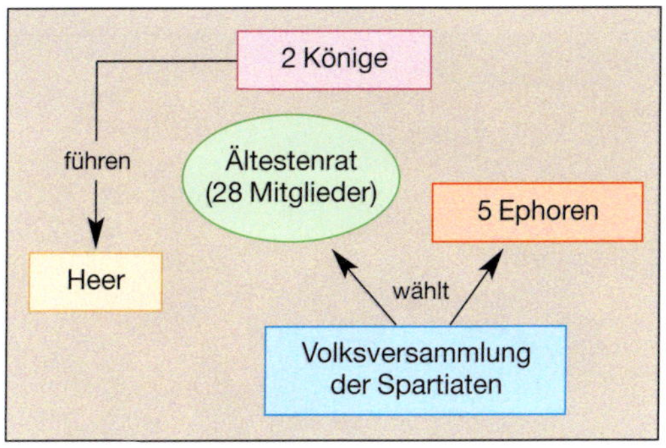

3 **Die Verfassung Spartas.**

Sparta wird Führungsmacht

Die vollen Rechte und Pflichten als Staatsbürger erwarben die Spartiaten mit 30 Jahren; nur sie trafen die politischen Entscheidungen.

Alle Spartiaten gehörten gleichberechtigt der Volksversammlung an, die über Gesetze, Bündnisse, Krieg und Frieden entschied. Zwischen den Versammlungen lenkte ein „Rat der Ältesten" zusammen mit fünf Oberbeamten, den Ephoren, den Staat und überwachte das Leben der Bürger. Brach ein Krieg aus, dann lag der Oberbefehl bei zwei Königen, die aus den angesehensten adligen Familien stammten. Diese Verfassung* des spartanischen Staates sorgte zwar für stabile politische Verhältnisse, schloss aber den größten Teil der Bevölkerung von der Herrschaft aus. Alle Macht lag in den Händen des spartiatischen Kriegeradels. Seine militärische Stärke und innere Stabilität machten Sparta zur Führungsmacht im Süden Griechenlands. Das ganze 5. Jahrhundert v. Chr. hindurch wurden die meisten anderen Stadtstaaten der Halbinsel zum Peloponnesischen Bund unter Spartas Führung vereint. Sparta bildete damit den Gegenpol zum anderen mächtigen Stadtstaat Griechenlands: Athen (ab S. 108).

6 *Erklärt mithilfe von Abbildung 3 die Verfassung Spartas mit eigenen Worten.*

Bronzefigur eines spartanischen Kriegers.

Hopliten* *(griech.): Fußsoldaten, ausgerüstet mit Panzer, Helm, Schild, Schwert und Stoßlanze.*

Phalanx* *(griech.): Mehrfach gestaffelte Schlachtreihe.*

Verfassung*: *Eine Verfassung legt fest, welche Aufgaben und Rechte die Bürger haben und wer den Staat regiert.*

Um 500 – um 370 v. Chr.: *Sparta als mächtigster Stadtstaat im Peloponnesischen Bund. Der Städtebund verpflichtete sich nach gefasstem Bundesbeschluss zu gemeinsamer Kriegsführung.*

Demokratie in Athen

Demokratie*:
Die alten Griechen unterschieden drei Staatsformen:
- *die Demokratie, die Herrschaft des Volkes,*
- *die Aristokratie, die Herrschaft „der Besten" (des Adels),*
- *die Monarchie, die Herrschaft des Königs.*

Die Demokratie ist in Athen entstanden. In der Volksversammlung (siehe S. 109) wurden alle politischen Entscheidungen per Mehrheitsbeschluss getroffen.

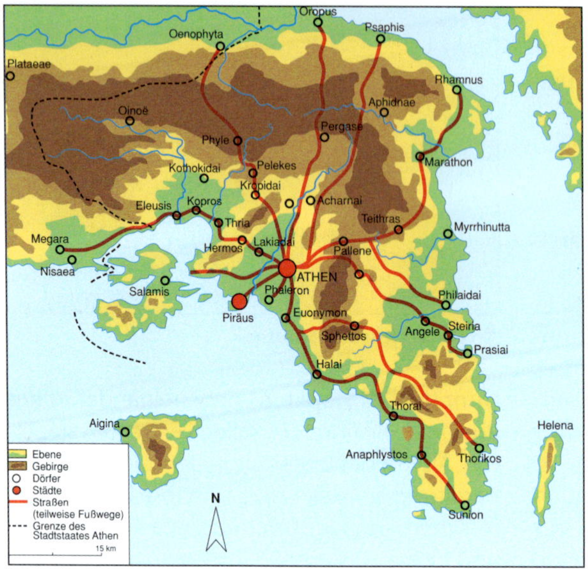

1 **Das Gebiet des Stadtstaates Athen.**

Solon:
Athenischer Gesetzgeber (ca. 640–561 v. Chr.) (S. 185). Er wurde 594 zum Schlichter der sozialen und politischen Kämpfe zwischen dem Adel und den Bauern gewählt. Er verringerte die Belastungen der Bauern und gliederte die Bürgerschaft in vier nach dem Einkommen gestufte Klassen.

Der Stadtstaat Athen

In Athen hatte seit dem 7. Jahrhundert v. Chr. die Herrschaft in den Händen von Adligen gelegen, die das Königtum abgeschafft hatten. Nach langwierigen Auseinandersetzungen zwischen dem Adel und den übrigen Bevölkerungsgruppen kam es im 5. Jahrhundert v. Chr. zu einer Regierungsform, die die Athener selbst als Demokratie* bezeichneten.

Der berühmteste Politiker Athens im 5. Jahrhundert v. Chr. war Perikles (S. 118–120, S. 185), den die Bürger von 443–429 v. Chr. ununterbrochen in das höchste Staatsamt wählten. Seiner Ansicht nach sollten alle Bürger die gleichen politischen Rechte besitzen, da sich alle ohne Unterschied in der Vergangenheit immer wieder für die Verteidigung der Stadt eingesetzt hatten.

Q1 Nach dem Bericht eines griechischen Geschichtsschreibers soll Perikles im Jahre 429 v. Chr. folgende Rede gehalten haben:

... Wir leben in einer Staatsform, die die Einrichtungen anderer nicht nachahmt; eher sind wir für andere ein Vorbild, als dass wir andere uns zum Muster nähmen.
Mit Namen wird sie, weil wir uns nicht auf eine Minderheit, sondern auf die Mehrheit

2 **Athenische Volksversammlung.** Rekonstruktionszeichnung. Die größte Breite des Platzes betrug 80 m, die größte Tiefe 40 m.

Demokratie in Athen

im Volke stützen, Volksherrschaft (= Demokratie) genannt. Und es genießen alle Bürger für ihre Angelegenheiten vor den Gesetzen gleiches Recht. …
Jeder, der etwas für den Staat zu leisten vermag, kann bei uns ein politisches Amt erhalten.
Das ganze Volk trifft in der Volksversammlung* die Entscheidungen und sucht hier ein rechtes Urteil über die Dinge zu gewinnen. …
Unsere Stadt ist für jedermann offen. Ausweisungen von Fremden gibt es bei uns nicht. …

Die Volksversammlung
Mindestens vierzigmal im Jahr wurden die Bürger Athens zur Volksversammlung* (S. 119) geladen. Dort wurden alle Gesetze beschlossen, die Beamten gewählt und über Krieg und Frieden entschieden. Häufig dauerten diese Versammlungen von Sonnenaufgang bis zum Abend. Teilnehmen konnte jeder athenische Mann, dessen Eltern auch Athener waren. In Wirklichkeit war vielen Bürgern ein Besuch der Volksversammlung kaum möglich.

Q2 Ein heutiger Wissenschaftler schreibt:
… Der im Süden Attikas wohnende Bauer konnte nicht beliebig oft seine Hacke fallen lassen und den langen Weg in die Stadt antreten, und der Gemüsehändler, der seinen Stand auch nur für einen Tag schloss, riskierte, dass seine Kunden am nächsten Tag anderswohin gingen. …
Für gewöhnlich besuchten die Volksversammlung die Bauern der näheren Umgebung, die stadtansässige Bevölkerung (darunter viele Alte und Arbeitslose) und aus entfernteren Gegenden alle die, denen der Gegenstand der Beratung am Herzen lag; so ist z. B. verständlich, dass eine Debatte über den weiteren Ausbau der Flotte die in Piräus wohnenden Bürger in Scharen in die Stadt strömen ließ. …

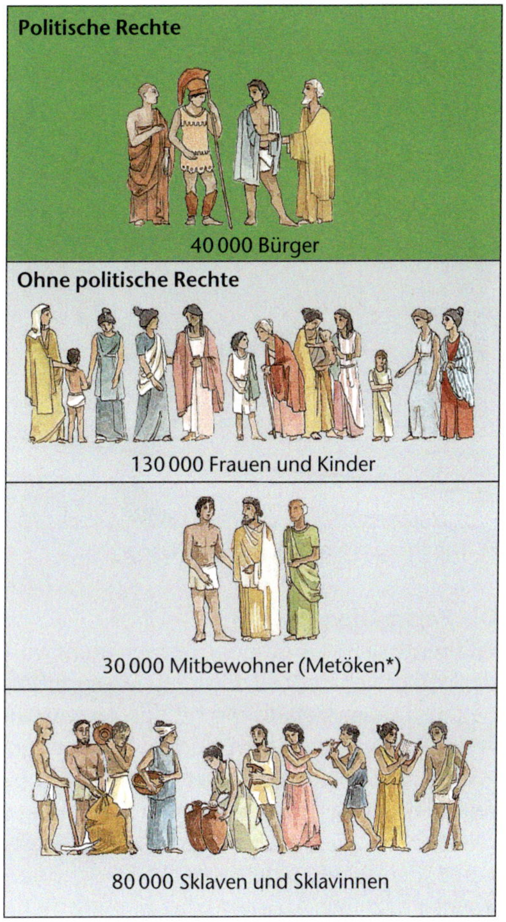

2 Die Bevölkerung des Stadtstaates Athen um 430 v. Chr.

1 *Stellt mithilfe der Grafik fest, wie viele Menschen in Athen politische Rechte besaßen und wie viele davon ausgeschlossen waren.*
2 *Was haltet ihr von der Behauptung des Perikles, die athenische Staatsform sei demokratisch? Was könnte er dazu sagen?*
3 *Spielt folgende Situation: Zwei Bauern in Sunion (vgl. Karte 1, S. 108) unterhalten sich zur Zeit der Frühjahrsaussaat darüber, ob sie zur Volksversammlung gehen sollen. Entschieden werden soll dieses Mal über den Bau neuer Tempel.*
4 *Informiert euch über die Größe eures Bezirkes und vergleicht sie mit der des athenischen Stadtstaates. Messt dazu die größte Ost-West- sowie Nord-Süd-Entfernung.*

Volksversammlung*: *Versammlung der männlichen Bürger in Athen. Sie entschieden über Krieg und Frieden, beschlossen Gesetze und wählten Beamte. Die Frauen und Kinder durften an der Volksversammlung nicht teilnehmen, ebenso wenig die Mitbewohner und Sklaven sowie deren Frauen und Kinder. Sie bildeten aber die Mehrheit der Bevölkerung.*

Metöken*: *(griechisch = Mitbewohner). Sie lebten in Athen und waren vor allem in Handwerk und Handel tätig. Sie waren keine Sklaven, aber sie durften nicht an der Volksversammlung teilnehmen und auch kein Land besitzen.*

Die Griechen kämpfen um ihre Unabhängigkeit

Die Perserkriege:*

490 v. Chr.:
Sieg der athenischen Truppen über das persische Heer in der Ebene von Marathon.

480 v. Chr.:
Entscheidungsschlacht auf dem Meer in der Bucht von Salamis. Die Flotte des Großkönigs Xerxes wird von den Athenern geschlagen.

477 v. Chr.:
Die meisten griechischen Staaten schließen sich zu einem Miltärbündnis gegen die Perser zusammen (Attischer Seebund). Athen wird Führungsmacht.

449 v. Chr.:
Friedensvertrag zwischen dem Attischen Seebund und dem persischen Großkönig.

1 Das Perserreich und die Perserkriege.

Die Perserkriege*

Während sich die Athener immer mehr von der Vorherrschaft des Adels befreien konnten, gerieten sie in Gefahr, die gerade errungene Freiheit zu verlieren. Seit dem 6. Jahrhundert v. Chr. herrschten die Perser über ein Großreich, das von Indien bis zum Mittelmeer reichte. Die griechischen Städte an der Westküste Kleinasiens (vgl. Karte S. 98) gehörten ebenso dazu wie Ägypten, das eine persische Provinz wurde. An der Spitze des Reiches stand der Großkönig Darius (521–485 v. Chr.), der von seinen Palästen in Susa und Babylon aus regierte. Unterstützt wurde er von zwanzig Statthaltern.

Von Milet ausgehend kam es im Jahre 500 v. Chr. zu einem Aufstand griechischer Städte in Kleinasien gegen die persische Herrschaft.

Darius gelang es, den Aufstand niederzuwerfen. Milet wurde völlig zerstört, und seine Bewohner wurden 2000 km weit in das Landesinnere verschleppt. Da die Athener die Aufständischen mit Schiffen unterstützt hatten, beschloss Darius, ganz Griechenland zu unterwerfen.

1 *Vergleicht die Karte oben mit einer politischen Karte in eurem Atlas und nennt die heutigen Länder, die dieses Reich umfasste.*

2 *Messt nach, wie viele Kilometer sich dieses Großreich in seiner größten Ausdehnung von Westen nach Osten und von Norden nach Süden erstreckte.*

Der Sieg von Marathon

Im Jahre 490 v. Chr. landete ein gut ausgerüstetes persisches Heer mit etwa 20 000 Soldaten in der Ebene von Marathon (vgl. Karte S. 108). Athenische Truppen zogen ihnen entgegen. Ihre Stärke war der Nahkampf, für den sie mit Helm und Brustpanzer gut gerüstet waren. Die Perser verfügten dagegen über hervorragende Bogenschützen. Deshalb begannen die Griechen einen Sturmlauf, sobald sie in die Schussweite der Bogenschützen gerieten. Mit nur geringen Verlusten gelang es ihnen, in den Nahkampf zu kommen und die Perser zu besiegen.

Der Feldzug des Xerxes

Zehn Jahre später plante der persische Großkönig Xerxes – Nachfolger des 485 v. Chr. verstorbenen Darius – einen erneuten Feldzug gegen Griechenland. Vor dem Feldzug fragte er einen Griechen, ob er denn mit dem Widerstand der griechischen Poleis rechnen müsste. Als Xerxes die Antwort erhielt, die Griechen würden sich seinem Heer entgegenstellen, soll er gelacht haben.

Die Perserkriege

Q1 Der griechische Schriftsteller Herodot (um 484–425 v. Chr.) berichtet uns seine Antwort:

... Wie sollen tausend oder zehntausend oder fünfzigtausend Griechen, die darüber hinaus alle gleichermaßen frei sind und nicht dem Befehl eines Einzigen gehorchen, diesem gewaltigen Heer standhalten können! Ja, wenn sie wie bei uns in Persien einen einzigen Herrn hätten, würden sie vielleicht aus Furcht vor ihm sich tapferer zeigen als sie sind und unter Geißelhieben auch einen überlegenen Feind angreifen. Aber wenn alles in ihrem Belieben steht, tun sie ganz gewiss nichts dergleichen. ...

Mit einem Heer von 50 000 Soldaten und über 1000 Schiffen zog Xerxes im Jahre 480 v. Chr. gegen Griechenland. Die Athener flohen vor der Übermacht auf die Insel Salamis. In der engen Bucht von Salamis kam es zu einer Seeschlacht (vgl. Karte S. 108). Xerxes musste vom Ufer aus zusehen, wie seine eng aneinander gedrängten Schiffe von der beweglichen Flotte der Athener geschlagen wurden. Xerxes floh in großer Eile. Sein Heer, das er in Griechenland zurückließ, schlugen die Griechen im folgenden Jahr ebenfalls.

Q2 Über die Gründe für diesen Sieg schrieb der griechische Schriftsteller Herodot:

... Die Athener waren stark geworden. Das Recht eines jeden Bürgers, in der Volksversammlung zu reden, ist eben etwas sehr Wertvolles. Solange die Athener von Adligen beherrscht wurden, waren sie keinem einzigen ihrer Nachbarn im Krieg überlegen. ... Als Untertanen waren sie feige und träge, als freie Menschen aber schaffen sie für sich selber. ...

3 *Tragt Gründe für den Sieg der Athener zusammen.*

2 Athenische Triere. Kriegsschiff mit 87 Rudern in drei Reihen auf jeder Seite. Rekonstruktionszeichnung.

4 *Vergleicht die Aussagen des Großkönigs Xerxes mit jener des griechischen Schriftstellers Herodot: Warum glaubte Xerxes die Griechen schnell besiegen zu können, warum errangen nach Meinung Herodots die Griechen trotz zahlenmäßiger Unterlegenheit den Sieg?*

Der Attische Seebund

Griechenland blieb frei. Im Jahre 477 v. Chr. schlossen sich viele griechische Städte und Inseln unter Führung Athens zum Attischen Seebund zusammen, um die Perser von weiteren Angriffen abzuhalten. Mit den Beiträgen der Bundesgenossen vergrößerte Athen seine Kriegsflotte auf über 200 Schiffe und wurde dadurch zur führenden Handels- und Seemacht.

Im Jahre 449 v. Chr. schlossen der Attische Seebund und der persische Großkönig einen Friedensvertrag. Viele Bundesgenossen wollten daher aus dem Bündnis austreten, was Athen mit Waffengewalt verhinderte. So machte sich Athen vom Führer eines Bündnisses zum Herrscher über seine Verbündeten.

5 *Stellt Vermutungen darüber an, warum Athen die Auflösung des Attischen Seebundes nach 449 v. Chr. mit Gewalt verhinderte.*

Der Marathonlauf: *Ein athenischer Bote soll vom Kampfplatz in Marathon sofort in das 42 km entfernte Athen gelaufen sein, um der Bevölkerung den Sieg zu melden. Daran erinnert noch heute der Marathonlauf bei den Olympischen Spielen und anderen Wettbewerben.*

Der Abschied des Kriegers. *Vasenmalerei, um 440 v. Chr.*

Die Blütezeit Athens

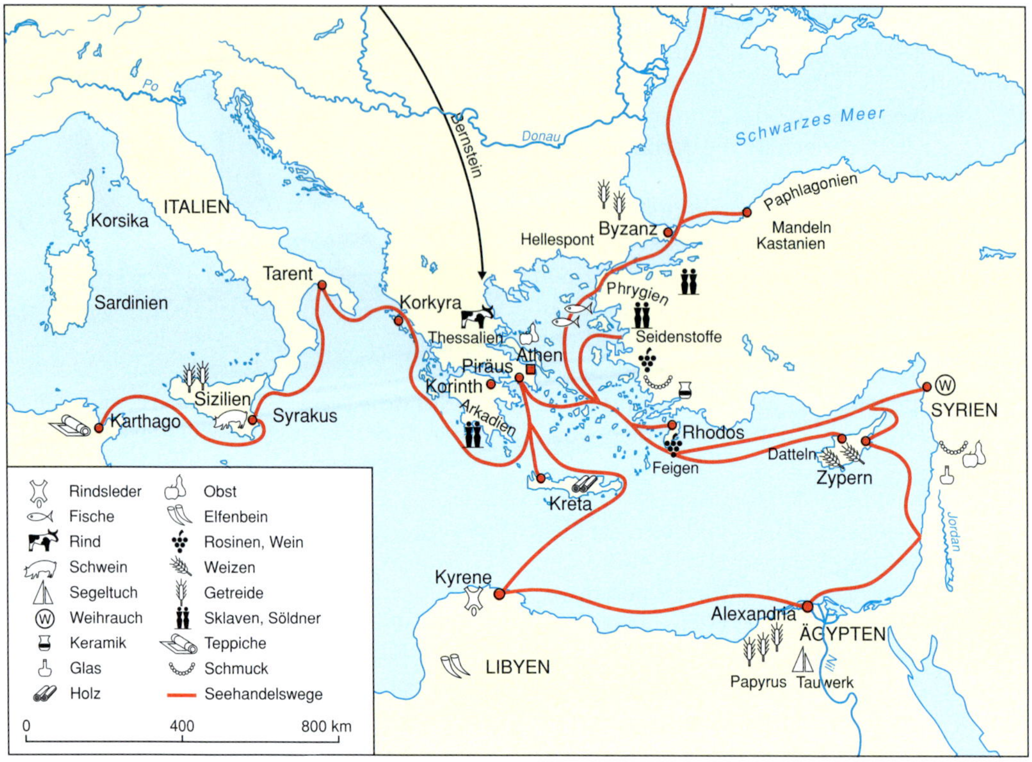

1 **Athenische Importwaren.**

Griechisches Handelsschiff.

In Amphoren transportierten die Griechen vor allem Wein und Öl. Der bauchige Krug bestand aus gebranntem Ton und endete in einem engen Hals mit zwei Henkeln.

Die Handelsmacht Athen

Durch die Siege gegen die Perser (S. 110–111) und die Vorherrschaft im Attischen Seebund war Athen zum bedeutendsten Stadtstaat in Griechenland geworden. Die Handelsschiffe der Athener durchfuhren das gesamte Mittelmeer, um athenische Waren zu verkaufen und um Luxusgüter und Lebensmittel nach Athen zu bringen.

Q1 Der griechische Dichter Hermippos berichtete um 430 v. Chr.:

… Uns bringen die Schiffe aus Kyrene Rindsleder. Vom Hellespont kommen Makrelen und Salzfische jeglicher Art.
Rippenstücke vom Rind kommen aus Thessalien, ebenso Graupen. Syrakus liefert Schweine und Käse. Es schickt uns Ägypten Tauwerk und Segeltuch, aber auch Papyrusrollen für Bücher.
Den Weihrauch beziehen wir aus Syrien. Aus Kreta Zypressenholz für die Götter.
Libyen verkauft uns, was wir an Elfenbein brauchen, Rhodos Rosinen und getrocknete Feigen.
Euböa liefert die Birnen und wohl schmeckende Äpfel, Phrygien Sklaven in Menge und Arkadien die Söldner für den Krieg.
Kastanien und Mandeln kommen aus Paphlagonien (nördliche Türkei), Datteln und feinstes Weizenmehl aus Zypern, Teppiche und bunte Kissen aus Karthago. …

Außerdem kamen noch jedes Jahr etwa 750 000 Zentner Getreide aus Ägypten, Sizilien und von der Schwarzmeerküste nach Griechenland.

1 *Ordnet die Einfuhrgüter nach Gruppen (Nahrungsmittel, Luxusgüter etc.).*

2 *Sucht die genannten Orte und Landschaften auf der Karte (Abbildung 1).*

3 *Vergleicht die Karte mit einer entsprechenden Karte im Atlas. Wie heißen die Länder heute, mit denen Athen Handel trieb?*

Athen – Handelszentrum im Mittelmeer

2 **Handelsschiffe im Hafen von Piräus; im Vordergrund ein athenisches Kriegsschiff.** Rekonstruktionszeichnung.

Münze aus Athen, um 440 v. Chr. Die Eule gehört zu der Göttin Athene, der Beschützerin Athens.

Der Hafen von Piräus

Seehandel in großem Ausmaß kann nur betreiben, wer über eine große Flotte und einen entsprechenden Hafen verfügt. Athen hatte beides. Auf der Halbinsel Piräus, nur wenige Kilometer von der Stadt entfernt, gab es einen Handelshafen und zwei Kriegshäfen. Es gab Liegeplätze für 400 Schiffe, dazu Lagerräume, Zollgebäude, Wechselstuben und Warenhallen.

Von Piräus aus stach die Handelsflotte in See, bis zu 200 Schiffe auf einmal. Es waren breite, schwerfällige Handelsschiffe, die über einen großen Laderaum verfügten. Sie konnten zwischen 30 und 100 Tonnen befördern. Die Fahrtgeschwindigkeit betrug 3–4 Knoten in der Stunde (1 Knoten = ungefähr 1,85 km/h). Ein Kompass war unbekannt; ebenso fehlte es an zuverlässigen Seekarten. Die Schiffe fuhren deshalb nur tagsüber, immer so nah wie möglich an der Küste entlang oder von Insel zu Insel. So führte eine Fahrt von Piräus nach Sizilien über Korkyra und Tarent. Begleitet wurde die Handelsflotte von schnellen und wendigen Kriegsschiffen.

Diese dienten nicht nur dem Schutz der Handelsschiffe, mit ihnen sicherte sich Athen auch die Vorherrschaft im Ägäischen Meer und im gesamten Mittelmeerraum. Gestützt auf seine Kriegsschiffe wurde Athen so zur führenden Handelsmacht am Mittelmeer.

4 *Seht auf der Karte S. 112 nach, wie lang die genannte Strecke von Piräus nach Sizilien ungefähr ist. Berechnet, wie viele Tage eine Handelsflotte für die Hin- und Rückfahrt brauchte.*

Das Leben der Frauen

1 **Mutter mit ihrem Baby im Kinderstuhl.**
Malerei auf einer Schale, um 450 v. Chr.

2 **Buntweberei am senkrechten Webstuhl.**
Malerei auf einem Trinkgefäß, um 430 v. Chr.

Frauenwettkämpfe in Olympia:
Für Frauen gab es in Olympia und Sparta gesonderte Wettkämpfe, die alle vier Jahre zu Ehren der Göttin Hera in Olympia stattfanden. Der einzige Wettkampf war ein Lauf für Mädchen und Frauen, der in drei Altersklassen ausgetragen wurde. Nach der Vorschrift liefen sie mit offenen Haaren mit einem hemdartigen Gewand, das bis zu den Knien reichte. Die Siegerinnen erhielten auch einen Kranz vom Ölbaum.

Frauen in Athen

Q1 In der „Hauswirtschaftslehre" des Geschichtsschreibers Xenophon sagte der 30-jährige Gutsbesitzer Ischomachos zu seiner 14-jährigen Ehefrau:

… Deine Pflicht ist es, zu Hause zu bleiben und die Sklaven, die außerhalb des Hauses zu tun haben, hinauszuschicken. Diejenigen aber, die im Hause zu tun haben, musst du beaufsichtigen. Das, was ins Haus gebracht wird, musst du in Empfang nehmen. Du musst das, was sogleich gebraucht wird, verteilen, musst einschätzen, was als Vorrat gebraucht werden soll, und darauf achten, dass nicht der Vorrat für ein ganzes Jahr schon in einem einzigen Monat verbraucht wird.
Wenn man Wolle bringt, musst du darauf achten, dass alle davon Kleider bekommen, die es brauchen, und du musst ferner darauf achten, dass die getrockneten Nahrungsmittel ordentlich zubereitet werden. … Eine freilich von deinen künftigen Aufgaben wird dir vielleicht nicht erfreulich erscheinen: Du musst nämlich, wenn jemand im Hause krank geworden ist, dich auch darum kümmern, dass man ihn pflegt. … Sollten uns nun die Götter einst Kinder schenken, so wollen wir zusammen beraten, wie wir ihnen die beste Erziehung geben können, denn diese müssen unsere Gehilfen und besten Pfleger im Alter werden. …

1 *Beschreibt das Verhältnis zwischen Ischomachos und seiner Ehefrau.*

2 *Nennt die Aufgabenbereiche, für die nach Meinung des Ischomachos seine Frau zuständig ist. Seht euch dazu auch die Abbildungen 1–5 an.*

3 *Stellt euch vor, ihr könntet mit Ischomachos sprechen: Berichtet ihm, in welchen Punkten sich das Leben einer Frau in unserer Gesellschaft von dem Leben einer athenischen Frau unterscheidet.*

Männer und Frauen

Das Leben einer Athenerin spielte sich hauptsächlich im häuslichen Bereich ab. Nur wenn sie zum Lebensunterhalt der Familie beitragen mussten, arbeiteten Frauen auch in der väterlichen Werkstatt mit oder gingen auf den Markt, um Gewänder, Blumenkränze usw. zu verkaufen, die sie zu Hause angefertigt hatten. Eine willkommene Unterbrechung des Alltags brachten die zahlreichen Feste zu Ehren der Göttinnen und Götter, an denen alle Athenerinnen und Athener teilnahmen. Daneben gab es aber auch reine Frauenfeste, wie etwa

Das Leben der Frauen

3 **Frauen vor dem Brunnenhaus.** Athenische Vasenmalerei, um 350 v. Chr.

4 **Eine Athenerin legt ein Gewand in eine Truhe.** Relief, um 450 v. Chr.

das mehrtägige Fest zu Ehren der Fruchtbarkeitsgöttin Demeter (S. 65). An diesem Fest durften nur verheiratete Frauen teilnehmen, Männer waren ausgeschlossen.
Männer nahmen am häuslichen Leben kaum Anteil. Sie waren mehr unterwegs als daheim. Sie trafen sich auf dem Marktplatz, in den Sporthallen oder bei den Volksversammlungen. Abends lud man seine Freunde zu sich nach Hause ein. An diesen Zusammenkünften durften Frauen nicht teilnehmen.
Nur wenige Männer handelten anders. Zu ihnen gehörte auch Perikles (S. 118–120, 185).

Q2 Ein heutiger Wissenschaftler schrieb über ihn:

... Niemand hätte etwas dabei gefunden, wenn Perikles seine Frau schlecht behandelt hätte. Dass er aber seine Frau als menschliches Wesen ansah, dass er wirklich mit ihr lebte, anstatt sie in die Frauengemächer zu verbannen, dass er Freunde zusammen mit ihren Frauen zu sich einlud, darüber regte sich jeder Athener auf ...

5 **Lesende Athenerin. Vasenbild aus Athen.** 5. Jahrhundert v. Chr.

4 *Spielt folgende Situation: Ein Freund kommt ohne seine Frau zu Perikles, denn seiner Meinung nach gehört es sich einfach nicht, dass Frauen an abendlichen Zusammenkünften teilnehmen. Es empört ihn, dass Aspasia, die Frau des Perikles, anwesend ist. Es kommt zu einem Streitgespräch zwischen den Dreien.*

Bildung:
Mädchen gingen nicht zur Schule. Sie wurden zu Hause von ihren Müttern in Haushaltsführung, Spinnen und Weben unterrichtet. Frauen aus wohlhabenderen Familien konnten oft lesen und schreiben.

Metöken und Sklaven

1 Sklaven in einer Schuhmacherwerkstatt. Vasenbild, um 460 v. Chr.

2 Ein Bürger, der zu viel getrunken hat, auf dem Heimweg von einem Fest. Eine Sklavin steht ihm bei. Bild in einer griechischen Trinkschale, um 480 v. Chr.

Sklaven*:
Bei den Griechen wurde man Sklave, wenn man im Krieg in Gefangenschaft geriet oder wenn man so viel Schulden hatte, dass man sie nicht mehr zurückzahlen konnte.
Sklaven konnte man durch Kauf erwerben (Sklavenhandel).
Die Sklaven konnten nicht mehr über sich verfügen und waren das Eigentum ihrer Besitzer. Sie wurden im Bergbau und in der Landwirtschaft eingesetzt, sie waren im Haushalt, im Handwerk und in der Verwaltung tätig.
Kinder von Sklaven wurden ebenfalls Sklaven.

Lesetipp:
Über das Alltagsleben der Alten Griechen könnt ihr in dem Buch von Poerre Miquel: So lebten sie im alten Griechenland, Tessloff Verlag, 1982, mehr erfahren.

Mitbewohner ohne Rechte

Zur Zeit des Perikles lebten im Stadtstaat Athen etwa 300 000 Menschen. Politisches Mitspracherecht hatten aber nur etwa 40 000 Bürger. In Athen lebten damals auch ungefähr 30 000 Ausländer, von den Athenern „Metöken", d. h. „Mitbewohner" genannt (siehe auch S. 109). Sie waren nach Athen gekommen, um hier im Handel, Handwerk oder im Bankgeschäft ihren Lebensunterhalt zu verdienen. Die Metöken mussten Militärdienst leisten und Steuern zahlen, hatten aber keine politischen Rechte. Völlig rechtlos waren die etwa 100 000 Sklaven*. Sie waren wie eine Sache dem Willen ihres Besitzers ausgeliefert. Schwerarbeit und Schmutzarbeit blieb in Athen vorwiegend den Sklaven überlassen.

Sklaverei in Athen

Auf dem monatlichen Sklavenmarkt wurden Männer, Frauen und Kinder von Sklavenhändlern wie Vieh angepriesen und verkauft. Viele Sklaven arbeiteten als Handwerker in einem Betrieb oder waren als Dienerinnen oder Diener in einem Haushalt tätig. Einige waren auch Lehrer der Kinder reicher Familien. Zehntausende schufteten sich in den staatlichen Silberbergwerken zu Tode. Die Arbeit in den niedrigen Stollen dauerte von Sonnenauf- bis Sonnenuntergang. Ruhe- oder Feiertage gab es nicht.

Q1 Agatharchides, ein Grieche aus Kleinasien, berichtete um 120 v. Chr. über das Leben von Sklaven im Bergbau:

... Die jüngeren Männer arbeiten sich kriechend und mit einer Lampe an der Stirn vor, indem sie den Metalladern folgen. Das geschlagene Gestein wird von Kindern herausgeschleppt und ältere Männer zertrümmern es mit dem Hammer. Das Kleingeschlagene wird dann zu Staub gemahlen mit Steinmühlen, die nicht von Ochsen, sondern von Frauen gedreht werden. Die Sklaven werden von bewaffneten Aufsehern bewacht und häufig geschlagen. Ohne Pause und ohne Rücksicht auf ihren körperlichen Zustand müssen sie arbeiten. Alle begrüßen den Tod, wenn er naht. ...

1 *Das Schicksal der Sklaven hing sehr von ihrer Arbeit ab. Unterscheidet verschiedene Möglichkeiten.*

2 *Fremde, die in Athen wohnten, arbeiteten und Steuern zahlten, durften an den Volksversammlungen nicht teilnehmen und nicht wählen. Besprecht, ob es bei uns auch ähnliche Regelungen gibt.*

Die Familie im alten Griechenland

Zu den Pflichten der griechischen Männer gehört es, zu heiraten und Kinder zu haben, vor allem Knaben, die die Nachfolge sichern. Wenn ein junger Mann zwanzig Jahre alt ist, wählt sein Vater ihm eine Frau aus. Die Familie des jungen Mädchens, das meist beträchtlich jünger ist als der Bräutigam, sorgt für die Mitgift. Die Verlobung findet in Form eines einfachen Versprechens in Gegenwart von Zeugen statt.
Die Hochzeit wird im Allgemeinen im Winter bei Vollmond gefeiert. Nach dem Hochzeitsmahl, das bei den Eltern der Braut eingenommen wird, bildet man einen Geleitzug, der das Paar, das in einem geschmückten Wagen fährt, zum Haus des Bräutigams bringt.
Zum Klang von Kithara und Flöte stimmen sie in den Hochzeitsgesang ein. Der Ehemann hilft der jungen Frau vom Wagen und führt sie in ihr neues Heim.

Die Kinder

Die Frau, die ein Kind erwartet, braucht es nicht auszutragen: Mit Zustimmung des Ehemannes kann sie die Schwangerschaft abbrechen. Sie kann ihr Neugeborenes auch aussetzen, indem sie es in einem Tongefäß ins Freie stellt. Wenn man über der Tür eines Hauses einen Olivenzweig sieht, heißt das, dass hier ein Knabe geboren und von der Familie angenommen worden ist. Hängt dort ein Wollbändchen, handelt es sich bei dem Neugeborenen um ein Mädchen. In manchen Städten taucht der Vater seinen Sohn in Eiswasser, bevor er ihn anerkennt, um zu sehen, ob er widerstandsfähig genug ist. In Sparta wird der Säugling in Wein gebadet.

Die Verehrung der Vorfahren

Im Zentrum des Familienlebens steht jedoch die Verehrung der Vorfahren. Alle Griechen haben die Pflicht, den Alten in ihrer Familie bis zu deren Tod beizustehen. Die Götter, so glaubt man, strafen diejenigen, die den Ahnenkult nicht pflegen. Diesem Kult dient der Altar, der sich am Eingang des Hauses befindet und auf dem in manchen Familien Bilder der Verstorbenen aufgestellt sind.
Am Todestag eines Angehörigen begibt sich die ganze Familie zum Friedhof, um dem Toten zu opfern. Man bringt ihm Milch und Wein in Gefäßen, die unten ein Loch haben, damit der Tote sich an der Flüssigkeit laben kann.

3 Der Hochzeitszug trifft vor dem Hause des Bräutigams ein.

4 Zwischen dem fünften und dem siebten Tag nach seiner Geburt wird das Neugeborene auf dem Arm seines Vaters oder seiner Amme im Laufschritt um das Herdfeuer getragen, das Symbol der Familie ist. Bei diesem Familienfest wird das Kind feierlich in die Gemeinschaft aufgenommen.

Zum Weiterlesen: Das Athen des Perikles

1 **Schmiede.**

2 **Herstellung von Tonkrügen.**

3 **Mädchen beim Bemalen eines Tonkruges.**

Eine Reise in das Athen des Perikles

Was haltet ihr davon, wenn wir zusammen eine Reise ins Alte Athen machen?

Wir brauchen nur die Zeit um ungefähr 2500 Jahre zurückzudrehen, bis ins Jahr 432 v. Chr. Dann gelangen wir ins Athen des Perikles. (Der Text auf den S. 118–120 stammt aus einem Jugendbuch.)

In der Töpferwerkstatt von Meidias

Auf uns wartet unser guter Freund Kritias. …

„Wollt ihr einmal sehen", fragt er uns, „wie die berühmten attischen Vasen gemacht werden? Hier in der Nähe hat mein Freund Meidias seine Töpferei."

Was für ein Betrieb in der Werkstatt von Meidias herrscht. Wie in einem Bienenstock. Handwerker, Lehrlinge und Sklaven arbeiten ohne Pause. Die einen arbeiten an der Töpferscheibe, die anderen formen den Ton mit der Hand. Die fertigen Töpferwaren werden zum Trocknen nach draußen in die Sonne gestellt. Ein Teil der Gefäße bleibt so, wie sie sind, schlicht und einfach. Die anderen aber werden mit Ritzmustern, Linien und Darstellungen verziert. Zum Schluss werden alle Gefäße dann im Töpferofen gebrannt. Dadurch werden sie haltbarer, und die Bemalung wird fest eingebrannt und bekommt die schöne, glänzende Farbe, die wir noch heute bewundern.

„Unsere Töpferwaren", sagt Meidias, „sind bekannt für die gute Qualität des Tons und der Bemalung. Und darum sind sie sehr gefragt und reisen auch sehr weit." – So erklärt es sich also, denken wir, dass viele dieser Vasen fern von Griechenland gefunden wurden.

Ein stolzer Prytane

Meidias ist heute in Eile. „Ich muss ins Prytaneion", erklärt er. Wir fragen ihn, warum er dorthin muss. „Weil ich Prytane bin", antwortet er voller Stolz. „Ich bin einer der 50 Abgeordneten meines Bezirks, und wir werden 35 Tage lang die Stadt regieren. Wie ihr vielleicht wisst, ist Athen in 10 Bezirke unterteilt, und jeder von ihnen regiert der Reihe nach die Stadt. Von den Abgeordneten wird durch Los ein Vorsitzender gewählt."

„Und für wie lange?", fragen wir.

„Für einen Tag und eine Nacht", antwortet Meidias. „Während dieser Zeit muss der Vorsitzende dauernd im Prytaneion sein.

Er ist dort mit den anderen Abgeordneten, empfängt die Wohltäter der Stadt sowie Persönlichkeiten aus anderen Städten und Ländern. Und abends schläft er auch dort. Er ist für alle wichtigen Angelegenheiten der Stadt verantwortlich und muss Tag und Nacht erreichbar sein, um alle Probleme, die möglicherweise auftauchen, zu lösen. Jetzt muss ich aber los!" …

Auf der Agora

Wir begleiten ihn ein Stück und kommen so zur Agora, dem Marktplatz. „Die Agora", sagt Meidias, „ist der Ort, wo wir uns persönlich versammeln. Dort feiern wir in den alten und neuen Tempeln unsere religiösen Feste, dort halten wir auch unsere politischen Versammlungen ab. Die Agora ist also das politische und das wirtschaftliche Zentrum der Stadt.

Dort hinten seht ihr übrigens das Buleuterion", sagt er und deutet dabei mit der Hand auf ein großes Gebäude. „Dort tagt der Rat der 500 Ratsleute aus ganz Attika, die durch das Los bestimmt werden. Dieser Rat bereitet die Gesetze vor, die der Volksversammlung zur Abstimmung vorgelegt werden."

„Und was ist das runde Gebäude dort?", möchten wir wissen.

„Das ist das Prytaneion, der Sitz der Athener Regierung", erklärt uns

4 **Die Pnyx, Platz für die Volksversammlung.** Die größte Breite des Platzes beträgt 80 m, die größte Tiefe 40 m.

Meidias sichtlich stolz. „Dort wohnen die Abgeordneten, und dort werden die offiziellen Maße und Gewichte der Stadt aufbewahrt. Unter den Händlern, die auf der Agora ihre Waren verkaufen, sind manchmal Betrüger, und so gibt es zehn Marktaufseher, die Kontrollen durchführen. Für diese Kontrollen benutzen sie die Maße und Gewichte, die hier aufbewahrt werden, und wenn sie einen Betrüger erwischen, wird er streng bestraft."

Die Volksversammlung
Anschließend zeigt uns Meidias noch das Gerichtsgebäude.
„Jedes Jahr werden 6000 Richter gewählt", sagt er. „Durch Los wird festgelegt, welchen Fall sie zu richten haben.
So wird eine Bestechung der Richter verhindert." ...
Hier verabschieden wir uns von Meidias und jetzt führt uns wieder Kritias weiter. Er führt uns zur Pnyx, wo die Volksversammlungen stattfinden. „Die Abstimmung" – so klärt er uns auf – „erfolgt durch Erheben der Hand oder mit Kieseln, die als Stimmsteinchen dienen.
Die Volksversammlung beschließt über alle wichtigen Dinge: über Krieg und Frieden, über die Bündnisse der Stadt, über die Wahl der Botschafter, der Heerführer und der anderen Kriegsherren. Und außerdem beschließt sie über neue Gesetze. Es liegt also wirklich die Macht beim Volke und deswegen heißt es auch in Athen: Das Volk ist der Herrscher."

Eine Abstimmung mit Scherben
Kritias fährt fort: „Die Volksversammlung kommt einmal im Jahr, im Frühling, zu einem besonderen Zweck auf der Agora zusammen: Bei dieser Versammlung wird entschieden, ob eine Abstimmung mit Scherben stattfinden soll. Dafür sind die Stimmen von 6000 Athenern notwendig.
„Eine Abstimmung mit Scherben?", fragen wir erstaunt. „Ja", sagt Kritias, „bei dieser Abstimmung

5 **Modell der Agora in Athen zur Zeit des Perikles.**
1) Tholos (Rundbau, in dem die Prytanen speisten)
2) Gebäude, in dem der Rat der 500 tagte
3) Stoa (Gerichtsgebäude)
4) Hephaistostempel (... Weg des Besuchers)

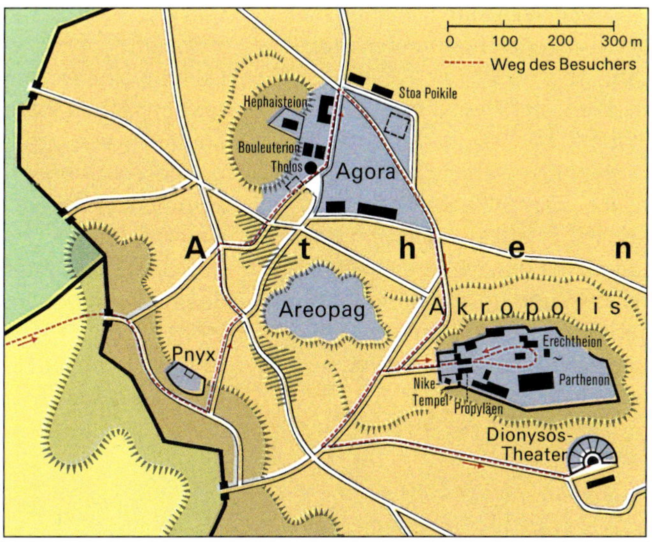

6 **Plan der Stadt Athen zur Zeit des Perikles.**

Zum Weiterlesen: Das Athen des Perikles

1 **Die Akropolis von Athen zur Zeit des Perikles.** Rekonstruktionszeichnung.

schreiben die Athener Bürger auf eine Tonscherbe den Namen des Politikers, der ihrer Meinung nach für die Stadt und die Demokratie eine Gefahr bedeutet. Derjenige, dessen Name am häufigsten aufgeschrieben wurde, wird für zehn Jahre aus der Stadt verbannt. Leider urteilen die Athener nicht immer richtig."

Perikles, der Heerführer

Plötzlich blicken alle zur Straße hin. Ein Mann von edler Gestalt kommt näher. „Das ist Perikles", flüstert Kritias. „Er ist einer der zehn Heerführer, die den Oberbefehl über unser Heer und unsere Flotte haben." Die Oberbefehlshaber werden immer nur für ein Jahr gewählt, wissen wir.

„Ja, aber Perikles wird in den letzten Jahren immer wieder gewählt", sagt Kritias. „Und das ist gut so, denn er hat viel für unsere Stadt getan. Er war es, der der Volksversammlung vorgeschlagen hat, mit dem Geld unserer Verbündeten die Tempel und Gebäude, die die Perser zerstört hatten, wieder aufzurichten. Damit wollte er zwei Dinge erreichen: Athen sollte eine prächtige Stadt werden, und die vielen arbeitslosen Athener sollten Arbeit bekommen. Er hat auch viele wichtige Gesetze durchgebracht, wie z. B. jenes, dass alle Richter, Soldaten und Beamten aus der Stadtkasse entlohnt werden. Sie bekommen für ihre Tätigkeiten jetzt Diäten, d. h. eine Bezahlung."

Die Akropolis

Von der Pnyx werfen wir einen Blick auf die Akropolis mit ihren wunderschönen Bauten, wir denken an die Werkstätten mit den vielen Beschäftigten, an die Regierungsgebäude auf der Agora, und es fallen uns die Worte ein, die Perikles … gesagt haben soll: „Einer solchen Stadt gebührt aller Ruhm der Welt. Feinde und Untertanen, heutige und künftige Geschlechter werden mit Bewunderung uns betrachten."

1 *Athen hatte um 430 v. Chr. ungefähr 40 000 erwachsene männliche Bürger. Wie viele von ihnen fanden schätzungsweise auf der Pnyx Platz?*
2 *Betrachtet die Karte auf S. 108. Sucht die Orte Marathon und Sunion, die auch zur Polis Athen gehörten. Wie weit ist es jeweils von dort bis Athen? Wie lange braucht man wohl für diese Strecken zu Fuß? Welche Folgen ergaben sich daraus für die Teilnahme an den Volksversammlungen (40 Volksversammlungen pro Jahr!)?*
3 *Beamte und Richter bekamen für ihre Tätigkeit ein Tagegeld (= Diäten). Erklärt die Bedeutung der Diäten für die Verwirklichung der athenischen Demokratie.*
4 *Informiert euch bei eurem Landtags- oder Bundestagsabgeordneten, warum er Diäten erhält.*

Zusammenfassung

Viele Staaten – ein Griechenland

Seit 2000 v. Chr. wanderten die Hellenen in Griechenland ein. Es entstand eine Vielzahl von kleinen Stadtstaaten (Poleis). In vielen Poleis reichte das Land nicht aus, um die Menschen zu ernähren. Ganze Bevölkerungsgruppen mussten deshalb zwischen 750 und 550 v. Chr. auswandern und gründeten Kolonien. Seit dieser Zeit gab es griechische Städte um das Schwarze Meer und das Mittelmeer. Alle Griechen verband die gemeinsame Sprache und Religion. Überall in Griechenland gab es Tempel und heilige Stätten. Zu Ehren der Götter wurden sportliche Wettkämpfe veranstaltet.

Die Blütezeit Athens

Im 5. Jh. v. Chr. entwickelte sich in Athen eine Demokratie. Mehrmals im Jahr trat die Volksversammlung zusammen, auf der Gesetze beschlossen, Beamte gewählt und über Krieg und Frieden entschieden wurde. Wahlberechtigt waren alle Männer, deren Eltern auch schon Athener gewesen sind. Es durften allerdings weder die Frauen der Athener noch die Sklaven und Metöken wählen. Sie hatten keine politischen Rechte.
Durch die Siege gegen die Perser und die Vorherrschaft im Attischen Seebund wurde Athen zum bedeutendsten Stadtstaat Griechenlands. Auf allen Gebieten der Kunst und der Wissenschaft wurde es zum Vorbild für seine Nachbarn.

Ausblick

Nachdem sich die Griechen gegen die Perser zur Wehr gesetzt hatten, begannen sie, sich durch Kriege untereinander zu bekämpfen. Dies führte zur militärischen Schwächung Griechenlands, was schließlich unter Alexander dem Großen die Eroberung Griechenlands durch die Makedonier zur Folge hatte. Im 2. Jh. v. Chr. eroberten die Römer das makedonische Griechenland und stellten es unter die eigene Verwaltung.

Zum Nachdenken

1 *Ein ägyptischer Beamter besucht Athen.*
Nennt alle politischen Einrichtungen, die ihm fremd sind.
Was könnte er darüber gedacht haben?

776 v. Chr.

Die ersten Olympischen Spiele in Griechenland.

750–550 v. Chr.

Gründung griechischer Kolonien am Mittelmeer und am Schwarzen Meer.

5. Jh. v. Chr.

Entstehung der Demokratie in Athen.

490–449 v. Chr.

Glanzzeit Athens zur Zeit des Perikles.

Aus der Geschichte des Römischen Reiches

Das Leben auf dem „Forum Romanum" um 300 n. Chr. heißt dieses Gemälde aus dem 19. Jahrhundert. Foren waren offene Plätze, die in Rom für Märkte und öffentliche Versammlungen genutzt wurden. Hier fanden auch die Triumphzüge statt, mit denen die römischen Feldherren ihre Siege über fremde Völker verherrlichten. Tatsächlich beherrschte Rom über viele Jahrhunderte das größte und mächtigste Reich, das Europa je gekannt hat. Dabei hatte die Weltmacht Rom ganz klein angefangen, als eine Siedlung von Bauern und Hirten, die sich um 1000 v. Chr. am Fluss Tiber niederließen …

Die Sage von der Gründung Roms

1 Die bronzene Darstellung der Wölfin stammt aus dem 5. Jahrhundert v. Chr. Sie ist das Wahrzeichen der Stadt Rom und erinnerte die Römer an die Gründungssage ihrer Stadt. Die Zwillinge wurden erst im 16. Jahrhundert n. Chr. hinzugefügt.

753 v. Chr.: *(Der Sage nach) Gründung Roms durch Romulus.*

Kriegsgott Mars. *Etruskische Statue, 7. Jahrhundert v. Chr.*

Jedes Jahr feiern die Römer den Geburtstag ihrer Stadt, die angeblich am 21. April 753 v. Chr. gegründet wurde. Damals – so heißt es in einer römischen Sage – lebten in der Nähe Roms die Zwillinge Romulus und Remus. Ihr Vater war Mars, der Gott des Krieges, ihre Mutter Rhea, die Tochter des Königs Numitor. Der König Numitor wurde von seinem Bruder, der nach der Herrschaft strebte, vertrieben. Die Zwillinge ließ er auf einem Holztrog auf dem Fluss Tiber aussetzen.

Q1 In der Nacherzählung einer Sage heißt es:
... Der Kriegsgott Mars lenkte jedoch den Trog in eine Felsenhöhle. Dann schickte er eine Wölfin, das Tier, das ihm heilig war. Sie säugte die Kleinen. Nach einigen Tagen fand ein Hirte die Knaben und nahm sie mit nach Hause. Als sie herangewachsen waren, beschlossen Romulus und Remus an der Stelle, an der sie einst gefunden worden waren, eine Stadt zu gründen. Sie konnten sich aber nicht einigen, wer der Stadt den Namen geben sollte. Wie es üblich war, wollten sie den Willen der Götter durch den Vogelflug erkunden. Jeder setzte sich auf einen Hügel und eben ging die Sonne auf, da rauschten sechs Geier an Remus vorüber. Nur kurz darauf flogen an Romulus zwölf Geier vorbei. Gewiss, sie waren ihm später erschienen, aber es war die doppelte Zahl. So zog Romulus mit einem Pflug eine Furche, die den Verlauf der künftigen Stadtmauern kennzeichnen sollte. „Das soll eine Mauer sein?", rief Remus höhnisch und sprang über die Furche. Da wurde Romulus zornig. Er stieß seinem Bruder die Lanze in die Brust und rief aus: „So soll es jedem ergehen, der diese Mauern zu übersteigen wagt." Romulus gab der Stadt seinen Namen und wurde ihr erster König. ...

1 *Sagen enthalten häufig einen wahren Kern. Überlegt, was sich von der römischen Gründungssage wirklich ereignet haben könnte* *(vgl. S. 62 – 63).*

Die Strafe der Götter für die Ermordung des Bruders ließ nicht lange auf sich warten: Sie schickten schreckliche Krankheiten und eine verheerende Dürre. Erst als Romulus im Gedenken an seinen Bruder einen zweiten Thron aufstellen ließ, hatten die Götter ein Einsehen, und alle Plagen und Beschwernisse wurden von der jungen Stadt genommen. Der Aufstieg Roms begann.

Von der Sage zur Realität

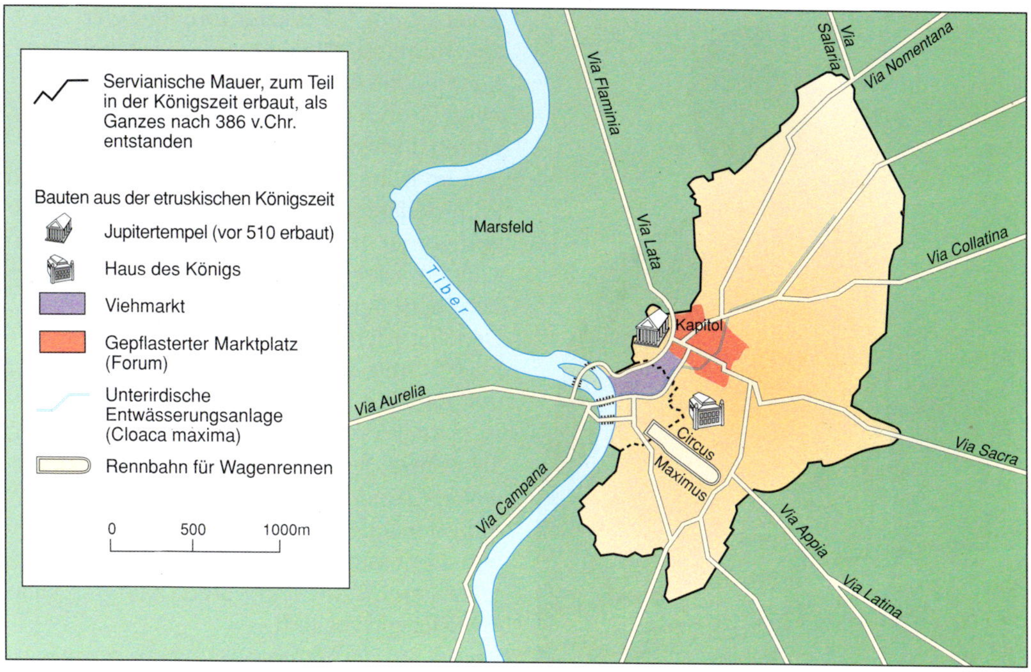

2 **Die Stadt Rom um 350 v. Chr.**

Fresko (Wandmalerei) einer jungen Etruskerin. Ihr Name war in den Putz eingeritzt: VELCA.

Ascheurne aus Ton. Die Urne hat die Form einer vorrömischen Hütte, wie sie auf dem Palatin in Rom gestanden hat. Um 900 v. Chr.

Sage und Wirklichkeit

Archäologische Forschungen beweisen, dass der Palatin, ein Hügel, der nah beim Tiber liegt, schon im 10. Jahrhundert v. Chr. von dem Stamm der Latiner besiedelt war. Es waren Hirten und Bauern, die Schafe, Rinder und Pferde besaßen und in einfachen Hütten lebten. In der Nähe verlief ein alter Handelsweg. Auf ihm brachten Händler vor allem das kostbare Salz von der Mündung des Tiber ins Hinterland. Allmählich entwickelte sich die Siedlung zu einem bevorzugten Handelsplatz, geschützt durch Wall und Graben.

Die Etrusker, die das Gebiet nördlich des Tiber beherrschten, eroberten im 7. Jahrhundert v. Chr. diesen Handelsplatz und bauten ihn zu einer Stadt aus. Nach dem etruskischen Adelsgeschlecht der Ruma erhielt die Stadt ihren Namen, der sich später in Rom wandelte. Die Stadtgrenze wurde durch eine mächtige Stadtmauer markiert. Sie durfte nur an den dafür vorgesehenen Stellen überschritten werden; wer dies missachtete, galt als Feind und durfte erschlagen werden. Die etruskische Religion war für die Römer von Anfang an besonders wichtig: Aus den Eingeweiden geschlachteter Opfertiere versuchten sie den Willen der Götter zu erkunden. Sie übernahmen auch die Angewohnheit der Etrusker den Donner, den Blitz und den Vogelflug zu beobachten; sie deuteten die Vorzeichen um herauszufinden, ob die Götter einer Handlung zustimmten oder nicht.

2 *Vergleicht den Inhalt der Sage mit den Ergebnissen der Wissenschaft.*

Die etruskischen Könige

Nach Romulus – so erzählt die Sage – sollen noch weitere sechs Könige über Rom geherrscht haben. Manche Könige waren klug und umsichtig. Sie sorgten sich um den Ausbau der Stadt: Ein prächtiger Marktplatz (Forum) wurde angelegt, Straßen gepflastert und ein gemauerter Kanal fertig gestellt, der alle Abwässer in den Tiber leitete. Zudem ließen sie zahlreiche Tempel errichten, in denen Göttinnen und Götter verehrt wurden. Unter ihrer Leitung wurde Rom zu einer blühenden Stadt, die viele Fremde anlockte, sich ebenfalls hier niederzulassen.

Rom wird Republik

1 Ein römischer Adliger mit den Büsten seiner Vorfahren. 1. Jahrhundert n. Chr.

Die Vertreibung der etruskischen Könige

Es gab etruskische Könige, die vor allem darauf bedacht waren, ihren eigenen Reichtum und ihre Macht zu vergrößern. Zu ihnen gehörte Tarquinius, genannt „Superbus" („der Hochmütige"). Die Römer hassten ihn nicht nur wegen seiner Überheblichkeit, sondern auch, weil er sie mit immer neuen Abgaben belastete. Um 500 v. Chr. wurde er von der aufgebrachten Bevölkerung verjagt. „Nie wieder einen König", so schworen sich die Römer. Künftig sollte die Politik eine Angelegenheit aller Römer sein. Rom wurde eine Republik*. „Res publica", „eine öffentliche Sache", „eine Angelegenheit des Volkes", so nannten die Römer jetzt ihren Staat. Auf Zeit eingesetzte Beamte sollten von nun an die Herrschaft ausüben.

1 *Erklärt, worauf das Wort Republik in „Bundesrepublik Deutschland" hinweist.*

2 *Ausländische Schülerinnen und Schüler können berichten, wie die genaue Bezeichnung ihres Staates lautet.*

Zwei Stände*: Patrizier und Plebejer

Die führende Stellung im römischen Staat nahmen die Adligen ein. Sie kontrollierten die neue Ordnung und stellten alle obersten Beamten und Priester.

Wie im frühen Griechenland gehörte auch in Rom derjenige zum Adel, der reich und von vornehmer Abstammung war. Die römischen Adligen waren Grundbesitzer und nannten sich selbst Patrizier*.

Den Patriziern gegenüber standen die Plebejer*: freie Bauern, Handwerker, Händler und Kaufleute, die die Mehrzahl der Bevölkerung stellten und nicht zum Adel gehörten. Sehr viele Bauern waren arm und hatten wenig Grundbesitz. Oft mussten sie sich Saatgut oder Lebensmittel bei den Patriziern borgen. Konnten sie es nicht zurückzahlen, verloren sie ihren Besitz und wurden häufig sogar in die Sklaverei verkauft.

Ein Teil der Plebejer, vor allem abhängige Bauern, die auf dem Landgut eines Adligen arbeiteten, unterstellten sich seinem Schutz. Sie wurden seine Klienten. Der Adlige sorgte für seine Klienten bei Rechtsstreitigkeiten und unterstützte sie mit Geschenken und Darlehen. Die Klienten vertraten dafür die Interessen ihres Herrn, des Patrons, und stimmten in den Volksversammlungen so ab, wie der Patron es wollte. Ein Patrizier, der über eine große Anzahl von Klienten verfügte, besaß daher bei Abstimmungen großen Einfluss. Manche Adelsfamilien hatten über 5000 Klienten.

3 *Erklärt den Unterschied zwischen Patriziern und Plebejern.*

4 *Spielt folgende Situation: Die Patrizier erklären, warum allein sie in der Lage sind, alle wichtigen Ämter im Staat zu übernehmen. – Was könnten die Plebejer geantwortet haben?*

2 Die Münze zeigt den von Kaiser Tiberius (14–37 n. Chr.) wieder aufgebauten Concordia-Tempel (lat. concordia = Eintracht), der die Einheit zwischen Patriziern und Plebejern symbolisierte.

Republik* *(lat. res publica = die öffentliche Sache): Staatsform, in der das Volk oder ein Teil des Volkes die Macht ausübt.*

Stand*: *Abgeschlossene Gruppe in einer Gesellschaft. Die Mitglieder einer Gruppe bestimmen sich durch Geburt, Vermögen oder durch unterschiedliche Rechte.*

Patrizier* *(lat. patres = die Väter): Der römische Adel.*

Plebejer* *(lat. plebs = Menge, Masse): Freie Bauern, Handwerker, Händler und Kaufleute, die nicht zum römischen Adel gehörten.*

Um 500 v. Chr.: *Die Adligen vertreiben den etruskischen König und gründen die römische Republik.*

Plebejer gegen Patrizier – die Ständekämpfe

3 **Was zu einem Patrizier gehörte: ① Ein vornehmes Haus und adlige Vorfahren; ② Grundbesitz und Viehherden; ③ Sklaven; ④ Klienten.**

Die Ständekämpfe*

Die Plebejer waren mit der Vorherrschaft der Patrizier nicht einverstanden. Ihre Lage war schwierig, weil sie Jahr für Jahr Heeresdienst leisten mussten, die Patrizier aber freiwillig nichts von ihren Rechten abgeben wollten. So kam es zu erbitterten Auseinandersetzungen, die über 150 Jahre lang dauerten.

Q1 Der römische Geschichtsschreiber Livius (59 v. Chr.–17 n. Chr.) berichtet über folgendes Ereignis aus der Zeit um 490 v. Chr.:

… Zwischen Patriziern und Plebejern herrschte erbitterter Hass. … Ihr Groll entzündete sich durch das auffallende Elend eines einzigen Mannes. Seine Kleidung war schmutzig, sein Körper blass, abgezehrt und verfallen. Der lange Bart und die Haare ließen ihn verwildert aussehen. Trotz dieses unschönen Aussehens erkannten ihn die Leute und sagten, er sei lange Hauptmann gewesen. Man fragte ihn, warum er denn so heruntergekommen sei, und er antwortete: „Als ich Kriegsdienst leistete, wurden meine Felder verwüstet, ich konnte nichts ernten. Mein Hof brannte ab, man nahm mir alles, auch das Vieh wurde weggetrieben. Die Schulden wuchsen durch die Zinsen. Erst musste ich meinen väterlichen und großväterlichen Besitz veräußern, dann mein übriges Vermögen. Ich selbst wurde meinen Gläubigern übergeben für das Gefängnis und zur Folterung. Darauf zeigte er seinen Rücken, der schlimm aussah mit den noch frischen Striemen der Prügel. …

5 *Nennt mithilfe des Berichts Gründe für die Auseinandersetzungen zwischen Patriziern und Plebejern.*

6 *Überlegt euch ein Rollenspiel, in dem die Plebejer Forderungen an die Patrizier stellen. Welche Vorschläge werden die Plebejer machen, was könnten die Patrizier antworten?*

Was die Plebejer erreichten

Die Plebejer forderten von den Patriziern zu Beginn des 5. Jahrhunderts v. Chr. die Tilgung ihrer Schulden. Als sich die Patrizier unnachgiebig zeigten, zog ein Großteil der Plebejer auf einen nahe gelegenen Hügel und verweigerte den Heeresdienst. Da Rom in kriegerische Auseinandersetzungen mit seinen Nachbarn in Italien verwickelt war, mussten die Patrizier nachgeben. So erreichten die Plebejer, dass sie eigene Beamte wählen durften. Diese Volkstribunen schützten die Plebejer vor ungerechten Amtshandlungen und Übergriffen der Beamten. Sie hatten außerdem das Recht, gegen neue Gesetze Einspruch zu erheben, wenn diese ihrer Meinung nach die Plebejer benachteiligten („Vetorecht"). Auf Betreiben der Volkstribunen wurden um 450 v. Chr. die bestehenden Gesetze aufgeschrieben (S. 185). Sie wurden auf zwölf Bronzetafeln festgehalten, die öffentlich aufgestellt wurden.

Nach und nach besserte sich die Situation der Plebejer: Die Heirat zwischen Patriziern und Plebejern wurde erlaubt, und seit der Mitte des 4. Jahrhunderts v. Chr. konnten Plebejer auch Beamte des römischen Staates werden. Nur Männer aus sehr reichen plebejischen Familien konnten es sich allerdings leisten, ein Staatsamt zu übernehmen, da es ehrenamtlich, das heißt, ohne Bezahlung ausgeübt wurde.

7 *Fasst zusammen, welche Rechte sich die Plebejer erkämpft haben.*

8 *Erklärt, warum den Plebejern die Aufzeichnung des Rechts so wichtig war.*

Stand*: *Begriff für abgeschlossene Gruppen in einer Gesellschaft. Die Mitglieder einer Gruppe bestimmen sich durch Geburt, Vermögen oder durch unterschiedliche Rechte.*

Wie organisieren die Römer ihren Staat?

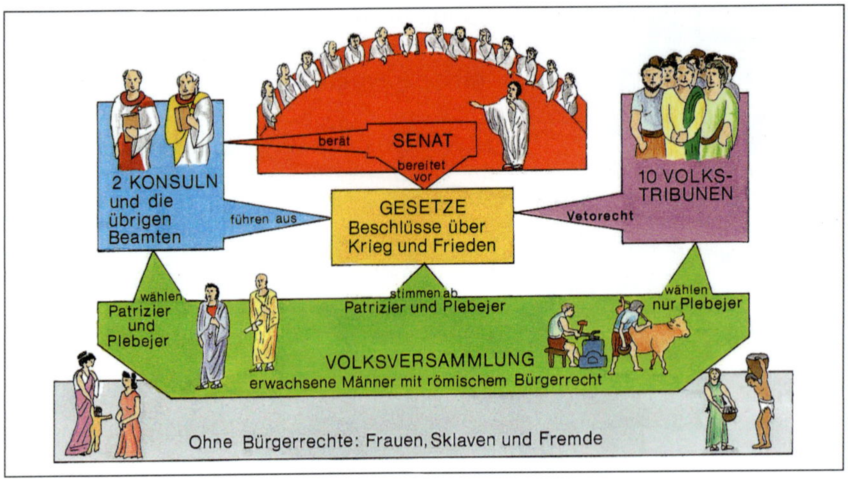

1 Die römische Verfassung nach dem Ende der Ständekämpfe.

Die Münze aus der Zeit der römischen Republik zeigt einen Römer bei der Abstimmung in der Volksversammlung. Der Buchstabe V auf der Stimmtafel zeigt, dass er dem vorgeschlagenen Gesetz zustimmt.

Senat*: (Senatus Populusque Romanus)
Das Hoheitszeichen des römischen Staates, „SPQR", ist auch heute noch im Straßenbild Roms zu sehen. Es heißt „Senatus Populusque Romanus" und bedeutet „Der Senat und das Volk von Rom". Es war überall dort angebracht, wo staatliche Macht demonstriert werden sollte: auf Feldzeichen, öffentlichen Gebäuden, Triumphbögen usw.

Der Senat und das römische Volk

Die Plebejer hatten nicht nur ihre Lage verbessert, sie haben auch die Organisation des römischen Staates verändert. An der Spitze standen als oberste Beamte zwei Konsuln. Sie führten die Regierungsgeschäfte und hatten im Krieg den Oberbefehl über das Heer. Die Konsuln besaßen – wie früher die Könige – eine fast unumschränkte Macht. Ihre Amtszeit war aber auf ein Jahr beschränkt, eine direkte Wiederwahl nicht möglich. Das Mindestalter eines Konsuls betrug 40 Jahre.
Beraten wurden die Konsuln vom Senat*. Hier versammelten sich die Oberhäupter der Adelsfamilien. Die Mitglieder, Senatoren genannt, bereiteten die Gesetze vor. Auch Verträge mit anderen Staaten wurden vom Senat geschlossen.

Die römischen Beamten

Die Konsuln wurden in ihrer Amtsführung von anderen Beamten unterstützt. Die Quästoren verwalteten die Staatskasse. Die Ädilen überwachten die Ordnung auf den Straßen, auf dem Markt und allen öffentlichen Plätzen und waren zuständig für die Lebensmittelversorgung. Außerdem organisierten sie die öffentlichen Feste und Zirkusveranstaltungen. Prätoren konnten die Konsuln als Heerführer vertreten; sie übten die gesamte Rechtsprechung aus. Zu Zensoren wurden alle fünf Jahre fast immer ehemalige Konsuln gewählt. Zensoren überprüften das Vermögen und setzten die entsprechende Steuer fest. Sie waren ferner als Sittenrichter tätig und überwachten das Privatleben der Bürger.
In Notzeiten sollte ein Diktator die Republik retten. Gewählt für ein halbes Jahr war er mit außerordentlichen Vollmachten ausgestattet.

1 *Arbeitet Unterschiede und Gemeinsamkeiten in den Verfassungen Roms und Athens heraus (zur Verfassung Athens siehe S. 108).*

Zensoren
Zu Zensoren wurden alle 5 Jahre fast immer ehemalige Konsuln gewählt. Zensoren überprüften das Vermögen und setzten die entsprechende Steuer fest. Sie waren ferner als Sittenrichter tätig und überwachten das Privatleben der Bürger.

Konsuln
Sie standen an der Spitze des Staates und führten im Krieg den Oberbefehl. Mindestalter 40 Jahre.

Prätoren
Sie konnten die Konsuln als Heerführer vertreten und überwachten die gesamte Rechtsprechung.

Ädilen
Sie überwachten die Ordnung auf den Straßen, dem Markt und allen öffentlichen Plätzen und waren zuständig für die Lebensmittelversorgung. Außerdem organisierten sie die öffentlichen Feste und Zirkusveranstaltungen.

Quästoren
Sie waren Hilfsbeamte der Konsuln und Verwalter der Staatskasse.

2 Die römische Beamtenschaft.

Wie entstand das Römische Weltreich?

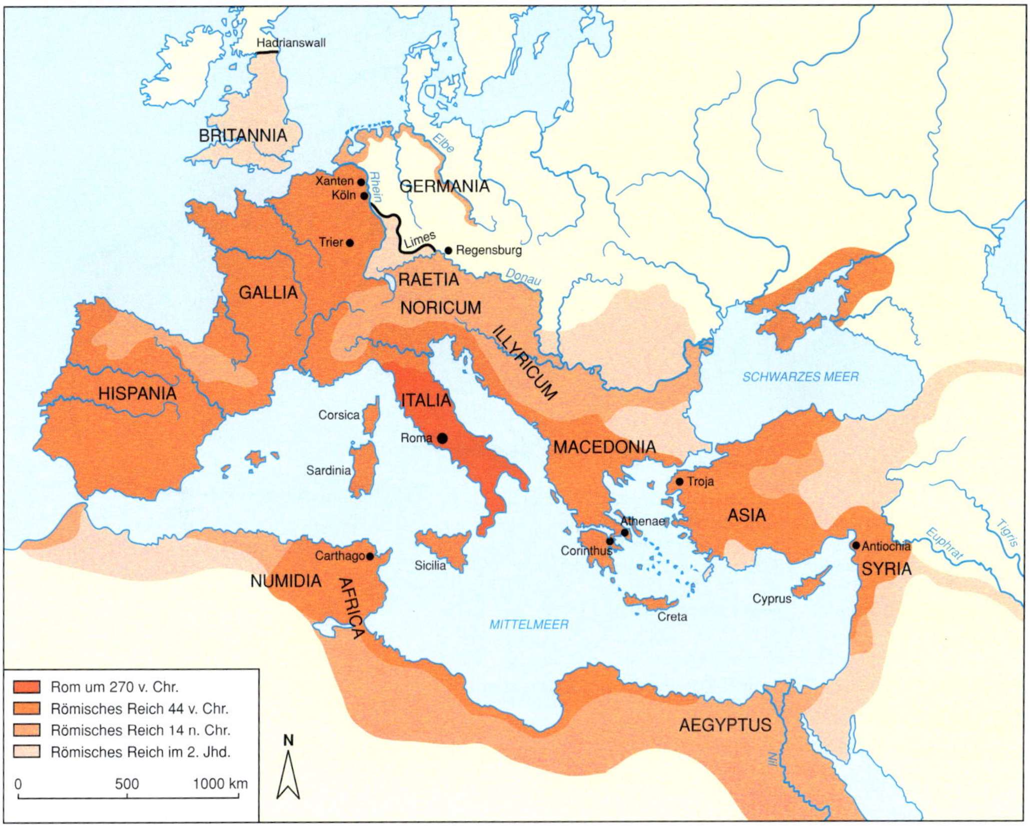

3 **Das Römische Weltreich (Imperium Romanum) und seine Provinzen*.**

Römischer Soldat mit Schienenpanzer. Rekonstruktionszeichnung nach einem Relief.

Tribute:
Leistungen, die die von den Römern unterworfenen Völker bzw. Provinzen in Form von Naturalien oder Geld zu erbringen hatten.

Provinzen*:
Alle Besitzungen des römischen Staates außerhalb der Halbinsel Italien hießen Provinzen.

Die Ausdehnung der römischen Herrschaft

Um 500 v. Chr. war die römische Republik noch ein kleiner Bauernstaat, dessen Fläche nicht viel größer war als das heutige Frankfurt am Main. 500 Jahre später beherrschten die Römer den Großteil der damals bekannten Welt. Rom beherrschte Italien, Griechenland, Länder jenseits der Alpen und in Asien und Afrika.

Die Römer konnten ihr großes Reich mithilfe ihres Heeres erobern und beherrschen. Die Plebejer stellten die Masse der einfachen römischen Soldaten. Sie haben nach dem Ende der Ständekämpfe nie wieder den Heeresdienst verweigert. Vielmehr besaß Rom die am besten ausgebildeten und ausgerüsteten Truppen. Die Tapferkeit seiner Soldaten wurde schon damals gelobt.

3 *Fertigt anhand der Karte eine Tabelle an: In die linke Spalte tragt ihr die römischen Provinznamen ein, in die mittlere das Jahr der Eroberung und in die rechte Spalte die heutigen Bezeichnungen.*

Provinz	Jahr der Eroberung	heutiger Staat
...	...	...
...	...	...
...	...	...

4 *Tragt zusammen, was ihr von den Gebieten des Römischen Reiches bereits wisst.*

5 *Versetzt euch in die Lage der unterworfenen Völker und berichtet, was die Ausdehnung des Römischen Reiches für sie bedeutet haben könnte.*

Der Kampf um Karthago

500–250 v. Chr.:
Römische Eroberungen in Italien. Rom wird stärkste Landmacht im Mittelmeerraum.

264–241 v. Chr.:
1. Krieg Roms gegen Karthago.

219–202 v. Chr.:
2. Krieg Roms gegen Karthago.

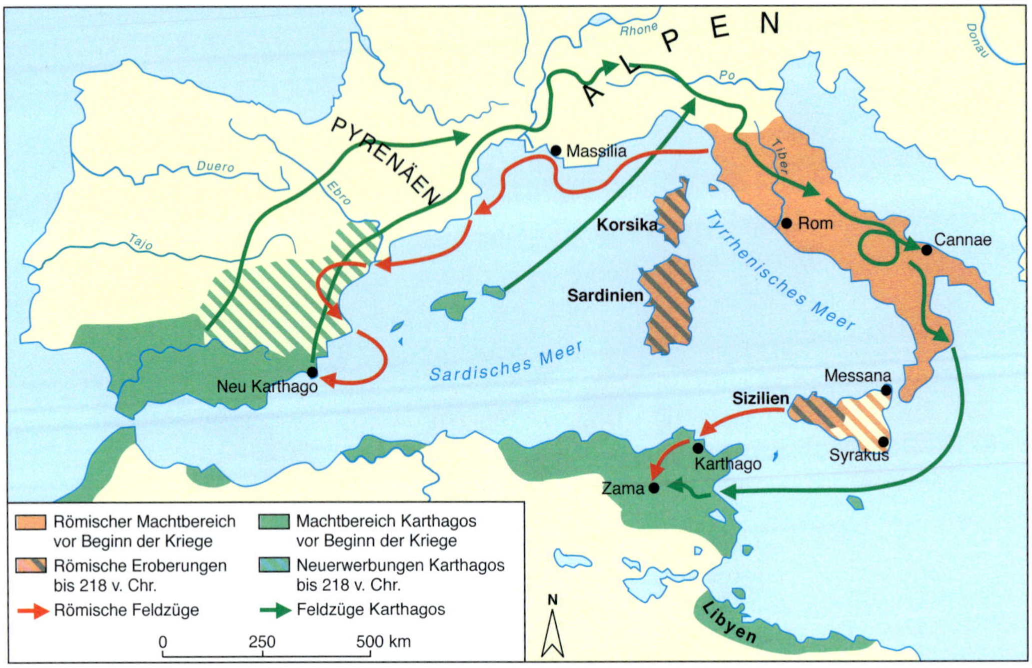

1 Der Machtbereich Roms und Karthagos um 218 v. Chr.

Römisches Feldzeichen.
Rekonstruktionszeichnung. Die Feldzeichen ermöglichten es der Truppe, ihre Einheit während der Schlacht sofort zu erkennen.

Die Eroberung Italiens

Der junge Römerstaat unterhielt anfangs freundschaftliche Beziehungen zu seinen Nachbarn. Doch nach und nach wurden die Nachbarstaaten von den Römern unterjocht. Zwischen 500 und 250 v. Chr. kämpften die römischen Heere fast ununterbrochen. Sie besiegten die Etrusker und alle italischen Stämme. Nachdem die griechischen Kolonien in Süditalien unterworfen worden waren, beherrschten die Römer die gesamte Halbinsel. Die römische Republik wurde zur stärksten Landmacht im westlichen Mittelmeerraum. Es dauerte nicht lange, bis es zwischen Rom und der mächtigen See- und Handelsmacht Karthago zum Konflikt kam.

Der Kampf mit Karthago

264 v. Chr. schickte Rom Truppen nach Sizilien, einem Stützpunkt der Karthager. Das bedrohte Messana hatte die Römer um Hilfe gebeten. Über 20 Jahre dauerte der Krieg mit Karthago, den die Römer erst 241 v. Chr. siegreich beenden konnten. Sizilien wurde die erste römische Provinz. Wenige Jahre später musste Karthago auch Sardinien und Korsika abtreten. Selbstbewusst nannten die Römer jetzt das Tyrrhenische Meer „mare nostrum" („unser Meer").

Zum Ausgleich für die verlorenen Inseln wollte Karthago seine Herrschaft in Spanien ausbauen. Die Römer fühlten sich bedroht und erklärten 219 v. Chr. den Karthagern den Krieg.

Q1 Nach dem Bericht des Livius soll der karthagische Feldherr Hannibal über die Römer geäußert haben:

… Dieses so grausame und hochfahrende Volk nimmt alles in Besitz und unterwirft alles seiner willkürlichen Entscheidung …

Q2 Livius über die Motive der Römer:

… Wir sind das Volk, das Kriege führt für die Freiheit anderer, damit nirgends ungerechte Herrschaft besteht, sondern überall Recht und Gesetz. …

1 *Schreibt mithilfe der Quellen die Gründe auf, die für die Kriege der Römer angegeben werden. Was meint ihr dazu?*

Roms schärfster Gegner: Hannibal

2 Römischer Triumphzug. Rekonstruktionszeichnung.

Hannibal zog 219 v. Chr. mit einem Tross von 90 000 Soldaten, 9000 Reitern und 38 Elefanten über Spanien und Frankreich nach Italien. Er überwand in den Wintermonaten die Pyrenäen und die Alpen. Dabei erlitt sein Heer große Verluste. Innerhalb von 15 Tagen soll fast die Hälfte seiner Soldaten umgekommen sein – erfroren oder von den steilen Gebirgspfaden in die Tiefe gestürzt.

Dennoch konnte Hannibal die Römer mehrmals vernichtend schlagen. Doch die Römer gaben nicht auf: 204 v. Chr. setzten römische Truppen nach Afrika über und griffen Karthago an. Um seiner Heimatstadt zu helfen, wurde Hannibal aus Italien zurückgerufen. Drei Jahre lang dauerten die erbitterten Kämpfe um Karthago. 146 v. Chr. wurde Karthago dem Erdboden gleichgemacht und die Bevölkerung in die Sklaverei verschleppt. Hannibal floh nach Kleinasien und vergiftete sich, von den Römern in die Enge getrieben, selbst.

2 *Erkundigt euch mithilfe eurer Schülerbücherei über Hannibal. Verfasst einen Lebensbericht und beginnt so: „Ich, Hannibal …"*

Eroberungen und Plünderungen

Nachdem Karthago von den Römern als Gegner ausgeschaltet worden war, eroberten römische Truppen bis zum 1. Jahrhundert v. Chr. unter anderem Griechenland, Kleinasien, Ägypten, Gallien, einen Teil Germaniens und Britanniens. Aus den besiegten Ländern brachten die römischen Soldaten Sklaven und große Reichtümer nach Rom.

Q3 Von einem Triumphzug des römischen Feldherrn Aemilius Paullus nach seinem Sieg über den makedonischen König Perseus 168 v. Chr. wird Folgendes berichtet:

… Der festliche Umzug war auf drei Tage verteilt, von denen der erste kaum für die erbeuteten Bildsäulen, Gemälde und Statuen ausreichte, die auf 250 Wagen vorbeigefahren wurden. Am folgenden Tag trugen 3000 Männer das (erbeutete) Silbergeld in 750 Gefäßen von je 78 kg Gewicht …

Am dritten Tag folgten der Wagen des Perseus, seine Waffen und darauf liegend seine Krone. Dann wurden die Kinder des Königs als Gefangene einhergeführt und mit ihnen die Menge ihrer Wärter, Lehrer und Erzieher. …

3 *Beschreibt die Abbildung 2. Was könnte die römische Bevölkerung bei diesem Triumphzug empfunden haben?*

4 *Schreibt mithilfe von Q3 und der Abbildung 2 einen kurzen Bericht, in dem ein Makedone erklärt, was die Niederlage gegen Rom für seine Heimat und für ihn selber bedeutete.*

146 v. Chr.: *Zerstörung Karthagos.*

Hannibal *(„Geschenk des Gottes Baal", 247/246–183 v. Chr.).*

Lesetipps:
Hans Baumann: Ich zog mit Hannibal. dtv, München 1980.
Tilman Röhrig: Mit Hannibal über die Alpen. Arena Verlag, Würzburg 1991.

Wie verwalteten die Römer ihr Weltreich?

1 Das italische Fernstraßennetz.

Die Römer sichern ihre Herrschaft

Nach der Eroberung der italischen Halbinsel gingen die Römer daran, ihren Einflussbereich abzusichern. Sie bedienten sich dazu unterschiedlicher Herrschaftsformen:

- Manche Gebiete nahmen sie in Besitz und verteilten das Land an römische Siedler oder machten es zu römischem Staatsland.
- Einigen Gemeinden erteilten die Römer das römische Bürgerrecht. An den Wahlen in Rom nahmen Bürger dieser Gemeinden nicht teil. Ihre inneren Angelegenheiten konnten diese Gemeinden weitgehend selbst regeln, in Fragen der Außenpolitik entschied Rom.
- In ungesicherten Grenzgebieten legten die Römer Kolonien an, in denen auch Nichtrömer angesiedelt wurden. Die Bewohner durften die Kolonien nach römischem Vorbild verwalten. Sie sollten rasch und selbstständig handeln können.
- Außerdem schloss Rom mit weiterhin selbstständigen Gemeinden Bündnisse. Die Bewohner dieser Gemeinden wurden Bundesgenossen, die auf eigene Kosten Truppen stellen mussten.

Über die gesamten mit Rom verbundenen Gebiete breiteten sich allmählich die lateinische Sprache sowie römische Lebensgewohnheiten aus. Um eine zuverlässige Verbindung mit wichtigen Städten zu gewährleisten, begannen die Römer, feste Straßen zu bauen, wie z. B. die Via Appia.

2 Die Via Appia war die erste gepflasterte Straße des römischen Imperiums*. Mit ihrem Bau wurde 312 v. Chr. begonnen; sie führte zunächst von Rom nach Capua, später bis nach Brundisium.

***Imperium**:**
(lateinisch) Weltreich.

Einrichtung von Provinzen

3 Das Augusteische Theater in Leptis Magna im heutigen Libyen/Nordafrika, 1. Jahrhundert n. Chr.

Einrichtung von Provinzen
Nach dem Ende des Ersten Punischen Krieges 241 v. Chr. begann Rom, in den eroberten Gebieten außerhalb Italiens Provinzen* einzurichten. Ihre Bewohner wurden keine Bundesgenossen, sondern galten als Unterworfene ohne Rechte. Sie hatten jährlich eine zehnprozentige Ertragssteuer an Rom abzuführen, das den Bewohnern den Boden zur Nutzung überließ. Provinzen wurden von einem ehemaligen Konsul oder Prätor verwaltet, der die oberste militärische und richterliche Gewalt innehatte. Steuerpächter übernahmen häufig die Eintreibung der von einem Quästor festgesetzten Abgaben. Klagen der Provinzbewohner über eine Ausplünderung durch römische Beamte waren nicht selten.

Wachsamkeit und Verteidigungsbereitschaft
Mit der Einrichtung von Provinzen gaben die Römer den einstigen Grundsatz auf, Unterlegene zu Bundesgenossen zu machen. Natürlich waren manche Gebiete, so z. B. Sizilien, vor der Errichtung einer römischen Provinz bereits unter fremder Herrschaft. Wenn sie Rom um Hilfe baten, so deshalb, weil sie auf eine Verbesserung ihrer Lage hofften. Um so schwerer drückte sie jetzt das Joch der römischen Fremdherrschaft.
Auf Widerstand aus den Provinzen mussten die Römer immer gefasst sein. Berüchtigt wurde die „Vesper von Ephesus" (88 v. Chr.), als sich der aufgestaute Hass der Griechen in einem Blutbad entlud, dem 80 000 Römer zum Opfer gefallen sein sollen. Wachsamkeit und ein hoher Einsatz wurden von den Römern umso mehr gefordert, je größer das Reich wurde.

Q1 Der griechische Geograf Strabo (64 v. Chr.–14 n. Chr.) schrieb über die Bewohner Südspaniens:

... Die Turdetaner und besonders die um Baetis (Guadalquivir) herum Wohnenden haben ihre Lebensweise völlig in die römische verwandelt und selbst ihre eigene Sprache vergessen. Die meisten ... haben römische Ansiedler erhalten, sodass nur wenig fehlt, dass alle Römer sind. ...

1 *Versetzt euch in die Lage eines römischen Finanzbeamten, der in Südspanien seinen Dienst ausübt, und in die von Provinzbewohnern, die sich bei ihm über die hohe Abgabenlast beschweren. Spielt eine Stehgreifszene.*

Provinz*:
Erobertes Land unter römischer Herrschaft, das von einem Statthalter verwaltet wird und dessen Bewohner ohne Rechte und abgabenpflichtig sind.

Die Auswirkung der Eroberungen

1 **Römischer Sklavenmarkt.** Rekonstruktionszeichnung.

Halsring eines Sklaven mit dem Namen seines Herren.

Von ihren Eroberungen brachten die Römer häufig Zehntausende von Kriegsgefangenen mit, die sie als Sklaven verkauften. Auf einem Schild, das sie um den Hals trugen, waren Alter, Herkunftsort und besondere Fähigkeiten angegeben. Je mehr Fähigkeiten ein Sklave besaß, desto teurer war er.

Das Schicksal der Sklavinnen und Sklaven hing von der Tätigkeit ab, die sie übernehmen mussten, und von der Einstellung ihres Herrn. Haussklavinnen und -sklaven wurden meist einfachere Arbeiten übertragen. Sie waren allerdings – ebenso wie alle anderen – ständig der Gefahr ausgesetzt, wegen einer Nachlässigkeit schwer bestraft oder sogar getötet zu werden. Die übliche Tötungsart war die Kreuzigung.

Unter unmenschlichen Bedingungen mussten viele Sklaven auf den großen landwirtschaftlichen Gütern arbeiten. An Ketten gefesselt arbeiteten sie tagsüber bei geringer Verpflegung, nachts schliefen sie angekettet in unterirdischen Räumen. Als Hirten in einsamen Gegenden mussten sie sich ihre Nahrung selbst beschaffen.

Etwas besser als die Bergwerkssklaven, unter denen die Todesrate wegen der ungesunden Arbeit unter Tage besonders hoch war, hatten es jene, die als Handwerker in Töpfereien, Waffenwerkstätten, Mühlen oder Bäckereien arbeiteten. Einige wurden auch als Lehrer zur Erziehung der Kinder eingesetzt.

1 *Beschreibt Abbildung 1. Versetzt euch in die Lage eines Sklaven/einer Sklavin, der/die auf dem Markt zum Verkauf angeboten werden soll. Beschreibt in einem Brief an einen Freund/eine Freundin, wie ihr euch fühlt.*

Q1 Der griechische Geschichtsschreiber Plutarch (um 46 – um 119 n. Chr.) schrieb über den römischen Politiker Cato den Älteren (234–149 v. Chr.):

… Er hielt eine große Menge Sklaven, die er aus den Kriegsgefangenen kaufte, am liebsten solche, die noch klein waren und sich wie junge Hunde oder Füllen nach seiner Art bilden und ziehen ließen. … Wenn er seinen Freunden und Amtsgenossen ein Gastmahl gab, (ließ er) gleich nach Tisch die Sklaven, die beim Auftragen oder Zubereiten nachlässig gewesen waren, auspeitschen. … Diejenigen, die ein todeswürdiges Verbrechen begangen zu haben schienen, ließ er dann, wenn sie von sämtlichen Sklaven in einem Gericht schuldig befunden worden waren, hinrichten. …

2 *Sprecht darüber, wie Cato laut Q1 seine Sklaven behandelte.*

Sklaven in Rom

2 **Römisches Fußbodenmosaik mit kämpfenden Gladiatoren.** Ausschnitt. 2. Jahrhundert n. Chr.

3 **Römisches Fußbodenmosaik mit kämpfenden Gladiatoren.** Ausschnitt. 2. Jahrhundert n. Chr.

Gladiatoren in der Arena

Manche Sklaven wurden auch zu Gladiatoren ausgebildet. Zur Unterhaltung der Zuschauer mussten sie in großen Arenen auf Leben und Tod gegeneinander oder gegen wilde Tiere kämpfen (s. Abbildungen oben).

Bei den Römern waren diese Spiele überaus beliebt (s. auch S. 145). Mit lauten Rufen feuerten sie die Gladiatoren an oder verlangten von den Aufsehern, allzu träge und langsame Kämpfer mit Peitschenhieben oder glühenden Eisen anzutreiben. War ein Gladiator so stark verwundet, dass er nicht weiterkämpfen konnte, hob er den linken Arm; mit diesem Zeichen bat er um Gnade. Die Entscheidung darüber stand allein dem Ausrichter der Spiele zu, der den Willen der Zuschauer berücksichtigte. Waren diese mit den Leistungen nicht zufrieden, so senkten sie den Daumen und riefen: „Erdrossle, töte ihn".

Weil diese Spiele so beliebt waren, nutzten ehrgeizige Politiker diese Möglichkeit, sich durch die Ausrichtung derartiger Veranstaltungen bei der Bevölkerung beliebt zu machen. Auf diese Weise hofften sie, genügend Stimmen zu erhalten, wenn sie sich um das nächsthöhere Amt in ihrer Beamtenlaufbahn bewarben.

3 *Beschreibt die Situationen auf den Abbildungen 2 und 3. Versetzt euch in eine der dargestellten Personen und schildert eure Gedanken und Empfindungen.*

4 *Spielt folgende Situation: Der Schüler Alypius verabscheut die Gladiatorenspiele. Seine Freunde bedrängen Alypius und wollen ihn überreden, sich die Kämpfe anzuschauen. Er aber lehnt ab.*

Sind Sklaven Menschen?

Immer wieder kam es zu Aufständen von Sklaven, die ihre verzweifelte Lage mit Gewalt zu verändern suchten (siehe S. 139). Denn es gab nur wenige, die sich für eine menschliche Behandlung der Sklaven aussprachen. Zu ihnen gehörte der Philosoph Seneca.

Q2 Seneca (etwa 4 v. Chr. – 65 n. Chr.), Erzieher des Kaisers Nero (37–68 n. Chr.), schrieb:

… Zu meiner Freude erfuhr ich von Leuten, die dich besucht haben, dass du freundlich mit deinen Sklaven umgehst. Das entspricht deiner Einsicht und deiner Bildung. … Bedenke, dass der Mensch, den du einen Sklaven nennst, den gleichen Ursprung hat wie du, dass sich über ihm derselbe Himmel wölbt, dass er die gleiche Luft atmet, dass ihm das gleiche Leben, der gleiche Tod beschieden ist. …

Auch Seneca konnte an der Lage der Sklaven nichts ändern. Erst mit dem Christentum verschwand die Sklaverei allmählich.

5 *Sprecht darüber, wie Seneca seine Haltung gegenüber den Sklaven begründet.*

Römischer Gladiator. *Rekonstruktionszeichnung.*

Die Verarmung der Bauern

1 Die Folgen der Eroberungen für die Bauern: ① Im Frieden konnten die Bauern ihr Land bestellen. ② Durch den jahrelangen Kriegsdienst verödete ihr Besitz. ③ Aus dem Krieg zurückgekehrt mussten sie ihr Land verkaufen. ④–⑥ Nun blieben drei Möglichkeiten: Die Bauern konnten das Land vom neuen Besitzer pachten, nach Rom gehen oder sich als Landarbeiter verdingen.

Rom war im 2. Jahrhundert v. Chr. zur Hauptstadt eines Weltreiches geworden. Doch die Reichtümer und Steuergelder aus den Provinzen kamen keineswegs allen Römern zugute. Im Gegenteil: In den zahllosen Kriegen waren viele Bauern und deren Söhne gefallen. Andere hatten jahrelang ihre Höfe nicht richtig bewirtschaften können. Das von ihnen angebaute Getreide war zudem fast unverkäuflich geworden. Getreide kam jetzt nämlich zu niedrigen Preisen aus den Provinzen nach Italien. Viele Bauern verarmten, sodass sie ihre Höfe aufgeben mussten. Sie zogen mit ihren Familien nach Rom, wo sie allerdings auch keine bessere Zukunft erwartete, denn überall, im Kleinhandel wie im Handwerk, wurden Sklaven beschäftigt. Für die Bauern gab es keine Arbeit. Mittellos, ohne Verdienstmöglichkeiten, gehörten sie bald zur großen Masse der Proletarier*.

Q1 Der Volkstribun Tiberius Gracchus soll um 130 v. Chr. die Lage der Bauern folgendermaßen beschrieben haben:

… Die wilden Tiere, die in Italien leben, haben ihre Höhlen und kennen ihre Lagerstätten und Schlupfwinkel. Die Männer aber, die für Italien kämpfen und sterben, haben nichts als Luft und Licht. Unstet, ohne festen Wohnsitz, ziehen sie mit Frau und Kind im Land umher. …
Für Wohlleben und Reichtum anderer kämpfen und sterben sie im Krieg. Herren der Welt werden sie genannt. In Wirklichkeit aber besitzen sie nicht das kleinste Stückchen Land. …

1 *Erklärt, warum die Bauern verarmten, während das Römische Reich immer größer wurde.*

2 *Überlegt die wirtschaftlichen und politischen Auswirkungen, wenn immer mehr mittellose Proletarier nach Rom zogen.*

Proletarier* *(lat. proles = die Nachkommenschaft): Bezeichnung der Römer für die Besitzlosen, die nichts außer ihre zahlreiche Nachkommenschaft besaßen.*

Popularen: *(populus, lat. = Volk). So wurden am Ende der römischen Republik die Politiker genannt, die die Not der Proletarier beheben wollten (z. B. Tiberius und Gaius Gracchus).*

Optimaten: *(optimus, lat. = der Beste). Die Optimaten waren die Gegner der Popularen. Sie verteidigten die Senatsherrschaft gegen die Forderungen nach einer umfassenden Staatsreform.*

Bringt eine Landreform Erfolg?

2 **Römischer Bauer auf dem Weg zum Markt.** Am Stock über der Schulter trägt er ein Ferkel, in der rechten Hand einen Korb mit Eiern. Auf dem Rücken der Kuh sind zwei an den Beinen zusammengebundene Schafe zu erkennen. Marmorrelief, um 50 n. Chr.

Zwei Volkstribunen kämpfen für eine Landreform*

Wenn ein Krieg drohte, wurden freie Bauern zum Heeresdienst eingezogen. Ihre Ausrüstung mussten sie selber bezahlen. Freie Bauern, die über so viel Geld verfügten, gab es aber immer weniger. So wurde es für Rom immer schwieriger, genügend Soldaten auszuheben. Der Volkstribun Tiberius Gracchus wollte diese Situation ändern. Er forderte 133 v. Chr., dass jeder Großgrundbesitzer höchstens 1000 Morgen Land (= 250 ha) besitzen dürfe. Das übrige Land sollten landlose Bauern erhalten. Mit diesem Vorschlag aber waren die Großgrundbesitzer nicht einverstanden.

Q2 Der griechische Geschichtsschreiber Appian schreibt um 150 n. Chr.:

... So traten dann die Reichen in Gruppen zusammen, beklagten sich und hielten den Armen vor, dass sie auf dem Lande seit Generationen Arbeit geleistet, dass sie Pflanzungen angelegt und Gebäude errichtet hätten. Einige sagten, sie hätten das Land von ihren Nachbarn gekauft. Sollten sie mit dem Land auch das Geld verlieren? Andere erklärten, die Gräber ihrer Vorfahren lägen auf dem Lande. Kurz, es herrschte ein wildes Geschimpfe und Empörung. Auf der anderen Seite beklagten sich die Armen, man habe sie aus dem Wohlstand in bitterste Armut gestürzt. Sie zählten auf, wie viele Feldzüge sie mitgemacht hatten, um das Land für sich zu erobern ...

3 *Nennt zwei Ziele, die Tiberius Gracchus mit seinen Reformen erreichen wollte.*

4 *Verfasst eine kurze Ansprache, in der Tiberius Gracchus vor der Volksversammlung dafür wirbt, das Land neu aufzuteilen.*

Die Ermordung der Gracchen

132 v. Chr. wurde Tiberius Gracchus von aufgebrachten Senatoren, die um ihren Grundbesitz fürchteten, ermordet. Das gleiche Schicksal ereilte zehn Jahre später auch seinen Bruder Gaius, der ebenfalls eine Landreform durchsetzen wollte. Das Volk war empört. Um es zu beruhigen, wurden in den folgenden Jahren etwa 50 000 kleine Landgüter verteilt. Aber viele hunderttausende Familien, die ebenfalls auf ein Stück Land gehofft hatten, gingen leer aus.

Die Reformversuche der Gracchen zeigten, dass die römische Gesellschaft tief gespalten war: Auf der einen Seite standen diejenigen, die mithilfe der Volksversammlung und des Volkstribunats Politik zu machen versuchten, auf der anderen Seite diejenigen, die keine Schmälerung der Befugnisse des Senats duldeten. Der Mord war zu einem Mittel der politischen Auseinandersetzung geworden.

5 *Sprecht über die mit den Reformvorschlägen verbundenen Schwierigkeiten. Welche Lösungen würdet ihr vorschlagen?*

Reform*: *Veränderung, Verbesserung.*

133 und 123 v. Chr.: *Tiberius und Gaius Gracchus versuchen die Lage der Bauern durch eine Landreform zu verbessern. Die Brüder werden von aufgebrachten Senatoren ermordet. Die Reform scheitert.*

Die römische Armee wird Berufsarmee

1 **„Römische Soldaten" auf der Römerstraße bei Brixen.** An der Spitze ein Soldat mit den Feldzeichen seiner „Truppe". Rekonstruktion.

2 **Ein „römischer Offizier" mit Beinschienen und Offiziersmantel.** Rekonstruktion.

Der Konsul Marius reformiert das Heer

Die Gracchen waren mit ihren Reformen gescheitert. Die Folgen sollten sich schon bald zeigen: 115 v. Chr. drangen Kimbern und Teutonen, deren Wohnsitze im Gebiet des heutigen Dänemark lagen, nach Süden vor. Römische Heere, die sich ihnen entgegenstellten, erlitten schwere Niederlagen. In dieser für Rom bedrohlichen Situation wurde Marius, ein erfolgreicher Feldherr, 107 v. Chr. zum Konsul gewählt.

Q1 Über Marius wird in einem Jugendbuch berichtet:

... Rom ist reich genug, um auch diejenigen unter Waffen zu stellen, die selbst so arm sind, dass sie keine militärische Ausrüstung erwerben können. Jeder Arme also, der Lust hat Soldat zu werden, darf es, verkündete er. Marius ordnete an, dass jeder, der 16 Jahre gedient hatte, eine Landparzelle* erhielt. Dort kannst du, nachdem du dir für Rom Narben geholt hast, ein Haus bauen und den Acker bestellen, Oliven und Wein ernten und süßen Honig aus den Bienenstöcken gewinnen; kurzum ein ehrenwertes Leben in Frieden und Ruhe als Veteran* führen. ...

Marius gelang es, in kurzer Zeit ein starkes Heer aufzustellen. Er schlug nicht nur die Kimbern und Teutonen 102/101 v. Chr. vernichtend, er beendete auch den jahrelangen Wüstenkrieg Roms gegen den Numiderfürsten Jugurtha (105 v. Chr.).

1 *Beschreibt die Ausrüstung der römischen Soldaten anhand der Abbildungen 1 und 2.*

2 *Spielt folgende Situation: Mehrere Proletarier unterhalten sich darüber, ob sie sich freiwillig zum Heeresdienst melden sollen.*

3 *Erklärt, warum die Heeresreform des Marius notwendig war.*

Roms Armeen kämpfen gegeneinander

Durch die Aussicht auf Beute, festen Sold und späteren Landbesitz verlockt, traten viele Proletarier in das Heer ein. Das Ackerland als „Altersversorgung" hatte ihnen aber nicht der römische Senat zugesagt, sondern Marius. Dieser Umstand führte zu einem ganz neuen Verhältnis zwischen dem Feldherrn und seinem Heer. Ein erfolgreicher Feldherr, der viele Siege errang, konnte sich auf seine Truppen unbedingt verlassen; ein weniger erfolgreicher Heerführer konnte kaum darauf hoffen, dass ihm die Soldaten die Treue hielten. So diente das Heer in erster Linie nicht mehr dem

Parzelle*:
Kleines vermessenes Grundstück.

Veteran*:
Nach meist 20-jähriger Dienstzeit entlassener Soldat. Veteranen erhielten häufig ein Landgut und genossen steuerliche Vorteile.

107 v. Chr.:
Der Konsul Marius reformiert die römische Armee.

3 Nach dem gescheiterten Aufstand unter Spartakus wurden 6000 Sklaven von römischen Legionären gekreuzigt. Rekonstruktion.

Staat, sondern seinem Heerführer. Macht und Ansehen des Senats, dessen Anordnungen die Truppen nicht mehr Folge leisteten, schwanden immer mehr dahin. Es dauerte nicht lange, bis einzelne Heerführer, gestützt auf die ihnen treu ergebenen Soldaten, ihre Truppen in Rom einmarschieren ließen, um selber die Macht an sich zu reißen. Immer häufiger kam es zu erbitterten Kämpfen zwischen einzelnen Heerführern und ihren Truppen um die Macht.

Der Aufstand des Spartakus

Nicht nur die jahrzehntelangen Bürgerkriege, auch die wiederholten Sklavenaufstände schwächten den römischen Staat. In Italien lebten um 100 v. Chr. etwa fünf Millionen Menschen, darunter ungefähr eine Million Sklaven, die zumeist als Kriegsgefangene nach Italien verschleppt worden waren. Immer wieder kam es zu Versuchen, dem Sklavendasein zu entfliehen. So flüchteten 73 v. Chr. über 200 Sklaven aus der Fechtschule in Capua. Sie wurden hier unter strenger Bewachung auf die tödlichen Schaukämpfe in den großen Arenen vorbereitet. 78 von ihnen gelang es, sich den Verfolgern zu entziehen. Weitere Sklaven schlossen sich ihnen an; nach kurzer Zeit waren es bereits 60 000 Sklaven, die bereit waren, um ihre Freiheit zu kämpfen. Zu ihrem Anführer wählten sie Spartakus. Unter seiner Führung wurden die römischen Truppen, die zur Niederschlagung des Aufstandes ausgesandt worden waren, immer wieder vernichtend geschlagen. Erst zwei Jahre später gelang es den Römern, mit einem Heer von über 40 000 Soldaten die Sklaven zu besiegen. Wer in Gefangenschaft geriet, wurde von den Römern ans Kreuz geschlagen, zur Abschreckung und Warnung vor erneuten Sklavenaufständen.

4 *Entwerft eine Rede, in der Spartakus dazu aufruft, sich seinem Aufstand anzuschließen.*

5 *Ein römischer Feldherr spricht zu seinen Soldaten vor dem Kampf mit dem Heer des Spartakus. Was könnte er gesagt haben?*

88–31 v. Chr.:
Machtkämpfe zwischen verschiedenen Heerführern und zeitweise blutige Bürgerkriege erschüttern Rom.

Caesar verändert die Republik

Römischer Katapult.

1 Ein kleiner, uns allen wohl bekannter Gallier, verabredet ein Treffen mit Gaius Julius Caesar. Comiczeichnung 1978.

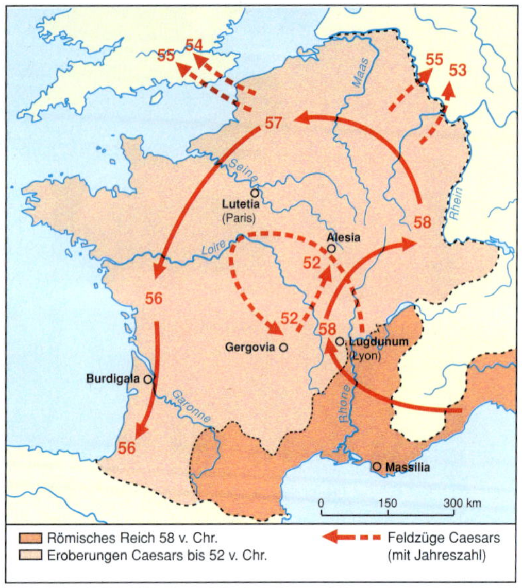

2 Die Feldzüge Caesars in Gallien.

Gaius Julius Caesar

Ein Heerführer, dem es besonders gut gelang, die Soldaten für sich zu gewinnen, war Gaius Julius Caesar (100–44 v. Chr.). Zwischen 58 und 52 v. Chr. eroberten die von ihm geführten Truppen ganz Gallien.

Q1 Der griechische Geschichtsschreiber Plutarch (um 46 bis 120 n. Chr.) schrieb:

… Keiner von all seinen Vorgängern erreichte ihn in der Zahl der Schlachten und in der Größe der Verluste, die er den Feinden beibrachte. Denn der Krieg, den er in Gallien führte, dauerte nicht ganz zehn Jahre, und in dieser Zeit nahm er über 800 Städte im Sturm, bezwang 300 Völkerschaften und kämpfte gegen drei Millionen. Eine Million tötete er im Kampf und eine andere nahm er gefangen.
Bei seinen Leuten war Caesar so beliebt, dass sie für seinen Ruhm mit unwiderstehlichem Mut in die größten Gefahren gingen.
Solchen Mut weckte Caesar besonders dadurch, dass er reichlich Geschenke und Belohnungen austeilte. Er wollte damit beweisen, dass er die im Krieg erworbenen Reichtümer nicht für sich selbst sammelte, sondern sie als gemeinsamen Lohn für tapfere Taten an verdiente Soldaten verteilte. …

Nach der Niederwerfung Galliens war das Ansehen Caesars so groß geworden, dass ein Senator meinte: „Nicht die Gallier und Germanen muss man fürchten, die größte Gefahr droht von Caesar." Als der Senat verlangte, dass Caesar seine Soldaten entlassen sollte, beschloss er, nach Rom zu marschieren. Kampflos besetzte er in kurzer Zeit Italien und besiegte das vom Senat aufgestellte Heer. Viele Senatoren flohen aus Rom; die übrigen ernannten ihn jetzt zum Diktator, zunächst auf ein Jahr, später auf Lebenszeit.

1 *Seht euch die Abbildung 1 und die Karte 2 an. Tragt zusammen, was ihr über die Eroberungen Galliens durch Caesar aus Jugend- oder Sachbüchern wisst.*

2 *Sprecht über die Warnung des Senators. Für wen stellte Caesar eine Gefahr dar?*

Römische Münze, geprägt unter Julius Caesar. Die lateinische Inschrift (VENI, VIDI, VICI) heißt übersetzt: Ich kam, ich sah, ich siegte.

Das Ende der römischen Republik

3 **Die Ermordung Caesars.** Das Bild zeigt, wie die Verschwörer Caesar umringen. Er lehnt – wie erwartet – die Bitte eines der Verschwörer ab. Daraufhin greifen sie zu Dolchen. Gemälde aus dem 19. Jahrhundert.

Caesar als Alleinherrscher

Q2 Der römische Schriftsteller Cassius Dio (155 bis 235 n. Chr.) schrieb:

... Der Senat überließ Caesar die Besetzung aller Beamtenstellen und ernannte ihn zum Diktator. Er allein sollte Soldaten halten dürfen und die alleinige Verfügung über die Staatskasse haben. Und die Senatoren beschlossen außerdem, es solle ein elfenbeinernes Standbild von Caesar zusammen mit den göttlichen Standbildern im Festzug mitgeführt werden. Ein anderes Bild Caesars stellten sie im Tempel auf mit der Inschrift: „Dem unbesiegten Gott", ein weiteres auf dem großen Marktplatz zu den Bildern der einstigen Könige Roms. ...

Eine der ersten Maßnahmen Caesars als Diktator bestand darin, die Versorgung seiner Soldaten sicherzustellen. Sie wurden in verschiedenen Gebieten des Römischen Reiches angesiedelt und erhielten Land zur Bearbeitung. Anderen gab er Arbeit durch ein großzügiges Bauprogramm in der Hauptstadt. Vom Volk wurde Caesar sehr verehrt. Unter den Senatoren aber hatte er zahlreiche Gegner. Sie fürchteten, Caesar wolle König werden und damit den endgültigen Untergang der Republik herbeiführen. So beschlossen sie, ihn zu beseitigen. Am 15. März 44 v. Chr. ermordeten sie Caesar während einer Senatssitzung.

3 *Diskutiert, ob eurer Ansicht nach die Beweggründe von Caesars Gegnern einen politischen Mord rechtfertigen können.*

Der Beginn der Kaiserzeit

Die Senatoren hatten Caesar ermordet, um die Freiheit der Republik zu retten. Doch sein Nachfolger Octavian (31 v. Chr. bis 14 n. Chr.) war wie Caesar schon bald Alleinherrscher. Er wurde der erste Kaiser (abgeleitet von dem Namen „Caesar") der Römer. Er und seine Nachfolger beherrschten das Römische Weltreich während der nächsten 500 Jahre.

44 v. Chr.:
Caesar wird Alleinherrscher auf Lebenszeit und am 15. März ermordet.

31 v. Chr.–14 n. Chr.: Octavian herrscht als Kaiser im Römischen Reich. Seit 27 v. Chr. wird er Augustus (= der Erhabene) genannt.

Diadem*: *In der Antike nach hinten offene Stirnbinde aus Stoff oder Edelmetall, zumeist mit Edelsteinen geschmückt.*

Römische Bürger: *Die römischen Bürger, die nicht nur in der Stadt Rom lebten, hatten Vorteile, weil sie sich z. B. bei Gerichtsverhandlungen an den Kaiser wenden konnten. Alle Nichtrömer hatten die Möglichkeit Römer zu werden. Ein Weg dazu war der Dienst in den Hilfstruppen des Heeres. Diese Soldaten wurden nach Ablauf ihrer Dienstzeit mit dem römischen Bürgerrecht beschenkt. Auch an ganze Städte konnte das Bürgerrecht verliehen werden.*

Das römische Kaiserreich

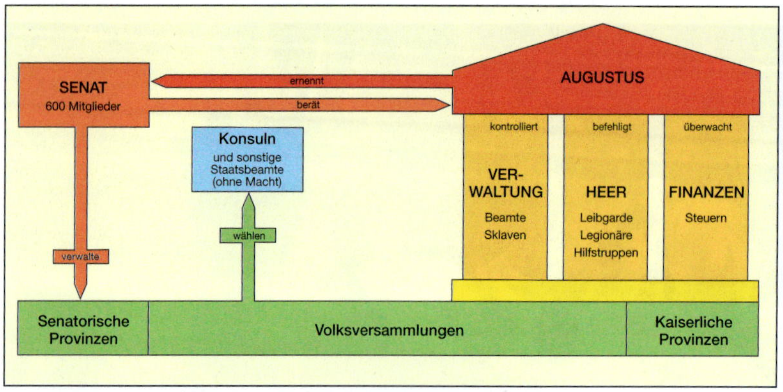

1 Die „Verfassung" des Römischen Reiches unter Augustus.

2 Augustus.

Republik oder Monarchie? – Das Römische Reich unter Augustus

Die Römer betrachteten ihren Staat als eine Sache der Allgemeinheit („res publica"). Sie verabscheuten die Herrschaft eines Einzelnen, was die Ermordung Caesars allen – auch seinem Adoptivsohn Octavian – vor Augen geführt hatte. Octavian aber konnte nach den langen Bürgerkriegswirren die Sehnsucht der Menschen nach Ruhe und Frieden im Reich für seine Ziele nutzen. Nachdem er seine Gegner ausgeschaltet hatte, trat Octavian 27 v. Chr. vor den römischen Senat und erklärte, die Republik sei wiederhergestellt. Er lege seine gesamte Macht nieder und wolle nur noch „princeps" (= erster Bürger) sein.

Q1 Cassius Dio beschreibt die politische Stimmung unter dem Prinzipat des Augustus:

… Viele Senatoren bestürmten ihn (Octavian) mit Bitten, die Herrschaft zu behalten, bis er sich endlich gezwungen sah, Alleinherrscher zu bleiben. Die Provinzen, die friedlich und nicht mehr zum Krieg geneigt waren, überließ er dem Senat, die Provinzen, die unzuverlässig und gefährlich erschienen, behielt er selbst. … Auf diese Weise sollten die Senatoren von Waffen und Krieg entfernt bleiben. Er selbst wollte allein Waffen führen und Truppen unterhalten. …

In Wirklichkeit kam es dahin, dass Octavian selbst in allem über alles als Alleinherrscher bestimmte, da er die Finanzen kontrollierte. Außerdem war er Herr über das Heer. …

1 *Erklärt mithilfe des Textes und des Schemas 1, worauf die Macht Octavians beruhte und welche Befugnisse der Senat innehatte.*

2 *Warum stellte sich Octavian als Retter der Republik dar? Was haltet ihr von der Aussage, er sei zur Alleinherrschaft gezwungen worden?*

Die besondere Stellung Octavians äußerte sich in den Ehrentiteln, die ihm verliehen wurden. Den Beinamen „Caesar", den er seit 42 v. Chr. trug, übernahmen seine Nachfolger ebenso wie das von ihm geschaffene Herrschaftssystem. Ab 27 v. Chr. wurde er „Augustus" („der Erhabene") genannt. Auch in seiner äußeren Erscheinung brachte er seine Würde zum Ausdruck: Augustus trug als Zeichen seiner Macht das Diadem* (siehe Abbildung 2).

Die Macht der Kaiser

Seit Augustus lag die Macht nicht mehr bei den Konsuln, sondern beim Kaiser. Er regierte auf Lebenszeit und stand über den bisherigen Beamten und dem Senat. Der Kaiser war Oberbefehlshaber der römischen Armee; seine Befehle hatten Gesetzeskraft. Der kaiserliche Gerichtshof hatte in wichtigen Fällen das letzte Wort. Einen Teil der Provinzen ließ der Kaiser direkt durch eigene Statthalter verwalten, nur für die Provinzen, in denen keine Soldaten stationiert waren, durfte der Senat die Statthalter ernennen.

3 *Erklärt, warum die Kaiser (ab 37 n. Chr.) nur die Provinzen ohne Soldaten dem Senat überließen.*

Augustus, der Erhabene

3 Augustusstatue.
Höhe: 2,04 m.
Um 20 v. Chr.

Kaiserkult*:
Als Rom zum Kaiserreich wurde, betrachtete man auch die Kaiser als Götter und baute Tempel, in denen man sie anbetete. Mehrere Kaiser wurden schon vor ihrem Tod als Götter verehrt.

Die kaiserliche Reichsverwaltung

Das Reich wurde von Rom aus verwaltet. Da es aber sehr groß war, konnten die Kaiser nicht alles direkt kontrollieren. Die zahlreichen Städte im Reich behielten daher eine gewisse Selbstständigkeit. Solange sie die festgelegten Steuern zahlten, durften sie sich und ihr Umland weitgehend ohne Einmischung der kaiserlichen Zentrale verwalten. Jedes Jahr wählte man dafür in den Städten eigene Beamte. Ohne diese Selbstverwaltung von Tausenden von Städten hätte ein so großes Reich kaum bestehen können.

4 *Überlegt, welche Schwierigkeiten sich bei der Verwaltung eines so großen Reiches ergeben konnten.*

5 *Stellt Vermutungen darüber an, was Augustus damit bezweckte, dass er sich „der Erhabene" nennen ließ.*

Die Kaiser und die Bewohner des Reiches

Alle römischen Untertanen mussten den Kaiser verehren (Kaiserkult*) und ihm einen Treueid leisten.

Q2 In einem Eid auf den Kaiser Caligula (37–41 n. Chr.) heißt es:

… Ich schwöre, dass ich diejenigen als meine persönlichen Feinde ansehen werde, von denen ich erfahre, dass sie dem Kaiser Caligula feindlich gesonnen sind. Und wenn jemand ihn und sein Wohlergehen gefährdet oder gefährden wird, werde ich nicht aufhören ihn zu verfolgen, bis er vernichtet ist. Ich werde um das Wohl des Kaisers mehr besorgt sein als um meines oder das meiner Kinder und ich will diejenigen, die ihm feindlich gesonnen sind, als Staatsfeinde ansehen. Wenn ich bewusst gegen diesen Eid verstoße, dann sollen Jupiter Optimus Maximus und der unter die Götter aufgenommene Augustus und alle anderen unsterblichen Götter mir und meinen Kindern Vaterland, Gesundheit und all meinen Besitz nehmen. …

6 *Fasst zusammen, wozu jeder, der diesen Eid schwören musste, sich verpflichtete.*

7 *Überlegt, warum der Kaiser diesen Treueid verlangte.*

Rom – die Hauptstadt eines Weltreiches

1 **Forum* Romanum: ① Curia, Tagungsort des Senats; ② Rednertribüne ③ Basilica Julia ④ Basilica Aemilia, ein Handelsgebäude; ⑤ Maxentiusbasilika; ⑥ Traiansforum; ⑦ Augustusforum.** Rekonstruktion 20. Jh.

Forum*:
Markt- und Versammlungsplatz in einer römischen Stadt, vergleichbar mir der griechischen Agora.

Rostra:
An der Rednertribüne auf dem Forum Romanum waren bronzene Schiffsschnäbel („rostra") angebracht, die die Römer in Seeschlachten erbeutet hatten.

Römischer Baukran mit Laufrad und Flaschenzügen

Alltag in Rom

Q1 Strabo (64 v. Chr.–14 n. Chr.), ein Grieche, schrieb nach einer Besichtigung Roms zur Zeit des Augustus:

… In Rom gibt es gepflasterte Straßen, Wasserleitungen und unterirdische Gräben, durch welche der Unrat aus der Stadt in den Tiber geleitet wird. Die Wasserleitungen führen so viel Wasser herbei, dass ganze Flüsse durch die Stadt und die unterirdischen Kanäle strömen und fast jedes Haus Wasserbehälter und reichlich sprudelnde Brunnen hat. Rom besitzt ferner zahlreiche herrliche Bauwerke. Viele davon stehen auf dem Marsfeld. Dieser Platz ist so groß, dass Wagenrennen und Pferdesport betrieben werden können, während sich gleichzeitig eine gewaltige Menge an Menschen im Ball- und Reifenspiel und im Ringen üben kann. Ferner gibt es viele Theater, breite Straßen, prächtige Tempel, herrliche Wohngebäude und Paläste.

Kommt man auf den alten Markt und sieht die prächtigen Bauten, die Tempel, Säulengänge und Wohngebäude, dann kann man leicht alles vergessen, was es sonst so gibt. So schön ist Rom. …

Q2 Der römische Dichter Juvenal (60 bis 140 n. Chr.) meinte dagegen:

… In jedem Landstädtchen könnte ich mir ein Häuschen kaufen zum gleichen Preis, den ich hier jedes Jahr als Miete für ein finsteres Loch zahlen muss. … Weil es an Schlaf fehlt, gehen in Rom viele Kranke zugrunde. … Doch wen lässt die Mietwohnung schlafen? Jede Nacht rollen die Reisewagen durch die engen Gassen, wo Herden sich stauen und Flüche der Treiber hallen: Der Lärm weckt Erzschlafmützen … auf. … Bin ich in Eile, komme ich wegen der vielen Menschen kaum voran. Hinter mir drückt das Volk in Scharen nach. Der eine stößt mir den Arm in die Seite, ein anderer ein hartes Brett. Bald trifft mich ein Balken am Schädel, bald ein Ölfass. Kot bespritzt meine Waden, von allen Seiten bekomme ich Tritte von mächtigen Sohlen und bald tritt mir ein grober Soldat mit den Nägeln seiner Stiefel auf die Zehen. Nun, mein Freund, weißt du etwa, warum ich die Hauptstadt verlasse. …

1 *Vergleicht die beiden Aussagen miteinander. Warum findet der Grieche Rom so besonders schön, weshalb verlässt der Römer die Stadt?*

Brot und Spiele

2 **Kampf zweier Gladiatoren. Von einem Aufpasser werden die Gladiatoren mit einem Lederriemen immer wieder angetrieben.** Fußbodenmosaik, um 240 n. Chr.

3 **Wagenrennen im Circus Maximus.** Relief, um 200 n. Chr.

Der Kaiser versorgt die Untertanen

Zur Zeit des Kaisers Augustus lebten in Rom über 1 Million Menschen. Unter ihnen gab es viele Arme und Arbeitslose. An über 200 000 römische Bürger ließ der Kaiser daher jeden Monat je 30 kg Weizen kostenlos verteilen, damit sie wenigstens genug zu essen hatten.

Die römischen Bürger forderten vom Kaiser aber nicht nur „Brot". Er sollte auch für Unterhaltung und Vergnügen in ihrer Freizeit sorgen. „Brot und Spiele" – so lautete die Forderung an den Kaiser.

Der Circus Maximus und das Kolosseum

Spiele – das waren Wagenrennen und Gladiatorenkämpfe. Im Circus Maximus fanden die Pferde- und Wagenrennen statt. Gerne gingen die Römer auch in das Kolosseum*. Dies war ein Rundbau, fast 60 m hoch, mit 45 000 Sitzplätzen. In der Mitte war – wie im Zirkus – eine Arena. Fast immer war das Kolosseum überfüllt (s. auch S. 135). Alle wollten den Tierkämpfen zusehen, die der Kaiser für die Massen veranstalten ließ. Bären ließ man gegen Büffel kämpfen, Büffel gegen Elefanten oder Elefanten gegen Rhinozerosse.

Häufig gab es auch den Kampf Mensch gegen Tier. Als das Kolosseum im Jahre 80 n. Chr. eingeweiht wurde, starben an einem Tage fast 5000 Tiere in der Arena. Grausamer war der Kampf der Gladiatoren untereinander. Es war ein Kampf auf Leben und Tod. Die Kämpfer wurden von einer fanatischen Menge angefeuert. Beendet war der Kampf häufig erst dann, wenn einer der Kämpfer tot am Boden lag.

Abwechslung und Unterhaltung suchten die Römer auch in den Thermen (S. 148–149). Das waren prächtig ausgestattete Freizeitzentren mit Dampf- und Wasserbädern, Kalt- und Warmbädern, Schwimm- und Wannenbädern.

Daneben gab es auch Sportplätze, Gymnastikhallen, Büchereien und Museen. Außerdem waren in den Säulenhallen zahlreiche kleine Läden eingerichtet, in denen man einkaufen konnte. Alles zusammen bildete ein großes Freizeitzentrum. Der Eintrittspreis war so niedrig, dass auch ärmere Leute diese Thermen besuchen konnten. In den größeren Thermen konnten sich bis zu 5000 Besucher gleichzeitig aufhalten.

2 *Beschreibt die Situation auf Abbildung 2.*

3 *Nehmt Stellung zu den Gladiatorenkämpfen. Wie denkt ihr über diese „Freizeitunterhaltung"?*

4 *Führt aus, warum der Kaiser Gladiatoren- und Theaterspiele veranstalten ließ.*

5 *Gestaltet eine Wandzeitung für euer Klassenzimmer zum Thema: „Eine Rundfahrt durch das alte Rom". Materialien bekommt ihr in Büchereien und Reisebüros.*

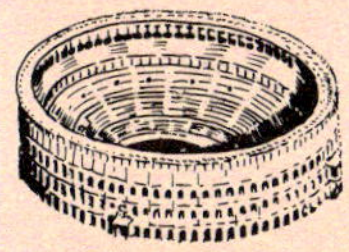

Das Kolosseum*: *Hier veranstalteten die Kaiser seit 80 n. Chr. Gladiatorenkämpfe und Tierhetzen. Für Seegefechte konnte man den Innenraum unter Wasser setzen.*

So wohnten die Römer

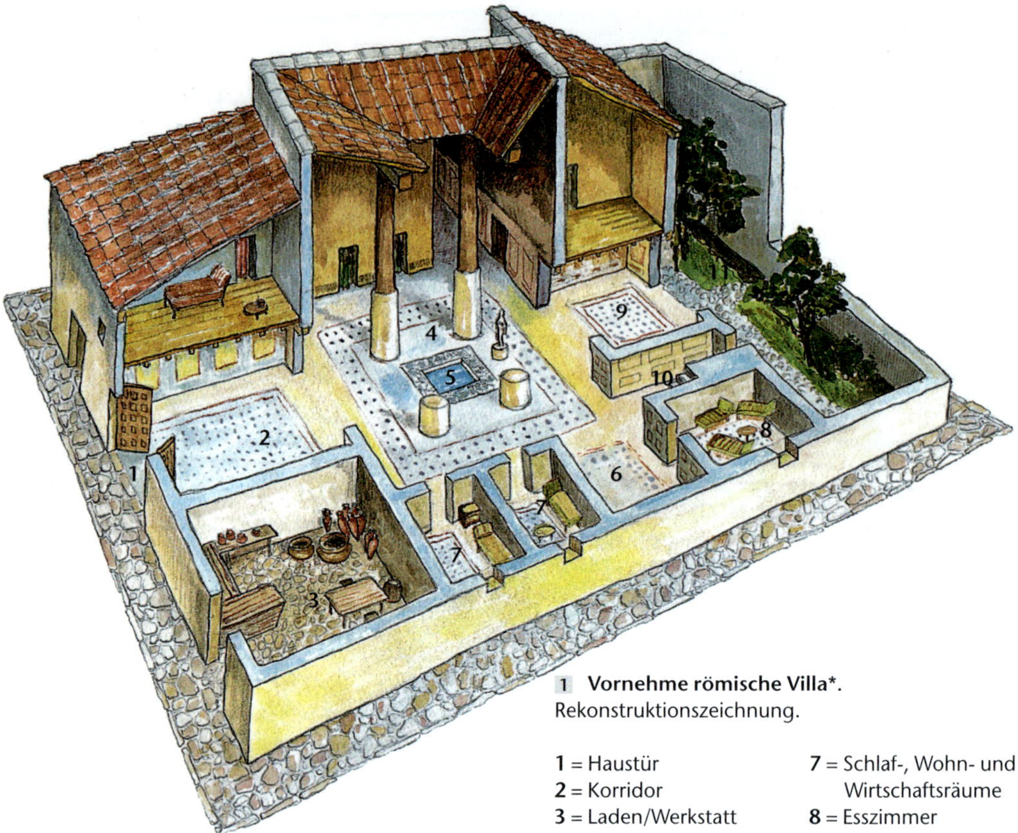

1 Vornehme römische Villa*.
Rekonstruktionszeichnung.

1 = Haustür
2 = Korridor
3 = Laden/Werkstatt
4 = Atrium*
5 = Regenbecken
6 = Seitenflügel
7 = Schlaf-, Wohn- und Wirtschaftsräume
8 = Esszimmer
9 = Gesellschaftsraum
10 = Gang
11 = Garten

Fußbodenheizung in einer römischen Villa. Der Fußboden sitzt auf gemauerten Pfeilern, zwischen denen durch einen Ofen erhitzte Luft strömt.

Villa*:
(lateinisch = Landhaus). Bei den Römern war die Villa das zu einem Landgut gehörende Herrenhaus. Später bezeichnete die Villa auch die vornehmen Stadtwohnungen. Ihre reichen Besitzer verfügten in der Regel über landwirtschaftliche Güter.

Atrium*:
In der Eingangshalle (lateinisch = atrium) empfingen reiche Römer ihre Gäste. Durch die Öffnung im Dach fiel Licht ein. Regenwasser wurde in dem darunter liegenden Becken aufgefangen und half, den Raum zu kühlen.

Villen und Mietskasernen

Q1 Kaiser Tiberius (14–37 n. Chr.) sagte einmal:

… Was soll ich zuerst verbieten? Den grenzenlosen Umfang der Villen? Die riesige und aus allen Nationen zusammengesetzte Dienerschaft? Die Schwere der Silber- und Goldgefäße? Die kostbaren Gewänder, die ebenso von Männern wie von Frauen getragen werden? Unsere Siege über fremde Völker ermöglichen es, fremdes Gut so zu verprassen. …

1 *Untersucht mithilfe dieser Aussage und der Abbildungen 1 und 2, wie ein reicher Römer gewohnt hat.*

In Rom gab es etwa 1500 Villen, die von reichen Römern bewohnt wurden. Die übrige Bevölkerung lebte in Häusern, die wir heute als Mietskasernen bezeichnen würden (Abbildung 3 der gegenüberliegenden Seite). Man wohnte dicht gedrängt und musste an den Hausbesitzer hohe Mieten zahlen. In den Räumen im Erdgeschoss befanden sich Läden. Die kleinen Fenster in den Mauerbögen erhellten notdürftig ein Zwischengeschoss. Es diente gleichzeitig als Lagerraum und als Wohnung für den Ladeninhaber und seine Familie (Abbildung 4 der gegenüberliegenden Seite). Über dem Zwischengeschoss befanden sich weitere Wohnungen, alle überbelegt mit Mietern. Heizungen gab es keine und fließendes Wasser auch nicht. Häufig waren die Häuser baufällig.

So wohnten die Römer

Öffentliche Latrine in Pompeji.

Schrittsteine über eine Straße in Pompeji.

2 **Römische Luxusvilla in Pompeji.** Rekonstruktionszeichnung.

Q2 Der Dichter Juvenal (60–140 n. Chr.) klagte:

... Wir hausen hier in Gebäuden mit Stützbalken leichter Art; nur solche zieht der Verwalter ein, wenn die Wand schwankt. Hat er die alten Risse verstopft, dann sagt er, wir sollten ruhig schlafen, obgleich die Gefahr des Einsturzes lauert. ...

2 *Beschreibt mithilfe der Abbildung 3 und 4 sowie der Texte hier und in der Randspalte die Wohnung eines armen Händlers.*

3 *Besprecht gemeinsam, wer für Rom die vielen Siege errungen hat und wer von diesen Siegen den Nutzen hatte.*

4 **Wohnung eines armen Händlers.** Rekonstruktionszeichnung nach Funden in der römischen Hafenstadt Ostia.

3 **Römisches Mietshaus.** Rekonstruktion.

Wohnblöcke in Rom: *Die Mietshäuser waren billig gebaut. Ständig drohte Einsturzgefahr. Augustus verfügte, dass sie nicht mehr als sechs bis sieben Stockwerke haben durften. Weil es keine sicheren Beheizungseinrichtungen gab, wurden die Stadtviertel häufig von Bränden heimgesucht.*

Zum Weiterlesen: Römische Thermen

Ein Badehaus für alle
Jede römische Stadt musste zumindest ein Badehaus, eine Therme, haben.
In Pompeji gab es drei große Thermen für die Stadtbewohner und alle benutzten sie. Man zahlte wenig Eintritt und Kinder durften umsonst hinein. In den Thermen erholte man sich, traf Freunde oder besprach sogar geschäftliche Angelegenheiten.

Vom Kaltbad zum Schwitzbad
Einige Thermen, etwa die Stabianer Thermen in Pompeji, hatten getrennte Anlagen für Männer und Frauen. Ansonsten gab es getrennte Badezeiten. Zuerst kleidete man sich aus (im Apodyterium) und legte seine Kleider in ein Fach oder auf ein Bord. Dann ging man in einen ungeheizten Raum, Frigidarium genannt, und nahm ein kurzes, kaltes Bad. Danach kam man in einen Warmluftraum, das Tepidarium.
Von dort aus ging es ins Caldarium, einen ganz heißen Raum voller Dampf mit heißen Bädern und einem warmen Brunnen zum Waschen. Dieser Raum wurde durch ein Hypocaustum geheizt – ein Gewölbe unter dem Fußboden, in das heiße Luft geblasen wurde. Durch den Dampf schwitzte man den Schmutz aus, der dann abgeschabt werden konnte. Dies erledigte zuweilen ein Sklave, der einen anschließend massierte und die Haut einölte. Es gab auch ein Laconicum oder Schwitzbad, in das man ging, wenn man trockene Hitze wollte.
Danach konnte man in den Hof gehen, um sich zu bewegen – um Ball zu spielen oder einfach nur umherzugehen.
Es gab auch ein kleines Schwimmbad und Toiletten.

Die Arbeit in den Thermen
Um eine Therme zu betreiben, wurden viele Sklaven gebraucht. Die Räume und das Wasser mussten mit Öfen geheizt werden, die die heiße Luft unter die Fuß-

Zum Weiterlesen: Römische Thermen

böden bliesen und durch die Wände zum Dach hinaufleiteten. Die Fußböden über den Hypocausten ruhten auf Pfeilern. Andere Sklaven arbeiteten als Masseure oder brachten Handtücher. Vermutlich gingen auch einige mit einem Bauchladen herum und verkauften Imbisse oder Süßigkeiten.

Ein geräuschvoller Ort

Lucius Seneca in Rom, etwa 63 n. Chr.:
„Ich wohne über den öffentlichen Badehäusern – du weißt, was das bedeutet. Es ist widerwärtig! Da sind die ‚starken Männer', die ihre Übungen machen und mit Ächzen und Stöhnen schwere Bleigewichte schwingen. Dann die Faulen, die sich einer billigen Massage unterziehen – ich höre, wie jemand Klapse auf die Schultern bekommt. Dann ist da der Mann, der den Klang seiner eigenen Stimme im Bad so gern hört. Und die, die ins Becken springen, dass es platscht!"

Diese und weitere Informationen über das Römische Reich und das Leben der Römer findet ihr in dem Buch von Mike Corbishley: Das Buch vom alten Rom. Arena Verlag, Würzburg.

Die Stabianerthermen in Pompeji. Rekonstruktionszeichnung.
Männerthermen:
1 **Auskleideraum,**
2 **Kaltbad,**
3 **Warmluftraum,**
4 **Warmbad,**
5 **Schwitzbad.**

Frauenthermen:
6 **Auskleideraum,**
7 **Warmluftraum,**
8 **Warmbad,**
9 **Öfen,**
10 **Hof,**
11 **Schwimmbad,**
12 **Toiletten.**

Familie und Erziehung

1 **Ein Römer mit den Büsten seiner Vorfahren.** 1. Jahrhundert n. Chr.

2 **Eine Frau mit einer Schreibtafel; ihr Mann mit einer Buchrolle.** Wandbild aus Pompeji, um 70 n. Chr.

Die römische „familia"

Die römische „familia" war etwas anderes als unsere heutige Familie. An der Spitze einer solchen Adelsfamilie stand der „pater familias", der Vater der Familie. Er besaß über alle Familienmitglieder uneingeschränkte Macht. Er allein entschied über das Vermögen. Nur er konnte Verträge schließen. Und er allein entschied, ob ein Neugeborenes aufgezogen oder ausgesetzt wurde. Vor allem Mädchen wurden häufig ausgesetzt. Über alle Mitglieder der familia konnte der „pater familias" Strafen, sogar die Todesstrafe verhängen. Zur „familia" gehörten neben der Ehefrau und den Kindern auch Enkel und Urenkel und die Familien der verheirateten Söhne. Ferner wurden zur „familia" auch die Sklaven und die Klienten gezählt.

1 *Betrachtet Abbildung 1 und überlegt, warum der Römer mit den Büsten seiner Ahnen dargestellt wird.*

Frauen in Rom

Die Römerin heiratete im Alter von 12 bis 14 Jahren. Als Ehefrau war sie vor allem „mater familias", die Mutter der Familie. Sie sorgte für das Haus, beaufsichtigte die Sklavinnen und kümmerte sich um die Erziehung der Kinder. Mit dem Beginn der Kaiserzeit erhielten die Römerinnen größere Freiheit und Selbstständigkeit. Kein Vater konnte seine Tochter mehr zwingen, eine Ehe einzugehen. Politische Rechte erhielten die römischen Frauen allerdings auch jetzt noch nicht, konnten also auch weiterhin keine öffentlichen Ämter übernehmen. So beschäftigten sich Frauen der Oberschicht häufig mit griechischer Bildung und Wissenschaft. Als Beraterinnen ihrer Männer wurden sie von römischen Schriftstellern immer wieder wegen ihrer politischen Klugheit gelobt. Stärker als früher nahmen sie am öffentlichen Leben teil, besuchten religiöse Feste, öffentliche Spiele, Theater, Thermen und Zirkusspiele.

Für die Frau eines einfachen Römers sah das Leben anders aus: In den engen Mietskasernen wohnend musste sie häufig allein für Lebensunterhalt und Erziehung der Kinder sorgen. Ihr Mann, der sich für zwanzig Jahre als Berufssoldat verpflichtet hatte, kam oft jahrelang nicht nach Hause.

2 *Beschreibt, welche Eigenschaften einer Römerin auf der Abbildung 2 als besonders lobenswert erscheinen.*

Mode:
Die Männer trugen ein knielanges, ärmelloses Hemd als Unterkleid. Über dieser Tunica als Oberkleid trugen die vornehmen Männer die Toga. In Rom musste sich jeder Bewerber um ein Staatsamt in eine weiße Toga kleiden.
Die Römerin trug über der Tunica ein Kleid aus Leinen. Draußen zog sie bei Bedarf einen lockeren Mantel („Palla") über. (Mehr zur Mode auf S. 176/177.)

Schule und Unterricht

3 **Privatlehrer mit Schülern.**

Römische Schulen

3 *Seht euch die Abbildung 3 an. Welche Situationen im Leben eines römischen Jungen sind hier dargestellt?*

Bis zum 6. oder 7. Lebensjahr wurden die Kinder von ihrer Mutter erzogen. In den wohlhabenderen Familien übertrug man die Erziehung auch geeigneten Sklavinnen oder Sklaven. Mit 7 Jahren besuchten die Kinder der armen Familien eine öffentliche Schule.

Q1 Ein heutiger Wissenschaftler schreibt:

... Der Unterricht begann früh am Morgen, ging pausenlos bis zum Mittag durch, wurde unter dem Vordach eines Ladens abgehalten, ständig umbrandet vom Straßenlärm, von dem ihn lediglich einige Zeltplanen trennten. Die gesamte Ausstattung bestand aus einem Stuhl für den Lehrer, Bänken oder Schemeln für die Schüler, einer schwarzen Tafel, Schreibtäfelchen und einigen Rechenbrettern. Der Unterricht ging das ganze Jahr hindurch und wurde nur an Markttagen und während der Sommerferien ausgesetzt. ...

Lehrer waren häufig freigelassene Sklaven, denen die Schüler vielfach mit Verachtung begegneten. Um sich durchzusetzen, griffen sie deshalb häufig zur Prügelstrafe. Ganz anders ging es in den teuren Privatschulen zu, die nur von Kindern der Oberschicht besucht wurden. Begleitet von einem Sklaven, der Schreibzeug, Tafel und Lineal tragen musste, gingen die Kinder morgens zum Unterricht, der von einem gut ausgebildeten Lehrer gehalten wurde.

4 **Bestrafung eines Schülers.** Nach einem Wandbild aus Herculaneum aus dem 1. Jahrhundert n. Chr.

4 *Den Schulabschluss bezeichnete man in Rom häufig mit: „die Hand unter dem Stock wegziehen". Erklärt diese Redewendung.*

Schreibtafel aus Wachs mit Griffel. Daneben Tintenfass mit Feder und Pergament. Rekonstruktion.

Pompeji – Eine Stadt stirbt

1 **Pompeji in den ersten Minuten des Bimssteinhagels 79 n. Chr.**

Zur Ausgrabungsgeschichte Pompejis: *Nach der Katastrophe 79 n. Chr. versuchten Überlebende und Plünderer in die Stadt vorzudringen. Sie geriet aber bald in Vergessenheit, bis man 1592 beim Bau einer Wasserleitung auf Überreste stieß. Erst nachdem man im 18. Jahrhundert Skulpturen und Teile eines Theaters unter den Lavamassen von Herculaneum gefunden hatte, begannen planmäßige Ausgrabungen. An versunkene Schätze zu kommen war dabei ein wichtiges Motiv. 1860 setzte dann die wissenschaftliche Erforschung Pompejis ein. Heute ist es wieder von Zerstörung bedroht. Gefahren gehen von der Umweltverschmutzung, dem immer noch aktiven Vesuv und nicht zuletzt von den Touristenströmen aus, die die freigelegte Stadt nicht zur Ruhe kommen lassen.*

Der Vesuv bricht aus

Pompeji war ein wichtiges Handels- und Industriezentrum und verfügte über einen eigenen Hafen. Als die Stadt 62 n. Chr. durch ein gewaltiges Erdbeben weitgehend zerstört wurde, begannen seine Bewohner sofort mit dem Wiederaufbau. Die Arbeiten an den öffentlichen Gebäuden und den Privathäusern waren noch lange nicht vollendet, als am 24. August 79 n. Chr. über die Stadt eine Katastrophe hereinbrach. Eine große Aschewolke zog bis Misenum, wo sich gerade Plinius der Jüngere aufhielt.

Q1 In zwei Briefen an den Geschichtsschreiber Tacitus berichtete der römische Politiker und Schriftsteller Plinius der Jüngere (um 62–114 n. Chr.) über den Vesuvausbruch:

… Eine dicke Qualmwolke, die wie ein reißender Strom über die Erde dahinschoss, folgte uns drohend. „Wir wollen ausbiegen“, rief ich (meiner Mutter zu), „solange wir noch etwas sehen, damit wir nicht auf der Straße in der Finsternis von der Menschenmasse ringsum zertrampelt werden.“
Wir hatten uns kaum niedergesetzt, da umhüllte uns bereits die Nacht. … Man hörte das Heulen der Frauen, das Gewimmer der Kinder, die Schreie der Männer. … Die einen jammerten über sich selbst, die anderen über das Unglück der Ihren. Viele hoben die Hände zu den Göttern, groß war die Zahl derer, die glaubten, es gebe keine Götter mehr und über die Welt sei die letzte, die ewige Nacht hereingebrochen. …
Reichlich und schwer fiel die Asche herab. Von Zeit zu Zeit mussten wir aufspringen und sie abschütteln, sonst hätte sie uns völlig bedeckt und durch ihr Gewicht erdrückt. …

1 *Informiert euch (z. B. im Erdkundeunterricht) darüber, wie es zu einem Vulkanausbruch kommen kann.*

Eine Stadt stirbt

Als Plinius in Misenum vor dem Ascheregen floh, war in Pompeji bereits alles Leben erloschen. Um 10.00 Uhr vormittags begann, ohne Vorwarnung, der Ausbruch des Vesuv mit einem furchtbaren Knall. Millionen Tonnen von Bimsstein, Lava und Asche wurden in den Himmel geschleudert und trieben in einer schwarzen Wolke auf Pompeji zu.
Mauern und Dächer stürzten ein und begruben Mensch und Tier unter sich. Nur drei Stunden später war jegliches Leben hier erloschen. Heftige Blitze, Erd- und Seebeben begleiteten die Katastrophe, die drei Tage andauerte und die Stadt schließlich unter einer 5 m dicken Schicht versinken ließ.

Pompeji – Eine Stadt stirbt

Die infolge von Regenfällen feuchte Asche legte sich um die Leiber und drang in die Falten der Kleider, bevor sie erstarrte. Als die Körper zerfielen, blieb ihr Abdruck in der Asche erhalten. Als man im 19. Jahrhundert mit der systematischen Grabung in Pompeji begann, goss man in die so entstandenen Hohlformen flüssigen Gips. Man erhielt so ganz genaue Abbilder von Tieren und Menschen in Pompeji während der letzten Sekunden ihres Lebens.

Q2 Ein Wissenschaftler berichtet:

... Im Hause des Vesonius Primus hatte man vergessen, den Hund, der im Atrium angekettet war, freizulassen. Durch die Öffnung im Dach rieselte Schlacke in den Raum. Das unglückliche Tier kletterte auf die Asche, soweit es die Kette zuließ. Schließlich war der Hund besiegt; er drehte sich auf den Rücken, versuchte unter dem Einsatz seiner ganzen Kraft sich zu befreien, und verendete (Abbildung 3). Im Hause des Fauns konnten sich die Eigentümer nicht dazu entschließen, ihre Schätze im Stich zu lassen. In aller Eile suchte die Hausherrin ihre kostbarsten Besitztümer zusammen: goldene Armreifen in Schlangenform, Haarnadeln, Ohrringe, einen silbernen Spiegel und eine mit Goldstücken gefüllte Börse; dann erst wandte sie sich zur Flucht.
Aus Angst vor der Asche kehrte sie zurück; kurz darauf stürzte das Dach ein und begrub die Unglückliche samt ihren Schätzen unter sich. Die anderen Hausbewohner erstickten in ihren Verstecken. ...
Die Gladiatorenkaserne wurde zu einer tödlichen Falle für ihre Bewohner. Zwei, die in Ketten lagen, gingen elend zugrunde, denn niemand kümmerte sich um sie; die anderen zogen sich in bestimmte Räume zurück. Der Tod ereilte dort 63 Menschen. ...

2 *Betrachtet Abbildung 4 und die Zeichnung 1. Welche Gründe könnten Menschen an einer schnellen Flucht gehindert haben?*

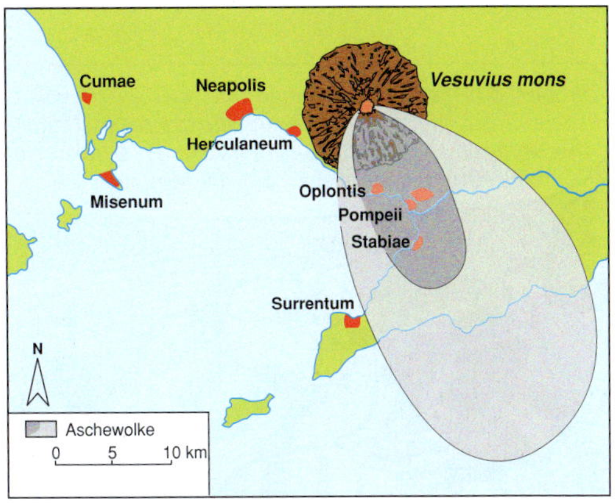

2 **Die Bucht von Neapel 79 n. Chr.**

3 **Abguss vom Wachhund des Vesonius Primus.**

4 **Abguss eines Maultiertreibers, der sich zum Schutz gegen den Ascheregen in seinen Umhang hüllte und erstickte.**

Fundstücke aus Pompeji:

Tragbares Kohlebecken.

Armreif in Gestalt einer Schlange.

Geldbörse aus Silber.

Lesetipp:
Ellis Dillon: Im Schatten des Vesuv. Herder, Freiburg Verlag 1980.
Sara C. Bisel: Die Geheimnisse des Vesuv. Tessloff Verlag, Nürnberg 1991.
Melanie Rice u. a.: Pompeji. Der Untergang einer Stadt. Gerstenberg Verlag, Hildesheim 1999.

Werkstatt Geschichte: Culinaria Romana

1 Asterix und Obelix bei Tisch.
Comic-Zeichnung.

Römische „Tischsitten"
Etwa gegen 6 Uhr früh stand der Römer auf. Zum Frühstück aß er Brot, Käse, Eier und trank dazu Wasser. Gegen 11 bis 12 Uhr mittags nahm er – meist in Eile – ein paar Bissen von kalten Speisen (Gemüse, Obst, Eier, Fisch) ein. Die Hauptmahlzeit, die „cena", fand am Nachmittag statt und dauerte unterschiedlich lang, je nachdem, ob sie als einfaches Essen oder als Festmahl gestaltet war.
Nach griechischem Vorbild wurde nicht in sitzender Haltung, sondern auf Ruhebänken liegend gegessen. In Hufeisenform waren sie um einen viereckigen Tisch angeordnet. Eine Seite ließ man zum Bedienen der Gäste offen.
Die Gerichte waren in kleine Portionen aufgeteilt, sodass sie mit den Fingern zum Mund geführt werden konnten. Bei flüssigen Speisen kam ein Löffel zum Einsatz. Zum Reinigen der Hände wurden während der Mahlzeit Gefäße mit Wasser gereicht.

Speisen und Getränke
Was auf dem Speisezettel stand, hing – wie auch heute – vom „Geldbeutel" ab. Die Hauptnahrung der Ärmeren bestand aus Brot minderer Qualität, Gemüse (Bohnen, Linsen, Kichererbsen) und in Salzlake haltbar gemachtem Fisch. Allgemein als Würzmittel beliebt war das „garum", eine aus gepökeltem Fisch hergestellte Sauce, die einen sehr intensiven Geruch verbreitete. Zum Essen wurde mit Wasser verdünnter Wein getrunken. Die Wohlhabenden gönnten sich – für unseren Geschmack – recht ausgefallene Leckerbissen mit Zutaten, die aus den unterschiedlichsten Regionen innerhalb und außerhalb des Reiches stammten. Eine Vorstellung davon geben uns die Rezepte des Apicius. Er war ein Zeitgenosse des Kaisers Tiberius (14–37 n. Chr.) und galt als verschwenderischer Feinschmecker. Nachdem er sein ganzes Vermögen vergeudet hatte, beging er Selbstmord. 200 Jahre später erschien unter seinem Namen ein Kochbuch.

Q1 Aus dem Kochbuch des Apicius:
Parthisches Huhn
Schneide das Hühnchen am Rücken auf und spreize es auseinander. Zerstoße Pfeffer, Liebstöckel, Kümmel, gib Fischsoße dazu und vermische es mit Wein. Lege das Hühnchen auf einen Teller ... und gieße die Soße darüber. Löse starkes Asa foetida (Wurzelextrakt einer Pflanze) in warmem Wasser auf und gieß es während des Kochens über das Hühnchen. Serviere es wohlgewürzt mit Pfeffer.

1 *Versucht den Rezeptvorschlag des Apicius nachzukochen.*
Für vier Personen braucht ihr:
4 Stücke vom Huhn (Brust oder Schlegel)
gemahlenen schwarzen Pfeffer
170 ml Rotwein
30 ml Fischsoße
2 TL klein geschnittenes Liebstöckel- oder Selleriegrün
2 TL Kümmelsamen.
Die Hühnerteile in eine Kasserolle legen und großzügig mit Pfeffer bestreuen. Den Wein und die Fischsoße vermischen, Liebstöckel und Kümmelsamen dazugeben und das Hühnerfleisch damit übergießen; abgedeckt im vorgeheizten Backofen bei 190°C (Gas Stufe 5) eine Stunde lang braten. Nach einer halben Stunde den Deckel abnehmen, damit das Fleisch bräunt; mit etwas Soße übergossen auftragen.

Wirtschaft und Handel in der Kaiserzeit

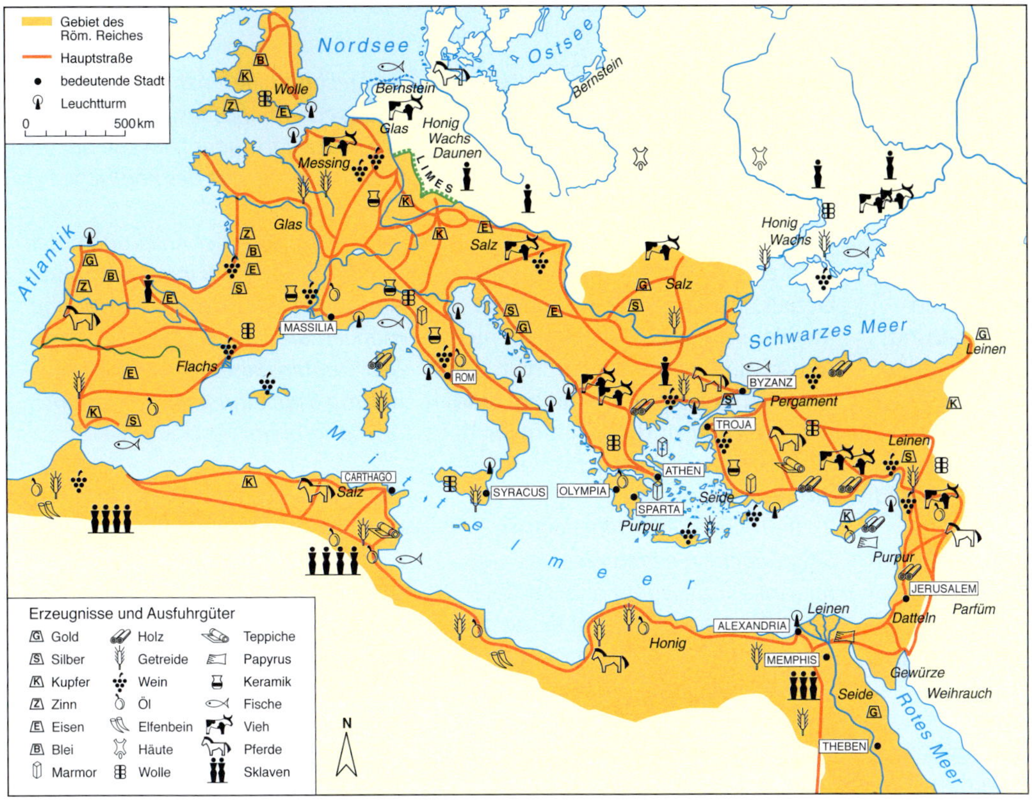

2 **Die Wirtschaft des Römischen Reiches im 1. Jahrhundert n. Chr.:** Produkte, die nach Rom geliefert wurden.

Mit Kaiser Augustus begann für das Römische Reich eine Zeit des Friedens. So konnte sich der Handelsverkehr auf den Straßen ungestört entwickeln. Auch die Handelsschiffe wurden nicht mehr wie in den Jahren zuvor von Seeräubern bedroht. Dies kam den Fernhändlern gelegen, die ihre Waren lieber mit dem Schiff beförderten. Der Transport zu Lande mit von Ochsen gezogenen Wagen war im Vergleich dazu außerordentlich teuer; er spielte eine größere Rolle bei kürzeren Entfernungen.

Schiffe löschten in der alten römischen Hafenstadt Ostia Waren aus aller Welt; von hier wurden sie tiberaufwärts nach Rom gebracht und im Stadthafen oder auf dem Forum verteilt.

1 *Fertigt mithilfe der Karte eine Tabelle an. In die linke Spalte tragt ihr die heutigen Ländernamen ein, in die rechte Spalte die Waren, die nach Rom geliefert wurden.*

2 *Informiert euch in einem Lebensmittelgeschäft, aus welchen Ländern z. B. Gemüse, Obst usw. kommen.*

Q2 Ein Wissenschaftler schreibt:

… In den drei Häfen Roms strömten die Güter der Welt zusammen: Gemüse, Obst und Wein aus Italien; Getreide aus Ägypten und Afrika; Öl, Pökelfleisch, Blei, Silber und Kupfer aus Spanien; Wild, Holz und Wolle aus Gallien; Datteln aus den Oasen; Marmor aus Griechenland und Numidien; Elfenbein aus Nordafrika; Bernstein aus den baltischen Ländern; Glasschätze aus Phönizien und Syrien; Stoffe und Seide aus dem Orient; Weihrauch aus Arabien; Gewürze und Edelsteine aus Indien. …

3 *Lest nochmals den Rezeptvorschlag des Apicius auf S. 154. Aus welchen Ländern oder Regionen könnten die Zutaten in römischer Zeit gestammt haben?*

*Wie die Griechen (siehe S. 109) transportierten auch die Römer z. B. Olivenöl, Wein und Trockenobst in doppelhenkligen Krügen, den **Amphoren**.*

Methode: Arbeit mit Karten

Karten im Erdkundeunterricht
Im Erdkundeunterricht habt ihr bereits mit verschiedenen thematischen Karten gearbeitet. Nur die Umrisse von Land und Meeren und auch der Verlauf von Flüssen sind auf Karten eines bestimmten Gebietes immer gleich. Dieses „Kartenbild" hilft uns bei der Orientierung, wenn wir es uns gut eingeprägt haben. Am häufigsten arbeitet ihr im Erdkundeunterricht mit physischen Karten, die die Oberfläche der Erde zeigen. Flüsse, Seen und Meere sind blau eingetragen. Die Landmassen sind zumeist grün, beige und braun eingezeichnet und zeigen so verschiedene Höhenlagen. Man legt aber auch Karten zu vielen anderen Themen an:

– **Politische Karten** zeigen die Staaten mit ihren Grenzen und Hauptstädten. Staaten werden dabei mit einer bestimmten Flächenfarbe dargestellt, Grenzen als Linien und Städte mit bestimmten Zeichen, meist als Punkte oder Kreise unterschiedlicher Größe. Diese Zeichen nennt man Signaturen.
– **Wirtschaftskarten** zeigen die Verbreitung von Bergbau, Industrie, Land- oder Forstwirtschaft. Das kann durch bestimmte Flächenfarben geschehen, meist werden aber verschiedene Signaturen benutzt.
– **Verkehrskarten** stellen mit Linien und Signaturen Straßen-, Eisenbahn- und Kanalnetze dar, aber auch Flugrouten.

Flächenfarbe, Linien und Signaturen werden am Rand jeder Karte in der Legende erklärt.

1 *Sucht aus eurem Atlas Karten von Europa zu den verschiedenen Themen heraus. Beschreibt, welche Flächenfarben, Linien und Signaturen vorkommen und was sie bedeuten.*

Karten werden zu bestimmten Zwecken angelegt
Jede Karte hat ihren besonderen Zweck. Der Autoatlas beispielsweise zeigt nicht das gesamte Verkehrsnetz, sondern hauptsächlich das Straßennetz mit möglichst vielen Details. Flüsse, Eisenbahnen und Kanäle sind für den Autofahrer nicht so wichtig und werden deshalb nur zur Orientierung eingetragen. Städte und Dörfer sind wiederum wichtig und müssen möglichst vollständig eingetragen sein.

2 *Bestimmt erinnert ihr euch an Situationen, in denen ihr eine Frage mit einer Karte klären musstet. Welche Art von Karte habt ihr benutzt? Welche Informationen waren wichtig, welche weniger wichtig?*

Karten im Geschichtsunterricht
Auch im Geschichtsunterricht wird mit Karten gearbeitet. Genau wie im Erdkundeunterricht sind es thematische Karten. Der Unterschied besteht darin, dass die Karten in eurem Geschichtsbuch oder in einem Geschichtsatlas nicht die heutige Situation zeigen wollen, sondern die Situation zu einem vergangenen Zeitpunkt. Ein Beispiel dafür seht ihr auf der gegenüberliegenden Seite. Andere Karten zeigen aber auch Veränderungen zu bestimmten Themen zwischen festgelegten Zeitpunkten. Ein Beispiel dafür findet ihr auf S. 129.

3 *Stellt fest, welchen Zeitpunkt die Karte auf S. 157 darstellt und welcher Zeitraum auf der Karte von S. 129 dargestellt wird.*

4 *Vergleicht die Karte von S. 157 mit einer Karte des heutigen Mittelmeerraumes aus eurem Atlas und stellt zusammen, welche Elemente der Karte unverändert dargestellt werden.*

5 *Stellt mithilfe einer politischen Karte aus eurem Atlas fest, welche Staaten heute ganz oder teilweise auf dem ehemaligen Gebiet des Römischen Reiches liegen.*

6 *Stellt mithilfe der Anleitung unten das Römische Reich in seiner größten Ausdehnung als Wandkarte dar und markiert die Hauptstädte der heutigen Staaten dieses Gebietes (Arbeitsauftrag 5) mit ihren Nationalfahnen als Signaturen.*

Wandkarten – selbst gemacht
Wenn ihr für die Arbeit in der Klasse eine Wandkarte selbst anlegen wollt, könnt ihr euch die Arbeit leicht machen, indem ihr das Kartenbild aus dem Atlas zunächst mit einem Folienstift auf eine OHP-Folie durchpaust. Wenn ihr die Folie dann mit dem OHP auf die Zeichenfläche (alte Tapetenrollen, Packpapierbögen) projiziert, müsst ihr die Linien nur noch mit einem dicken Filzstift nachziehen.

1 **Wandkarten – selbst gemacht.**

Methode: Arbeit mit Karten

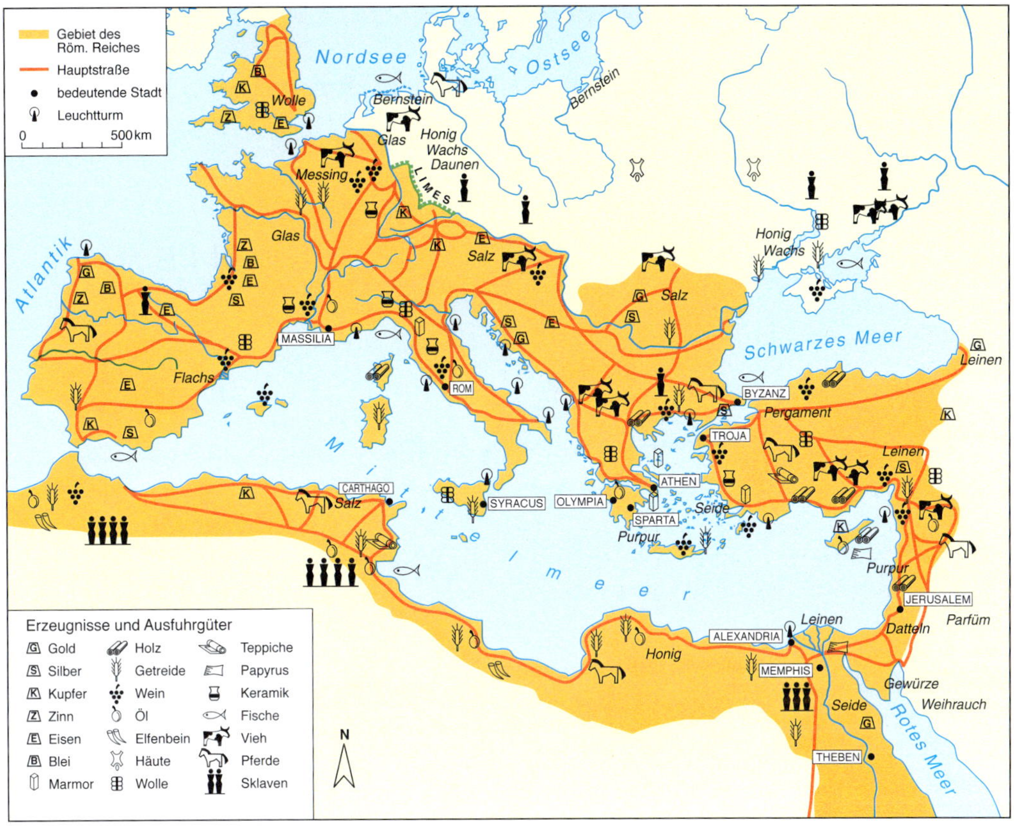

2 Die Wirtschaft des Römischen Reiches im 1. Jahrhundert n. Chr.: Produkte, die nach Rom geliefert wurden.

Bei der Arbeit mit Geschichtskarten helfen folgende Schritte (ihr könnt sie zunächst am Beispiel der Karte oben anwenden):

1. Schritt
Thema und Zeitraum bestimmen

Antwort gibt meist der Titel einer Karte. Er ist in diesem Buch unter oder neben den Karten abgedruckt. Wenn der Zeitraum im Titel nicht zu erkennen ist, müsst ihr einen Blick in die Zeichenerklärung werfen, die so genannte Legende, oder auf der Karte eingetragene Jahreszahlen berücksichtigen.

2. Schritt
Das dargestellte Gebiet bestimmen

Häufig wird das Gebiet im Titel einer Karte genannt. Fehlen die Angaben, müsst ihr euch am Kartenbild orientieren. (Zur Karte oben müsst ihr selbst eine Bezeichnung finden, die heute für dieses Gebiet gebraucht wird.)

3. Schritt
Farben und Zeichen erkennen

Fast jede Karte hat eine Legende. Dort findet ihr für Farben und Symbole Erklärungen, die nicht in der Karte selbst stehen. (Zur Karte oben findet ihr die meisten Angaben in der Legende.)

4. Schritt
Aussagen der Karte zusammenfassen

Manchmal hilft es, die Aussagen einer Karte in einem kurzen Bericht zusammenzufassen. (In der Karte oben könntet ihr z. B. den Weg bestimmter Waren verfolgen und darüber berichten. Oder ihr könntet euch in die Situation eines Händlers versetzen, der Waren, die er verkaufen möchte, an einem bestimmten Ort beschaffen will.)

Die Sicherung des Römischen Reiches

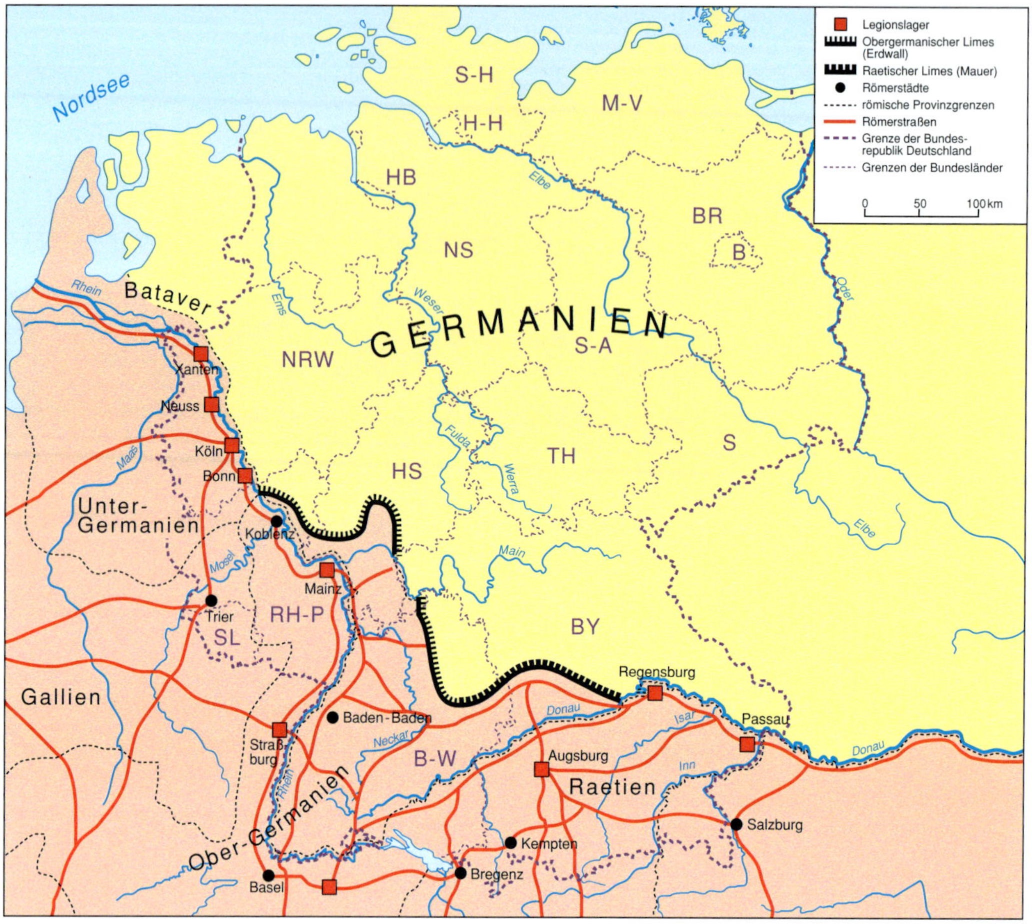

1 **Der obergermanische und rätische Limes im 2. Jahrhundert n. Chr.**

Limes**:
(lateinisch = Grenzweg). Grenzbefestigung der Römer mit Wällen, Gräben, Wachttürmen und Kastellen.

Der Limes*

Das ganze Römische Reich war in Provinzen, eingeteilt. An ihrer Spitze standen Statthalter, die die hier eingesetzten Truppen befehligten. Zugleich sorgten sie dafür, dass die unterworfenen Völker die römischen Gesetze befolgten und Steuern und Abgaben bezahlten. Kaiser Augustus wollte, dass das ganze Römische Reich durch natürliche Grenzen gesichert sein sollte. Bis zu seinem Tode hatte er dieses Ziel erreicht: Das Imperium wurde vom Atlantischen Ozean, von den Wüsten in Nordafrika und im Nahen Osten sowie von den Flüssen Euphrat, Donau und Rhein begrenzt (vgl. Karte S. 129).
Gescheitert aber war Augustus mit seinem Plan, die Reichsgrenze östlich des Rheins bis an die Elbe vorzuschieben. Rhein und Donau blieben die Reichsgrenzen. Unter seinen Nachfolgern kamen nur wenige Eroberungen hinzu. Sie beschränkten sich meistens darauf, die Grenzen noch sicherer zu machen. Überall dort, wo nicht Berge oder Flüsse eine natürliche Grenze bildeten, wurden Erdwälle aufgeschüttet, Türme, Palisaden oder Mauern errichtet. Diese Grenzbefestigung wurde Limes genannt. Ein solcher Limes wurde in Britannien angelegt, einer in Germanien, weitere entstanden beispielsweise in Nordafrika.

1 *Erklärt mit eigenen Worten, warum die Römer den Limes bauten.*
2 *Beschreibt mithilfe der Karte (Abbildung 1) den Verlauf des Limes in Germanien.*

Alarm am Limes

2 Obergermanischer Limes mit Holzzaun, Wall und Graben. Rekonstruktionszeichnung.

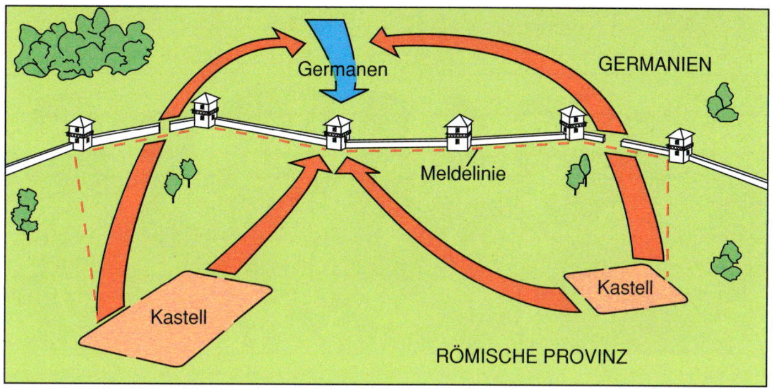

3 Wach- und Meldeanlagen am Limes.

Die Grenzsicherung

Q1 Der römische Schriftsteller Frontinus schrieb im 1. Jahrhundert n. Chr.:

… Weil die Germanen treu ihrer Gewohnheit aus ihren Wäldern und dunklen Verstecken heraus die Unsrigen überraschend anzugreifen pflegten und nach jedem Angriff eine sichere Rückzugsmöglichkeit in die Tiefe der Wälder besaßen, ließ der Kaiser Domitian einen Limes über 120 Meilen anlegen (1 Meile = 1478 Meter). …

Nur einhundert Jahre später erstreckte sich der Limes vom Rhein bis zur Donau, 548 km lang und bewacht von römischen Soldaten in über 60 Kastellen und 900 Wachttürmen. In Obergermanien bestand der Limes aus einem Palisadenzaun, hinter dem sich Wall und Graben befanden. In Raetien baute man anstelle der Palisaden im 2. Jahrhundert n. Chr. eine 2–3 m hohe Mauer. Die Wachttürme aus Stein waren weiß verputzt mit rot eingefärbten Quaderlinien.

Der Limes bildete so weithin sichtbar die römische Reichsgrenze. Nur an bestimmten Übergangsstellen durften Kaufleute und Reisende die Grenze überqueren. Reichtum und Wohlstand in den römischen Siedlungen hinter dem Limes verlockten Germanen immer wieder zu kleineren Raub- und Plünderungszügen. Entdeckte der römische Posten auf einem Wachtturm Germanen, die sich heimlich der Grenze näherten, gab er sofort ein Signal an die benachbarten Wachttürme weiter, nachts z. B. mit einer Fackel, tagsüber mit einer roten Flagge oder – vor allem bei schlechtem Wetter – mit dem Horn. Von Turm zu Turm wurde das Alarmsignal weitergegeben bis zum nächsten Kastell.

3 *Beschreibt mithilfe der Abbildung 2 den Aufbau der Verteidigungsanlagen am Limes.*

4 *Schaut euch Abbildung 3 genau an. Erklärt, was geschah, wenn ein römischer Wachtposten germanische Krieger sichtete.*

Bei Idstein im Taunus wurde ein Limeswachtturm rekonstruiert.

Römisches Leben in den Provinzen

1 **„Die Vorzüge der römischen Kultur“.** Karikatur aus einer englischen Zeitschrift 1912.

Trinkglas. Köln, um 300 n. Chr.

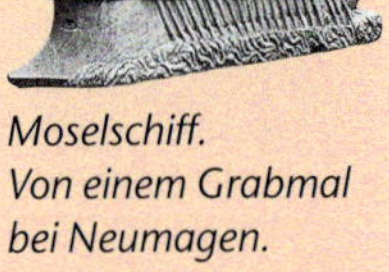

Moselschiff. Von einem Grabmal bei Neumagen.

Römische Kultur erobert die Provinz

1 *Beschreibt die Karikatur. Welche Gegensätze werden dargestellt? Auf welche „Vorzüge“ weist der römische Offizier in dieser Karikatur hin? Wie wird die Reaktion der Zuschauer beschrieben?*

Römische Soldaten, Offiziere, Verwaltungsbeamte und Händler brachten in alle Provinzen des großen Reiches die römische Lebensweise. An den großen Flüssen und Fernverkehrsstraßen entstanden Römerstädte wie beispielsweise Mainz, Koblenz, Bonn, Köln, London oder Taragona. Außerdem bauten die Römer zahlreiche große Gutshöfe zur Versorgung der Bevölkerung und der Soldaten. Steinhäuser und Straßenbau waren den unterworfenen Völkern ebenso fremd wie zahlreiche Früchte, die die Römer anbauten.

Q1 Sie übernahmen daher hierfür die römischen Begriffe, die so auch in unsere Sprache Eingang gefunden haben:

… Auf einer strata bedeckt mit plastrum nähert sich ein germanischer Händler auf seinem carrus dem römischen Gutshof. Seine Ware hat er sorgfältig verpackt in cista, saccus und corbis. Umgeben war der Gutshof von einer murus. Durch die geöffnete porta gelangte er in den Innenhof. Jetzt stand er vor der villa gedeckt mit roten tegula. In der villa gab es eine camera und ein geheiztes Zimmer mit einem langen discus. An der Wand hing ein speculum. Jedes Zimmer hatte ein großes fenestra. Im cellarium befand sich die riesige pressa, mit deren Hilfe vinum und mustum hergestellt wurden. Unterm Dach war noch ein spicarium.
Für seine Waren, Felle und Bernstein erhielt der germanische Händler Obst und Gemüse wie: prunum, persicum und radix; außerdem oleum, vinum und den guten caseus. Einige Waren ließ er sich auch in römischer moneta bezahlen. …

2 **Lateinische Wörter in der deutschen Sprache.** Rekonstruktionszeichnung.

2 *Setzt anstelle der lateinischen Wörter die entsprechenden deutschen Wörter ein. Seht euch dazu auch die Abbildung 2 an.*

3 *Beschreibt mithilfe der Abbildung 3 die Anlage eines römischen Gutshofes.*

3 **Ein römischer Gutshof.** Rekonstruktion aus dem Limes-Museum in Aalen.

Werkstatt Geschichte: Bauen mit den Römern

Modellbau eines Limeswachtturmes
Sprecht mit eurem Geschichts- oder Werklehrer darüber, ob ihr ein Modell eines Limeswachtturmes in der Schule nachbauen könnt. Die Wachttürme am Limes waren wegen des unebenen Geländes unterschiedlich hoch. Ihre Höhe schwankte zwischen 8 und 15 m. Der Grundriss der Türme war quadratisch. Die Kantenlänge lag zwischen 3 und 5 Metern. Damit keine ungebetenen Gäste in den Turm eindringen konnten, befand sich der Einstieg in einer Höhe von etwa 3 Metern. Die Leiter zum Einstieg konnte eingezogen werden.

Zum Herstellen des Modells benötigt man:
- etwa 12 m Rundhölzer mit 6 mm Durchmesser
- etwa 1 m Rund- oder Vierkanthölzer für das Geländer mit 4 mm Durchmesser
- eine Feinsäge
- ein Schnitzmesser
- eine flache Holzfeile
- einen Schraubstock
- Holzleim
- Furnierreste oder dünne Leisten.

Der Wachtturm wird auf einer Sperrholz- oder Pressspanplatte aufgebaut. Für den Nachbau ist ein Maßstab von 1:50 sinnvoll; das Modell wird dann etwa 20 cm hoch.

1. Als Erstes werden 8 cm lange „Baumstämme" gesägt. Diese werden dann auf beiden Seiten jeweils oben und unten mit der Holzfeile eingekerbt (vgl. Bild 2). Die Einkerbungen sind jeweils 1,5 mm tief (1/4 des Holzdurchmessers). Werden diese „Stämme" dann rechtwinklig übereinander gelegt, so müssen sie ohne Zwischenraum aufeinander liegen.

2. Zuerst werden zwei gegenüberliegende Stämme (a) gelegt. Darauf wird wenig Holzleim aufgetragen, dann werden die zwei Stämme (b) aufgesetzt (vgl. Bild 3). So können 10 bis 12 Baumlagen aufgebaut werden; in dieser Höhe befindet sich dann die Tür.

3. Die Tür ist 5 Lagen hoch und 2 cm breit. Für die Tür werden also 10 Hölzer benötigt mit einer Länge von 2,5 cm (Bild 7); sie werden nur an einer Seite oben und unten eingeklebt.

4. Rechts und links der Tür werden zwei senkrechte Hölzer, die in der Länge halbiert sind, eingeklebt. Danach können wieder 5–7 Lagen hochgebaut werden, dann wird die Plattform angelegt. Dazu werden „Baumstämme" verwendet, die jeweils an beiden Seiten 2 cm überstehen. Diese sind also 12 cm lang. Auf die überstehenden Holzenden kann dann später die Plattform aufgebaut werden (vgl. Bild 5).

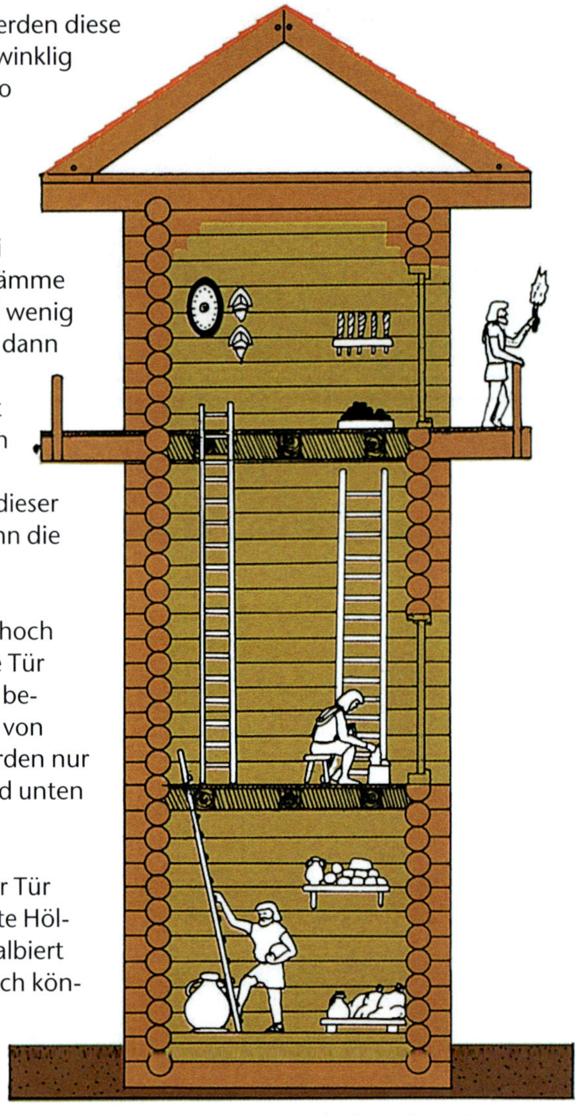

1 **Blick in einen Wachtturm.** Ende des 1. Jh. n. Chr.

5. Direkt über der Plattform wird eine zweite Tür angelegt. Darüber werden noch 3 Baumlagen aufgebaut. Die oberste Lage besteht aus Balken, die wie bei der Plattform 2 cm überstehen. Darauf wird ein Grundrahmen für das Dach aufgeleimt. Dieser Rahmen sollte aus flachen Leisten gebaut werden.

6. Auf die Ecken des Rahmens werden die vier Dachbalken (9 cm lang) wie bei einem Zelt

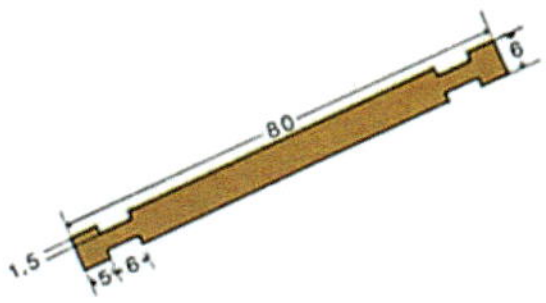

2

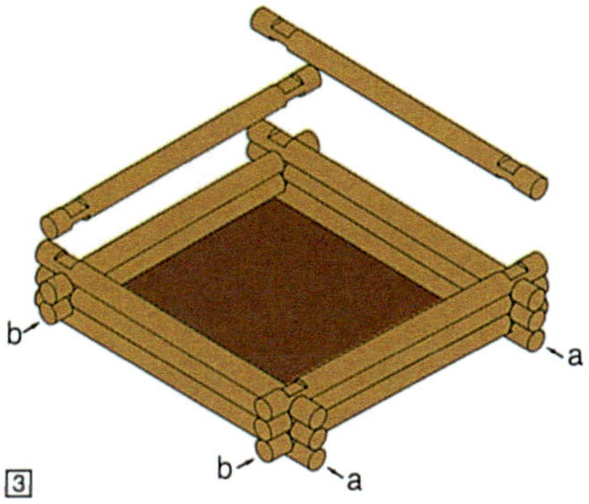

3

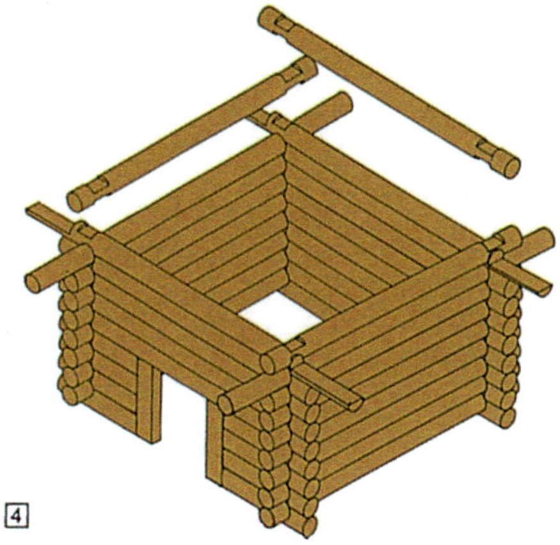

4

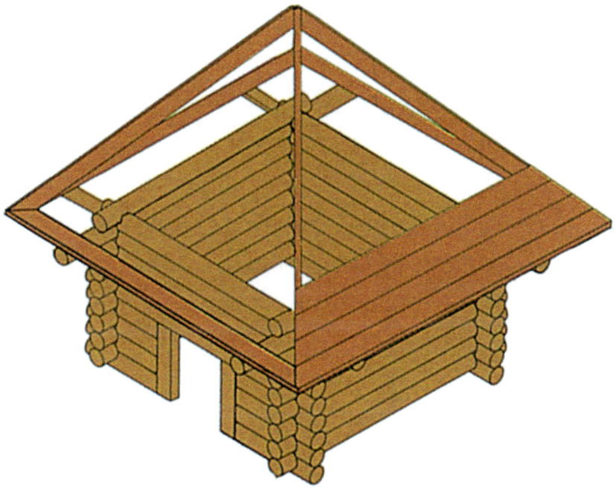

5

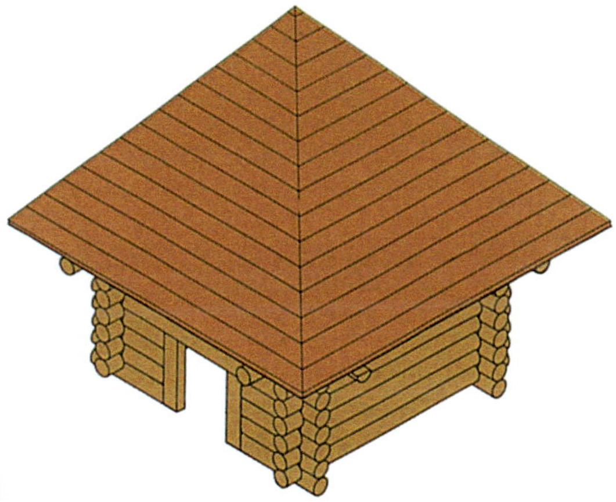

6

aufgebaut. Diese Dachbalken müssen an beiden Enden abgeschrägt werden, damit sie voll auf dem Rahmen bzw. aufeinander liegen (vgl. Bild 6). Zum Decken des Daches eignen sich Furnierreste oder dünne Leisten.
Schließlich muss noch die Plattform aufgebaut werden.
Zunächst wird der Boden der Plattform mit dünnen Leisten gelegt. Dabei ist zu beachten, dass die vier überstehenden Balkenenden auf gleiche Höhe gebracht werden. Dazu können die vier Balkenenden, die zu hoch sind, mit der Raspel abgeflacht werden.

Der Aufbau des Geländers wird einfacher, wenn man Vierkanthölzer (ca. 4 mm stark) verwendet.

7. Alle Teile des Geländers müssen sorgfältig gesägt und geleimt werden. Die schrägen Stützen werden oben und unten abgeschrägt (vgl. Bild 7).

7

Religionen und Kulte im Römischen Reich

Göttliche Natur

In der Frühzeit verehrten die Römer auffallende Naturerscheinungen, deren Wirkung sie im Alltag erlebten. Die Vegetationskulte* dieser bäuerlichen Religion wurden vom Familienvater vollzogen (vgl. S. 150).

Vegetationskult*: *Bezeichnung für Religionen, in denen das Werden und Vergehen der Natur verehrt wird. Es wird symbolisch dargestellt, um die Fruchtbarkeit von Acker, Vieh und Menschen zu fördern.*

Vertrag mit den Göttern

Im 6. Jahrhundert v. Chr. unter der Herrschaft der Etrusker gelangten die Römer nach dem etruskischen Vorbild zu der Überzeugung, dass göttliche Wesen in Menschengestalt die unerklärbaren Naturgewalten ordnen und lenken. Den Göttern wurden prachtvolle Tempel errichtet, deren Inneres nur von Priestern betreten werden durften. Die Altäre für die streng geregelten Opferhandlungen (s. Randspalten S. 164/165) standen draußen vor den Stufen. Im Forum Romanum, dem Herzen Roms, überragte der Tempel des Jupiter alle anderen Bauwerke. Prächtig waren auch der Tempel des Saturn (Vater des Jupiter und der römische Gott der Ackerbauern und der Ernte). Als Gegenleistung für Götterverehrung und Opfergabe erwarteten die Menschen, dass die jeweils angerufene Gottheit alles zum Besten fügen würde. Man schloss mit ihnen einen Vertrag: Man tat etwas für sie, dafür erwartet man etwas von ihnen.

Römisches Altarbild *mit Opferszene. 2. Jahrhundert*

Götter aus vielen Ländern

Die Götter und Glaubensvorstellungen eroberter Völker bereicherten die römische Religion. Rom war sehr tolerant; es unterdrückte und bekämpfte fremde Religionen nicht, sondern es duldete die Ausübung dieser religiösen Bräuche. Die Götter der vorgefundenen einheimischen Religionen wurden in die römische Götterwelt übernommen. In Rom ging man dabei von dem Grundgedanken aus, dass ein Land in den Schutzbereich seiner jeweiligen Götter gehört, die man unbedingt versöhnlich stimmen muss. Dabei wurden die Götter fremder Völker nur als andere Erscheinungsformen ihrer eigenen betrachtet und mit römischen Göttern gleichgesetzt. So konnten fremde Völker und Stämme auch unter römischer Herrschaft ihre religiösen Eigenheiten und Bräuche behalten.

1 Weihestein für die Matronen. Noch heute liegen immer wieder Früchte und frische Blumen auf dem alten Stein dieser keltischen Fruchtbarkeitsgöttinnen in Bad Münstereifel-Pesch. Foto 2001.

Viele der griechischen Götter (vgl. S. 100) wurden z. B. übernommen und nur ihre Namen verändert. Zeus, der griechische Göttervater, hieß in Rom Jupiter, der Weltenherrscher. Alle anderen Götter gehörten zu seiner Familie, waren ihm untergeordnet und hatten alle ihre „Spezialgebiete": Aus Ares wurde der Kriegsgott Mars, aus der Liebesgöttin Aphrodite wurde Venus und aus dem griechischen Meeresgott Poseidon wurde Neptun. Sehr beliebt war auch der griechische Apoll, der Gott des Lichtes, der Dichtkunst und der Musik.
Auch die Formen der Verehrung wurden angepasst. Bei der Eroberung des Rheinlandes in der 2. Hälfte des 1. Jahrhunderts fanden die Römer viele Natur- und Schutzgöttinnen vor. Die Matronen, keltische Fruchtbarkeitsgöttinnen, erhielten kunstvoll behauene, bunt bemalte und beschriftete Weihesteine als Dank für erfüllte Bitten, so für eine gute Ernte, gesund geborene Kinder oder Tiere.
Neben den Göttern verehrten die Römer örtliche und persönliche Schutzgeister. Am wichtigsten war hierbei der Genius*.
Die Geister der Verstorbenen wurden als Schutzgottheiten für Haus und Familie verehrt (Penaten und Laren).

Genius*: *Persönlicher Schutzgeist, der das Wesen eines jeden Menschen göttlich verkörpert.*

Religionen und Kulte im Römischen Reich

Kapitolinische Trias*: *Jupiter, seine Frau Juno und seine Tochter Minerva.*

2 Isistempel in Pomeji. Jugendbuchillustration. Den Isiskult hatten die Römer in Ägypten kennen gelernt.

Der ägyptische Isis-Kult

Durch die römischen Eroberungen 30 v. Chr. breiteten sich auch ägyptische Religionsformen im Imperium Romanum aus. So übernahmen die Römer den Isis-Kult (S. 87).
Isis* war die Gemahlin des Osiris und die Mutter des Horus. Sie galt als Vorbild aller Mütter und Schutzherrin der Kinder. Dargestellt wurde sie meist als Frau mit Kuhhörnern, zwischen denen sich die Sonne befindet. Das Motiv der Isis, die auf ihrem Schoß ihren Sohn Horus hält, wurde später im Christentum zum Vorbild der Darstellung der Mutter Maria mit ihrem Kind.

Der Mithras-Kult aus Persien

Mithras* war in Persien ein seit 1000 v. Chr. verehrter Gott von Recht und Ordnung (s. auch Randspalte S. 167). Im Römischen Reich erlangte er als Erlösergott, der mit der Sonne verbunden war – Mithras' Bruder war der Sonnengott Sol – große Bedeutung. Vor allem die römischen Soldaten verehrten Mithras, weil diese Religion Erlösung von den menschlichen Leiden nach dem Tod versprach. Im Mittelpunkt des Mithras-Kultes, von dem Frauen ausgeschlossen waren, stand die Opferung eines Stiers. Die unterirdischen Kultstätten (Mithräen) waren seit dem 2. Jahrhundert n. Chr. im gesamten Römischen Reich verbreitet.

Staats- und Kaiserkult

Mit der Herrschaft von Augustus begann der Kaiserkult (S. 143). Zwar durfte im Römischen Reich jeder seine Religion im Grunde frei wählen. Aber er musste neben seinen persönlichen Vorlieben die kapitolinische Trias* verehren sowie dem Genius des Kaisers opfern – eine Bedingung, die den Christen zum Verhängnis werden sollte (vgl. S. 166/167).
Die Römer hätten Christus als einen Gott wie jeden anderen anerkannt. Da die Christen aber Kulte grundsätzlich, die römischen Götter und das Kaiseropfer ablehnten, wurden sie als Gefahr für den Bestand des Staates angesehen. Sie galten als Staatsfeinde und wurden wegen Gotteslästerung und Hochverrats vor Gericht gestellt. Falls sie sich weiterhin weigerten, den Staatsgöttern und dem Genius des Kaisers zu opfern, wurden sie zum Tode verurteilt.

1 *Spielt im Rollenspiel eine Gerichtsverhandlung gegen einen Christen oder spielt eine Kulthandlung.*
2 *Stellt eine Übersicht römischer Götter und ihrer Aufgaben zusammen.*
3 *Zeichnet den Grundriss eines römischen Göttertempels.*
4 *Baut das Modell eines Tempels oder eines Weihesteins.*

Isis*: *Ägyptische Göttin. Sie wurde als Himmelsgöttin, Schicksalsherrscherin und Nothelferin verehrt.*

Mithras*: *Persischer Lichtgott, den die Römer „sol invictus" (= unbesiegbare Sonne) nannten.*

Die Entstehung des Christentums

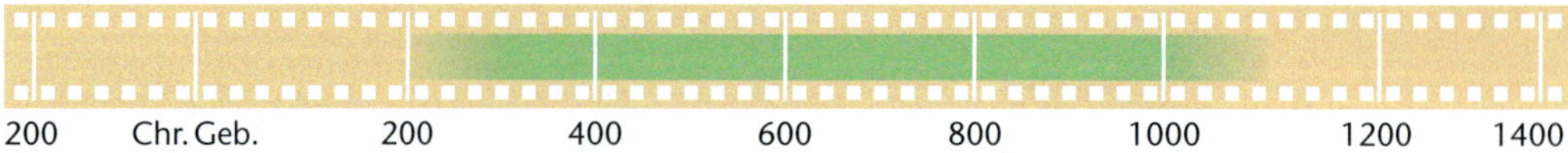

Christliche Zeitrechnung:
Die christliche Zeitrechnung beginnt mit dem Jahr 1, dem angenommenen Jahr der Geburt von Jesus Christus.

Evangelium:
Die ersten vier Bücher im Neuen Testament.

Bibel*:
(griechisch = biblia = Bücher). Die heilige Schrift der Christen. Gegliedert in 2 Teile: das Alte und das Neue Testament.

Apostel*:
(griechisch = Sendbote). Bezeichnung der von Jesus zur Verkündung des Christentums ausgewählten 12 Jünger.

Um 6 v. Chr.:
Es wird angenommen, dass Jesus in Palästina geboren wurde und 30 n. Chr. auf dem Berg Golgatha starb.

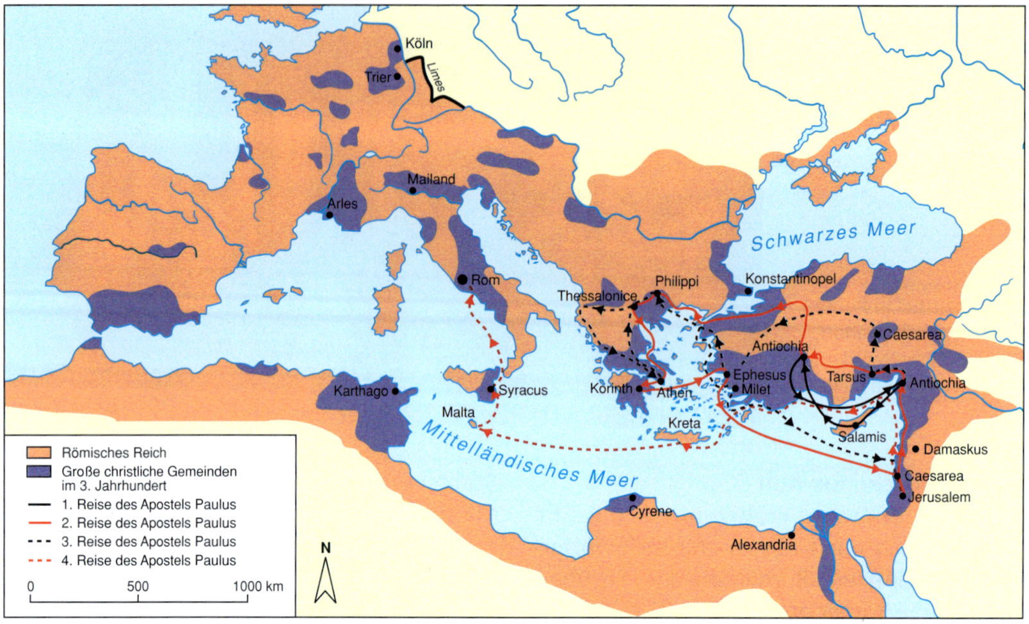

1 Die Ausbreitung des Christentums im 3. Jahrhundert n. Chr.

Jesus und die Anfänge des Christentums

Während der Regierungszeit des Kaisers Augustus wurde in der Provinz Judäa, im heutigen Israel, ein Jude namens Jesus geboren. Nach seiner Taufe durch den Wanderpropheten Johannes soll Jesus als Wanderprediger durch Galiläa gezogen sein. Seine Anhänger nannten ihn Jesus Christus („der Gesalbte").

Im Neuen Testament, einem Teil der Bibel*, sind seine Glaubensgrundsätze und Gebote überliefert. Jesus predigte den Menschen Nächstenliebe und Brüderlichkeit. Er soll auch Wunder vollbracht haben. Das sahen seine Anhänger als Beweis dafür, dass er Gottes Sohn sei. Jüdische Priester beschuldigten ihn daraufhin, Gott beleidigt zu haben. Sie erhoben Anklage bei Pontius Pilatus, dem römischen Statthalter der Provinz.

Dieser fragte ihn, ob er der „König der Juden" sei, und Jesus soll geantwortet haben: „Ich bin es." Widerstrebend gab Pilatus der Forderung nach einer Bestrafung Jesu nach. Er wurde – wie bei den Römern üblich – zum Tod am Kreuz verurteilt. Seine Lebensgeschichte wurde erst viele Jahre nach seinem Tod aufgeschrieben.

1 *Sammelt mithilfe eures Religionslehrers/eurer Religionslehrerin Material über Jesus und gestaltet eine bebilderte Kurzbiografie.*

2 *Findet heraus, warum wir nur über sehr ungenaue Angaben zum Leben Jesu verfügen.*

Die Ausbreitung des Christentums

Den Römern gelang es nicht, die Lehre Jesu auszulöschen. Seine Anhänger verbreiteten sie zunächst in Judäa und später im ganzen Römischen Reich. Überall entstanden christliche Gemeinden. Besonders durch die Reisen des Apostels* Paulus fand das Christentum weite Verbreitung.

3 *Beschreibt mithilfe der Karte 1 die Reisen des Apostels Paulus. Welche heutigen Länder hat er besucht?*

4 *Lest im Neuen Testament in der Apostelgeschichte, wie die Menschen auf die von Paulus verkündete Lehre reagiert haben.*

Christus-Medaillon

Die Verfolgung der Christen

Vor allem die ärmeren Schichten und die Sklaven fühlten sich vom christlichen Glauben angezogen.

Q1 Der römische Philosoph Justin, ein Christ, berichtete im 2. Jahrhundert:

... An dem Tage, den man Sonntag nennt, findet eine Versammlung aller statt, die in Städten oder auf dem Lande wohnen. Dabei werden die Evangelien oder die Schriften vorgelesen. Hat der Vorleser aufgehört, so gibt der Vorsteher in einer Ansprache eine Ermahnung und Aufforderung zur Nachahmung all dieses Guten. Darauf erheben wir uns alle zusammen und beten.
Und wenn wir mit dem Gebet zu Ende sind, werden Brot, Wein und Wasser herbeigeholt, der Vorsteher spricht Gebete und Danksagungen mit aller Kraft und das Volk stimmt ein und sagt „Amen". Darauf erhält jeder seinen Teil von den geweihten Gaben. Wer aber die Mittel und den guten Willen hat, gibt nach seinem Ermessen, was er will (Sammlung für die Waisen und Witwen, Gefangenen, Fremdlinge und Armen). ...

5 *Begründet anhand von Q1, warum sich besonders die ärmeren Schichten für den christlichen Glauben begeisterten.*

Im Römischen Reich gab es verschiedene Religionen (Judentum und Christentum) und Kulte, z. B. den Mithras-Kult aus dem Orient und den Isis-Kult aus Ägypten (siehe S. 165). Sie wurden toleriert, solange sie nicht die Macht der römischen Kaiser in Frage stellten. Die Christen waren zunächst nur eine Minderheit. Sie gingen ihren Berufen nach, zahlten pünktlich ihre Steuern und beteten auf ihren Zusammenkünften für das Wohl des Kaisers. Sie weigerten sich aber, die Kaiser als Götter zu verehren, die Sklaven als „Sache" und nicht als Menschen zu sehen und lehnten es anfänglich auch ab, Kriegsdienst zu leisten. Daher wurden sie als Gefahr für den Staat, die Wirtschaft und die staatliche Sicherheit betrachtet. Weil man Verschwörungen und kriminelle Handlungen vermutete, kam es immer wieder zu Christenverfolgungen.

2 Hinrichtung eines Christen, der zum Tod durch Raubtiere verurteilt wurde. Schale aus dem 4. Jahrhundert.

Die erste große Verfolgung fand unter Kaiser Nero im Jahr 64 n. Chr. statt, die letzte große unter Kaiser Diokletian (284–305 n. Chr.). Zu Zeiten der Verfolgung trafen sich die Christen in den Katakomben* zu gemeinsamen Gebeten und Gottesdiensten. Trotz der unbarmherzigen Strafen wollten einige Christen lieber den Märtyrertod* sterben als ihrem Glauben abschwören.

Q2 Tertullian (etwa 150–225 n. Chr.), ein Christ und Rechtsanwalt in Rom, schrieb 197 an die römischen Statthalter über die Anschuldigungen gegen die Christen:

... Unsere Gegner schreien laut nach dem Blut Unschuldiger, wobei sie freilich ihren Hass mit dem sinnlosen Vorwand begründen, dass nach ihrer Überzeugung an jeder Katastrophe des Staates ... die Christen die Schuld trügen. Wenn der Tiber die Mauern überflutet, wenn der Nil die Felder nicht überflutet, wenn der Himmel sich nicht rührt, wenn die Erde sich bewegt, wenn eine Hungersnot, eine Seuche wütet, gleich schreit man: „Die Christen vor die Löwen." ...

6 *Zählt die Anschuldigungen gegen die Christen auf und nennt Gründe für die Vorwürfe.*
7 *Findet Beispiele aus der Gegenwart für Vorurteile gegen bestimmte Bevölkerungsgruppen.*

***Katakomben*:** Weit verzweigte unterirdische, teils mehrstöckige Begräbnisstätten für Christen. Im Gegensatz zu den Römern verbrannten die Christen ihre Toten nicht.*

***Märtyrer*:** Ein Mensch, der für seine Glaubensüberzeugung sein Leben geopfert hat in der Hoffnung auf ein besseres Leben nach dem Tod.*

*Der **Fisch** war ein Geheimzeichen für die Zugehörigkeit zur christlichen Glaubensgemeinschaft. Hinter dem griechischen Wort für Fisch („ICHTYS") verbargen sich die Anfangsbuchstaben eines Glaubensbekenntnisses:*

I CH TH Y S

ΙΧΘΥΣ

Iesous Christos Theou Yios Soter = Jesus Christus, Gottes Sohn, Retter.

Christogramm*: *Symbol für den Namen „Christus". Es wurde aus den griechischen Anfangsbuchstaben des Namens Christus zusammengesetzt: X = Ch und P = r.*

Basilika*: *Bei den Römern Markt- und Gerichtshalle. Später wurde diese Bauform auch für Kirchen verwendet. Die Basilika ist rechteckig und mehrschiffig; am Mittelschiff befindet sich eine Vorhalle (Apsis).*

Klerus*: *Oberbegriff für die katholische Geistlichkeit.*

Bischöfe* *(griech. episkopos = Aufseher): Nach katholischer Lehre die Nachfolger der Apostel und Gesandte Jesu Christi. In ihren Gemeindebereichen (Diözesen) sind sie für Gesetzgebung, Verwaltung und Rechtsprechung zuständig.*

Konzil*: *Versammlung kirchlicher Würdenträger.*

313 n. Chr.: *Kaiser Konstantin erkennt das Christentum als gleichberechtigte Religion an (Toleranzedikt von Mailand).*

Der christliche Glaube wird anerkannt

1 Münze Kaiser Konstantins aus dem Jahr 315 n. Chr. Am Helm befindet sich ein Christogramm*.

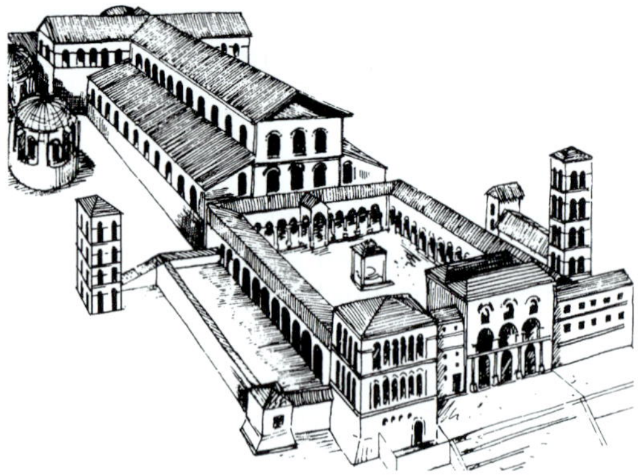

2 Vorläufer des St. Peter-Domes in Rom zur Zeit Konstantins des Großen. Fünfschiffige Basilika* mit großem Querhaus und vorgelagertem Vorhof mit Säulenumgang. Rekonstruktion.

Die römischen Herrscher mussten einsehen, dass sich das Christentum trotz Verfolgungen immer weiter ausbreitete und auch unter den Soldaten die Zahl der Christen immer mehr zunahm. Diese brachten ihren Glauben in die Provinzen. Allmählich änderte sich die Haltung der römischen Kaiser gegenüber dem Christentum. Zu einer entscheidenden Wende kam es unter Kaiser Konstantin (306–337 n. Chr.). Er traf sich 313 n. Chr. mit seinem Mitkaiser Licinius in Mailand.

Q1 Eusebios (um 260–339 n. Chr.), Bischof und Vertrauter Konstantins, berichtete:

... Wir haben beschlossen, den Christen und allen Menschen in unserem Reich das freie Recht zu geben, derjenigen Religion zu folgen, für die sie sich entschieden haben.
Es geschah dies in der Absicht, dass jede Gottheit und jede himmlische Macht, die es je gibt, uns und allen, die unter unserer Herrschaft leben, gnädig sein möge.
Jedem Menschen ist es also erlaubt, die Religion der Christen zu bekennen, und zwar frei und ohne irgendeine Belästigung.
Wir haben dies angeordnet, damit es nicht den Anschein hat, als ob irgendein Kult oder irgendeine Religion durch uns benachteiligt würde. ...

1 *Erklärt die Bedeutung dieses Gesetzes für die Christen.*

Kaiser Konstantin ließ sich zwar erst auf dem Sterbebett taufen, er förderte aber das Christentum nach Kräften und verhalf den Christen somit zu wachsendem Einfluss. Er ließ in Rom und in den Provinzen Gotteshäuser im Stil der römischen Basiliken bauen, der Sonntag wurde als staatlicher Feiertag anerkannt, der Klerus* erhielt das Recht der Steuerfreiheit und die Bischöfe* durften auch Recht sprechen. 325 fand auf Konstantins Wunsch hin ein Konzil* in Nikäa (Kleinasien) statt. Hier bestimmten die Bischöfe Konstantin zum Schutzherrn des Glaubens. Auch versuchten sie, eine einheitliche Lehre festzulegen. Aber die Anhänger des Priesters Arius aus Alexandria behaupteten, Christus sei von Gott erschaffen worden und damit nur mit Gott wesensähnlich. Der Patriarch von Alexandria Athanasios dagegen vertrat die Ansicht, dass Christus und Gott wesensgleich seien. Die Arianer hielten an ihrer Überzeugung fest und wurden aus der Kirche ausgestoßen.
Mit dem Weggang des Kaisers aus Rom und seinem Einzug in die neue Hauptstadt am Bosporus, Konstantinopel, wurde die Position des Bischofs von Rom gestärkt.

2 *Erklärt, warum Kaiser Konstantin den Beinamen „der Große" erhielt.*
3 *Überlegt, warum die Märtyrer in Abbildung 3 auf S. 169 als Sieger dargestellt werden.*

Niemand darf anderen Göttern opfern

3 **Prozession der Märtyrer* zu Christus am Tag des Jüngsten Gerichts. In den Händen tragen sie Kronen als Zeichen des Sieges.** Mosaik aus dem 5./6. Jahrhundert in der Kirche San Apollinare Nuovo in Ravenna.

Das Christentum wird Staatsreligion

Wie Kaiser Konstantin, so förderten fast alle seine Nachfolger das Christentum. Die alte römische Götterverehrung wurde immer mehr zurückgedrängt.

Q2 391 n. Chr. erließ Kaiser Theodosius (379 bis 395) folgende Bekanntmachung:

... Niemand ... darf an irgendeinem Ort ... den vernunftlosen Götterbildern ein unschuldiges Opfertier schlachten. ...
Wenn jemand es wagt, ein Tier zu opfern und mit Opfermehl zu bestreuen oder rauchende Eingeweide zu befragen, der soll wie ein Verbrecher vor Gericht gebracht werden. Wenn einer Götterbilder ... mit Darbringung von Weihrauch verehrt, ... der soll Einbuße erleiden an dem Haus oder Besitztum, in dem er seinen Götzendienst verrichtet hat. ...

Q3 393 n. Chr. erfolgte eine weitere Anordnung:

... Alle, die sich mit dem unheiligen Irrtum oder Verbrechen des heidnischen Götzendienstes beflecken, also alle Heiden*, sollen weder zum Kriegsdienst zugelassen werden noch mit der Ehre eines Beamten oder Richters ausgezeichnet werden. ...

4 *Fasst zusammen, welche Bedeutung diese Erlasse für Nichtchristen hatten.*

5 *Wie ist die freie Religionsausübung in der Bundesrepublik Deutschland geregelt? Lest in der Randspalte nach.*

Kaiser Theodosius ließ 393 die Olympischen Spiele verbieten, da sie dem heidnischen Gott Zeus geweiht waren. Jüdische Synagogen, heidnische Tempel, Zentren der antiken Bildung wurden geschlossen und oft sogar zerstört. Neben der Staatsreligion war für andere Überzeugungen plötzlich kein Platz mehr.

Die Kirche organisiert sich

Ab 391 n. Chr. nahm die Zahl der christlichen Gemeinden schnell zu. An der Spitze einer Gemeinde stand der Bischof. Eine besondere Stellung unter den Bischöfen nahm der Bischof von Rom ein. Er galt als Nachfolger des Apostels Petrus. Seit dem 5. Jahrhundert nannte man den Bischof von Rom Papst*. Rom wurde unter den Päpsten zum Mittelpunkt der christlichen Kirche im Westen des Römischen Reiches. Somit gab es neben dem Kaisertum als weltlicher Macht die Kirche mit einem geistlichen Oberhaupt.
Aber es gab auch Kritik an der Kirche. Je mächtiger die Kirche wurde und je prächtigere Bauten sie errichten ließ, desto lauter wurden mahnende Stimmen, die an die ursprünglichen Werte der ersten Christengemeinden wie Nächstenliebe, Bescheidenheit und Demut erinnerten.
Die Kirche setzte ihren Siegeszug fort, auch dadurch, dass sie heidnische Bräuche ins Christentum übernahm.

6 *Forscht nach, welche heidnischen Bräuche das Christentum übernommen hat, und stellt eine tabellarische Übersicht zusammen.*

Märtyrer*
(griechisch = Zeuge) Ein Mensch, der für seine Glaubensüberzeugung sein Leben geopfert hat.

Papst*:
(lat. papa = Vater): Oberhaupt der katholischen Kirche.

Heiden*:
In der christlichen Lehre Menschen, die nicht im christlichen Glauben getauft sind.

Aus dem Grundgesetz der Bundesrepublik Deutschland:
Art. 4 (1): Die Freiheit des Glaubens, des Gewissens und die Freiheit des religiösen und weltanschaulichen Bekenntnisses sind unverletzlich.
(2) Die ungestörte Religionsausübung wird gewährleistet.

Die Welt der Germanen

1 Leben auf einem größeren germanischen Gehöft. Rekonstruktionszeichnung nach Ausgrabungsbefunden aus Warendorf/Westfalen.

Zur Kleidung der Germanen *s. S. 177.*

Die Germanen hatten ursprünglich ihre Siedlungsräume in Skandinavien. Die Mehrheit der Germanen waren freie Bauern; die Adligen und Unfreien bildeten die Minderheit. Die wichtigste Einheit der Germanen war die Familie mit dem Hausvater an der Spitze. Alle Blutsverwandten einer Familie bildeten eine Sippe, und mehrere Sippen schlossen sich zu einem Stamm zusammen. Die Sippenmitglieder halfen einander, regelten Streitfälle untereinander und mit anderen Sippen und zogen gemeinsam in den Kampf.
Zur Wahl der Heerführer, zur Rechtsprechung und bei Entscheidungen über Krieg und Frieden trafen sie sich zum Thing, der Versammlung der freien Germanen. Ihre Zustimmung zu Vorschlägen drückten die Germanen durch Waffengeklirr, ihre Ablehnung durch lautes Murren aus.
Die Germanen waren nicht nur wegen ihrer Stärke und ihres Mutes im Kampf gefürchtet, sondern auch wegen ihrer mit hoher Qualität hergestellten Waffen.

Q1 In einem 1989 erschienenen Buch heißt es über die Germanen:

... Die Germanen lebten in kleinen weilerartigen Siedlungen oder auf Einzelhöfen. ... Wichtig war die nahe Lage zum Wasser (Flüsse, Bäche, Teiche), aber auch zu Waldungen. ... So waren wegen der Eichelmast der Schweine unbedingt Eichenhaine notwendig. Die bei der Schafhaltung anfallende Wolle wurde mithilfe von Spindeln versponnen. Das so gewonnene Garn wurde auf Webstühlen zu Stoffen verwoben.
Die Rinder wurden in der kalten Jahreszeit im Stallteil des Wohnhauses gehalten. ... Die oft mehrschiffigen Wohngebäude waren mit Stroh oder Reet* gedeckt. Die Wände bestanden zwischen den aus Baumstämmen errichteten Pfosten aus Rutengeflecht mit Lehmbewurf. Die freien Männer hatten das Recht, Waffen zu tragen und am Thing teilzunehmen; Frauen waren davon ausgeschlossen. Geleitet wurde das Thing von Adligen, die auch den Stamm anführten. Bei einigen Stämmen gab es auch Könige. An heiligen Stätten im Freien verehrten die Germanen ihre Götter wie den Kriegs- und Totengott Wodan (engl. Wednesday) und seine Gemahlin Freija, die Schutzgöttin der Familie und des Ackerbaus (Freitag), den Gewittergott Donar (Donnerstag) und die Frühlingsgöttin Ostara (Ostern). ...

1 *Beschreibt mithilfe des Textes und der Abbildung 1 die Wohnverhältnisse, den Alltag, die Machtverhältnisse und die Religion der Germanen.*

2 *Überlegt, was sich bis heute von unseren Vorfahren erhalten hat.*

Reet* *(norddeutsch für Ried): Schilf.*

Die Waffen der Germanen:
Lanze, ein- und zweischneidiges Schwert, Speere, Schilde, Pfeil und Bogen sowie Äxte.
Beim Sturm auf römische Kastelle kamen fahrbare hölzerne Türme, Sturmleitern und Rammböcke zum Einsatz.

Lesetipp:
Hans Reichardt: Die Germanen. Reihe „Was ist was". Tessloff Verlag, Nürnberg 1997.

Die germanische Völkerwanderung

Die Germanen verlassen ihre Heimat

Schon im 6. vorchristlichen Jahrhundert waren Germanenstämme auf der Suche nach neuen Siedlungsgebieten von Skandinavien nach Mitteleuropa gewandert. Als Ursachen für ihren Aufbruch werden ein Temperaturrückgang um 2,5° C in Europa und damit eine Verschlechterung der Lebensbedingungen in Nordeuropa sowie Naturkatastrophen wie Überschwemmungen und Missernten angenommen. Seit 300 n. Chr. nahm diese germanische Völkerwanderung* enorm zu und wurde zu einer Gefahr für das Römische Reich.

3 *Benennt mithilfe der Karte auf S. 173 die neuen Siedlungsgebiete der Germanen. Verwendet dabei geografische Gegebenheiten wie Flüsse, Meere oder Gebirge.*

4 *Erklärt, ob man von einem einheitlichen Stamm der Germanen sprechen kann.*

5 *Fasst die Ursachen der Wanderungsbewegungen zusammen.*

2 **Tracht und Bewaffnung eines germanischen Kriegers.** Rekonstruktion.

Die Mühen der Wanderung

Q2 Ein Bild vom Alltag während der Völkerwanderung gibt ein heutiger Schriftsteller:

... Unendlich mühsam quälen sich die Ochsenkarren mit ihren schweren, massiven Scheibenrädern aus Holz über den weichen Untergrund. Seit Tagen regnet es ununterbrochen. Wie leicht waren sie noch an der Rheingrenze auf den gut ausgebauten römischen Straßen vorangekommen! ... Jetzt, im teilweise zerstörten, unwegsamen Gallien ist die Stimmung auf einem Tiefpunkt. Die Kinder weinen vor Hunger und Kälte, Männer und Frauen sind am Ende ihrer Kraft. Seit einer Woche ernähren sie sich von dem, was der Wald an wilden Beeren und Wild hergibt. Die letzten Getreidevorräte sind längst aufgebraucht. ...
40 Männer und drei Wagen haben sie beim letzten Überfall der Einheimischen auf ihren Zug verloren! 15 Kinder sind allein in den letzten vier Wochen gestorben! Nur sieben Kilometer sind sie am letzten Tag vorangekommen und heute erst drei! Aber umkehren, wohin? Viel zu weit sind sie schon von der Heimat entfernt, zwei Jahre und drei Monate dauert nun ihre Wanderung schon. Es ist Abend geworden. Die Frauen bereiten auf vielen Feuern die Abendmahlzeit aus Beeren und Wurzeln, die sie während des Tages nebenher gesammelt haben. So hart sie der Verlust des Ochsen auch trifft, endlich gibt es wieder einmal Fleisch! Die Wagen sind zu einer Wagenburg zusammengeschoben. Langsam zieht die Nachtkälte herauf. Die Fellmäntel werden enger um den Körper gezogen. Müdigkeit und Erschöpfung lassen die Gespräche verstummen. Plötzlich kommt Bewegung in die Menschen. Die Kundschafter sind zurück! Zwei Tagesreisen weiter öffnet sich ein weites, fruchtbares Tal! Kleine Dörfer, reiche Viehherden, Getreide, Wein. Die Müdigkeit ist plötzlich wie weggeblasen, überall reden die Männer von Kampf und Beute! ...

6 *Überlegt, ob der Begriff „Völkerwanderung" zutreffend ist.*

7 *Schildert mit eigenen Worten, welche Schwierigkeiten die Germanen auf ihren Zügen hatten.*

8 *Spielt folgende Szene: Zwei Dorfbewohner in Gallien unterhalten sich über die Ereignisse, nachdem ein germanischer Stamm durch ihr Gebiet gezogen ist.*

Völkerwanderung*: *Stämme und Völker verlassen ihre ursprüngliche Heimat auf der Suche nach neuen Siedlungsgebieten.*

*Die **Germanen** waren Wanderbauern und Viehzüchter. Sie achteten nicht auf eine Fruchtfolge und laugten den Boden dadurch schnell aus. Deshalb konnten sie ihre Felder nur kurz nutzen und litten ständig unter Landmangel.*

300–800 n. Chr.: *Obwohl es auch schon vorher zu Wanderungsbewegungen von Stämmen kam, wird die große Völkerwanderung als einschneidendes Ereignis in der europäischen Geschichte betrachtet. Durch sie wurde die bestehende Ordnung in Europa völlig verändert.*

Neue Nachbarn für die Römer

1 **Römer und Germanen am Limes.** Modell, Limesmuseum Aalen.

Anfänglich war für die Römer unklar, wer die nicht ungefährlichen Stämme östlich von Rhein und Donau waren. Die Kelten nannten sie Germanen und die Römer übernahmen diese Bezeichnung.

Tacitus* *lebte etwa 55–120 n. Chr. In seinem Werk „**Germania**" verarbeitete er Informationen von Kaufleuten und Soldaten und konnte so eine detaillierte Beschreibung der Germanen geben.*

Q1 Der römische Geschichtsschreiber Tacitus* beschrieb die Germanen so:

... Trotzige blaue Augen, rotblondes Haar und große Leiber, die freilich nur zum Angriff taugen. Für Strapazen und Mühen bringen sie nicht dieselbe Ausdauer auf und am wenigsten ertragen sie Durst und Hitze; wohl aber sind sie durch Klima oder Bodenbeschaffenheit gegen Kälte und Hunger abgehärtet. ...

Die Römer betrachteten seit Caesars Eroberungszügen in Gallien die Germanen als ungebildete Barbaren. Da die Römer ihrerseits die Reichsgrenzen an Rhein, Donau und sogar bis an die Elbe vorschieben wollten, wurden sie von den Germanen als Eindringlinge und Feinde angesehen und als solche bekämpft. Nach der vernichtenden Niederlage der Römer im Teutoburger Wald (9 n. Chr.) blieben Rhein und Donau die Grenze zwischen dem Römischen Reich und den Germanen. Die Germanen, die zwischen dem Rhein und dem obergermanisch-raetischen Limes lebten, hatten sich bald an die römische Besatzung gewöhnt und lebten mit den römischen Soldaten friedlich zusammen. Gerade im handwerklichen Bereich profitierten sie von den römischen Kenntnissen im Straßenbau, in der Töpferei und im Maurerhandwerk. Es entwickelte sich ein lebhafter Handel entlang des Limes. Die Germanen verkauften Felle, Bernstein, Vieh, Honig, Wachs, Holz, Getreide und sogar blondes Frauenhaar, die Römer boten den Germanen dafür Gefäße aus Ton, Glas und Kupfer, Wein, Schmuck und Kosmetikartikel zum Kauf an.

1 *Beschreibt das Zusammenleben von Römern und Germanen mithilfe der Abbildung 1.*

2 *Legt eine Skizze über die Handelsbeziehungen zwischen den beiden Nachbarn in eurem Heft an. Macht euch dabei zunutze, was ihr auf den Seiten 156/157 über die Arbeit mit Karten gelernt habt.*

Das Römische Reich in Gefahr

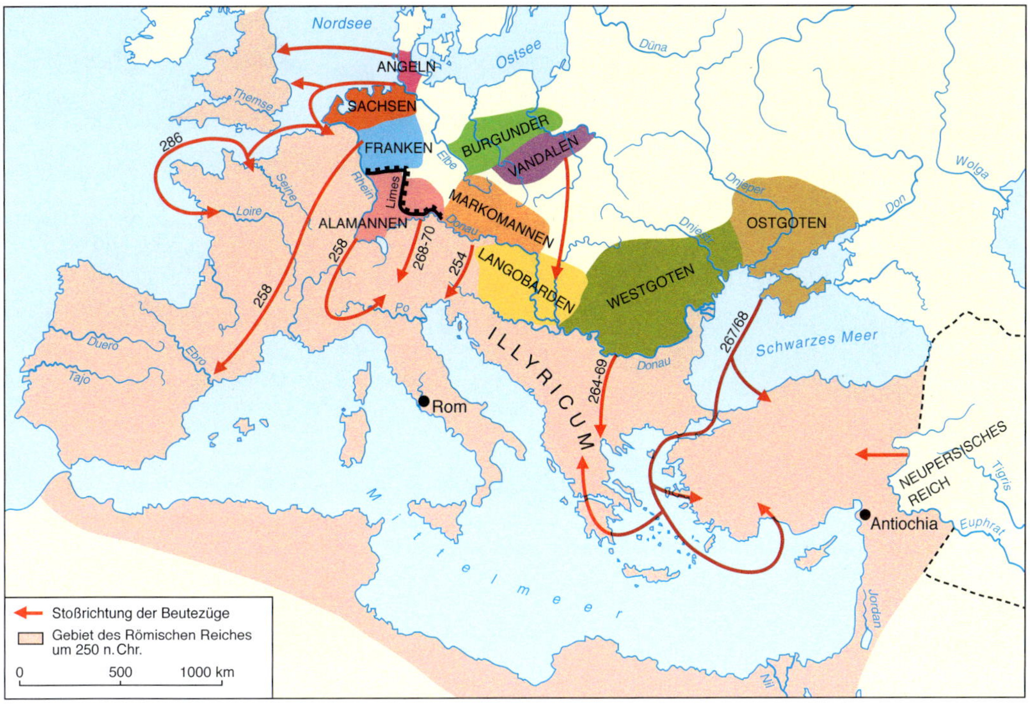

2 Römer und Germanen im 3. Jahrhundert.

Krisen im Inneren des Römischen Reiches und Probleme an den Grenzen führten dazu, dass verschiedene Germanenstämme im 3. und 4. Jahrhundert immer wieder bis an den Rhein und an die Donau vordrangen, um Beute zu machen. Die Römer versuchten, die Grenzen des Reiches durch „befreundete" Germanen (foederati*) gegen angreifende Germanenstämme zu sichern. Stammesfürsten der Germanen konnten sogar als Offiziere ins römische Heer aufgenommen werden. Die Grenzprobleme wurden aber mit diesen Maßnahmen nicht gelöst. Es kam immer wieder zu Kleinkriegen und Plünderungen. Den Alamannen gelang es z. B., bis nach Norditalien vorzudringen. Mit Unterstützung anderer Germanenstämme, z. B. der Franken und Burgunder, wurden römische Städte wie Straßburg, Mainz und Bonn erobert und zerstört. Kurzzeitig konnten die Römer die Angreifer zurückschlagen, doch bald darauf waren andere Grenzabschnitte bedroht. Dadurch wurde das Imperium innen- und außenpolitisch immer weiter geschwächt.

Der griechische Geschichtsschreiber und römische Beamte Herodian (3. Jahrhundert n. Chr.) berichtet von einem Hilferuf der illyrischen Provinzialverwaltung an Kaiser Severus Alexander (222–235 n. Chr.).

Q2 Severus befand sich zum Schutz der römischen Grenze in Antiochia:

... Die Germanen überschreiten Rhein und Donau, verheeren das römische Gebiet und greifen die an den Stromufern stationierten Truppen wie auch Städte und Dörfer mit einer großen Streitmacht an. Die Völker Illyricums, deren Gebiet an Italien grenzt, sind daher in nicht geringer Gefahr. Darum ist deine persönliche Anwesenheit erforderlich mitsamt dem Heer unter deinem Befehl. ...

3 *Fasst die Befürchtungen des Herodian zusammen.*

4 *Zählt auf, welche germanischen Stämme das Römische Reich angreifen, und nennt die Provinz bzw. Reichsgrenze, die sie somit bedrohen. Beispiel: Die Angeln und die Sachsen greifen die römische Provinz Britannien an.*

Foederati*: *Germanische Stämme, die von den Römern als Bündnispartner gewonnen werden wollten, damit sie die Grenzen des Römischen Reiches besser verteidigen konnten.*

Fremde Völker bedrohen die Grenzen

1 **König Attila greift die Germanen an.** Kolorierter Holzstich, 19. Jahrhundert.

Hunnischer Reiter

Durch Ermordung seiner Konkurrenten wurde ***Attila**** *Alleinherrscher der Hunnen (434–453). Wegen seiner Kriegszüge gegen das Römische Reich und seiner brutalen Politik wurde er „Geißel Gottes" genannt.*

„Die Hunnen kommen!" – Dieser Ruf versetzte ganze Völker in Europa in Angst und Schrecken. Die Hunnen waren ein Reitervolk, das mit seinen Viehherden umherzog. Sie kamen aus der Mongolei und zogen durch ganz Asien bis nach Mitteleuropa. Gefürchtet waren ihre besondere Kampftechnik (Bogenschützen mit Pfeilen von hoher Durchschlagskraft), ihre Schnelligkeit (wendige, kleine Pferde) und Wildheit.

Q1 Ein römischer Geschichtsschreiber berichtet über die Hunnen:

... Sie führen ein so wildes Leben, dass sie weder Feuer noch Gewürz bei der Zubereitung ihrer Speisen brauchen. Sie ernähren sich von den Wurzeln wilder Pflanzen und dem rohen Fleisch von Tieren, das sie zwischen ihre Schenkel und den Rücken ihrer Pferde legen und so ein wenig mürbe machen. Sie bewohnen kein Haus, nicht einmal Hütten mit einem Rohrdach haben sie. An ihre Pferde sind sie wie angewachsen. Tag und Nacht leben sie auf ihren Pferden. Voller Lüge und Tücke sind sie und ohne alle Religion. Nur unersättliche Goldgier beherrscht sie. ...

1 *Fasst zusammen, wie der römische Geschichtsschreiber die Hunnen darstellt.*

Die Hunnen lösten mit ihrem Vordringen nach Mitteleuropa die große Völkerwanderung aus. Den von ihnen bedrohten Germanenstämmen blieb nur die Wahl zwischen der Unterwerfung unter die Hunnen und der Flucht auf römisches Gebiet.

Q2 Der byzantinische Geschichtsschreiber Priscus (5. Jahrhundert n. Chr.) berichtet über einen Besuch beim Hunnenkönig Attila*:

... Wir kamen in ein riesiges Dorf. Dort befand sich ein Gebäude, das alle anderen Wohnsitze Attilas an Stattlichkeit übertraf. Die Sessel waren längs der beiden Seitenwände im Raum aufgestellt, in der Mitte saß auf einem Speisesofa Attila. Ihm gegenüber saßen zwei Söhne, der älteste Sohn saß auf dem Sofa des Königs, aus Ehrfurcht vor seinem Vater hielt er die Augen zu Boden gesenkt. Uns wurden erlesene Speisen auf silbernen Geschirren aufgetragen, während Attila nur einen Holzteller mit Fleisch erhielt. Er zeigte sich auch sonst überaus mäßig. Die Gäste tranken aus goldenen und silbernen Kelchen, er selbst bediente sich eines hölzernen Bechers. Ebenso trug er ein ganz einfaches Gewand. ...

2 *Charakterisiert Attila und vergleicht die beiden Quellen. Was stellt ihr fest?*

Das Ende des Römischen Reiches

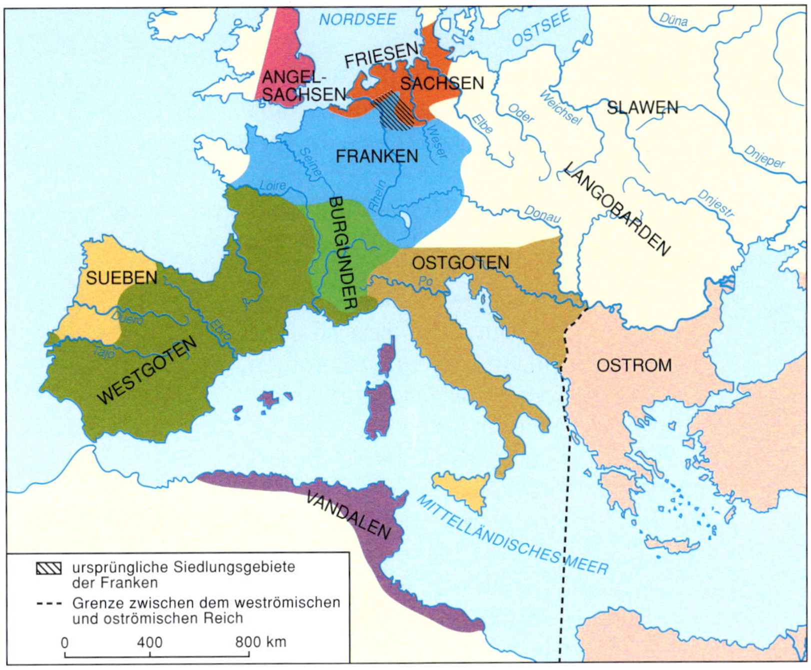

2 Germanische Nachfolgereiche auf dem Boden des ehemaligen Weströmischen Reiches. Um 500 n. Chr.

Hagia Sophia*. *Die Minarette wurden erst nach der Eroberung von Konstantinopel durch die Türken erbaut.*

Das Ende des Weströmischen Reiches

Die Germanen, auf die die Hunnen stießen, mussten sich entweder unterwerfen oder versuchen, sich vor den Hunnen auf römisches Gebiet zu retten. Um das Reich wirksamer verteidigen zu können, teilte es Kaiser Theodosius I. im Jahre 395 in ein Weströmisches und ein Oströmisches Reich. Die Römer konnten gemeinsam mit verbündeten Germanen die Hunnen zwar im Jahr 451 vernichtend schlagen, aber fortan bedrohten germanische Stämme Rom. Im Jahre 476 n. Chr. setzte der germanische Heerführer Odoaker den letzten weströmischen Kaiser ab. Das war das Ende des weströmischen Reiches. Auf seinem Boden gründeten germanische Stämme eigene Reiche, von denen die meisten nur kurze Zeit bestanden. Ein Reich aber stieg zu besonderer Größe und Macht auf: das der Franken. In langen Kriegen unterwarfen die Frankenkönige immer weitere Gebiete. So wurden sie zum hauptsächlichen Nachfolger des Römischen Reiches im Westen.

3 *In einem Rollenspiel könnt ihr eine „Friedenskonferenz" zwischen Römern und Germanen abhalten. Denkt dabei an die Ansprüche, die beide Seiten durchsetzen wollten.*

Das Oströmische Reich

Das Oströmische Reich bestand noch weitere 1000 Jahre. Konstantinopel – das heutige Istanbul – wurde Hauptstadt. Nach dem alten Namen der Hauptstadt nannten spätere Historiker das Oströmische Reich auch Byzantinisches Reich. Seine höchste Blüte entfaltete Ostrom unter Kaiser Justinian (527 bis 565 n. Chr.). Er holte bedeutende Architekten in die Hauptstadt und ließ Konstantinopel zu einem zweiten Rom ausbauen (s. S. 200/201). Das größte und bekannteste Gebäude der Stadt wurde die Kirche Hagia Sophia*, die zu den eindrucksvollsten Bauten der Welt gehört. Kaiser Justinian ließ alle überlieferten Gesetzestexte, Erlasse und Urteile sammeln, prüfen und in einem Buch ordnen. Diese Gesetzessammlung gehört zu den größten Leistungen Justinians. Sie wurde zum Vorbild für spätere Jahrhunderte und hat bis heute Auswirkungen auf unsere Rechtsprechung.

4 *Beschreibt mithilfe der Karte, welche neuen Reiche auf dem Gebiet des weströmischen Reiches entstanden.*

395 n. Chr.: *Teilung des Römischen Reiches.*

476 n. Chr.: *Ende des Weströmischen Reiches.*

Theoderich (471–526): *Bedeutender König der Ostgoten. Sein Grabmal befindet sich in Ravenna.*

Werkstatt Geschichte: Was war „in“ ...

Nicht nur Modebewusste finden auf diesen beiden Seiten eine Anleitung zum Schneidern von Römer- und Germanengewändern.

Besorgt euch folgendes Material:
- Bettlaken und Decken oder einfachen Filz
- Nadeln
- Nähgarn
- Scheren
- Maßbänder
- Sicherheitsnadeln
- bunte Schleifenbänder (2 cm breit)
- Perlen und Kordeln zum Verzieren.

Schick wie der Römer

Die Toga (lat.: Bekleidung) war die Bekleidung der römischen Bürger in Friedenszeiten. Sie bestand aus einem 5 m langen und 2 m breiten Tuch in ovaler Form mit einer geraden und einer runden Kante. An der Purpurkante am Saum konnte man erkennen, dass ihr Träger ein römischer Beamter oder Priester war. Näht zwei Bettlaken zusammen, damit ihr die Toga kunstvoll um den Körper schlingen könnt. Versucht, nach der Anleitung die Toga anzulegen.

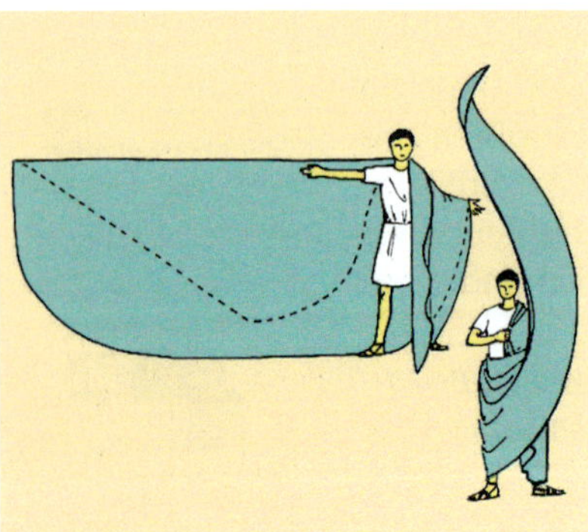

1 **Das Anlegen einer Toga.**

Modebewusst wie die Römerin

Als Unterbekleidung trugen römische Männer und Frauen die Tunika (lat.: Hemd).
Um eine Tunika herzustellen, schneidet ihr zwei Rechtecke entsprechend eurer Körpergröße (gemessen von den Schultern bis über die Knie) aus. Näht diese an den Seiten und am Kopfende zusammen. Lasst zwei Schlitze für eure Arme und ein Loch für den Kopf frei. Mit einer Kordel haltet ihr die Tunika in der Taille zusammen.
Über der Tunika trug die Römerin ein Überkleid, die so genannte Stola. Dafür benötigt ihr ein weiteres Bettlaken. Wickelt es wie in Abbildung 2 über die Tunika.

2 **Eine Vestalin (= Priesterin) mit Stola.**

Den Saum eurer Gewänder könnt ihr mit Perlen oder bunten Bändern verzieren.

Frisuren

Um wie eine Römerin frisiert zu sein, beachtet Folgendes:
Anfangs wurde das lange Haar in der Mitte gescheitelt und offen getragen. Später bleichte die modebewusste Römerin ihr Haar blond, flocht Zöpfe, wand diese um die Stirn und türmte sie am Hinterkopf zu einem hohen Kegel auf. Mit einem Silberkamm wurde das Ganze befestigt. Oft wurde ein Schleier über das Haar gelegt.

Fibel und Schuhe

Um eure Gewänder an der Schulter zusammenzuhalten, verwendet ihr am besten eine Sicherheitsnadel. Mit Perlen, Blech und Draht könnt ihr auf einfache Weise eine fantasievolle Fibel selbst herstellen.
Für die Füße gibt es Sandalen. Selbst die Soldaten trugen auf ihren Märschen Sandalen aus Lederriemen. Vielleicht findet ihr im Schuhschrank ein neuzeitliches Modell.

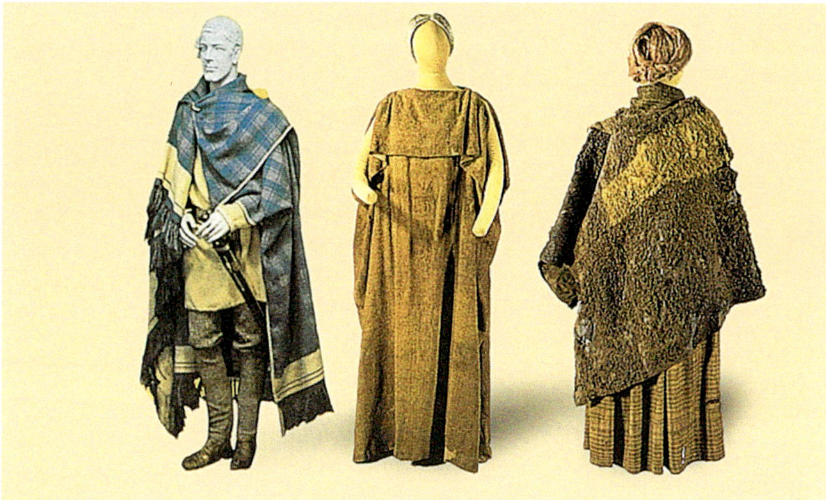

3 Kleidung der Germanen. Rekonstruktion. Der Mantel besteht aus feiner Schafswolle. Das viereckige Tuchstück ist mit angewebten, festen Kanten versehen. Länge: 2,36 m, Breite: 1,68 m. Nach einem Fund aus dem 3. Jahrhundert n. Chr.

4 Prachtmantel der Germanen. An dem Mantel arbeiteten zwei Weberinnen vermutlich ein Jahr lang.

Was trugen die Germanen?
Die Germanen hatten Kleidung aus warmen Wollstoffen oder Leinen und trugen etwas, was die Römer nicht kannten und sogar verspotteten: die Hose.

Q1 Tacitus (55–120 n. Chr.) schrieb in seiner „Germania" über ihre Kleidung:

... Als Kleidung dient allen ein Umhang, der mit einer Spange ... zusammengehalten wird; ... nur sehr Begüterte haben ein besonderes Unterkleid, das straff anliegt. Die Frauen haben keine andere Kleidung als die Männer, nur hüllen sich die Frauen öfters auch in einen Umhang aus Leinen. ...

Material und Verarbeitung
Um die Luxusvariante eines Germanenkleides herzustellen, benötigt ihr zwei Decken oder einfachen Filz (4 mal 2 m). Messt die Länge von eurer Taille bis zum Knöchel und euren Oberschenkelumfang. Denkt dabei an die Naht (zusätzlich etwa 3 cm). Schneidet zwei Rechtecke mit diesen Abmessungen aus einer Decke aus und wickelt sie um eure Beine. Wenn sie passen, näht sie zusammen oder wickelt sie mit einer Kordel um die Beine, aber lasst das Becken frei. Jetzt fehlt noch das Mittelstück für die Hose. Schneidet ein kleines Rechteck aus und näht es zwischen die zwei Beinlinge. Als Bund könnt ihr einen Stoffstreifen annähen oder eine Kordel verwenden. Als Oberbekleidung dient ein Kittel. Legt eine Decke einmal zusammen, nehmt Maß an eurem T-Shirt oder Pullover und schneidet zwei Teile aus. Näht diese dann zusammen. Denkt an die Öffnungen für Arme und Kopf. Für den Umhang könnt ihr eine Decke verwenden.

So kleidete sich die Germanin
Das Frauenkleid wird aus zwei Rechtecken entsprechend eurer Körpergröße gefertigt. Bildet einen

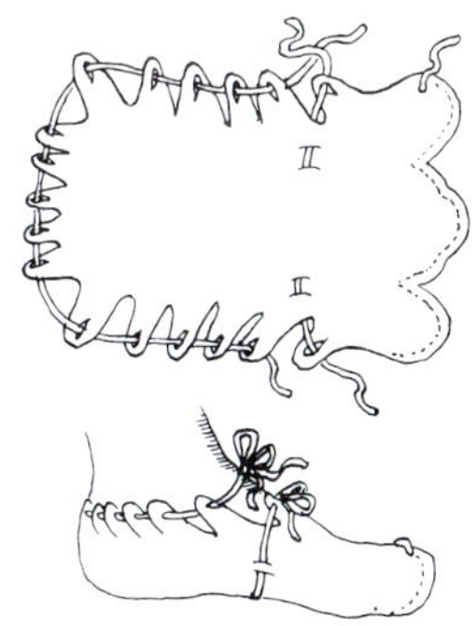

10 bis 20 cm großen Umschlag am Hals und näht die zwei Teile bis auf Hals- und Armschlitze zusammen. Als Mantel kann wieder eine Decke mit Fibel zum Zusammenstecken benutzt werden. Die Füße finden Schutz in einem Bundschuh (siehe Abbildung oben).
Die Haare der Frauen werden gescheitelt und offen getragen oder mit einem Stirnband zusammengehalten. Auch ein einfacher Zopf oder Dutt entspricht der Mode.

1 *Vergleicht die Römer- und Germanenbekleidung.*

Zusammenfassung

500 v. Chr.

Vertreibung der etruskischen Könige. Rom wird Republik.

Um 250 v. Chr.

Rom ist stärkste Landmacht im Mittelmeerraum.

31 v. Chr.–14 n. Chr.

Herrschaft des Kaisers Augustus. Beginn der römischen Kaiserzeit.

14–337 n. Chr.

Herrschaft der römischen Kaiser; die meisten ließen sich bereits zu Lebzeiten als Gott verehren.

Die römische Republik

Um 500 v. Chr. war Rom noch ein kleiner Bauernstaat; etwa 250 Jahre später beherrschte es fast ganz Italien. Durch weitere Eroberungen entstand in den nächsten Jahrhunderten das Römische Weltreich. Die Macht hatten in Rom zunächst die Adligen (Patrizier). Sie regierten nach der Vertreibung der etruskischen Könige die Republik durch den Senat, die Konsuln und weitere Beamte. Erst die Ständekämpfe führten seit 490 v. Chr. zu einer Verfassungsänderung: Nun konnten auch die Plebejer ihre Interessen vertreten.

Von der Republik zum Kaiserreich

Die meisten römischen Soldaten waren freie Bauern. Sie leisteten oft über Jahre hinweg Kriegsdienst und vernachlässigten dadurch ihre Felder. Aus den eroberten Gebieten brachten sie Sklaven und große Reichtümer nach Rom, sie selbst aber verarmten. Immer weniger Römer konnten ihre Rüstung bezahlen und das Römische Reich schützen. Erst der Konsul Marius fand eine Lösung: Er schuf eine Armee von Berufssoldaten. Ehrgeizige und erfolgreiche Feldherren benutzten nun die Armee dazu, ihre eigenen Ziele durchzusetzen. Es kam zu jahrzehntelangen Bürgerkriegen, in denen schließlich Caesar die Alleinherrschaft errang (44 v. Chr.).

Das römische Kaiserreich

Die Bürgerkriegswirren nach der Ermordung Caesars fanden mit dem Prinzipat des Augustus ein Ende. Er schuf die Grundlagen für das römische Kaisertum und die neue politische Ordnung des Reichs.

Die Organisation des Imperiums stellte hohe Anforderungen an die Nachfolger des Augustus. Ihre Machtausübung und ihre Leistungen sind unterschiedlich zu bewerten. Das Schicksal der Kaiser wie auch der zunehmend bedrohten Reichsgrenzen hing mehr und mehr vom Heer ab. Eine dauerhafte Lösung der inneren Krise gelang den Kaisern des 3. Jahrhunderts ebenso wenig wie Diokletian. Konstantin richtete sein Augenmerk auf den östlichen Teil des Imperiums und gründete am Bosporus ein „neues Rom“.

Römische Soldaten, Beamte und Händler brachten in alle Provinzen, z. B. nach Raetien, die römische Lebensweise. Sie gründeten Städte wie z. B. Augsburg, Regensburg oder Kempten. Zum Schutz des Reiches errichteten sie überall dort, wo es keine natürlichen Grenzen gab, den Limes.

Zusammenfassung

Die Germanen

Die Germanen kannten noch keine Schrift. Aber römische Schriftsteller berichteten ausführlich über das Leben der Germanen. Auch Bodenfunde lassen erkennen, wie die Germanen gelebt haben. Ihre Häuser standen frei, umgeben von einem großen Hofraum. Die Männer – so Tacitus – liebten den Kampf, während Frauen und Kinder für den Hof sorgten. Die Frauen waren bei den Germanen hoch geachtet.
Untereinander waren die germanischen Stämme oft verfeindet. Nur im Kampf gegen die Römer haben sie sich immer wieder verbündet.

Völkerwanderung und Ende des Römischen Reiches

Seit 600 v. Chr. wanderten germanische Stämme von Skandinavien aus in das Gebiet zwischen Donau, Rhein, Elbe und Nordsee. Immer wieder kam es zu kriegerischen Auseinandersetzungen mit den Römern. Ausgelöst vom Hunnensturm auf Europa setzte die große Völkerwanderung ein. Germanenstämme drängten ins Römische Reich, das 395 in ein West- und ein Oströmisches Reich geteilt wurde. 476 n. Chr. endete mit der Absetzung des Kaisers durch den Germanen Odoaker das Weströmische Reich.

Das Christentum

Schon im 1. Jahrhundert entstanden überall im Römischen Reich christliche Gemeinden. Da die Christen sich weigerten, den Kaiser als Gott zu verehren, wurden sie als Staatsfeinde angesehen und verfolgt. 313 n. Chr. erließ Konstantin der Große das Mailänder Toleranzedikt, mit dem die christliche Religion zunächst nur geduldet wurde, aber bereits 391 erklärte Kaiser Theodosius das Christentum zur alleinigen Staatsreligion. Der Bischof von Rom (Papst) wurde zum Oberhaupt der katholischen Kirche.

Ostrom als neue Macht

Kaiser Konstantin hatte bereits 330 den Regierungssitz von Rom nach Konstantinopel verlegt. Die Stadt nahm einen rasanten Aufstieg. Nach dem Untergang des Weströmischen Reiches erlebte Ostrom unter Kaiser Justinian eine Blüte in Kunst und Wissenschaft. Das Reich bestand mehr als 1000 Jahre. Im Auftrag der oströmischen Kaiser wurden die Slawen missioniert, die neue Reiche in Ost-, Südost- und Mitteleuropa gründeten.

bis zum 1. Jh. n. Chr.

Die Germanen leben als Jäger und Bauern.

391 n. Chr.

Das Christentum wird alleinige Staatsreligion im Römischen Reich.

476 n. Chr.

Die Germanen setzen den letzten weströmischen Kaiser ab.

395–1453 n. Chr.

Das Oströmische Reich besteht über 1000 Jahre.

Das Erbe der Antike

Das Gemälde auf dieser Seite heißt „Die Schule von Athen" (1510). Der Maler Raffael hat in diesem Bild viele berühmte Philosophen und Gelehrte aus verschiedenen Jahrhunderten und Regionen der antiken Welt zusammengeführt. Einige von ihnen und ihre wissenschaftlichen Leistungen werden euch auf den nächsten Seiten kurz vorgestellt.
Außerdem begeben wir uns ins Alexandria des 3. Jahrhunderts v. Chr., Hauptstadt Ägyptens und intellektuelles Zentrum der damaligen Zeit. Dort wurde gelernt, gelehrt, erfunden und geforscht.
Auch die legendären sieben Weltwunder sind Beispiele für die wissenschaftlichen, künstlerischen und technischen Fertigkeiten der Menschen der Antike.
Alles gemeinsam zeigt uns vor allem eins: Wissenschaft, Kultur, Politik und Rechtsvorstellungen der Antike haben entscheidenden Einfluss auf uns, unsere Vorstellungen und die Welt, in der wir heute leben.

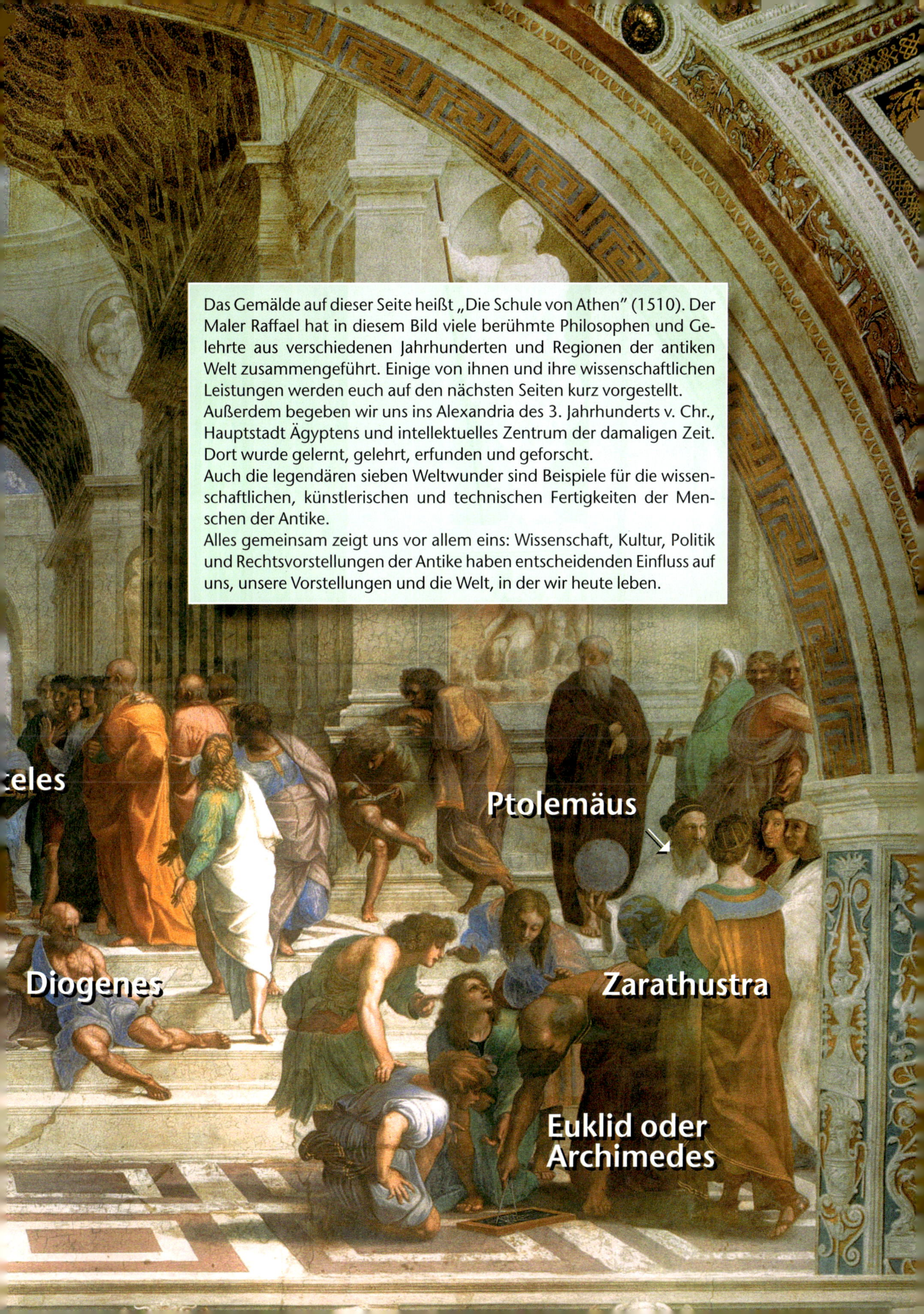

Errungenschaften der Antike

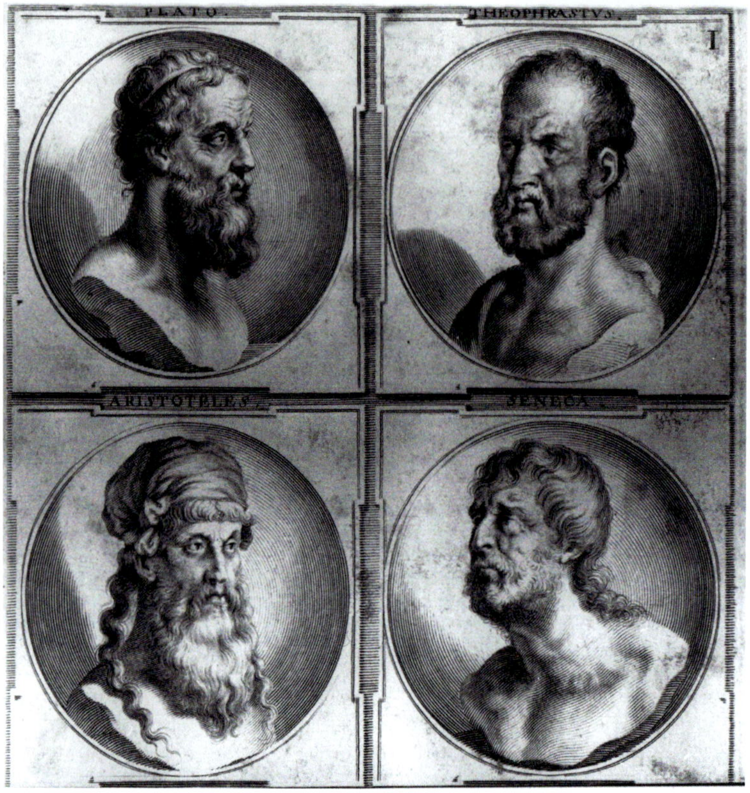

1 Griechische Philosophen und Naturwissenschaftler: Platon, Theophrast, Aristoteles und Seneca. Kupferstich nach antiken Porträtbüsten.

Vorbilder von bleibender Bedeutung

In der Antike wurden im Mittelmeerraum wichtige Grundsteine für unsere heutige Kultur, Wissenschaft, Politik und Rechtsauffassung gelegt.

Den Griechen verdanken wir nicht nur die Grundidee der Demokratie (S. 108–109) sondern auch die Grundlagen der Wissenschaften. Die Römer entwickelten ein Rechtssystem, das heute weltweit Geltung beansprucht. Bei der Beherrschung ihres Weltreiches verhielten sie sich Fremden gegenüber äußerst tolerant, solange oberste Regeln eingehalten wurden (S. 164–165). Dadurch entstanden beachtliche Ergebnisse in den Bereichen Kunst, Wissenschaft und Technik.

Auch wenn die Bedeutung antiker Vorbilder zu manchen Zeiten höher angesehen war als zu anderen: Künstler, Wissenschaftler, Politiker und andere Kulturschaffende auf der ganzen Welt orientieren sich bis in unsere Zeit immer wieder an den griechischen und römischen Vorbildern.

Die Wissenschaft

In zahlreichen Wissenschaften gelten die Griechen als Lehrmeister. So hieß es im griechischen Volksglauben lange Zeit: Wenn Zeus seinen gewaltigen Schild schüttelt, bewegen sich die Wolken, bildet sich Gewitter, löst er den Donner aus. Als furchtbare Waffe schleudert er den Blitz.

Seit dem 6. Jahrhundert v. Chr. aber gaben sich die Griechen mit derartigen Erklärungen nicht mehr zufrieden. Sie begannen, planmäßig zu forschen. Weil sich die Forscher vor allem für die Natur und ihre Gesetze interessierten, bezeichnet man sie als Naturphilosophen. Warum, so fragten die Menschen damals, wird es Tag, warum Nacht? Warum sieht man von einem Schiff, das am Horizont auftaucht, zuerst den Mast? Warum gibt es Sonnen- und Mondfinsternisse? Für jede Naturerscheinung suchte man jetzt eine natürliche Erklärung. Die Griechen haben so die Grundlagen für das wissenschaftliche Denken gelegt.

Die Geschichtsschreibung:
Auch die Geschichtsschreibung hat ihren Ursprung im Alten Griechenland. Sie entwickelte sich im 5. Jahrhundert v. Chr. Als ihr „Vater" gilt Herodot (gestorben 430). Er verfasste unter anderem eine Geschichte der Perserkriege (s. S. 111).

Philosophie – Am Anfang waren die großen Denker

2 **Sokrates.** (470–399 v. Chr.) **Griechischer Philosoph.** Kopie einer Marmorbüste.

3 **Platon.** (428–348 v. Chr.) **Griechischer Philosoph, Schüler von Sokrates.** Römische Kopie einer griechischen Hermenbüste, 4. Jahrhundert.

Die Philosophie

Wer sich bei den Alten Griechen mit den wichtigen Fragen des Lebens, der Mathematik und den Naturwissenschaften beschäftigte, war ein „Philosoph" („Freund der Weisheit"). Athen (ab S. 112) nannte man auch die „Hauptstadt der Philosophie", und dort lebte und starb der größte Denker unter ihnen:

Sokrates

Mit Sokrates (470–399 v. Chr.), der selbst keine einzige Zeile geschrieben hat, begann eine neue Epoche der griechischen und damit der europäischen Philosophie. Wir können über ihn bei seinem Schüler Platon (428–348 v. Chr.) nachlesen.

Sokrates wurde laut Platon als Sohn eines Bildhauers und einer Hebamme geboren. Von Beruf war er Steinmetz, verbrachte aber sein Leben vor allem auf den Marktplätzen und Straßen, wo er mit den unterschiedlichsten Leuten redete. Immer wieder stellte er ihnen Fragen: Was ist richtig, was ist falsch? Worin besteht Gerechtigkeit? Was nutzt der Polis? Mit solchen Fragen wollte er seine Mitmenschen anregen, ihre Meinungen und Einstellungen immer wieder neu zu überdenken. Von sich selbst sagte er: „Ich weiß, dass ich nichts weiß." Sokrates verglich seine Tätigkeit mit der Hebammenkunst: Wie die Hebamme bei der Geburt helfe, so wolle er bei der „Geburt der Einsicht" helfen. Als wahrer „Freund der Weisheit" ließ er sich für seine Lehrtätigkeit nicht bezahlen.

Sokrates glaubte nicht daran, dass die Götter untereinander stritten oder sich in das Leben der Menschen einmischten. Das lehrte er auch immer wieder den vielen Erwachsenen und Jugendlichen, mit denen er sprach.

399 v. Chr. wurde er angeklagt und für schuldig befunden, die Jugend zu verderben und die Götter nicht anzuerkennen. Er floh weder noch bat er um Gnade, weil er seiner Überzeugung treu bleiben wollte. Und so nahm er das Todesurteil an. Es wird erzählt, dass er ganz ruhig und ohne Furcht im Kreis seiner Freunde den Becher mit dem Gift der Schierlingspflanze leerte.

Seneca (römischer Philosoph) und Marc Aurel (römischer Kaiser) sahen Sokrates als ihr großes Vorbild an. Seine Lehren haben auch einen starken Einfluss auf unsere heutige Zeit genommen.

1 *Wie beurteilt ihr die „Verbrechen" von Sokrates?*

2 *Spielt in einer „Gerichtsverhandlung" den „Fall Sokrates" nach! Versucht, euch dabei in die damalige Zeit hinein zu versetzen.*

3 *Mit welche Eigenschaften würdet ihr Sokrates beschreiben?*

Lesetipp:
Wenn ihr mehr über die großen Denker erfahren wollt, solltet ihr das Buch „Sofies Welt" von Jostein Gaarder aus dem Hanser Verlag lesen. Es ist ein Roman über zwei ungleiche Mädchen und einen geheimnisvollen Brieféschreiben, ein Kriminal- und Abenteuerroman des Denkens und vor allem eine Geschichte der Philosophie von den Anfängen bis zur Gegenwart.

Das klassische Athen als Vorbild

Die verschiedenen Richtungen (Stile) der griechischen Baukunst können wir an den Formen der Säulen, vor allem am Säulenoberteil (Kapitell) unterscheiden:

a) **Dorischer Stil** (Süditalien, griechisches Festland).

b) **Ionischer Stil** (östliches Griechenland und Inseln).

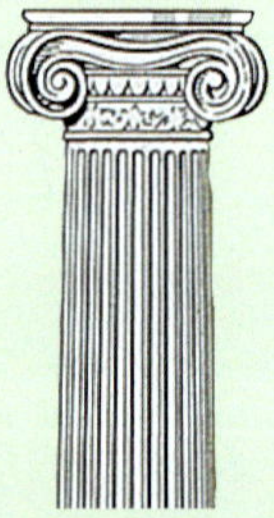

c) **Korinthischer Stil** (vorwiegend an römischen Tempeln).

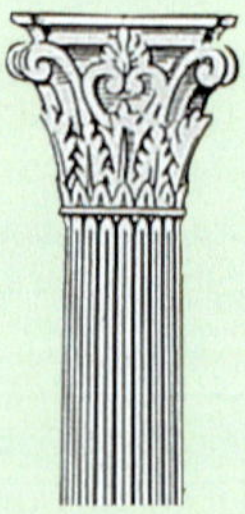

1 **Das Brandenburger Tor in Berlin.** 1791 fertiggestellt.

2 **Das neue Orangerieschloss im Park Sanssouci, Potsdam.** 1864 fertiggestellt.

Die Baukunst

Athen war nicht nur zum politischen und wirtschaftlichen Mittelpunkt Griechenlands geworden sondern auch zum Vorbild auf allen Gebieten der Kunst. Unter Perikles (s. S. 118–120) wurden riesige Geldsummen ausgegeben, um die Akropolis, die 480 v. Chr. von den Persern vollkommen zerstört worden war, in einen der schönsten Tempelbezirke zu verwandeln. Sie sollte zu einer prunkvollen Stätte der Göttin Athene werden, um die Macht und den Glanz Athens für alle sichtbar werden zu lassen. Die künstlerische Leitung beim Bau des Parthenon hatte Phidias, der bedeutendste Bildhauer des 5. Jahrhunderts v. Chr.

Die Bauwerke der Alten Griechen gelten bis in unsere Zeit als vorbildlich wegen ihrer Schönheit und ihrer harmonischen Form. Noch im 19. und 20. Jahrhundert wurden zahlreiche Gebäude, deren Würde und Erhabenheit besonders betont werden sollten, in diesem Baustil errichtet.

1 *Vergleicht die Abbildung 1 auf Seite 100 mit den Abbildungen 1 und 2 oben. Nennt Gemeinsamkeiten und Unterschiede.*

2 *Untersucht – mit Notizblock und Fotoapparat „bewaffnet" – euren Wohnort nach Gebäuden und Stilelementen, die antiken Vorbildern ähneln. Gestaltet mit den Bildern eine Wandzeitung (s. S. 86) für euer Klassenzimmer.*

Das Theater

Neben den Tempeln zählten die Theater zu den bedeutendsten Bauten der Athener. Das älteste Theater Athens war das am Südabhang der Akropolis gelegene Dionysos-Theater, das etwa 15 000 Zuschauern Platz bot. Die griechischen Theater bestanden aus einem kreisrunden Tanzplatz (Orchestra), dem bogenförmigen Zuschauerraum und den Bühnenbauten (Skene). In den Theatern der ganzen Welt werden heute noch die griechischen Schauspiele (Dramen) aufgeführt, ob als Komödien (Lustspiele) oder Tragödien (Trauerspiele).

3 *Überlegt, warum griechische Dramen heute noch aufgeführt werden.*

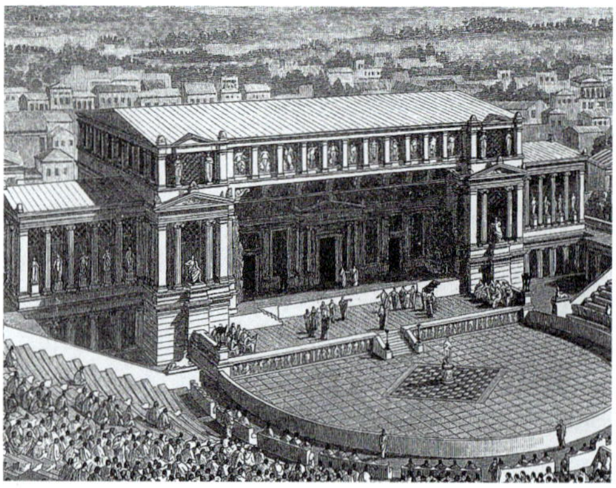

3 **Das Dionysos-Theater von Athen.** Rekonstruktionszeichnung.

Politik, Recht und der Friedensgedanke

Die Grundlagen für unsere heutige Staatsform und unser Rechtssystem wurden schon in der Antike geschaffen. Sie sind das Ergebnis einer langen Entwicklung, die damit begann, dass erst die Herrschaft der Könige und schließlich auch die des Adels beendet wurden.

Politik

Wir leben heute in einer Demokratie*, einer Staatsform, die es schon im antiken Griechenland gab. Solon, Wegbereiter der neuen Staatsidee (s. S. 108), schuf 594 v. Chr. Gesetze, die zum ersten Mal das ganze Volk angemessen am Staatsleben beteiligten.
Kleisthenes, ein athenischer Staatsmann, setzte die Reformen Solons fort und führte 508 v. Chr. die Demokratie ein. Er verankerte die Teilnahme des Volkes an politischen Entscheidungen in einer neuen Verfassung (s. S. 108/109).

Q1 Perikles, der berühmteste Athener Politiker, der 14 Jahre lang hintereinander den Vorsitz der Volksversammlung innehatte (s. S. 118–120) sagte zur Verfassung Griechenlands:

Die Verfassung, nach der wir leben, ist ein Vorbild für alle unsere Nachbarn. Ihr Name ist Demokratie, weil nicht eine kleine Minderheit, sondern die Mehrheit entscheidet.

Recht

Die Römer brachten ihr Recht 450 v. Chr. mit dem Zwölftafelgesetz* erstmals in schriftliche Form (s. S. 127).
Mit dem Gesetz von 287 v. Chr. wurden in Rom Volksentscheide zu allgemein gültigen Beschlüssen erhoben.
Und um 123 v. Chr. erschien eine umfassende Darstellung des römischen Zivilrechts als Grundlage einer modernen Rechtswissenschaft (s. S. 198).

Der Friedensgedanke bei den Olympischen Spielen

Die Olympischen Spiele der Antike waren panhellenisch*. Für das Fest zu Ehren des Zeus (s. S. 102–104) garantierte man allen nach Olympia reisenden Wettkämpfern und Zuschauern den Gottesfrieden für die Dauer der

4 Basketballstar Dirk Nowitzki trägt die Fahne beim Einmarsch der deutschen Mannschaft zur feierlichen Eröffnung der 29. Olympischen Spiele am 08.08.2008 im Nationalstadion in Peking.

Spiele und ihrer An- und Abreise. Für die Bewohner der griechischen Stadtstaaten (s. S. 98), die sich Jahrhunderte lang erbitterte Kämpfe lieferten, waren diese Tage der Waffenruhe oftmals die einzigen Unterbrechungen zwischen den Kampfhandlungen. So haben die Olympischen Spiele die erste Friedensbewegung ins Leben gerufen.
Die Ausgrabungen des antiken Olympia zwischen 1875 und 1881 hielten die Welt in Atem. Auch deshalb kam man auf die Idee, die Olympischen Spiele in moderner Form wiederzubeleben. 1896 fanden sie dann erstmalig wieder statt – in Athen, ihrem Ursprungsland. Man ging davon aus, dass der Sport das beste Mittel wäre, Menschen von überall her zusammenzubringen, um Freundschaft zwischen den Völkern aufzubauen. Aber jetzt waren mit „überall" die Menschen aller Nationen der Welt gemeint, nicht mehr nur die einer Region.

1 *Vergleicht die Olympischen Spiele der Antike mit den heutigen. Nennt Gemeinsamkeiten und Unterschiede.*
2 *Vergleicht den Friedensgedanken der Olympiade mit der Realität der Olympiaden der Jetztzeit. Diskutiert darüber.*

Demokratie*: *(griechisch) Volksherrschaft.*

Zwölftafelgesetz*: *(lateinisch Lex duodecim tabularum). Um 450 v. Chr. erfolgte erste schriftliche Aufzeichnung des ältesten römischen Rechts auf 12 ehernen Tafeln. Zivil-, straf- und prozessrechtliche Normen. Die Tafeln gingen 387 v. Chr. beim Sturm der Gallier auf Rom verloren, Bruchstücke sind durch verschiedene Schriftsteller überliefert.*

panhellenisch*: *(griechisch: pan = alle, hellenisch = griechisch). Das Wort bedeutet also: für alle Griechen.*

Berühmte Wissenschaftler der Antike

Der Naturphilosoph ***Aristoteles (384–322 v. Ch.).*** *Römische Kopie einer griechischen Marmorbüste, 4. Jahrhundert v. Chr.*

Der Philosoph Pythagoras (580–496 v. Chr.). *Relief, 1447.*

Der Botaniker Theophrast (371–286 v. Chr.). *Kupferstich, 17. Jahrhundert.*

Die ersten Wissenschaftler, die Philosophen, stellten nicht nur Fragen nach Gut und Böse. Vielmehr suchten einige von ihnen die Entstehung der Welt und bestimmte Naturereignisse mithilfe der menschlichen Vernunft zu erklären.
Die Namen und Lehrsätze einiger Wissenschaftler der Antike finden wir noch heute in unseren Lehrbüchern.

Aristoteles (384–322 v. Ch.) war Sohn eine Arztes und verfügte über ein stattliches Vermögen. Mit 17 Jahren trat er in Athen in die Schule des Platon ein und studierte dort 20 Jahre lang. Er entwickelte aber zusehends eigene philosophische Auffassungen. Seine Schriften beschäftigten sich mit der wissenschaftlichen Logik, der Metaphysik und der Naturphilosophie. Anschließend war er Lehrer von Alexander dem Großen. Später gründete er in Athen seine eigene Schule.
Im Gegensatz zu Platon war Aristoteles auch sehr daran interessiert, einzelne Naturerscheinungen zu erforschen. Besonders beschäftigte ihn die Veränderung der natürlichen Dinge. Er wollte wissen: Wer sagt einer Blume, dass sie wachsen, blühen und wieder verblühen soll? Woher weiß sie, wann und warum sie das tun soll? Und warum verändert sie sich überhaupt? Aristoteles' Antwort lautete so: Alle Veränderung, also das Werden und Vergehen der Blume ist in ihr von Anfang an angelegt. Es ist nur nicht sichtbar. Zum Beispiel: Beim Wachstum einer Blume ist ihr Verblühen bereits im Blumensamen vorhanden. Man sieht es nur noch nicht. Mit dieser Annahme lag Aristoteles gar nicht so falsch. Obwohl er noch keine Ahnung von Biologie hatte.
Aristoteles wird auch als Begründer der Philosophie-Geschichtsschreibung angesehen. Denn er beschäftigte sich ausführlichst mit den Theorien, die Philosophen vor ihm aufgestellt hatten. Damit ist sein umfangreiches Werk zugleich auch eine Fundgrube für verloren gegangene Lehren anderer Denker, das durch seine klare Systematik besticht.

Euklid (365–300 v. Chr.) wirkte in Alexandria. Er fasste das ganze damalige Wissen auf dem Gebiet der Mathematik zusammen und ordnete es. Sein Hauptwerk sind die „Elemente" in 13 Büchern. Darin beschreibt er die Elementargeometrie, die Zahlenlehre und die Raumgeometrie. Die „Elemente" sind das erste mathematische Werk, das mit strengen Beweisen arbeitet. Das Werk blieb bis ins 19. Jahrhundert die Grundlage des geometrischen Unterrichts an Schulen und Hochschulen.

Pythagoras von Samos (580 v. Chr. – um 496 v. Chr.), griechischer Philosoph. Er verfolgte wissenschaftliche, besonders mathematische Interessen. Der berühmte Lehrsatz der Geometrie zum rechtwinkligen Dreieick wurde ihm und seiner Schule allerdings wahrscheinlich fälschlich zugeschrieben.

Thales von Milet (624–546 v. Ch.) beschäftigte sich mit der Erforschung der Natur. Er erklärte das Wasser zum Urgund der Welt. Thales entdeckte, dass sich in der Natur bestimmte Zahlenverhältnisse stets wiederholen. Und er bewies, dass der Durchmesser eines Kreises diesen immer in zwei gleich große Hälften teilt.

Theophrast (371–286 v. Chr.) war ein Schüler von Aristoteles und wurde der bedeutendste Botaniker und Mineraloge des Altertums. Er verfasste zwei bedeutende Schriften:
„Die Naturgeschichte der Gewächse" (9 Bücher) und „Über die Ursache des Pflanzenwuchses" (6 Bücher). Nach Theophrasts Werken wurde lange Zeit Pflanzenkunde gelehrt und verstanden.

1 *Erstellt eine Übersicht von noch heute gültigen Regeln und Lehrsätzen der Alten Griechen in den Naturwissenschaften.*

Berühmte Wissenschaftler der Antike

1 Archimedische Schrauben. Rekonstruktion. Um das Wasser aus großen Tiefen heraufzuholen, mussten viele Schrauben hintereinander angebracht werden. Jede Schraube war 5 m lang und hob das Wasser um 1,5 m. Die Schrauben wurden von Sklaven mit den Füßen gedreht.

Archimedes (287–212 v. Chr.) war der größte griechische Mathematiker, Physiker und Techniker. Er war der Sohn des berühmten Astronomen Pheidias, der ihn auch zuerst unterrichtete. Später studierte er an der Universität von Alexandria. Er entwickelte Formeln zur Oberflächen- und Volumenberechnung von Kugeln, Zylindern und Kegeln und entdeckte die Kreiszahl Pi. Auf dem Gebiet der Physik fand er die Gesetze des Schwerpunkts, der schiefen Ebene und des Auftriebs. Archimedes verdanken wir auch die Erfindung des Flaschenzugs und den Beweis des Hebelgesetzes. Diese Kenntnisse ermöglichten ihm den Bau von gewaltigen neuartigen Verteidigungsmaschinen. Er entwarf Wurfkatapulte, die Steine von mehr als 250 kg schleudern konnten, und Greifarme, die über Stadtmauern hinweg feindliche Schiffe zerstörten. Er konstruierte die Archimedische Schraube, mit der man durch einfaches Drehen Wasser empor heben kann. Sie wurde zur Entwässerung in Bergwerken und zur Bewässerung auf Feldern eingesetzt. Elektrisch angetrieben arbeitet man heute noch in Kläranlagen mit ihr. Immer, wenn er etwas Neues entdeckt hatte, rief er: „Heureka!" („Ich hab's gefunden").
Archimedes wurde 212 v. Chr. bei der Eroberung seiner Vaterstadt Syrakus erschlagen.

Anaxagoras (um 500–428 v. Chr.), ein Freund des Perikles, erklärte die Sonne als glühende Masse und wurde deshalb der Gottlosigkeit angeklagt. Das Werden und Vergehen erklärte er durch Annahme unendlich vieler, in ihrer Art unterschiedlicher Teilchen. Die Bewegung bewirke der Geist (nous), der alles in Ordnung hält.

Hippokrates Der griechische Arzt (um 460 v. Chr. – um 377 v. Chr.) übertrug das wissenschaftliche Denken auf die Medizin. Im Altertum wurden Krankheiten als Strafe der Götter gedeutet, weshalb man mit Opfern an die Götter zu heilen versuchte. Hippokrates dagegen beobachtete seine Kranken genau und lernte so, die Zeichen einer Krankheit zu deuten und Heilmethoden herauszufinden.

Q1 Noch heute gilt für jeden Arzt der Eid des Hippokrates:

… Ich werde die Grundsätze der Lebensweise nach bestem Wissen und Können zum Heil der Kranken anwenden, dagegen nie zu ihrem Verderben und Schaden. Ich werde auch niemandem eine Arznei geben, die den Tod herbeiführt, auch nicht, wenn ich darum gebeten werde. Ich werde auch keiner Frau ein Mittel zur Vernichtung keimenden Lebens geben … Was ich in meiner Praxis sehe oder höre …, darüber werde ich schweigen …

2 *Erklärt anhand der Abbildung 1 die „Archimedische Schraube".*

3 *Findet heraus, was die „ärztliche Schweigepflicht" ist und warum sie für Hippokrates und die Ärzte heute so wichtig ist.*

4 *Begründet, warum sich aktive Sterbehilfe durch den Arzt nicht mit seinem hippokratischen Eid vereinbaren lässt.*

Der Naturphilosoph Archimedes. (287–212 v. Chr.). *Undatierte Büste.*

Der Arzt Hippokrates (um 460 v. Chr. – um 377 v. Chr.). *Kupferstich nach einer Marmorbüste.*

Eratosthenes: Geograph, Mathematiker, Astronom

1 **Erathosthenes** im Hafen von Alexandria.

Die Erde ist keine Scheibe, sondern rund

Dies fand Eratosthenes heraus, der Leiter der Bibliothek von Alexandria. Er wurde um 276 v. Chr. in Kyrene (heute Schahhad, Libyen) geboren und starb ca. 195 v. Chr. in Alexandria. Er war einer der größten Wissenschaftler seiner Zeit. Unter anderem beschäftigte er sich mit Geographie, Astronomie und Mathematik. Er erstellte einen Sternenkatalog mit 675 Sternen. Zudem wird Eratosthenes als Begründer der Chronononologie* und der wissenschaftlichen Geographie angesehen.

Eratosthenes war der erste, der den Durchmesser der Erde berechnete. Dabei entdeckte er „nebenbei", dass die Erde keine Scheibe sein kann, sondern rund sein muss. Und er entwarf nach seinen Berechnungen eine Erdkarte.

Chronologie*: *Lehre vom Zeitbegriff und von der Zeitmessung und Zeiteinteilung in den verschiedenen Kulturepochen.*

Das „Sieb des Eratosthenes"

Eratosthenes erfand auch ein Verfahren zum Auffinden von Primzahlen*: das „Sieb des Eratosthenes".

Nach diesem einfachen Verfahren kann man alle Primzahlen bis zu einer beliebigen Zahl „aussieben": Man schreibt alle Zahlen bis zu betreffenden Zahl übersichtlich auf und streicht schrittweise die Zahlen, die keine Primzahlen sein können, durch:

- 2 ist Primzahl. Jedes Vielfache von 2 ist keine Primzahl. Also wird jede zweite Zahl danach gestrichen (im Bild rot).
- Die nächstgrößere nicht gestrichene Zahl nach 2, also 3, ist Primzahl. Also: Jede dritte Zahl danach ist keine Primzahl, wird also nun gestrichen (im Bild grün).
- Die nächstgrößere nicht gestrichene Zahl nach 3, also 5, ist Primzahl. Jede fünfte danach also nicht, wird also nun auch gestrichen (im Bild blau) usw.

Primzahlen*: *(lateinisch) Zahlen, die größer als Null sind und die durch keine ganze Zahl außer durch 1 und sich selbst teilbar sind, also 2, 3, 5, 7, 11, 13, … Die Zahl 1 wird nicht als Primzahl bezeichnet. Es gibt unendlich viele Primzahlen. Ihre gesetzmäßige Aufeinanderfolge ist nicht bekannt (Euklid).*

1 *Vergleicht die Weltkarte des Pomponius Mela (S. 21) mit der Weltkarte des Eratosthenes (Abbildung 1) und mit einer heutigen aus eurem Atlas. Beschreibt Unterschiede und Gemeinsamkeiten.*

2 *Ermittelt mithilfe des „Siebs des Eratosthenes" alle Primzahlen zwischen 1 und 100.*

2 **„Sieb des Eratosthenes".**

Heron, der Ingenieur

3 **„Wundermaschine" des Heron von Aleandria: Die Türen des Tempels öffnen sich von selbst, sobald das Opferfeuer auf dem Altar brennt.** Rekonstruktionszeichnung.
1 Das Feuer erwärmt die Luft in dem hohlen und luftdichten, nach oben abgeschlossenen Altarraum. Die Luft dehnt sich aus.
2 Die Luft drückt das Wasser durch die Röhre in einen Behälter.
3 Der sich langsam mit Wasser füllende und schwerer werdende Behälter zieht immer stärker an den Seilen, die an den Achsen der Türen befestigt sind.
4 Das „Wunder" geschieht: Die Türen öffnen sich.
5 Ist das Feuer aus, saugt die sich zusammenziehende Luft das Wasser zurück, und die Türen schließen sich dank des Gegengewichts wieder.

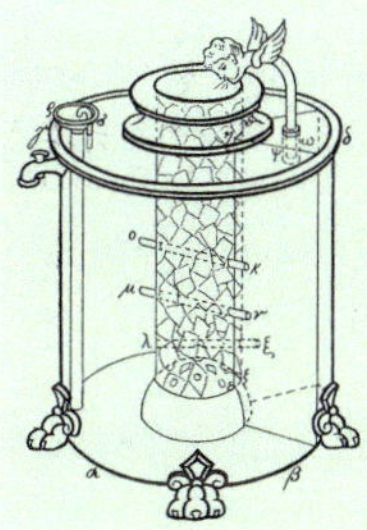

Römischer Badeofen: *Konstruktion nach Heron v. Alexandrien (um 110 n. Chr.). Im Inneren ist ein Schacht, in den glühende Kohlen gefüllt werden, die das Wasser erwärmen. Holzstich.*

Heron
Der äußerst vielseitige Mathematiker, Mechaniker, Physiker, Naturforscher und Techniker lebte und wirkte um 60 n. Chr. in Alexandria. Er verband bei seinen Erfindungen die Wissenschaft mit der Praxis. Daher würden wir ihn heute als Ingenieur bezeichnen.
Seine Schriften überlebten in griechischen, lateinischen und arabischen Übersetzungen. Sie sind eine großartige Sammlung von Ideen sowohl wissenschaftlicher als auch spielerischer Art und bilden ein umfassendes Nachschlagewerk der angewandten Geometrie und Mechanik.
Heron ist der Erfinder des Sonnenbrunnens (Thermoskop), des Zauberbrunnens (Heron's Fontäne) und des Windrads (Abbildung 4).
Vor allem aber wurde er durch das „Geheimnis der sich selbst öffnenden Tempeltüren" (Abbildung 3) bekannt, das sich viele nicht erklären konnten.

1 *Beschreibt den Mechanismus des Windrads. Wozu ließ sich diese Maschine in der Antike benutzen?*
2 *Schlagt nach, was ein „Ingenieur" ist und findet andere berühmte Ingenieure heraus.*

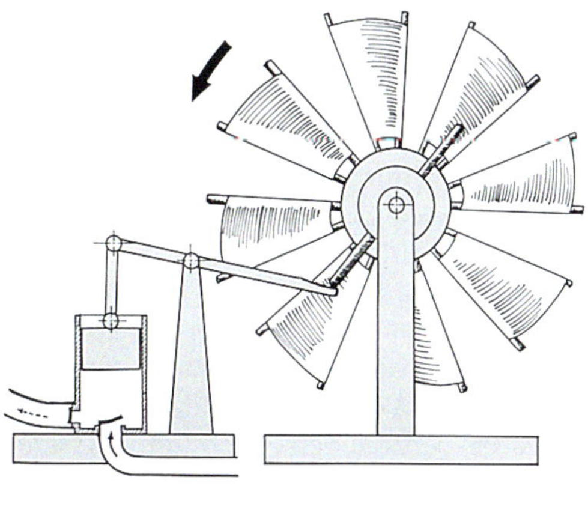

4 **Das von Heron erfundene Windrad.** Rekonstruktionszeichnung.

Alexandria: Stadt der Wissenschaften ...

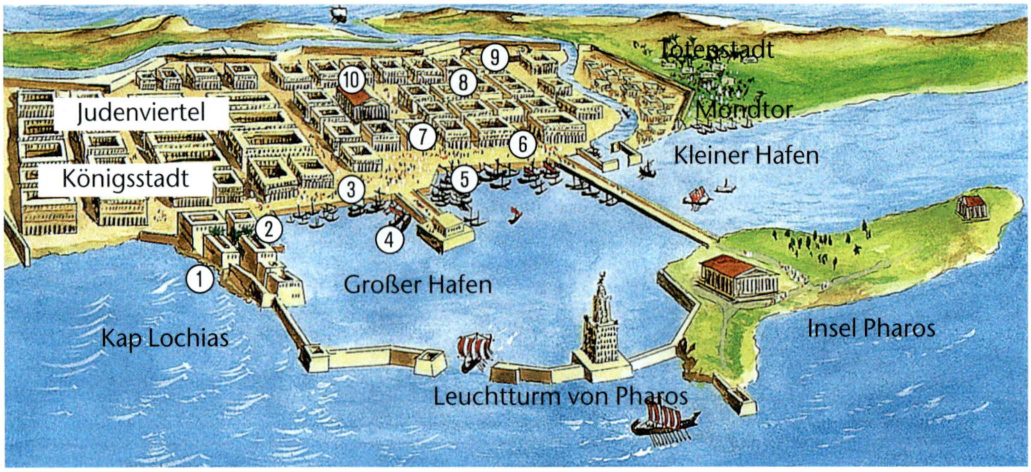

1 Modellzeichnung von Alexandria in Ägypten.
① = Königspalast, ② = Königlicher Hafen, ③ = Theater, ④ = Poseidon-Heiligtum, ⑤ = Schiffswerften, ⑥ = Museion*, ⑦ = Bibliothek, ⑧ = Serapis-Heiligtum, ⑨ = Stadion, ⑩ = Gymnasion.

Alexandria – viele Kulturen und Glauben

Besondere Bedeutung unter den großen Städten des Altertums erlangte das von Alexander dem Großen 331 v. Chr. im Nildelta gegründete Alexandria, die Hauptstadt Ägyptens.

Sie war unter dem Baumeister Dinokrates nach einem genauen Plan gebaut. Schnurgerade Straßen schnitten sich im rechten Winkel; die Paläste des Königs bildeten ein eigenes Stadtviertel.

Alexandria war die bedeutendste Handelsstadt der antiken Welt. In ihren Häfen fanden über 1000 Schiffe gleichzeitig Platz und konnten ihre Ladung löschen. Im „Knotenpunkt der Erde" – wie Alexandria auch genannt wurde, weil sich hier die Seewege über das Rote Meer, das Mittelmeer und den Nil und die Karawanenwege aus Afrika kreuzten – lebten etwa 500 000 Menschen.

Q1 Ein heutiger Wissenschaftler schreibt dazu:
Schon kurz nach der Gründung wuchs die Bevölkerung Alexandrias rapide an: Ägypter, Griechen und Juden strömten in hellen Scharen in die neue Weltstadt. Da Alexander den Juden die gleichen Rechte zuerkannte wie den Griechen, fanden Zehntausende des Jahrhunderte lang unterdrückten Volkes von Israel hier endlich eine Stätte, die frei von Verfolgung war.
Die wechselseitige Durchdringung der Kulturen, die Mischung der Völker und der ungeheure Aufschwung des Handels machten Alexandria im 3. Jahrhundert v. Chr. zu einer knisternden, brodelnden Weltstadt.

In Alexandria lebten Griechen, Syrer, Juden, Araber und Ägypter friedlich zusammen. Das „Rezept" dafür hatte zweierlei „Zutaten": Zum einen begegneten sich die Menschen mit großer Toleranz. Sie achteten und respektierten einander und ihre verschiedenen Lebensweisen und Religionen. Zum anderen vermischte sich die griechische Kultur mit denen aus Ägypten und Arabien, eine Vermischung, die für alle fruchtbar war.

1 *Informiert euch, ob es auch heute Städte gibt, die wie Alexandria vor ihrem Bau genau geplant wurden. Stellt Unterschiede und Gemeinsamkeiten fest.*

2 *Warum hatte Alexandria für so viele Menschen eine so starke Anziehungskraft?*

Zentrum der Wissenschaften und der Kultur

Die Ptolemäerkönige gründeten das Museion, die erste Universität der Welt. Dort lebten und

Museion*:
Gebäude in Alexandria. Hier hatten die altägyptischen Könige eine Gruppe von Gelehrten um sich geschart.
Das Museion war als Forschungszentrum den Musen gewidmet, also den Göttinnen von Kunst und Wissenschaft.

2 Die Bibliothek von Alexandria, ihr Gründer Ptolemäus Philadelphos und ihre Inbrandsetzung. Holzschnitt, 16. Jahrhundert.

forschten über 100 berühmte Wissenschaftler aus aller Welt auf Kosten des Staates. Das Museion besaß neben einem Zoo auch einen botanischen Garten und die damals größte Bibliothek der Welt mit mehr als 700 000 Buchrollen. Das gesamte Wissen des Altertums wurde in ihr gebündelt. Dort übersetzten Gelehrte alte und neue Texte. Das „alte Testament" wurde hier erstmalig aus dem Hebräischen ins Griechische übersetzt.

Die Bibliothek von Alexandria wurde von Ptolemäus I. im Jahre 288 v. Chr. gegründet. Sie war als Treffpunkt für die Weisen und großen Geister der Zeit gedacht. Gelehrte, Intellektuelle, Wissenschaftler und Schüler fanden hier das passende Umfeld, um zu lernen und über das damalige Wissen zu diskutieren.

Es gab eine Mischung aus diversen Kulturen und Sprachen unter Gelehrten und Schülern, aber die griechische Sprache setzte sich durch, weil die meisten der Philosophen Griechen waren und das griechische Alexandria mit seiner Bibliothek die intellektuelle Hauptstadt seiner Zeit war.

47 v. Chr. im alexandrinischen Krieg (s. S. 121) wurde die Bibliothek von Alexandria zerstört; fast alle Bücher und damit der Großteil des antiken Wissens verbrannten. Das ist für die Wissenschaft ein unwiderbringlicher Verlust, der bis heute noch nicht aufgearbeitet ist.

Einige Beispiele für wissenschaftliche Erkenntnisse, die in Alexandria gefunden wurden:

- Aristarchus war einer der ersten, der behauptete, dass sich die Erde um die Sonne dreht.
- Hipparchus war der erste, der das Sonnenjahr mit einer Abweichung von nur 6 1/2 Minuten messen konnte.
- Euklid (s. S. 186), der Vater der Geometrie, war ebenfalls hier tätig.
- Eratosthenes (s. S. 188) war der erste, der den Durchmesser der Erde berechnete.
- Archimedes (s. S. 187), der größte Mathematiker der Alten Welt, lehrte hier.
- Der Gründer des Bibliothekswesens, Callimachus, erfand hier ein Sortierungssystem, also einen Katalog (vgl. S. 50/51), um Schriftrollen nach Thema oder Autor zu finden.

3 *Wie gelang es in Alexandria, das friedliche Miteinander so vieler verschiedener Völker, Kulturen und Religionen zu erreichen?*

4 *Warum nannte man Alexandria auch die „Stadt der Wissenschaften"? Nennt Beispiele.*

5 *Unser Ausdruck „Museum" ist von „Museion" abgeleitet. Beschreibt, was wir heute unter einem Museum verstehen.*

Die sieben Weltwunder der Antike

1 **Karte der sieben Weltwunder der Antike.** Als sie gelten heute: die Cheops-Pyramide bei Gizeh, die Hängenden Gärten in Babylon, die Zeus-Staue in Olympia, der Tempel der Artemis in Ephesos, das Grabmal des Mausolos in Halikarnassos, der Koloss von Rhodos und der Leuchtturm von Alexandria.

2 **Die Pyramiden von Giseh.**

Für viele Völker war und ist die Zahl 7 bedeutungsvoll, teilweise sogar heilig:

- Rom wurde auf sieben Hügeln erbaut.
- Die Griechen und Römer verehrten die sieben Weisen.
- In der katholischen Kirche gibt es sieben Todsünden und sieben Sakramente.
- Wenn es zu Siebenschläfer regnet, regnet es sieben Wochen lang.
- Es gibt Bücher mit sieben Siegeln.
- Schneewittchen lebte bei den sieben Zwergen hinter den sieben Bergen.
- Wir packen unsere Siebensachen und gehen mit Siebenmeilenstiefeln.

Eine der ältesten Siebenheiten sind die sieben Weltwunder.

Die erste schriftliche Schilderung der sieben Weltwunder stammt wohl von dem Schriftsteller Antipatros von Sidon (2. Jahrhundert v. Chr.). Sein Buch war eine Art einfacher Reiseführer. Es ist nicht sicher, ob Antipatros die Reisen selbst unternommen oder nur dem Hörensagen nach berichtet hat.

Nur eines der sieben Weltwunder – die Zeus-Statue in Olympia – befand sich in Griechenland.

Die Cheops-Pyramide von Gizeh

Sie ist das älteste und das einzige noch erhaltene Weltwunder. Wegen ihrer riesigen Ausmaße wird sie auch die „Große Pyramide" genannt und steht bei den Weltwundern auf dem 1. Platz.

Sie ist mit 146,6 m so hoch wie ein 50-stöckiger Wolkenkratzer. Der junge Pharao Cheops ließ sie um 2500 v. Chr. bauen, um in ihr einmal beigesetzt zu werden. Sie sollte größer, schöner und prächtiger als alle vorherigen werden. Der felsige feste Boden südlich von Kairo nahe des Dorfes Gizeh war der geeignete Bauplatz, denn das Gesamtgewicht der Pyramide betrug 6,4 Millionen Tonnen. Etwa 2,3 Millionen Steinblöcke, jeder bis zu 1,45 m hoch und etwa 2,45 Tonnen schwer, wurden hier verbaut, nachdem sie mit Barken aus den Steinbrüchen über den Nil transportiert worden waren. Die Außenseiten waren mit blendend weißem Kalkstein verkleidet. Planung, Planierung des Untergrunds und Bau der Pyramide dauerten rund 30 Jahre, und 100 000 Arbeiter wurden dafür insgesamt gebraucht. Für jeden Ägypter war es eine selbstverständliche Pflicht, am Grabmal des Pharao mitzuarbeiten, denn jeder hoffte, dadurch selbst unsterblich zu werden. So zogen jedes Jahr in der Jahreszeit der „Überschwemmung" (s. S. 74), wenn die Fellachen nicht auf den Feldern arbeiten konnten, ganze Ströme ägyptischer Bauern nach Gizeh. (Mehr zu den Pyramiden s. S. 90–91.)

Die sieben Weltwunder der Antike

3 Die Hängenden Gärten der Semiramis.

4 Der Tempel der Artemis in Ephesos.

Die Zeus-Statue in Olympia.

Die Hängenden Gärten der Semiramis in Babylon

Am Ostufer des Euphrat, 90 km südlich von Bagdad, erhob sich einst die Stadt Babylon. Hier soll König Nebukadnezar II. (605–562 v. Chr.) die Hängenden Gärten als Geschenk für seine Frau Semiramis, einer persischen Prinzessin, errichtet haben.

Die Schönheit der Anlage und die umfangreiche Pflanzensammlung waren unvergleichlich. Nebukadnezar ließ seine Soldaten von allen Feldzügen in ferne Länder neue Pflanzen mitbringen. Im Sommer stiegen in Babylon die Temperaturen bis auf 50 °C. Während die Stadt in der Hitze glühte, blühten die Hängenden Gärten durch ihr Bewässerungssystem von unzähligen kleinen Kanälen einzigartig. Sie sahen wie ein einziger grüner Berg mit unzähligen verschiedenen Pflanzen aus, die zu schweben und zu hängen schienen.

Die Zeus-Statue in Olympia

Die Zeus-Statue war das einzige Weltwunder, das nicht unter freiem Himmel stand.

Olympia, der Stadt der Olympischen Spiele (s. S. 102–104), wurde zum obersten Heiligtum der Zeus-Anbetung. 470 v. Chr. wurden alle Griechen zu Spenden aufgerufen, um Zeus einen großen, prachtvollen Tempel zu bauen. Er wurde 456 v. Chr. fertiggestellt. Im Mittelpunkt des Tempels, der Cella, befand sich die Zeus-Statue, die der größte Bildhauer der Antike, Phidias, erschaffen hatte. Gesicht, Arme, Hände und Füße der Statue waren mit Elfenbein beschichtet. Haare, Gewand und Sandalen waren aus Gold. Die Augen bestanden vermutlich aus faustgroßen Edelsteinen. Die Statue war insgesamt 12 m hoch, die Goldauflage etwa 200 kg schwer.

Bei einem Erdbeben im 2. Jahrhundert n. Chr. wurde die Statue schwer beschädigt.

Der Artemistempel in Ephesos

Nahe Ephesos, einer der bedeutendsten Städte der Alten Welt stand ein heiliger Baum mit der Statue einer altasiatischen Naturgottheit. Die Siedler setzten diese Gottheit mit Artemis gleich, der Zwillingsschwester des Apoll und Tochter des Zeus. Der sagenhaft reiche König Kroisos (Krösus) finanzierte den Bau des Artemistempels, nachdem er 560 v. Chr. Ephesos erobert hatte. Das Artemision wurde zum prächtigsten Heiligtum der Griechen. Der Tempel war 51 m breit und 105 m lang, mit 127 Marmorsäulen von je 18 m Höhe; das entspricht einem sechsstöckigen Haus. In ihm befand sich das über 2 m hohe Standbild der Artemis, mit Silber und Gold verkleidet.

356 v. Chr. wurde der Tempel durch Herostratos* niedergebrannt.

Herostratos*: *Ein Bürger von Ephesos, der im Jahr 356 v. Chr. Feuer an den Artemistempel von Ephesos legte, um bekannt zu werden.*

Die sieben Weltwunder der Antike

Das Grabmal des Mausolos von Halikarnassos.

Das Grabmal des Mausolos von Halikarnassos

Etwa 110 km südlich von Ephesos liegt die türkische Kleinstadt Bodrum. Vor über 2000 Jahren hieß sie noch Halikarnassos und war von Griechen besiedelt. Seit 546 v. Chr. gehörte die Region zum Persischen Reich. König Mausolos wollte sich schon zu Lebzeiten ein Grabmal errichten lassen, das bis in die fernste Zukunft an ihn erinnern sollte. Als Sieger eines Wettbewerbs aller griechischen Architekten schufen Satyros und Phyteos eine ungewöhnliche Mischung aus griechischer, ägyptischer und persischer Bauweise. Diese wurde später von vielen Kulturen unter dem Namen „Mausoleum" übernommen. Insgesamt war das Grabmal 42 m hoch, höher als ein 14-stöckiges Hochhaus. Mit den Friesen und Reliefs des Grabmals wurden einmalige Kunstwerke geschaffen.

Im 12. Jahrhundert n. Chr. stürzten große Teile des Mausoleums bei einem Erdbeben ein.

Der Leuchtturm von Alexandria.

Der Koloss von Rhodos

Im Jahre 305 v. Chr. widerstand Rhodos der Belagerung durch König Demetrios. Zum Dank wollte man dem Sonnengott Helios, dem Schutzpatron der Insel, ein riesiges Standbild errichten. Die Rhoder bestellten bei dem bekannten Bildhauer Chares von Lindos eine 18 m hohe Statue und machten mit ihm einen Festpreis für Material und Arbeitslohn aus. Später verlangten sie eine doppelt so hohe Statue, und Chares verdoppelte einfach den ausgemachten Preis. Das war ein großer Fehler, denn die Kosten waren achtmal so hoch, was er aber erst später bemerkte. Er arbeitete 12 Jahre lang an der Helios-Statue, ging an diesem Auftrag bankrott und nahm sich das Leben.

Die Statue erreichte eine Höhe von etwa 36 m. Jeder Finger des Helios war länger als ein erwachsener Mann. Sein Gesicht und die siebenstrahlige Helioskrone waren vergoldet. Insgesamt wurden über 12 Tonnen Bronze verarbeitet. Der genaue Standort der Riesenstatue ist nicht bekannt. Sie stand nur 66 Jahre lang und stürzte 224 v. Chr. bei einem Erdbeben um.

1 Der Koloss von Rhodos.

Erhalten blieb uns aber das Wort „Koloss", ursprünglich griechisch für „Statue". Erst durch das Bildnis des Helios bekam es die Bedeutung eines Ungetüms oder Riesenstandbilds.

Der Leuchtturm von Alexandria

Der 130 m hohe Leuchtturm an der Mündung des Nils war eine technische Meisterleistung. Mit dem Aufschwung des Handels in Alexandria mussten die Schiffe nun auch nachts auslaufen. Deshalb erhielt der Turm eine starke Lichtanlage, in der Baumharz und Öl verbrannt wurden. Holz war zu teuer, denn es musste importiert werden.

Wahrscheinlich brachten Maultierkolonnen den Brennstoff auf der spiralförmigen Rampe im Turminnern nach oben zum Feuerplatz.

Über einen Hohlspiegel wurde das Licht gebündelt und reflektiert, so stark, dass man es angeblich bis „ans Ende der Welt" sehen konnte. Neben der gewagten Konstruktion war auch der starke Feuerschein einer der Gründe, warum der Leuchtturm sofort nach seiner Fertigstellung 279 v. Chr. in die Liste der 7 Weltwunder aufgenommen wurde.

Der Leuchtturm von Alexandria war das erste Leuchtfeuer der Seefahrtsgeschichte und stand mehr als 1000 Jahre lang, bis er 796 n. Chr. bei einem Erdbeben einstürzte.

Zusammenfassung

Im Altertum entstanden die berühmten 7 Weltwunder: Die Cheops-Pyramide bei Gizeh, die Hängenden Gärten der Semiramis in Babylon, die Zeus-Statue in Olympia, der Tempel der Artemis in Ephesos, das Grabmal des Mausoleus in Halikarnassos, der Koloss von Rhodos und der Leuchtturm von Alexandria.

Die Menschen beginnen mit ihren „Vordenkern", den großen Philosophen der Antike, damit, für Naturerscheinungen natürliche Erklärungen zu suchen und nicht mehr die Götter für alles Unerklärliche verantwortlich zu machen. Viele der damals entwickelten Lehrsätze haben heute noch Gültigkeit; von den meisten der damals gemachten Erfindungen profitiert auch unser modernes Zeitalter.

In der Antike wurden im Mittelmeerraum wichtige Grundlagen für unsere heutige Kultur, Wissenschaft, Politik und Rechtsauffassung gelegt.

Das gesamte Weltbild veränderte sich mit der Entdeckung des Eratosthenes, dass die Erde rund ist.

Griechische Bau- und bildende Kunst schufen berühmte Werke, die bis ins 20. Jahrhundert hinein beispielgebend für die Länder Europas waren.

Die Basis für unser heutiges Staatssystem, die Demokratie, wird von den Griechen gelegt, denn schon die Athener lebten seit 508 v. Chr. in einer solchen Staatsform.

Die Römer brachten 450 v. Chr. ihr Recht erstmals in schriftliche Form. Sie schafften 123 v. Chr. als erste eine umfassende Darstellung des römischen Zivilrechts. Damit wurde die Grundlage der modernen Rechtswissenschaft geschaffen. Die Weiterentwicklungen der römischen Gesetze haben zum Teil heute noch erheblichen Einfluss.

Alexandria, die Hauptstadt Ägyptens, war nicht nur eine sehr reiche Handelsstadt sondern auch ein Schmelztiegel der Kulturen. Hier trafen sich die Intellektuellen und Forscher ihrer Zeit, um am Museion zu forschen und zu lernen und die riesige Bibliothek Alexandrias zu nutzen.

Seit etwa 2500 v. Chr.

Die 7 Weltwunder entstehen in der Antike.

Seit etwa 500 v. Chr.

Die ersten Philosophen wirken in Griechenland.

Seit etwa 500 v. Chr.

Viele Entdeckungen und Erfindungen der Antike, zumindest aber ihre Weiterentwicklungen, haben heute noch Gültigkeit.

331 v. Chr.

Alexandria wird gegründet. Dort entstand das berühmte Museion mit der größten Bibliothek der Antike.

Zwischen Antike und Mittelalter

Mit diesem Kapitel schlagen wir eine Brücke von der Antike zum Mittelalter.
Wir erleben die Blütezeit des oströmischen Reiches und lernen Konstantinopel, das „zweite Rom" kennen.
Beschäftigen wollen wir uns aber auch mit Kalifen, Muslimen und Propheten aus dem fernen Arabien. Sie errichteten um 600 n. Chr. ein Weltreich, das bis nach Spanien und Frankreich reichte.
Dabei erfahren wir auch, wie der Islam, noch heute eine der fünf großen Weltreligionen, entstand und sich ausbreitete.
Beendet wird dieses Kapitel mit dem endgültigen Untergang des Weströmischen Reiches.

Das Byzantinische Reich

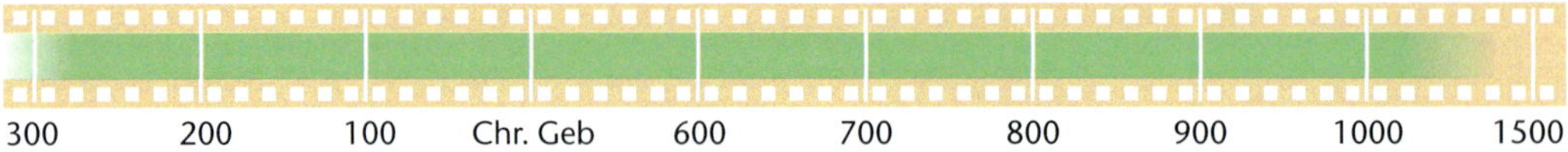

Hagia Sophia:*
Zunächst durch Kaiser Konstantin erbaut und während des Nika-Aufstands in Byzanz eingeäschert, ließ Kaiser Justinian dort in nur 5 Jahren von 532–537 eine neue Kirche errichten, die alles bisher Bekannte an Schönheit übertraf.
Beim Bau der „Kirche der Heiligen Weisheit" waren mehr als 10 000 Menschen beschäftigt. Die Baukosten sollen umgerechnet 70 Millionen Dollar gekostet haben. Einzigartig ist die Kuppel, die mit ihren 32 Metern Durchmesser das rechteckige Mittelschiff überspannt.

Byzantion:*
Gegründet um 660 v. Chr.; 330–1930: Konstantinopel; danach: Istanbul.

Griechisches Feuer:*
s. S. 201 Abbildung 2 und Randspalte.

1 **Die Hagia Sophia*.** Nach der Eroberung 1453 bauten die Türken die Kirche zur Moschee um und brachten Minarette an. Seit 1934 ist sie ein Museum.

2 **Heutiger Innenraum der Hagia Sophia.**

Das „zweite Rom"

Das Oströmische Reich nennt man auch Byzantinisches Reich – nach der Kolonie Byzantion*, die von den Griechen im 7. Jahrhundert gegründet worden war. Unter Kaiser Justinian erlebte die Stadt eine Blütezeit. Sie entwickelte sich zu einem Welthandelsplatz, da sich hier Handelsstraßen kreuzten, die Europa mit Asien und Arabien sowie den Schwarzmeer- mit dem Mittelmeerhandel verbanden. Die Warenhallen und Basare waren gefüllt mit erlesenen Produkten aus Landwirtschaft (Gewürze, Früchte, Fleisch) und Kunsthandwerk (Goldgefäße, Brokat- und Seidengewänder) sowie mit Gebrauchsgegenständen. Justinian setzte den Ausbau der Stadt zu einem zweiten Rom fort. Paläste, Kirchen, Klöster, Prachtstraßen und Wehranlagen entstanden. Die Stadt galt mit ihrem bis zu 30 km langen Befestigungsring und 7 m tiefen Wallanlagen als uneinnehmbar. Für Angreifer vom Wasser her wurde das „griechische Feuer"*: entwickelt. In nur fünf Jahren soll die Hagia Sophia, die Kirche der heiligen Weisheit, erbaut worden sein. Die Baukosten sollen umgerechnet 70 Mio. Dollar betragen haben.

1 *Warum konnte sich Konstantinopel zu so einer großen Welt- und Handelsstadt entwickeln? Nennt mehrere Gründe! (s. auch S. 200/201)*

Corpus iuris civilis

Um die Rechtsprechung in seinem Reich zu vereinheitlichen, ließ Justinian eine umfassende Sammlung des römischen Rechts und dessen Auslegungen zusammentragen. Dieses Werk nannte man später Corpus iuris civilis.

Q1 Auszüge aus dem Corpus iuris civilis:

Gegen das Gesetz handelt, wer tut, was das Gesetz verbietet. …

In Zweifelsfällen ist immer die wohlwollendere Auslegung vorzuziehen.
Auf bloße Verdachtsmomente hin jemanden zu verurteilen, geht nicht an.
Ein Verbrechen wird begangen mit Absicht, im Affekt oder fahrlässig.
Die Strafe wird verhängt zwecks Besserung der Menschen.

2 *Überlegt, ob die genannten Rechtsgrundsätze noch gültig sind.*
3 *Lest den letzten Grundsatz noch einmal. Welche anderen Gründe könnte es für eine Bestrafung geben?*

Die Ziele Justinians

Wiederherstellung des Römischen Reiches

Kaiser Justinians erklärtes außenpolitische Ziel war die Wiederherstellung des Römischen Reiches. Um dieses Ziel zu erreichen, führte er mehrere Kriegszüge durch. 514 vertrieb sein bester Feldherr Belisar* die Wandalen aus Nordafrika und die Ostgoten aus Rom. 550 gelang die Vertreibung der Westgoten von der Südküste Spaniens. Die Feldzüge waren aber nur mit einem erheblichen finanziellen und militärischen Kraftaufwand zu leisten. Es erhoben sich Klagen des Volkes über drückende Steuer- und Abgabenlasten. 534 hätte ein Aufstand der erzürnten Bewohner von Konstantinopel Justinian fast den Thron gekostet. Vom Osten und Norden drohten dem Reich neue Gefahren, denn Perser, Slawen und Awaren griffen das Reich an. Justinian musste sich den Frieden teuer erkaufen, was zu einer Verarmung breiter Bevölkerungsschichten führte. Seinen Nachfolgern gelang es nicht, die eroberten Gebiete zu halten und die Perser sowie später die Araber abzuwehren. 1453 nahmen die Türken Konstantinopel ein. Auf den Trümmern des Byzantinischen Reiches gründeten sie das Osmanische Reich.

4 *Erklärt, was aus Justinians außenpolitischem Ziel geworden ist.*

3 **Ankunft Kaiser Justinians.** Elfenbeinrelief. Der Kaiser wird von einer fliegenden Victoria (Siegesgöttin, rechts) begleitet. Am Boden sitzt Terra (Erde), und ein Offizier (links) bringt eine Siegesstatue. Unten sind die Barbarenvölker zu sehen, über dem Kaiser ist der segnende Christus abgebildet.

Der Machtanspruch Justinians

Am Hofe Justinians herrschte ein strenges Zeremoniell*. Besucher durften nicht die Farbe Purpur der kaiserlichen Familie tragen, ausgewählte Gäste und Bittsteller mussten auf dem Weg zum Thronsessel des Kaisers dreimal niederknien, um ihm schließlich die Füße zu küssen. Auch Kaiserin Theodora, die aus niederen Verhältnissen stammte, forderte für sich dieses Zeremoniell. Diese unterwürfige Verehrung von Herrschern nennt man Byzantinismus.

Die oströmischen Kaiser sahen sich als Auserwählte Gottes. In seinem Auftrag regierten sie, sprachen Recht, befehligten das Heer und waren Oberhaupt der Kirche. Ein Heer von Beamten, die Bischöfe und der Patriarch* führten ihre Anordnungen aus.

5 *Erklärt, was mit dem Relief (Abbildung 3) ausgedrückt werden soll.*

Mit ihrem Anspruch, auch Oberhaupt der Kirche zu sein, gerieten die oströmischen Kaiser in Widerspruch zum Papst in Rom. Dieser hatte als Bischof von Rom während der Wirren der Völkerwanderung an Macht und Ansehen gewonnen und behauptete seine Stellung auch gegenüber den weltlichen Herrschern. In der westlichen Reichshälfte war Latein Kirchen- und Amtssprache, im Osten hingegen Griechisch. Beide Kirchen entwickelten sich unabhängig voneinander. Als sich der Gegensatz zwischen Ost- und Westrom zuspitzte, belegten sich Papst und Patriarch gegenseitig mit dem Kirchenbann* und schlossen damit einander aus der Gemeinschaft der Christen aus. Das war 1054 die erste große Kirchenspaltung der Geschichte.

6 *Fasst zusammen, wie Justinian seine Macht nach außen deutlich machen wollte.*

***Justinian** 482–565 n. Chr. Seit 527 Kaiser. Seine Frau war die aus niedrigen Verhältnissen stammende Theodora.*

***Zeremoniell*:** Streng festgelegte Regeln bei feierlichen Anlässen.*

Patriarch (griech. = „Erzvater"): Bischof von Konstantinopel.*

***Kirchenbann*:** Ausschluss von Christen aus der Gemeinschaft der Kirche.*

Belisar*, Feldherr Justinians.

Lesetipp:
Anthony Bridge: Theodora. Aufstieg und Herrschaft einer byzantinischen Kaiserin. Verlag Callwey, München 1980.

Ein Tag in Konstantinopel

Konstantinopel um die Mitte des 6. Jahrhunderts:
Die äußere Mauer (1) wurde unter Theodosius II. (408–450) errichtet, während die innere (2) aus der Zeit der Neugründung 330 stammt. Die berühmteste Kirche war die Hagia Sophia (3), südwestlich davon lagen der Augusteionplatz (4) und das Hippodrom (5). Daneben erstreckte sich der Kaiserpalast mit seinen Gärten. Von dort führte die Hauptstraße über die Foren des Kaiser Konstantin (6), Theodosius I. (7) und Arcadius (8) stadtauswärts. Ein Aquädukt versorgte das Zentrum auf dem europäischen Kontinent mit Wasser. Jenseits des Goldenen Horns befand sich der Stadtteil Galata. (Mit freundlicher Genehmigung des Verlags Gruner und Jahr.)

Kaiser Konstantin hatte das alte Byzanz prächtig zur neuen Hauptstadt ausbauen lassen, denn es war gut zu erreichen und leicht zu verteidigen. Und nach ihm wurde es dann auch umbenannt in Konstantinopel. Seit 330 n. Chr hieß es auch das „Zweite Rom“. Paläste, Kirchen, Klöster und Prachtstraßen entstanden auch unter Kaiser Justinian (482–565 n. Ch.) und seinen Nachfolgern, die viele Künstler und Architekten in die Stadt holten. Das bekannteste Beispiel der Baukunst ist die Hagia Sophia (s. S. 198).
Die Einwohnerzahl stieg rasch auf 600 000, und Konstantinopel entwickelte sich zu einem Welthandelsplatz, weil sich hier die großen Handelsstraßen, die Europa mit Asien und Arabien sowie dem Mittelmeer und dem Schwarzen Meer verbanden, kreuzten.

Q1 Ein arabischer Geschichtsschreiber berichtet:

„Aus allen Richtungen strömten Waren nach Konstantinopel. Seide und Porzellan aus China, Elfenbein aus Afrika, Teppiche aus Persien, Glas und Stahl aus Syrien, Pelze und Holz aus Russland, Getreide und Baumwolle aus Ägypten, Lederwaren aus Marokko, aber auch Sklaven aus allen Teilen der Welt wurden auf den Marktplätzen der Stadt angeboten.“

Kaiser Justinian förderte auf viele Weisen die wirtschaftliche Entwicklung Konstantinopels. So ließ er zum Beispiel Seidenraupen aus China herausschmuggeln, förderte die Zucht, und man begann rasch mit großem Erfolg, auch in Konstantinopel die begehrte Seide herzustellen. Der Handel in Konstantinopel blühte weiter auf.
Großen Reichtum erwirtschafteten auch die fleißigen Bauern von Byzanz. Sie bestellten die Felder, bauten Wein an und ernteten Oliven. Sie züchteten Haustiere, schoren die Schafe und stellten Honig her. Einen Großteil der Steuern, durch die die Stadt 1000 Jahre lang gut leben konnte, zahlten sie. Im 5. Jahrhundert nahm der Staat jährlich etwa 320 000 Goldpfund ein. (Im Vergleich dazu wurden im Weströmischen Reich nur 20 000 Goldpfund im Jahr eingenommen.)

Q2 Kaiser Otto I. schickte Gesandte nach Konstantinopel, um eine Hochzeit auszuhandeln. Um das Ansehen seines Geschlechts zu erhöhen, sollte Ottos Sohn eine byzantinische Prinzessin heiraten. Über diese Reise wird berichtet:

„Die Gesandten reiten eine letzte Anhöhe hinauf, da sehen sie die Kaiserstadt. Sprachlos vor Bewunderung zügeln sie ihre Rosse. Welche Größe, welche Schönheit, welch

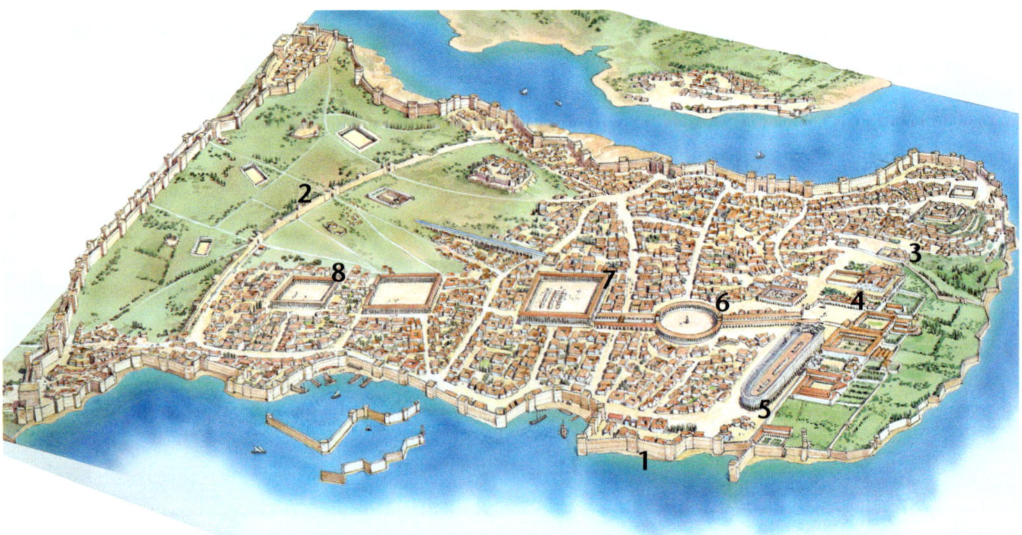

1 **Konstantinopel Mitte des 6. Jahrhunderts.** Rekonstruktionszeichnung.

Ein Tag in Konstantinopel

unübersehbares Häusermeer hinter der gewaltigen Stadtmauer. Sie ist mindestens doppelt so hoch wie die Mauern der Städte am Rhein. Und die obere Mauerkante ist außerdem mit Kupfer beschlagen. In der Morgensonne flammt sie wie ein feuriges Zauberband, das keinem Feind erlaubt, die Mauer zu ersteigen.
Weiß schimmern die Häuser, rot die Ziegeldächer. Dazwischen glänzen vergoldete Dächer von Kirchen und Palästen. Eine mächtige Kirchenkuppel strahlt wie eine zweite Sonne. Das muss sie sein, die berühmte Hagia Sophia.
Das Stadttor ist erreicht. Ein hoher Würdenträger vom Kaiserhof empfängt die Gesandtschaft. Alles an ihm blitzt und glitzert. In seinen Mantel sind Goldfäden eingewebt. Sogar die Sandalen des Byzantiners sind vergoldet. Wie aus Erz gegossen sitzt eine Abteilung Gardereiter mit vergoldeten Helmen und Brustpanzern hinter ihm zu Pferde. Mit ausgesuchter Höflichkeit werden die Gesandten des ehrwürdigen Kaisers Otto gebeten, ihm zum Heiligen Palast zu folgen.
Die breite Straße, auf der sie in die Stadt einziehen, führt schnurgerade durch luftige Parks, vorbei an Palästen und gepflegten Gärten, Klöstern, Kirchen, Kauf- und Badehäusern. Sie begegnen vornehmen Herren, die auf rassigen Araberpferden spazieren reiten. Zierliche Kutschen rollen über das Pflaster. Häufiger jedoch sind die Sänften, in denen sich die Reichen von Sklaven tragen lassen.
Und nun liegt der Hafen vor den Reitern: Das Goldene Horn, wie die Byzantiner diesen Meeresarm nennen. Am Ufer wimmelt es von Lastenträgern, Kaufmannsdienern, Matrosen, Fuhrleuten, Zollwächtern, Soldaten und Menschen aus fremden Ländern: Arabern, Russen, Bulgaren, Syrern, Ägyptern, Juden, Italienern. An den Landungsbrücken haben zahllose Schiffe festgemacht: schlanke Galeeren, plumpe Barken, leichte Segelschiffe, Frachtkähne und Schnellsegler. Auch Flöße schwimmen im Hafenwasser.
Am anderen Ufer des Goldenen Horns ankern Galeeren: wohl ausgerichtet und in langen Reihen, 300 mindestens.

2 **Einsatz des „griechischen Feuers"** gegen ein arabisches Schiff. Der Brandsatz war nicht zu löschen, seine Zusammensetzung ist nicht bekannt.

Als Schiffsschnäbel haben sie geschnitzte Drachen, Löwen oder Adler. „Die Kriegsflotte unseres allermächtigsten Kaisers", sagt der Byzantiner ehrfürchtig. „Aus den großen Trichtern fährt der Schrecken unserer Feinde, das flüssige Feuer, das niemand löschen kann".
Die Straße führt zu einem großen Platz, auf dem Markt gehalten wird. Eine bunte, bewegte Menge drängt sich zwischen den Ständen der Kaufleute und Geldwechsler. Die Gesandten staunen über die Zeugnisse byzantinischer Handwerkskunst: hauchdünne Seide und Purpurtuche, gold- und silberdurchwirkte Kleiderstoffe, feines Schuhwerk, Gefäße aus Glas, erlesene Waffen, bemalte Krüge und Emphoren sowie kostbaren Schmuck aus Gold und Silber. Und die Handelsgüter aus anderen Ländern sind nicht weniger sehenswert.
Die Gesandten sind sich einig: Dieser Markt ist größer als alle Märkte ihrer Heimat zusammen. Und er findet täglich statt, nicht nur einmal im Jahr."

1 *Was bewunderten die Gesandten Ottos an Konstaninopel?*
2 *Entwerft einen Plan mit Besichtigungsreihenfolge der Sehenswürdigkeiten Konstantinopels! Schreibt kurze Texte zu den einzelnen Sehenswürdigkeiten!*
3 *Wer sorgte vor allem für den Reichtum der Stadt? Nennt 3 Bevölkerungsgruppen und begründet die Auswahl!*
4 *Erstellt eine Übersicht über die Handelsgüter, die in Konstantinopel verkauft werden, und ihre Herkunftsländer!*

*Das **„griechische Feuer"*** war eine Art „Feuerschleuderrohr", das von dem Architekten Kalinikos entwickelt wurde. Es bestand aus einem mit Blech ausgekleideten Baumstamm, in den Kugeln aus Salpetersäure gesteckt wurden, die dann mit einem Brandsatz gezündet werden konnten.*

Das arabische Reich

1 Im Innenhof der Haram-Moschee* in Mekka mit dem Heiligtum der Kaaba.

*Moschee** (arab. = Ort des Sich-Niederwerfens, Gebetshalle): Versammlungsraum und Gemeindezentrum einer muslimischen Gemeinde.*

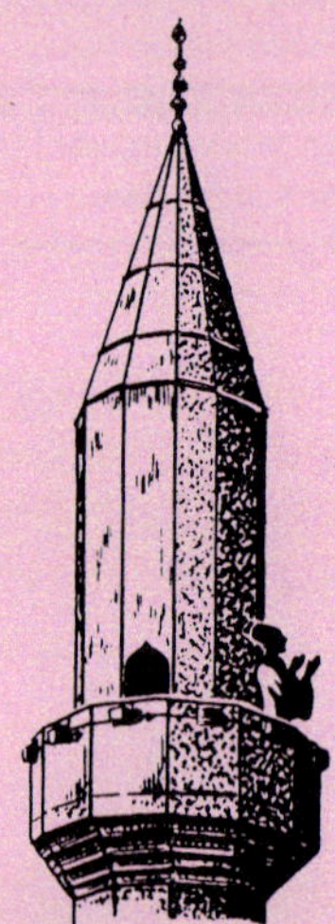

Die Moschee besitzt einen oder mehrere Türme, die Minarette, von denen der Muezzin (Gebetsrufer) die Gebetsstunden ausruft.

Islam* *(arab. = heil, unversehrt sein): Die von Mohammed begründete Weltreligion.*

Koran* *(arab. = Lesung, Vortrag): Die Heilige Schrift des Islam. Der Koran besteht aus 114 Suren, die einige Zeilen oder mehrere Strophen lang sind.*

Die Entstehung des Islam*

Das Oströmische Reich hatte die fast ununterbrochenen Stürme der Völkerwanderung überdauert und bestand bis 1453. Doch schon vorher verlor es große Gebiete an das arabische Weltreich. Die Araber waren Muslime, Anhänger des islamischen Glaubens, der sich seit 600 n. Chr. neben dem Christentum entwickelt hatte.

Mekka (siehe Karte S. 205) ist die heilige Stadt der Muslime. Hier steht die Kaaba (sprich: Ka-a-ba), das bedeutendste Heiligtum des islamischen Glaubens. Jedes Jahr strömen Millionen Gläubige aus aller Welt in die Stadt, um ihr Heiligtum zu verehren. Sie folgen den Vorschriften des Koran*. Dieses Buch ist für Muslime Heilige Schrift und göttliches Gesetz. Fünf Forderungen ergeben sich aus dem Koran für jeden Gläubigen:

1. Die Verkündigung des einen Gottes: Es gibt keinen Gott außer Allah. Mohammed ist sein Prophet.
2. Das Gebet, fünfmal täglich.
3. Das Almosen, milde Gaben für die Armen.
4. Das Fasten von Sonnenaufgang bis Sonnenuntergang im Fastenmonat Ramadan.
5. Die Pilgerfahrt nach Mekka, die jeder Muslim einmal im Leben unternehmen soll.

1 *Fasst zusammen, welche Rolle Mekka für die Muslime spielt.*

2 *Sprecht darüber, welche Forderungen für einen gläubigen Muslim, der in der Bundesrepublik Deutschland lebt und arbeitet, besonders schwer zu erfüllen sind.*

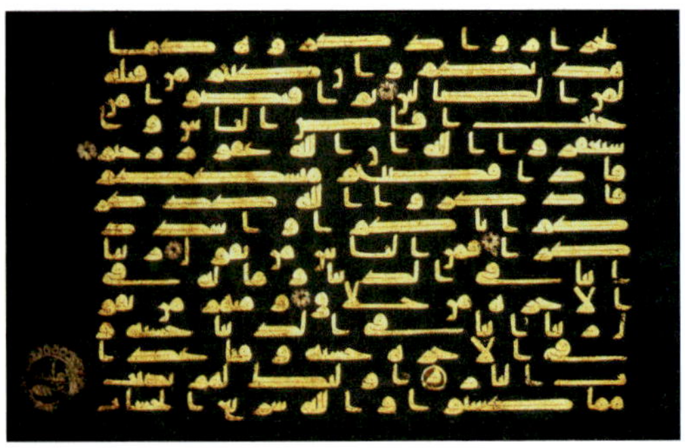

2 **Koranhandschrift in Gold auf Seide.** Kairuan (Tunesien), 9. Jahrhundert.

Der Islam – eine neue Kraft

3 **Mohammed auf einem Kamel und Jesus auf einem Esel reiten nebeneinander.** Arabische Buchmalerei, 13. Jahrhundert.

Der Prophet Mohammed

In Arabien lebten im 6. Jahrhundert hauptsächlich Nomaden. Sie gehörten verschiedenen Stämmen an. Diese Stämme waren untereinander verfeindet. Ständig gab es zwischen ihnen Kämpfe um gutes Weideland und fruchtbare Oasen.

Jeder Stamm verehrte neben vielen anderen Göttern seinen eigenen Hauptgott. Nur die Kaaba in Mekka verehrten alle Araber gemeinsam. Die Kaaba ist ein würfelförmiger Bau. In seiner Ostwand befindet sich der heilige schwarze Stein, ein Meteorit. In Mekka wurde um 570 n. Chr. Mohammed geboren. Er stammte aus einer Händlerfamilie und verlor sehr früh seine Eltern. Verwandte zogen Mohammed auf; er musste früh kennen lernen, was es heißt, arm zu sein. Er verdiente sich seinen Lebensunterhalt erst als Hirte und Kameltreiber, dann als Leiter der Handelskarawane einer reichen Witwe, die er später heiratete.

Auf seinen langen Reisen kam Mohammed mit Juden und Christen zusammen. Von ihnen hörte er, dass es nur einen einzigen Gott gibt.

Mohammed und der Erzengel Gabriel

Mohammed war ein sehr religiöser Mensch. Er glaubte, dass Gott die Menschen geschaffen und ihnen die Welt gegeben habe, um darin zu leben und sich dankbar zu zeigen. Diese Dankbarkeit sollte ihren Ausdruck finden in der Unterstützung der Armen. Als Mohammed 40 Jahre alt war, erschien ihm nach der Legende der Erzengel Gabriel in einer Höhle in der Nähe Mekkas. Er befahl ihm, den Menschen den wahren Glauben zu bringen.

Q1 Mohammed verkündete, was Gott ihm durch den Engel aufgetragen hatte:

… Es gibt keinen Gott außer Allah. Er ist der Lebendige und der Beständige. Alles, was im Himmel und auf Erden ist, gehört ihm. Gott ist der Freund aller, die glauben. Seid gut zu euren Eltern; seid ehrerbietig gegen sie, auch wenn sie alt und schwach geworden sind. Alle Gläubigen sind Brüder; haltet Frieden untereinander und fürchtet Gott. Ihr Männer, spottet nicht über andere Männer. Ihr Frauen, spottet nicht über andere Frauen. Vielleicht sind die anderen besser als ihr. Und gebt einander keine Schimpfnamen. Nicht das ist Frömmigkeit, dass ihr (beim Beten) euer Gesicht nach Osten wendet oder Westen. Frömmigkeit übt vielmehr, wer an Gott glaubt, an den Jüngsten Tag, an die Engel, an das Buch (Koran) und an die Propheten, seinen Besitz mit Liebe hingibt an Anverwandte, Waisen, Arme, Wanderer, Bittende und Gefangene. …

Mohammeds erste Zuhörer waren Freunde und Verwandte; später zeichneten seine Anhänger die Aussagen auf.

3 *Muslimische Schülerinnen und Schüler in eurer Klasse können von ihrem Glauben und von ihrem religiösen Leben berichten.*

4 *Der Koran enthält Glaubenssätze und Verhaltensregeln. Nennt die entsprechenden Sätze in der Quelle.*

5 *Beschreibt die Abbildung 3. Überlegt, was damit über das Verhältnis von Christus und Mohammed ausgesagt werden soll.*

6 *Sammelt aktuelle Meldungen aus Zeitung, Rundfunk und Fernsehen über Muslime und den Islam heute.*

Mohammeds Name *in arabischer Schrift. Mohammed wurde um 570 in Mekka geboren. Er begründete im 7. Jahrhundert die Lehre des Islam.*

Die Ausbreitung des Islam

1 **Der Erzengel Gabriel verkündet Mohammed, dass er der letzte Prophet des einen Gottes sei.** Buchmalerei, 16. Jahrhundert.

2 **Mohammed predigt seinen ersten Anhängern.** Türkische Miniatur, 14. Jahrhundert.

Hedschra* *(arab. = Auswanderung): Flucht Mohammeds und seiner Anhänger aus Mekka (622).*

Muslime*: *Glaubensanhänger des Islam. Man nennt sie auch Moslems oder Mohammedaner.*

Der Islam verbietet bildliche Darstellungen von Gott. Sein Name wird aber überall in den Moscheen und Gebetsbüchern mit Schriftzeichen gemalt.

Die Auswanderung nach Medina

Mohammed predigte, dass vor Gott alle Menschen gleich seien und die Reichen mit ihrem Besitz die Armen und Notleidenden unterstützen sollten.

Die reichen Kaufleute aus Mekka wollten von dieser Botschaft nichts wissen. Sie versuchten, Mohammed lächerlich zu machen und verfolgten ihn sogar. Mohammed floh daher 622 mit seinen Anhängern in die 400 km entfernte Stadt Medina. Mit dieser Flucht, der Hedschra*, beginnt der eigentliche Siegeszug des Islam. Für die Muslime* ist dies ein so wichtiges Datum in ihrer Geschichte, dass sie ihre Zeitrechnung mit dem Sommer 622 beginnen.

Q1 Der Araber Ibn Ishâg (704–768) berichtete in seiner Lebensgeschichte des Propheten Mohammed:

… Nachdem sich der Prophet mit seinen ausgewanderten Brüdern in Medina eingerichtet hatte, verfestigte sich der Islam bei ihnen. Das Gebet war eingesetzt, die Armensteuer und das Fasten zur Pflicht gemacht, die gesetzlichen Strafen festgelegt und das Erlaubte und Verbotene vorgeschrieben. …

1 *Fasst zusammen, welche Lebensbereiche von den Muslimen frühzeitig geregelt wurden.*

Der Siegeszug des Islam

In Medina wurde Mohammed nicht nur als religiöser Führer sondern auch als Schiedsrichter bei Stammesfehden anerkannt. Er wurde Gemeindeoberhaupt und damit der politische Führer Medinas. Sein Ziel war es, die vielen verschiedenen arabischen Stämme zu einigen und mithilfe der gemeinsamen Religion ein Reich zu schaffen. Innerhalb von zehn Jahren gelang es ihm, teilweise mit Waffengewalt, die umliegenden Stämme und Sippen zu bekehren. 630 eroberte er Mekka und erklärte es zur heiligen Stadt. Das alte heidnische Heiligtum, die Kaaba, ließ er bestehen. Den schwarzen Stein, so erklärte er, habe Gott auf die Erde geworfen als Zeichen seines Bundes mit den Menschen. Als Mohammed 632 starb, bekannte sich schon fast ganz Arabien zum Islam.

2 *Beschreibt, wie die Maler der Bilder die besondere Bedeutung Mohammeds hervorgehoben haben (Abbildungen 1 und 2).*

3 *Fertigt eine Kurzbiografie von Mohammed an.*

Das islamische Weltreich

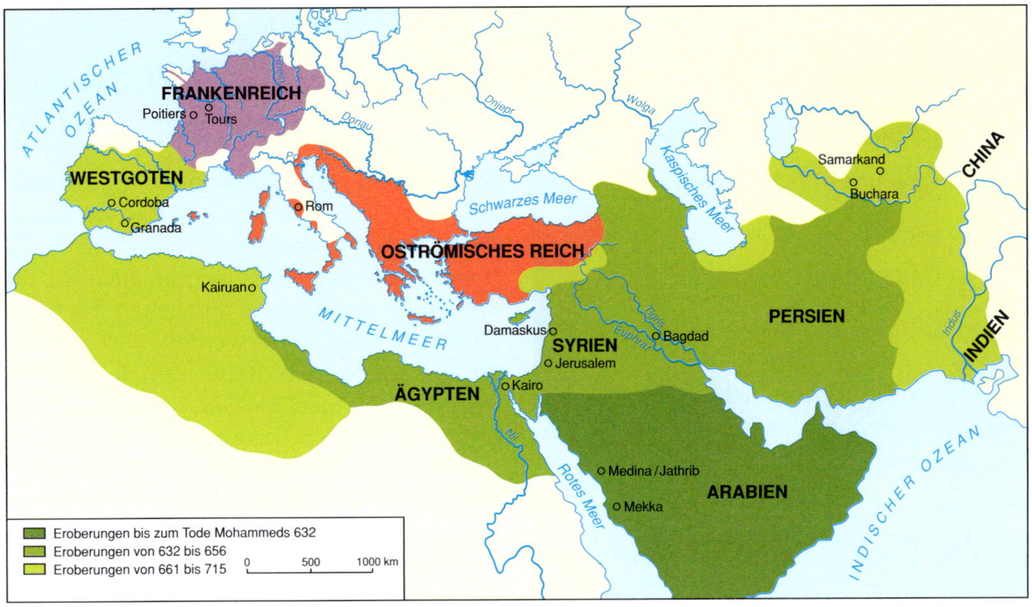

3 **Die Ausbreitung des Islam bis zum 8. Jahrhundert.**

Der Aufruf der Kalifen*

Nachfolger Mohammeds als religiöser und politischer Führer wurde ein enger Vertrauter des Propheten. Er nahm den Titel „Kalif" an, was Stellvertreter (des Propheten) bedeutet. Seine Nachfolger riefen die Muslime dazu auf, für den Islam weitere Gebiete zu erobern.

Q2 Die Kalifen verwiesen auf den Koran:
... Euch ist befohlen zu kämpfen, obwohl es euch widerstrebt. Aber vielleicht ist das schlecht für euch, was ihr gern habt. Allah allein weiß es. Diejenigen, die im Glauben und in Allahs Namen ausgezogen sind und in seinem Namen Krieg geführt haben, dürfen auf seine Gnade hoffen. Diejenigen, die in Allahs Namen ihr Leben lassen müssen, führt er in das Paradies, das er ihnen versprochen hat. ...

4 *Wie wurden die Muslime zum Kämpfen ermahnt?*

In weniger als einhundert Jahren errichteten die Araber ein Weltreich, das bis an die Grenzen Indiens und Chinas reichte. 711 überschritten arabische Truppen die Meerenge von Gibraltar: Spanien und Portugal gerieten unter ihre Herrschaft.

5 *Beschreibt mithilfe der Karte 3 die Ausdehnung der islamischen Herrschaft.*

Islamische Kultur und Wissenschaft

Im islamischen Weltreich gab es im 10. Jahrhundert 15 große Städte mit mehr als 100 000 Einwohnern. Neben Bagdad, Kairo und Damaskus gehörte dazu auch Cordoba in Spanien. Die Baukunst der muslimischen Baumeister war zu dieser Zeit unerreicht und erregte in der damaligen Welt große Bewunderung.
Die arabischen Wissenschaftler schufen das Zehnersystem, mit dem wir heute noch rechnen; sie erfanden das Schießpulver und wussten um die Kugelgestalt der Erde. Den Erdumfang errechneten sie bis auf einen Kilometer genau. Das Handbuch eines arabischen Arztes über Pocken und Masern wurde in Europa bis zum vorigen Jahrhundert nachgedruckt. Der Einfluss der arabischen Wissenschaft und Kultur wird auch in vielen Wörtern deutlich, die arabischen Ursprungs sind (siehe Randspalte).

6 *Schlagt die unbekannten Begriffe im Lexikon nach. Stellt fest, welchen Lebensbereichen diese Begriffe entstammen.*

Kalif* *(arab. chalifa = Stellvertreter). Bezeichnung der Nachfolger und Stellvertreter des Propheten Mohammed. Der Kalif war geistliches Oberhaupt aller Muslime und zugleich weltlicher Herrscher des arabischen Weltreiches.*

Folgende Worte sind arabischen Ursprungs:

Algebra	*Laute*
Alkohol	*Marzipan*
Arsenal	*Matratze*
Basar	*Natron*
Damast	*Pflaster*
Gitarre	*Sirup*
Kaffee	*Sofa*
Kampfer	*Teppich*
Kattun	*Ziffer*
Kittel	*Zucker*

Seit 711 n. Chr.:
Arabische Truppen landen in Spanien und dringen in das Frankenreich ein.

Der Kampf um die Macht in Italien

1 **Das Grabmal Theoderichs in Ravenna.** Das unten zehneckige und oben runde Bauwerk hat ein Ziegelfundament, und das Obergeschoss wird von einem riesigen Monolithen (aus einem Stein gehauen) bedeckt. Durchmesser: 11 m, Gewicht: 400 t.

1 *Wiederholt mithilfe der Karte 1 auf S. 175, welche Reiche die Nachfolge des Römischen Reiches angetreten haben.*

493–526 n. Chr.: Herrschaft des Ostgoten Theoderich.

Gewaltsame Herrscherwechsel in Rom

Q1 Der Mönch Salvian (Mitte des 5. Jahrhunderts) beschrieb den Niedergang der römischen Herrschaft:

... Arme werden ausgeplündert, Witwen seufzen, Waisen werden mit Füßen getreten; ja, es ist so weit gekommen, dass viele von ihnen ... zu den Feinden fliehen, um nicht unter dem Druck der staatlichen Verfolgung zu sterben. Sie suchen bei den Barbaren die Menschlichkeit der Römer, weil sie bei den Römern die barbarische Unmenschlichkeit nicht ertragen können. Und obwohl sie von denen, zu denen sie flüchten, in Gebräuchen und Sprache abweichen, ... wollen sie doch lieber bei den Barbaren unter der ungewohnten Lebenshaltung leiden als bei den Römern unter wütender Ungerechtigkeit. ...

2 *Fasst zusammen, wie Salvian den Zustand im Römischen Reich sieht.*

Der Germane Odoaker setzte 476 den letzten weströmischen Kaiser ab (siehe S. 175) und übernahm selbst die Macht im krisengeschüttelten Reich. Die Völkerwanderung, Angriffe auf Rom, Gebietsverluste und der Verfall von Recht, Ordnung und Moral im ehemals mächtigen Römischen Reich zeigten deutlich die Spuren des Untergangs und ließen das Reich zu einer leichten Beute werden.

Da der oströmische Kaiser den Tatendrang und Machthunger Odoakers fürchtete, machte er den Ostgoten Theoderich zum Heermeister Westroms. Der Konflikt mit Odoaker war unausweichlich: Dieser ergab sich erst nach einem zweijährigen Kampf, später wurde er von Theoderich erschlagen. Ab 493 regierte Theoderich als König über die Italiker im Auftrag des oströmischen Kaisers. Seine Residenz war Ravenna, wo er 526 begraben wurde.

Die Herrschaft Theoderichs des Großen

Sein Stamm, die Ostgoten, war den Römern zahlenmäßig stark unterlegen, somit musste das Zusammenleben streng geregelt werden. Goten und Römer durften untereinander nicht heiraten. Die Goten dienten im Heer und lebten nach germanischem Recht. Die Römer arbeiteten in Handel, Handwerk und Verwaltung, waren steuerpflichtig und lebten nach römischem Recht. Ein Zusammenwachsen zwischen den katholischen Römern und den dem Arianismus (siehe S. 168) zugewandten Goten kam unter diesen Voraussetzungen nicht zustande.

Durch Heirats- und Bündnispolitik versuchte Theoderich, ein gutes Auskommen mit Ostrom, mit den Wandalen, Burgundern und Franken zu erreichen, jedoch mit geringem Erfolg: Nach seinem Tod herrschten Mord und Totschlag im Ostgotenreich. 555 wurde Italien zur Provinz Ostroms erklärt und die Ostgoten verschwanden aus der Geschichte.

3 *Nennt Gründe für das Scheitern des Ostgotenreiches.*

4 *Erklärt, wer der Nutznießer des Untergangs Westroms war.*

Zusammenfassung

Das Byzantinische Reich

Kaiser Konstantin hatte bereits 330 den Regierungssitz von Rom nach dem früheren Byzanz verlegt, das nun Konstantinopel hieß und begonnen, die Stadt mit prächtigen Bauten, großen Parks und neuen Straßen zum „Zweiten Rom" wieder aufzubauen.
Justinian setzte setzte den Ausbau der Stadt fort. Unter seiner Herrschaft erlebte Konstantinopel eine Blütezeit in Kunst und Wissenschaft, hatte über 500 000 Einwohner und entwickelte sich zum Welthandelsplatz.
Justinians erklärtes Ziel war, das Römische Reich wiederherzustellen, ein kostspieliges Ziel, das auch von seinen Nachfolgern nie erreicht wurde.
Die oströmischen Kaiser sahen sich als Auserwählte Gottes, was 1054 zur ersten großen Kirchenspaltung der Geschichte führte. Sie regierten in Gottes Auftrag, sprachen Recht, befehligten das Heer und waren Oberhaupt der Kirche. In ihrem Auftrag wurden die Slawen missioniert, die neue Reiche in Ost-, Südost- und Mitteleuropa gründeten.
Das byzantinische Reich bestand mit immer weiter gehenden Gebietsverlusten über 1000 Jahre lang. Dann wurde Konstantinopel von den Türken eingenommen, die das Osmanische Reich gründeten und auf den Trümmern Konstantinopels ihre neue Hauptstadt Istanbul errichteten.

Das Arabische Reich

Schon vor 1453 verlor das byzantinische Reich große Gebiete an das Arabische Weltreich.
Die Araber waren Muslime, Anhänger des islamischen Glaubens. Sie folgen den Vorschriften des Koran, für Muslime ihe Heilige Schrift und göttliches Gesetz.
Begründet wurde der Islam um 600 n. Chr. von dem Propheten Mohammed. Durch die von ihm verkündete Lehre des Islam vereinigte er die arabischen Stämme.
Mekka, die Geburtsstadt Mohammeds, ist die heilige Stadt der Muslime. In ihr steht die Kaaba, das wichtigste Heiligtum des islamischen Glaubens.
Seine Nachfolger, die Kalifen, errichteten innerhalb von 100 Jahren ein Weltreich, das von Indien bis Spanien reichte. Die arabische Kultur beeinflusste auf vielen Gebieten die europäische Kultur.

482–565 n. Chr.

Justinian ist seit 527 Kaiser des oströmischen Reiches.

330–1453 n. Chr.

Konstantinopel ist die Hauptstadt des byzantinischen Reiches. 1453 wird es von den Türken eingenommen.

570 n. Chr.

Mohammed, der Begründer des Islam, wird in Mekka geboren.

622 n. Chr.

Flucht Mohammeds und seiner Anhänger nach Medina. Beginn der muslimischen Zeitrechnung.

Aus der Geschichte des europäischen Mittelalters

Zwei Beauftragte des Papstes reisten vom Tiber an die Elbe: Der Diakon Johannes und der Schreiber Azzo suchten König Otto I. in Magdeburg auf. Sie sollten ihn zur Kaiserkrönung nach Rom geleiten. Am 2. Februar 962 traf der Magdeburger Hof nebst den Großen des Reiches in Rom ein.
Hier wurde Otto I. vom Papst gesalbt und zum Kaiser gekrönt. Das Heilige Römische Reich Deutscher Nation war entstanden. Seit dieser Zeit bis zum Jahr 1806 wurde die Kaiserwürde immer nur deutschen Königen verliehen.
Um die Macht von Kaiser, Papst und Kirche geht es in dem folgenden Kapitel: Warum konnte der Papst deutsche Könige zu Kaisern krönen? Waren die Päpste mächtiger als die Könige oder bestimmten weltliche Herren über die Kirche? …

Herrschaftsbildung

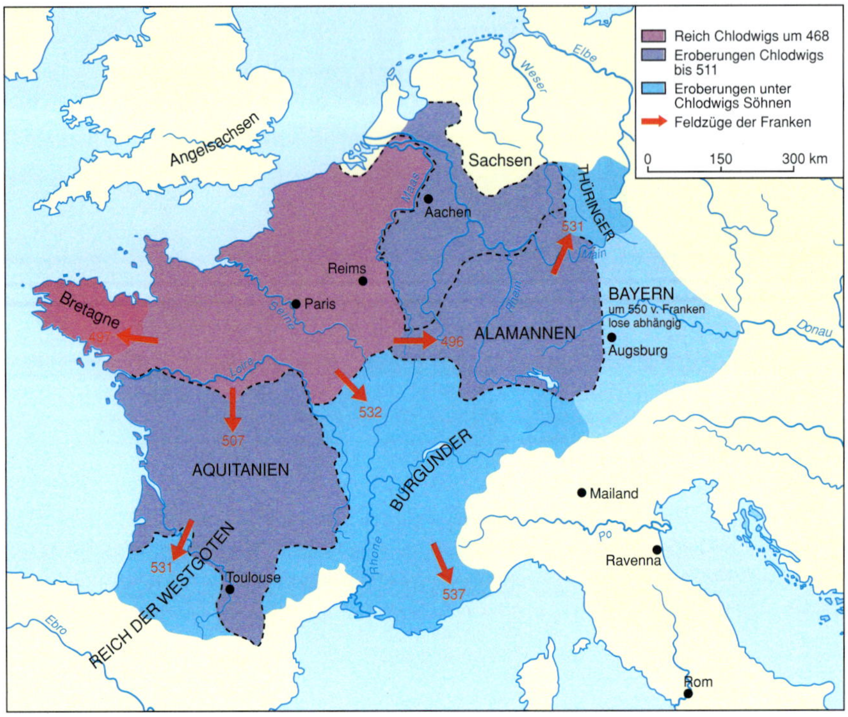

1 **Das Frankenreich um 550 n. Chr.**

482–511:
Gründung des Frankenreiches durch Chlodwig aus dem Geschlecht der Merowinger.

um 496:
Übertritt Chlodwigs zum Christentum. Sieg über die Alamannen.

ab 700:
Ansiedlung slawischer Stämme an der Spree, im Westen Heveller, im Osten Sprewanen. Sie sind Bauern und Fischer. Es gibt keine Kämpfe mit den Germanen.

Merowinger*:
Fränkische Königsfamilie; der Name stammt von „Merowech", der einer Sage nach ihr Vorfahre war.

Das Reich der Franken

Die Franken, die im 5. Jahrhundert gegen die römischen Truppen in Gallien kämpften (vgl. S. 175), gehörten verschiedenen kleinen Stämmen an. Einer dieser Stämme wurde von dem Fürsten Chlodwig angeführt. Im Jahre 482 machte sich Chlodwig zum König über alle Franken, indem er die Fürsten der anderen Teilstämme durch Mord oder Verrat beseitigte. Nur vier Jahre später vertrieb er den letzten römischen Statthalter aus Gallien. Chlodwig erkannte schnell, dass er sein großes Reich nur mit Unterstützung der gallischen Bischöfe und Äbte regieren konnte. Diese Geistlichen waren schon unter den Römern tüchtige Verwaltungsbeamte gewesen. Chlodwig trat deshalb mit seinem Volk zum Christentum über. Die „Bekehrung" Chlodwigs erfolgte, als seinen Truppen im Kampf gegen die Alamannen eine totale Niederlage drohte.

Q1 Gregor von Tours (540–594), Bischof und Geschichtsschreiber berichtete darüber:

… Als Chlodwig dies sah, sprach er: „Jesus Christus! Gewährst Du mir jetzt den Sieg über meine Feinde, so will ich an Dich glauben und mich taufen lassen. Denn ich habe meine Götter angerufen, doch sie helfen mir nicht; sie sind wohl ohnmächtig. Nun rufe ich Dich an. An Dich will ich glauben, wenn ich nur der Hand meiner Feinde entkomme." …

Als er so gebetet hatte, wandten die Alamannen sich und begannen zu fliehen.

1 *Erklärt, welche Vorteile sich Chlodwig von seinem Übertritt zum Christentum versprach.*
2 *Vergleicht diese Karte mit einer Westeuropakarte in eurem Atlas. Stellt fest, welche Gebiete der fränkische König Chlodwig eroberte.*

Das Frankenreich unter Karl dem Großen

2 **Krönung eines fränkischen Königs.**

Nach Chlodwigs Tod 511 wurde das Reich weiter von den Merowingern* regiert. Auch die christlichen Franken hielten an der Vorstellung des Königsheils* fest. Sie glaubten, dass nur Mitglieder der königlichen Familie König werden konnten, weil diese von göttlichen Ahnen abstammten. Da keiner der Söhne eines Herrschers vom Erbe ausgeschlossen werden durfte, wurde das Frankenreich immer wieder geteilt. Die Folge waren Erbstreitigkeiten und Bruderkriege. Dadurch verlor das merowingische Königshaus zunehmend an Macht.
Das Reich regierten inzwischen die Hausmeier*. So war es auch der Karolinger* Karl Martell, der 732 das Frankenreich gegen die anstürmenden Araber erfolgreich verteidigte und nicht der König selbst. Um auf den Thron zu gelangen, brauchten die karolingischen Hausmeier jedoch eine religiöse Weihe, die die Wunderkraft des Königsheils noch übertraf. Da die Karolinger seit Jahren eng mit der fränkischen Reichskirche zusammengearbeitet hatten, waren gute Beziehungen nach Rom zu den Päpsten entstanden. Diese nutzte Pippin, der Sohn Karl Martells, um im Jahr 751 mit dem Segen des Papstes König zu werden.

3 *Erklärt, warum sich Pippin an den Papst wendet.*

4 *Beschreibt das Krönungsbild (Abbildung 2) und führt aus, wodurch deutlich wird, dass die Karolinger rechtmäßig Könige wurden.*

Zum Dank für seine Unterstützung half Pippin dem Papst im Kampf gegen die Langobarden und versprach ihm in der Pippinischen Schenkung* das Gebiet zwischen Rom und Ravenna, das die Grundlage bildete für den späteren Kirchenstaat. Pippin erhielt vom Papst den Titel „Schutzherr der Römer".

Karl – König der Franken

Nach Pippins Tod 768 wurde das Frankenreich zunächst zwischen den Söhnen Karl und Karlmann geteilt. Aber Karlmann starb schon 771, sodass Karl der Große bis zu seinem Tod 814 als Alleinherrscher das Frankenreich regierte.

Q2 Abt Einhard, Berater und enger Vertrauter Karls des Großen, beschreibt den König so:

... Karl der Große war von breitem, kräftigem Körperbau. Seine Augen waren groß und lebendig, er hatte schöne helle Haare und ein freundliches heiteres Gesicht ...
Reich und sicher floss ihm die Rede vom Munde, und was er wollte, konnte er leicht und klar ausdrücken. Doch genügte ihm seine Muttersprache nicht, vielmehr verwandte er auch auf die Erlernung fremder Sprachen große Mühe. Das Lateinische beherrschte er so gut wie das Französische, das Griechische aber konnte er besser verstehen als selbst sprechen. Auch zu schreiben versuchte er und hatte dazu Tafel und Büchlein stets unter dem Kopfkissen, um in schlaflosen Stunden seine Hand an das Schreiben von Buchstaben zu gewöhnen. Da er aber zu spät damit begonnen hatte, brachte er es hierin nicht sehr weit ...

5 *Fasst zusammen, welche äußeren Merkmale und welche Fähigkeiten Karls Einhard erwähnt.*
6 *Herrscherbeschreibungen sind oft geschönt. Überlegt, ob das auch auf diese Darstellung zutreffen könnte. Begründet eure Meinung.*

Karl der Große. Bronzestatue, um 800.

Königsheil*: *Aufgrund seiner göttlichen Abkunft verfügt der König über ein besonderes „Heil". Äußere Zeichen dafür sind das lange Haupthaar und der ungeschorene Bart.*

Hausmeier* *(lat. maior domus = Herr des Hauses): Sie standen als königliche Beamte an der Spitze von Verwaltung und Kriegern im Fränkischen Reich.*

Karolinger*: *Fränkische Herrscherfamilie, benannt nach Karl dem Großen.*

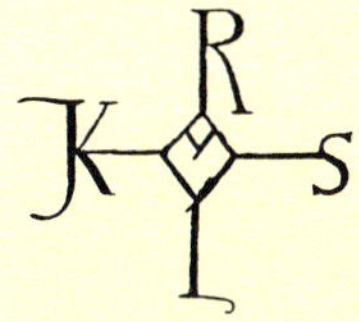

Namenszeichen Karls des Großen auf einer Urkunde aus dem Jahr 781.

Königshöfe und Pfalzen

1 **Fränkischer Königshof.** Rekonstruktionszeichnung.

Pfalz:*
(lat.: palatium = Palast); die wenigsten Pfalzen waren Paläste, sondern große und gut befestigte Höfe. Sie dienten den Königen und ihrem Gefolge als Unterkünfte, Verwaltungssitze und Gerichtsorte.

um 825:
Die Heveller gründen Burg und Siedlung dort, wo heute die Straße Spandauer Berg verläuft. Die Sprewanen legen eine Burg auf der Schlossinsel von Köpenick an.

Ein König auf Reisen

Das karolingische Reich hatte keine Hauptstadt. König Karl war oft auf Reisen, um dafür zu sorgen, dass im ganzen Reich seine Gesetze und Befehle ausgeführt wurden. In seinem Gefolge waren königliche Berater, Familienangehörige, Mägde und Knechte – insgesamt über 1000 Personen. Viele Bischöfe, Äbte und Grafen waren nicht begeistert, wenn der König kam, weil sie die Gäste kostenlos versorgen mussten. Karl hatte deshalb im ganzen Lande königliche Güter errichten lassen, in denen er und sein Gefolge gut untergebracht und versorgt werden konnten.

Q1 Für die Verwaltung dieser etwa 250 Königshöfe und Pfalzen* erließ Karl genaue Anweisungen:

Unsere Krongüter, die wir eingerichtet haben unseren Hofhalt zu beliefern, sollen allein unserem Bedarf dienen. …

Auf jedem unserer Königsgüter sollen die Verwalter einen möglichst großen Bestand an Kühen, Schweinen, Schafen, Ziegen und Böcken halten. Fehlen darf dieses Vieh niemals. Mit ganz besonderer Sorgfalt ist darauf zu achten, dass alles, was mit den Händen verarbeitet und zubereitet wird, mit der größten Sauberkeit hergestellt wird, wie: Speck, Rauchfleisch, Sülze, Pökelfleisch, Wein, Essig, Most, Senf, Käse, Butter, Malz, Bier, Honig, Wachs und Mehl.

Jedes Krongut soll in seinem Lagerraum vorrätig haben: Bettdecken, Matratzen, Federkissen, Tischtücher, Bankpolster, Gefäße aus Kupfer, Blei, Eisen und Holz, Ketten, Kesselhaken, Bohrer und Schnitzmesser. Auch das eiserne Kriegsgerät muss man hier verwahren, damit es gut erhalten bleibt.

Unseren Frauenarbeitshäusern soll man liefern: Flachs, Wolle, Seife, Fett, Gefäße und die übrigen kleinen Dinge, die dort benötigt werden. Jeder Verwalter soll in seinem Bezirk tüchtige Handwerker zur Seite haben: Grob-, Gold- und Silberschmiede, Schuster, Drechsler, Stellmacher, Schildmacher, Fischer, Seifensieder, Brauer, Bäcker und sonstige Dienstleute. …

1 *Beschreibt die Anlage eines Königshofes (Abbildung 1).*

2 *Welche Leute haben auf einem Königshof gelebt? Seht in der Quelle nach!*

3 *Der Verwalter eines Königsgutes erhält die Mitteilung, dass der König mit seinem Gefolge für eine Woche bei ihm einkehren wird. Schreibt auf, welche Vorbereitungen der Verwalter treffen muss.*

Die Verwaltung des Reiches

2 **Die Pfalz zu Aachen.** ① Königshalle (47 x 20 m), ② Wohngebäude des Königs, ③ Torhalle mit Gerichtssaal, ④ achteckige Pfalzkapelle (noch heute erhalten), ⑤ Badehäuser und Schwimmbecken mit heißen Quellen, ⑥ Wohnhäuser für das Gesinde. Rekonstruktion.

Wie regierte Karl der Große das Karolingerreich?

Das Reich Karls war sehr groß. Er konnte deshalb nicht selbst überall nach dem Rechten sehen. Der König teilte das Reich daher in ungefähr 230 Gaue oder Grafschaften (Verwaltungsbezirke) auf:

- Die Verwaltung in diesen Gebieten übertrug er Männern seines Vertrauens, die er zu Grafen ernannte. Diese Gaugrafen hatten die Aufgabe, Steuern einzuziehen, Recht zu sprechen und im Kriegsfall ein Heer aufzustellen.
- In den besonders bedrohten Gebieten an den Grenzen des Reiches, in den Grenzmarken, setzte er Markgrafen* ein. Die Markgrafen konnten im Fall der Gefahr auf eigene Verantwortung ein Heer aufstellen und in den Krieg ziehen.
- Um die Grafen zu kontrollieren, schickte der König Königsboten im Land umher, immer einen weltlichen und einen geistlichen Adligen. Sie überwachten die Tätigkeit der Grafen, vor allem die Verwaltung und die Rechtsprechung.

Karl selbst hielt sich am liebsten in der Pfalz zu Aachen auf. Hier empfing er ausländische Gesandte, hierhin kamen die Grafen und Bischöfe des ganzen Reiches, um Bericht zu erstatten.

4 *Überlegt, warum Karl einen geistlichen und einen weltlichen Königsboten schickte, um die Grafen zu kontrollieren.*

5 *Beschreibt anhand der Abbildungen 2 und 3, wie Karl der Große das Reich regierte.*

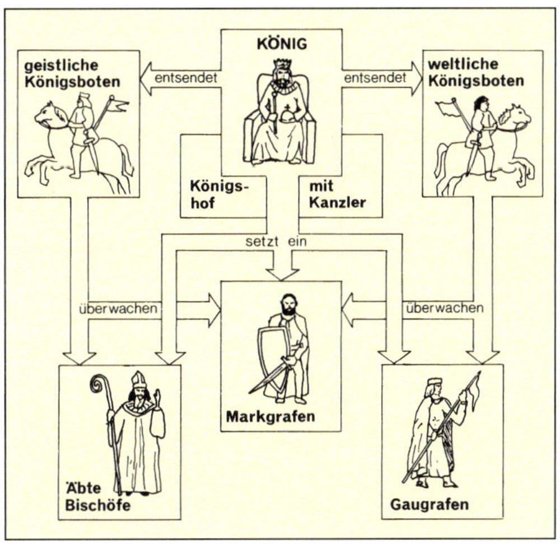

3 **Die Verwaltung des fränkischen Großreiches.**

Markgrafen*: *Marken waren Gebiete an den Grenzen des Reiches (nach dem altgermanischen Wort „marka" = Grenzland). Für die Verwaltung dieser Gebiete und zur Sicherung der Grenzen ernannte der König Markgrafen, die über besondere Rechte verfügten.*

Karl – der „Vater Europas"?

Sachsen*:
Germanischer Stamm, zur Zeit Karls des Großen ansässig im heutigen Gebiet von Westfalen und Niedersachsen.

768–814:
Alleinherrschaft Karls des Großen. Ausdehnung des Frankenreiches über alle germanischen Stämme.

772–804:
Sachsenkriege. Die Sachsen werden gewaltsam dem Frankenreich eingegliedert und christianisiert.

Karl der Große unterwirft die Sachsen*

Im Jahre 768 übernahm Karl die Herrschaft im Frankenreich. Unter seiner Führung erreichte das Frankenreich seine größte Ausdehnung. Den längsten und erbittertsten Widerstand gegen die Franken leisteten die Sachsen. Sie waren der letzte freie Stamm der Germanen und noch nicht zum Christentum übergetreten. Unter Führung ihres Herzogs Widukind kämpften sie über dreißig Jahre lang einen verzweifelten Kampf. Sobald Karl und sein Heer das Land der Sachsen verlassen hatten, erhoben sich diese wieder gegen die Franken. Karl griff grausam durch. Die Anführer des Widerstandes ließ er bei Verden hinrichten. Es sollen über 4000 Männer gewesen sein. Widukind selbst konnte fliehen. Um den Widerstand endgültig zu brechen, wurden die Sachsen gezwungen, das Christentum anzunehmen.

Q1 In einer Anordnung aus dem Jahre 782 bestimmte Karl:

… 3. Wer mit Gewalt in eine Kirche eindringt und dort raubt oder stiehlt oder die Kirche in Brand steckt, wird mit dem Tode bestraft.
4. Wer die vierzigtägige Fastenzeit vor Ostern nicht einhält und in dieser Zeit Fleisch isst, wird mit dem Tode bestraft.
5. Wer einen Bischof oder Priester tötet, wird mit dem Tode bestraft. …
7. Wer den Leichnam eines Verstorbenen nach heidnischer Sitte verbrennt, wird mit dem Tode bestraft.
8. Wer noch ungetauft ist und es unterlässt, zur Taufe zu kommen, weil er Heide bleiben möchte, wird mit dem Tode bestraft. …
17. Jeder Sachse soll den zehnten Teil seines Besitzes den Kirchen und den Priestern geben. …
34. Wir verbieten allen Sachsen öffentliche Versammlungen abzuhalten, außer wenn unsere Boten eine Versammlung einberufen. …

1 Sächsische Wallanlage aus dem 8. Jahrhundert. Rekonstruktionszeichnung.

1 *Prüft im Atlas nach, in welchem Gebiet die Sachsen in jener Zeit lebten (Karte S. 210). Vergleicht das Gebiet mit der Lage des heutigen Bundeslandes Sachsen.*
2 *Spielt folgende Szene: Ein Franke und ein Sachse unterhalten sich über die Anordnung Karls des Großen (Q1).*
3 *Vergleicht die Wallanlage in Abbildung 1 mit der Slawenburg Raddusch auf S. 16. Findet Gemeinsamkeiten und Unterschiede.*

Sachsen wird Teil des Frankenreiches

Gegen diese harten Maßnahmen wehrten sich die Sachsen auch weiterhin. Erst 785 gab Widukind den Kampf auf. Zusammen mit weiteren Stammesgenossen ließ er sich taufen. Andere sächsische Adlige aber führten den Kampf fort. Im Jahre 804 wurde endgültig Frieden geschlossen. Damit war das Gebiet der Sachsen ein Teil des Frankenreiches geworden.

Das Lehnswesen

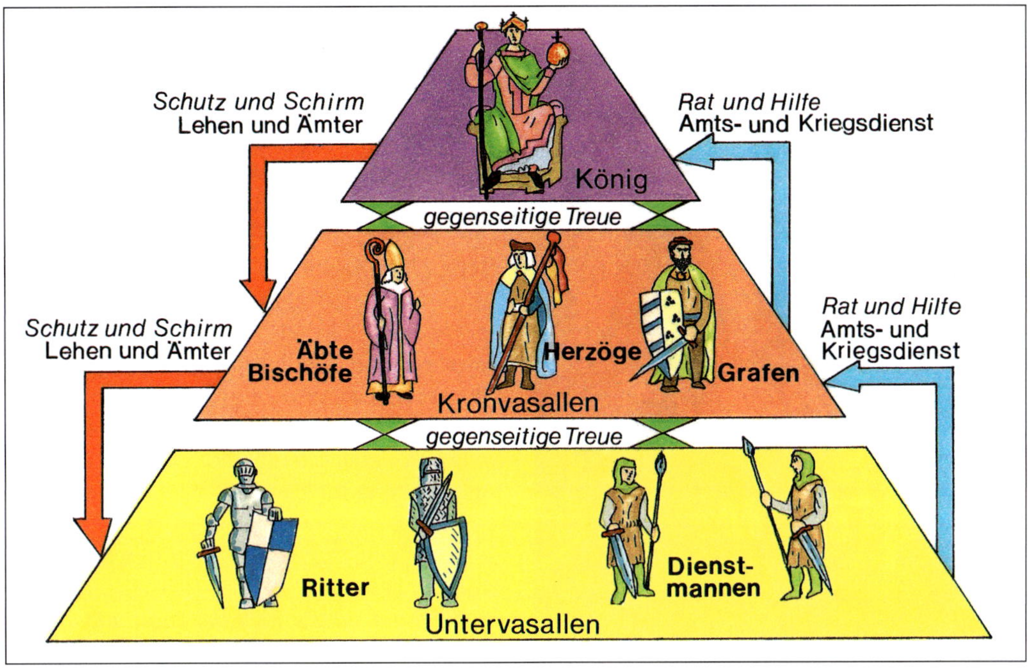

2 Lehnsherr und Lehnsmann.

Der König und die Fürsten
Für die Verwaltung seines Reiches brauchte Karl der Große die Unterstützung der geistlichen (Bischöfe und Äbte) und der weltlichen Fürsten (Herzöge, Grafen). Sie sollten die Durchführung seiner Anordnungen überwachen. Wenn er in den Krieg zog, mussten sie ihm schwer bewaffnete Krieger zur Verfügung stellen. Als Gegenleistung erhielten sie vom König Land mit Dörfern und Bauern auf Lebenszeit geliehen; diese Güter heißen deshalb auch Lehen*. Ein Lehen konnte nicht nur aus Landgütern bestehen. Als Lehen wurden vom König auch Kirchenämter (an Abt, Äbtissin oder Bischof) und hohe Verwaltungsämter vergeben, wie etwa das Grafenamt. Wer sein Lehen vom König erhielt, war sein Kronvasall. Die Kronvasallen konnten ihrerseits die Güter an Untervasallen weiterverleihen. Sie folgten dem Beispiel des Königs und gaben z. B. Teile des ihnen verliehenen Landes an die Ritter. Die Ritter leisteten dafür Kriegsdienst im Heer.

Die Übergabe des Lehens
Wenn ein Lehen vergeben wurde, geschah dies in feierlicher Form: Der Vasall* kniete nieder, legte seine Hände zwischen die Hände seines Herrn und schwor ihm Treue. Er versprach seinem Herrn Rat und Hilfe, wenn dieser das forderte. Seine Hauptaufgabe bestand dabei in der Verpflichtung zum Kriegsdienst. Der Lehnsherr versprach dem Vasallen Treue und Schutz.
Starb ein Vasall, so sollte das Lehen an den Lehnsherren zurückfallen. Der Lehnsherr konnte dann frei entscheiden, ob und wem er das Lehen wieder ausgeben wollte.
Nach und nach setzten die Adligen durch, dass sie die vom König erhaltenen Lehen in ihren Familien weitervererben konnten.

4 *Erklärt mithilfe des Schaubildes 2 die Verpflichtungen des Königs und der Vasallen.*
5 *Erläutert, welchen Bevölkerungsgruppen die Kron- und Untervasallen angehörten.*

Lehen*:
(= Geliehenes) Im Mittelalter das Nutzungsrecht an einer Sache (Grundbesitz, Rechte, Ämter); es wird vom Eigentümer (Lehnsherr) an einen Lehnsmann übertragen. Der Lehnsmann verspricht dem Lehnsherrn dafür die Treue und bestimmte Leistungen.

Vasall*:
Gefolgsmann, Lehnsmann. Derjenige, der ein Lehen verliehen bekommt.

Ein Fürst belehnt seinen Untervasallen. Buchmalerei, 14. Jahrhundert.

Karl der Große wird Kaiser

1 **Die Inschrift unten am Thron lautet: Heiliger Petrus, du schenkst Leben dem Papst Leo und Sieg dem König Karl.**

Lateran*: *Päpstlicher Palast und Basilika in Rom.*

Der Kaisertitel Karls lautete:
Karl, der allergnädigste, erhabene, von Gott gekrönte, große und friedebringende Kaiser, der das Römische Reich regiert und der auch durch das Erbarmen Gottes König der Franken und Langobarden ist.

Münze mit dem Bildnis Kaiser Konstantins.

Münze mit dem Bildnis Karls des Großen.

Da das Frankenreich zum größten Reich Westeuropas geworden war, fühlte sich Karl dem Kaiser des Oströmischen Reiches ebenbürtig. Auch am fränkischen Hof war man der Meinung, dass Karl der Kaisertitel gebührte. Der Papst war ebenfalls daran interessiert, die Bedeutung des fränkischen Königs, des Schutzherrn der Kirche, hervorzuheben. Er wollte sich damit aus der Abhängigkeit vom oströmischen Kaiser lösen. So wurde Karl der Große zu Weihnachten des Jahres 800 zum Kaiser gekrönt.

Q1 Fränkische Geschichtsschreiber beschrieben die Zeremonie so:

… Papst Leo und alle Bischöfe, die auf dieser Kirchenversammlung anwesend waren, und das übrige christliche Volk kamen zu der Auffassung, dass man Karl, dem König der Franken, den Kaisernamen geben müsse. Denn er herrschte über Rom, wo die Caesaren immer ihre Residenz hatten, und über die übrigen (Kaiser-)Residenzen in Italien, Gallien und Germanien (Ravenna, Mailand, Arles, Trier). Weil der allmächtige Gott alle diese Residenzen in seine Gewalt gegeben hatte, schien es ihnen recht, dass er den Kaisernamen erhalten solle …

Als der König gerade am heiligen Weihnachtstage sich vom Gebet vor dem Grab des seligen Apostels Petrus zur Messe erhob, setzte ihm Papst Leo eine Krone aufs Haupt und das ganze Römervolk rief dazu: „Dem erhabenen Karl, dem von Gott gekrönten großen und friedenbringenden Kaiser der Römer: Leben und Sieg!", und nach den lobenden Zurufen wurde er wie die alten Kaiser durch Kniefall geehrt und … Kaiser und Augustus genannt …

1 *Beschreibt, aus welchen Schritten die Kaiserkrönung bestand.*

2 *Zeigt auf, welche Rolle der Papst und die Römer bei dieser Krönung spielten.*

3 *Betrachtet die Abbildung 1, ein Mosaik, das Papst Leo im Lateran* anbringen ließ. Erläutert, wie das Machtverhältnis zwischen Kaiser und Papst dargestellt wird.*

4 *Überlegt, wie der oströmische Kaiser wohl auf die Krönung Karls reagiert hat.*

Im Fränkischen Reich verstand man die Kaiserkrönung so, dass Karl jetzt für alle sichtbar die Nachfolge des römischen Kaisers im Westen angetreten hatte. Der oströmische Kaiser erkannte Karl jedoch erst nach jahrelangen Verhandlungen als gleichberechtigt an.

Karl war es gelungen, nach den Unruhen der Völkerwanderung ein Reich zu schaffen, in dem unterschiedliche Völker und Stämme lebten. Gemeinsam war allen Untertanen der christliche Glaube, der ihr tägliches Leben bestimmen sollte. In der Nachfolge der römischen Kaiser förderte er Bildung und Wissenschaft. Das Frankenreich wurde zum Fundament für die weitere Geschichte ganz West- und Mitteleuropas.

5 *Erläutert mithilfe der Abbildungen in der Randspalte den Machtanspruch Karls des Großen.*

Der Zerfall des Frankenreiches

2 **Der Frankenkönig Karl, umgeben von seinen Beratern.** Mittelalterliche Buchmalerei, 11. Jahrhundert.

3 **Das Frankenreich zerfällt.**

Eine Grabinschrift im Dom zu Aachen

Die letzten Lebensjahre verbrachte der Kaiser vor allem in seiner Lieblingspfalz Aachen. Hier starb er im Jahr 814. Noch am gleichen Tag wurde er im Dom zu Aachen beigesetzt.

Q2 Über Karls Grab wurde ein Bogen errichtet mit der Inschrift:

... Hier unten liegt der Leib Karls, des großen und rechtgläubigen Kaisers, der das Reich der Franken herrlich vergrößerte und siebenundzwanzig Jahre hindurch glücklich regiert hat ...

Das Reich der Deutschen entsteht

Nachfolger Karls des Großen wurde sein Sohn Ludwig der Fromme, der das große Reich noch zusammenhielt. Unter seinen Nachfolgern aber wurde das Reich nach schweren Kämpfen mehrmals aufgeteilt. Burgund und Italien im Süden wurden selbstständige Königreiche. Im Norden kam es zur Bildung eines West- und eines Ostfränkischen Reiches. In beiden Reichen bildete sich ein Zusammengehörigkeitsgefühl der dort lebenden Menschen heraus. So entstanden allmählich die beiden Länder Frankreich und Deutschland.

Der letzte Karolinger im Ostreich starb im Jahr 911. Fränkische und sächsische Adlige wählten im Jahr 919 Heinrich, den mächtigen Herzog von Sachsen, zum ersten deutschen König. Während seiner Regierungszeit wird das Ostreich zum ersten Mal als „Reich der Deutschen" bezeichnet. Das Wort „deutsch" kommt vom Althochdeutschen „diutisc", was so viel bedeutet wie „volksmäßig, dem Volk gehörig". Als „diutisc" bezeichnete man auch die germanische Sprache, die im Ostreich gesprochen wurde. Allmählich wurde daraus der Name für die Menschen, die diese Sprache sprachen: die „Deutschen".

Nach dem Tod Heinrichs I. wurde sein Sohn Otto I. zum deutschen König gewählt. Im Jahr 962 krönte ihn der Papst zum Kaiser. Seit dieser Zeit wurde die Kaiserwürde bis 1806 immer nur an deutsche Könige verliehen.

6 *Sucht im Erdkundeatlas eine Europakarte und vergleicht sie mit der Karte 3: Welche europäischen Staaten sind aus dem zerfallenden Frankenreich hervorgegangen?*

7 *Findet mithilfe einer aktuellen Deutschlandkarte heraus, worin sich das Ostfränkische Reich in seiner Ausdehnung vom heutigen Deutschland unterscheidet.*

814:
Tod Karls des Großen. Beisetzung im Dom zu Aachen. Unter seinen Nachfolgern wird das Reich mehrmals aufgeteilt.

919:
Der Sachsenherzog Heinrich wird zum ostfränkischen König gewählt.

Sachsenherzog Heinrich I. wird König

1 **Heinrich I.** Lithografie von P. Thumann, 1878.

Heinrich – Herzog von Sachsen und erster deutscher König

Im Jahre 919 wählten fränkische und sächsische Adlige Heinrich, den mächtigen Herzog von Sachsen, zum ersten deutschen König. Angeblich – so berichtet eine erst 200 Jahre später entstandene Sage – befand Heinrich sich gerade auf der Vogeljagd. Da hätten atemlose Boten ihm die Nachricht von seiner Wahl zum König überbracht. Völlig überrascht und auch erfreut habe er Schlinge und Leimrute beiseite gelegt, um die Abzeichen der königlichen Macht in Empfang zu nehmen: die Krone und das Reichsschwert.

919:
Heinrich I. wird zum ersten deutschen König gewählt.

928:
König Heinrich I. erobert Brandenburg, den Hauptsitz der Haveller.

1 *Beschreibt die Abbildung 1. – Achtet auf Haltung und Aussehen der einzelnen Personen. – Welchen Eindruck soll dieses Bild hervorrufen?*

Die Sicherung des deutschen Reiches

In einem bald nach seiner Wahl unternommenen Feldzug zwang Heinrich auch die Herzöge von Bayern und Schwaben, ihn als König anzuerkennen.

Danach kümmerte er sich um die Gefahren, die dem Deutschen Reich an seiner Ostgrenze drohten. Immer wieder drangen hier kriegerische Slawen und Ungarn auf deutsches Gebiet vor. Um das Reich besser verteidigen zu können befahl Heinrich den Bau zahlreicher Burgen entlang der Grenze.

Q1 Der Mönch Widukind von Corvey berichtet:

... Zuerst wählte der König unter den bäuerlichen Kriegern jeden neunten Mann aus und ließ ihn in den Burgen wohnen. Er sollte hier für seine acht Genossen Wohnungen errichten und von allen Früchten den dritten Teil empfangen und verwahren. Die acht Übrigen sollten säen und ernten und die Früchte sammeln für den Neunten.
Er gebot ferner, dass die Gerichtstage und alle Märkte und Gastmähler in den Burgen abgehalten würden, mit deren Bau man sich Tag und Nacht beschäftigte. So sollte man im Frieden lernen, was man im Falle der Not gegen die Feinde zu tun hätte. ...

Besonders wichtig für den Kampf gegen die Ungarn wurde ferner die Ausbildung der Reiterkrieger. Sie trugen schwere Panzer, um sich gegen die Pfeile der Ungarn zu schützen. Als die Ungarn im Jahre 933 erneut in das Deutsche Reich einfielen, wurden sie von Heinrich und seinem Heer erstmals zurückgeschlagen.

2 *Vermutet, welches Ziel Heinrich I. mit dem Bau der zahlreichen Burgen verfolgte.*

2 **Fränkische Panzerreiter.** Buchmalerei, um 900.

Otto I. – vom König zum Kaiser

3 **Otto I.** Kolorierter Holzschnitt, um 1493.

4 **Die Reichsinsignien der deutschen Könige.** Foto.

Die Krönung Ottos I. zum König
Nach dem Tode Heinrichs I. wurde sein Sohn Otto I. zum deutschen König gewählt.

Q2 Über die Krönung Ottos I. am 7. August 936 berichtet der Mönch Widukind von Corvey:

... Die Herzöge und die Ersten unter den Grafen mit einer Schar der vornehmsten Ritter versammelten sich zu Aachen.
Sie setzten den neuen Herrscher auf den hier errichteten Thron, reichten ihm die Hände, gelobten ihm die Treue, versprachen ihm Hilfe gegen alle seine Feinde und machten ihn nach ihrem Brauch zum König. Dann erwartete ihn der Erzbischof von Mainz mit der gesamten Geistlichkeit und dem gesamten Volk in der Kirche. Als der König eintrat, ging ihm der Erzbischof entgegen und schritt dann mit ihm in die Mitte des Heiligtums. Hier blieb er stehen, wandte sich dem Volk zu und rief: „Seht, ich bringe euch Otto, der von Gott auserwählt, von König Heinrich bestimmt, von allen Fürsten zum König gemacht wurde. Wenn euch diese Wahl gefällt, dann hebt die rechte Hand zum Himmel empor." Darauf hob das Volk die rechte Hand in die Höhe. Nun schritt der Erzbischof mit dem König zum Altar, auf dem die Abzeichen des Königs lagen. Der Erzbischof nahm das Schwert und sprach zum König: „Empfange dieses Schwert und treibe mit ihm aus alle Feinde Christi, die Heiden und schlechten Christen." Sodann nahm er die Spangen und den Mantel: „Dieses Gewand möge dich ermahnen, im Eifer für den Glauben und im Schutz des Friedens auszuharren bis in den Tod." Schließlich nahm er Stab und Zepter: „Diese Abzeichen sollen dich ermahnen, mit väterlicher Zucht die Untertanen zu leiten." ...

3 *Berichtet im Stil eines heutigen Zeitungsreporters von der Krönung Ottos I. Beachtet dabei den Ort sowie die Personen, die an der Krönung teilnahmen.*
4 *Die königlichen Abzeichen stehen für bestimmte Aufgaben des Königs. Beschreibt mithilfe der Abbildungen 3 und 4 ihre Bedeutung.*

Otto I. wird Kaiser
Unter Ottos Führung gelang es im Jahr 955 einem Heer aus allen Stämmen des Reiches, die Ungarn so schwer zu schlagen, dass sie nie wieder Raubzüge in das Reich unternahmen. Dieser Sieg festigte Ottos Stellung als König des mächtigsten Reiches in Europa. Im Jahre 962 wurde er deshalb vom Papst zum Kaiser gekrönt. Seit dieser Zeit blieb die Kaiserwürde bis 1806 den deutschen Königen vorbehalten.

936–973:
König Otto I. regiert das Deutsche Reich.

948:
König Otto betreibt die Christianisierung des Landes zwischen Elbe und Oder. Gründung der Bistümer Brandenburg und Havelberg.

König und Kirche kämpfen um die Macht

1 **Otto I. setzt Papst Johannes XII. ab und Leo VII. ein.** Buchmalerei, 11. Jahrhundert.

Gold für einen Bischofssitz

Seit Otto I. bestimmten die deutschen Könige, wer zum Bischof oder Abt geweiht werden sollte. Sie wählten dazu nur Männer aus, auf die sie sich verlassen konnten und die in der Lage waren, große Besitzungen zu verwalten, Krieger für den Wehrdienst auszurüsten und in den Krieg zu führen. Ein frommer Lebenswandel war hingegen weniger wichtig. Es gab viele Adlige, die gern Bischof oder Abt werden wollten. Die Simonie*, der Kauf kirchlicher Ämter, war daher keine Seltenheit.

Q1 So berichtete ein Bischof voller Stolz:
... Ich gab Gold und erhielt den Bischofssitz. Aber ich werde es mir schon wieder verschaffen. Ich weihe einen Priester und erhalte Gold. Ich ernenne einen Diakon und erhalte einen Haufen Silber ...

Q2 Und Lampert, ein Mönch aus Hersfeld, schrieb um 1080:
... Nicht ohne Grund hat der Herr über die Mönche unseres Landes Verachtung ausgeschüttet. Sie kümmerten sich nicht mehr um göttliche Dinge, sondern beschäftigten sich ausschließlich mit Geld und Gewinn. Sie bestürmten die Ohren der Fürsten ungestüm nach Abteien und Bistümern. Selbst um ein kleines Amt zu kaufen, versprachen sie täglich goldene Berge ...

1 *Nennt die Vorwürfe, die gegen die Lebensweise der Geistlichen erhoben werden.*
2 *Überlegt, welche Motive gab es, ein kirchliches Amt zu übernehmen.*

„Die Kirche muss frei sein!"

Gegen die Ernennung von Bischöfen und Äbten durch die deutschen Könige und das zügellose Klosterleben gab es immer stärkeren Widerstand. Für eine Erneuerung des klösterlichen Lebens und der Kirche insgesamt setzten sich vor allem die Mönche des Klosters Cluny in Burgund ein. Dieses Kloster war bei seiner Gründung im Jahr 910 direkt dem Papst unterstellt worden. Weder König noch Herzog, Graf oder Bischof durften sich einmischen. Die Mönche wählten ihren Abt frei.
Die Äbte von Cluny genossen überall in Europa hohes Ansehen. Sie traten dafür ein, dass die Einsetzung von Geistlichen in hohe Ämter durch Laien* verboten werden müsse. Die Kirche muss frei sein – so lautete ihre Forderung. Die grundsätzliche Frage aber war: Wer ist die erste Macht im christlichen Abendland: der deutsche König und Kaiser oder der Papst?
3 *Vergleicht die Abbildung 1 mit Abbildung 1 auf S. 216. Was hat sich seit der Zeit Karls des Großen an der Beziehung zwischen Papst und Kaiser geändert?*

Simonie*:
Der Kauf oder Verkauf von kirchlichen Ämtern. Seit Otto I. wurden geistliche Ämter nur gegen die Zahlung entsprechender Geldsummen vergeben.

Laien*:
Im Mittelalter diente der Begriff den Klerikern. Zum Klerus gehörten alle Personen, die durch kirchliche Weihen in den Dienst der Kirche getreten waren. Sie bezeichneten alle Nichtkleriker als Laien.

Zusammenfassung

Das Reich der Franken

Das Reich der Franken war die stärkste Macht von den germanischen Reichen, die nach dem Niedergang Westroms gegründet wurden. Der fränkische König Chlodwig unterwarf immer mehr Gebiete Galliens und Germaniens und vereinigte sie im Frankenreich. Chlodwig und seine Nachfolger förderten die Ausbreitung des Christentums. Unterstützt wurden sie dabei von den Missionaren.

Das Reich Karls des Großen

Unter Karl dem Großen (768–814) erreichte das Frankenreich seine größte Ausdehnung. In einem über dreißig Jahre dauernden Krieg unterwarf König Karl die Sachsen. Er zwang sie den christlichen Glauben anzunehmen. Um das Reich besser verwalten zu können teilte es der König in Grafschaften auf. Die Grafen ließ er durch Königsboten kontrollieren. Mit seinem Gefolge reiste Karl durch das Reich, besuchte Pfalzen und Königshöfe, um überall dafür zu sorgen, dass seine Gesetze und Befehle ausgeführt wurden.

Vom Frankenreich zum Deutschen Reich

Nach dem Tode Karls zerfiel das Reich in einen westfränkischen (das spätere Frankreich) und einen ostfränkischen Teil (das spätere Deutschland). Italien und Burgund wurden eigene Königreiche.

Heinrich I., der mächtige Herzog der Sachsen, erlangte die Königswürde im Ostreich, das während seiner Regierungszeit erstmals als „Reich der Deutschen" bezeichnet wurde.

Seinem Sohn Otto I. gelang es, den Ungarn eine schwere Niederlage zuzufügen. Sie konnten nun keine Raubzüge ins Deutsche Reich mehr unternehmen. Otto I. wurde deshalb vom Papst zum Kaiser gekrönt.

Zum Nachdenken

1 *Karl wurde schon zu Lebzeiten „Vater Europas" genannt. Erklärt diese Bezeichnung.*

um 570 n.Chr.

Gründung des Frankenreichs unter Chlodwig, der um 496 zum Christentum übertritt.

800

Karl der Große wird in Rom zum Kaiser gekrönt.

843

Zerfall des Frankenreichs und Bildung des Ostfränkischen Reiches.

962

Otto der Große wird in Rom zum Kaiser gekrönt.

Lebensformen im Mittelalter

Menschen unterwegs – Bauern, die eine Schweineherde auf den Markt in eine von festen Mauern umgebenen Stadt treiben; Fuhrleute, die mit Bauholz schwer beladene Wagen durch ein enges Stadttor bugsieren; ein Händler, der mit seinen mit Waren bepackten Mauleseln aus der Stadt zieht, um irgendwo seine Geschäfte zu machen; reiche Bürger der Stadt – Patrizier –, die hoch zu Pferd einen Ausritt unternehmen, und Adlige, die in den Wäldern vor den Mauern der Stadt auf der Jagd sind. Entstanden ist dieses Bild in einer Zeit, die wir Mittelalter nennen.

Beschäftigen wollen wir uns mit dem Alltag der Menschen und ihrer Familien, die zu dieser Zeit in Europa lebten: mit den Rittern auf ihren Burgen, den Bauern in ihren Dörfern, den Kaufleuten und Handwerkern in den Städten, den Menschen auf den Burgen und im Kloster und den vielen anderen, die in Stadt und Land am Rande der Gesellschaft lebten. Und wir werden eingehen auf die Christianisierung mit Feuer und Schwert.

Das Leben der Bauern

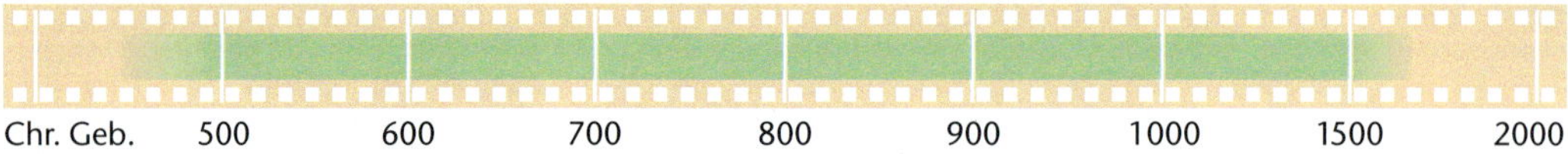

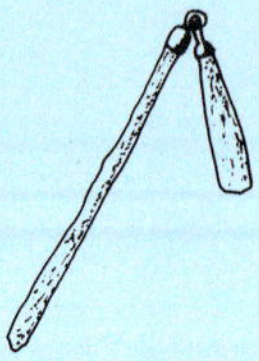

Durch den Einsatz von Dreschflegeln wurde das Dreschen des Getreides einfacher und ergiebiger. Das Ausschlagen mit dem Stock und das Austreten durch Tiere oder Menschen wurde nun überflüssig.

1 **Die Arbeit des Bauern in den zwölf Monaten eines Jahres.** Aus einer französischen Handschrift, um 1480.

Die Arbeit auf dem Lande

Q1 In einem Buch, das um 1000 n. Chr. in England geschrieben wurde, steht folgendes Gespräch:

... Lehrer: Nun Pflüger, wie verrichtest du deine Arbeit?
Bauer: O Herr, meine Arbeit ist sehr schwer. Ich stehe auf, wenn es tagt, treibe die Ochsen auf das Feld und spanne sie vor den Pflug. Sei der Winter auch noch so streng, ich wage es nicht, im Haus zu bleiben, aus Furcht vor meinem Herrn. Jeden Tag muss ich einen vollen Morgen Land pflügen, nachdem ich die Ochsen eingespannt und die Pflugschar angehängt habe.
Lehrer: Was tust du sonst noch den Tag über?
Bauer: Freilich ist das nicht alles. Ich muss die Krippen der Ochsen mit Heu füllen, ihnen Wasser geben und den Dung fortschaffen.
Lehrer: Ja, ja, das ist schwere Arbeit!
Bauer: Ganz recht, das ist schwere Arbeit und ich muss sie tun, denn ich bin nicht frei. ...

1 *Berichtet mit Hilfe der Quelle, des Textes auf S. 225 und der Abbildungen über die bäuerlichen Tätigkeiten im Jahresablauf.*

2 *Bearbeitet je ein Monatsbild aus der Bilderfolge (Abbildung 1) und stellt eure Ergebnisse der Klasse vor. Begründet dabei, in welche Jahreszeit euer Einzelbild gehört.*

Die bäuerliche Familie

Der Arbeitstag einer Bauernfamilie

Die Bauern waren größtenteils Selbstversorger. Sie bauten und reparierten ihre Häuser oder Hütten selbst, stellten ihre Arbeitsgeräte her, verarbeiteten Tierhäute und Felle zu Kleidungsstücken, sponnen und webten, buken ihr Brot und verarbeiteten die Milch zu Butter und Käse.

Diese und viele andere Arbeiten erforderten den vollen Arbeitseinsatz aller Familienmitglieder, auch den der Kinder.

Die meisten Bauernhäuser bestanden aus einem einzigen Raum. Ein grob gezimmerter Tisch, ein paar Bänke an den Wänden, niedrige dreibeinige Hocker – das war fast die ganze Ausstattung. Betten gab es nicht. Man legte sich zum Schlafen auf einen Strohsack oder im Winter auf die große Ofenbank. Wenn dann am nächsten Morgen das Tageslicht durch kleine Luken fiel, die durch Weidengeflecht, Holzgitter oder Schweinsblasen nur notdürftig verschlossen waren, begann ein langer Arbeitstag für die ganze Familie.

Die Arbeitszeit wurde durch Tages- und Jahreszeiten bestimmt. Wenn es hell wurde, stand man auf, im Sommer zwischen 4 und 5 Uhr; die erste Hauptmahlzeit nahm man zwischen 9 und 10 Uhr ein, die zweite nachmittags zwischen 16 und 17 Uhr. Die Mahlzeiten bestanden aus Brot, Haferbrei oder gekochtem Gemüse. Zu trinken gab es Wasser oder Molke (Käsewasser). Sobald es dunkel wurde, ging man schlafen, denn eine Beleuchtung gab es kaum.

Nur an Sonn- und Feiertagen waren die meisten Arbeiten streng verboten.

Die Ernteerträge hingen stark vom Wetter ab. Missernten durch strenge Winter, Dürre, Hagelschlag oder verregnete Sommer führten oft zu einer Hungersnot.

3 *Beschreibt mit eigenen Worten den Arbeitsalltag einer Bauernfamilie.*

4 *Berichtet anhand der Abbildungen 2–4 über die Arbeiten der Bäuerin.*

5 *Informiert euch, ob und wie die Jahreszeiten heute die bäuerliche Arbeit bestimmen. Malt eine Bilderreihe über bäuerliche Arbeiten heute.*

2 Buttern und Melken. Buchmalerei (Ausschnitt), um 1500.

3 Brot backen. Buchmalerei (Ausschnitt), um 1500.

4 Spinnen von Schafwolle. Kalenderminiatur (Ausschnitt), um 1530.

Butterfass. Um Butter zu gewinnen, ließ man Milch in flachen Gefäßen stehen, bis sich eine dickflüssige Rahmschicht bildete. Der Rahm wurde abgeschöpft und im Butterfass gestoßen, bis sich das Fett bildete. Für ein Kilogramm Butter brauchte man ca. 30 Liter Milch.

Leben im Dorf

1 **Ein mittelalterliches Dorf.** Rekonstruktion.

Wind- oder Wassermühlen lösten im Mittelalter die handgetriebenen Mühlen ab. Größere Mengen Getreide konnten jetzt in kürzester Zeit gemahlen werden.

In einem Bauerndorf

Im Mittelalter lebten die meisten Menschen von der Landwirtschaft: am Anfang fast alle, am Ende des Mittelalters – um 1500 – immer noch über 80 Prozent. So groß ist der Anteil der Landbevölkerung heute z. B. in Pakistan oder in der Türkei.

Zur Zeit Karls des Großen (um 800) besaßen in großen Teilen des Frankenreiches noch viele Bauern eigenes Land. Sie konnten es bearbeiteten und von den Erträgen leben. 200 Jahre später gehörte das Land nicht mehr den Bauern, sondern adligen Herren.

Für diese Herren mussten die Bauern jetzt arbeiten. Sie durften nicht einmal mehr ihren Hof verlassen um z. B. in ein anderes Dorf zu ziehen. Denn wie das Land, so gehörten auch sie selbst ihrem Herrn. Aus einstmals freien Bauern waren unfreie geworden.

Q1 Über sie schrieb Bischof Adalbero von Laon 1016:

… Wer könnte die Sorgen zählen, von denen die unfreien Bauern während ihrer langen Wege und ihrer harten Arbeit bedrückt werden? Geld, Kleidung, Nahrung: Die unfreien Bauern liefern alles an jedermann. Kein Adliger könnte ohne sie bestehen. Der Herr, der vorgibt, seine Bauern zu ernähren, wird in Wahrheit von ihnen ernährt. …

Q2 Der Adlige Hugo von Trimberg meinte etwa 300 Jahre später:

… Ich kam in ein Dorf geritten … Da kam ein Bauer auf mich zu und sprach: „Liebster Herr, wie kommt es denn, dass es Euch Herren viel besser geht als uns armen Bauern? Sind denn die einen unfrei, während die anderen frei sind?“

„Ja“, sagte ich. Das machte ihn zornig und er sagte: „Wir sind doch alle von einer Mutter geboren?“ …

Da kam ein Rudel Bauern aus der Schänke … Sie baten mich alle, ihnen zu erklären, warum der edel, jener unedel, der frei, jener unfrei sei. …

Es ist nicht überliefert, welche Antwort Hugo von Trimberg den Bauern gab auf ihre Frage, warum sie unfrei seien. Vermutlich kannte er die richtige Antwort selber nicht.

1 *Beschreibt die Anlage des Dorfes (Abbildung 1).*

2 *Stellt Vermutungen an, was Hugo von Trimberg den Bauern geantwortet haben könnte.*

Die Grundherrschaft

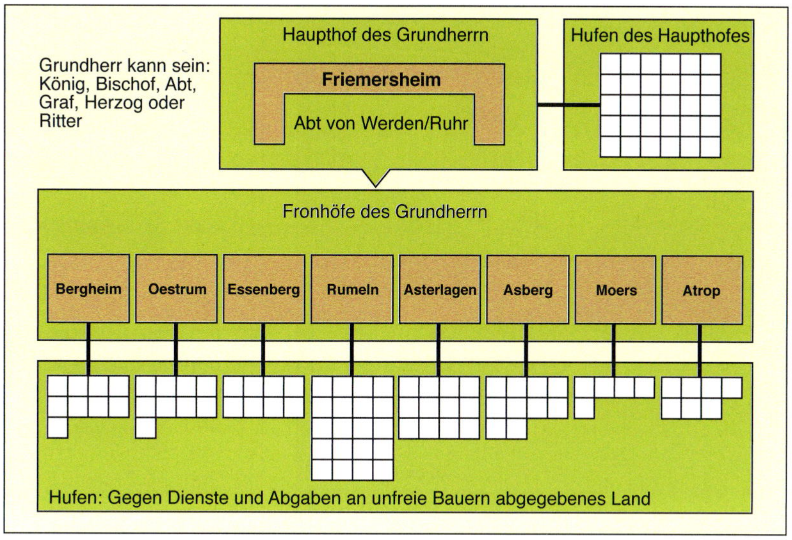

2 **Der Fronhofsverband Friemersheim um 900.** Schaubild.

__Grundherrschaft:__ Herrschaft über das Land und die Menschen, die auf ihm wohnten. Bauern erhielten vom Grundherren Land und mussten dafür Abgaben entrichten und Dienste leisten.*

__Zehnt:__ Der zehnte Teil der Ernte, den die Bauern an den Grundherrn abliefern mussten.*

__Frondienst:__ Dienstleistungen der Bauern für den Grundherrn, z. B. Rodungsarbeiten, Mithilfe bei der Ernte.*

Die freien Bauern

Die Zeit, da es noch viele freie Bauern gegeben hatte, lag schon lange zurück. Freie Bauern verfügten über ihren Grund und Boden selbst, waren aber verpflichtet, mit dem König in den Krieg zu ziehen. Die Kosten für ihre Ausrüstung hatten die Bauern selbst zu tragen. Führte ein König viele Kriege, so waren die Bauern manchmal mehrere Jahre nicht zu Hause und konnten ihre Felder nicht bestellen. Viele starben auf den Heerzügen oder kamen als Krüppel zurück. Die Bauernfamilien verarmten, Hunger und Not breiteten sich aus.

Die Grundholden

Um dem Kriegsdienst zu entgehen, übergaben viele freie Bauern ihr Land einem Herrn, der dadurch ihr Grundherr* wurde. Das konnten sein: Adlige, Grafen, Bischöfe oder auch Klöster. Dieser übernahm für sie den Heeresdienst und die nun abhängigen Bauern (Hörige) unterstanden seinem Schutz. Ihr Land durften Grundholde weiter bebauen, doch sie mussten bestimmte Verpflichtungen erfüllen: Von den Erträgen aus der Landwirtschaft hatten sie ungefähr den zehnten Teil an den Grundherrn abzuliefern. Diese Abgabe wird daher der Zehnt* genannt.

Darüber hinaus waren sie verpflichtet, bestimmte Arbeiten für den Grundherrn zu verrichten, wie etwa Mithilfe auf den Wiesen oder Feldern, Zäune errichten, Wege anlegen oder Brücken bauen. Diese Arbeiten werden Frondienste* (fron = Herr) genannt. Anders als die freien Bauern durften sie ihr Land nicht verlassen oder vererben, und zur Heirat brauchten sie die Einwilligung ihres Grundherrn. Die einem Grundherren gehörenden Güter lagen oft verstreut. Um sie besser verwalten zu können, unterstellte der Grundherr mehrere nahe beieinander liegende Ländereien einem Fronhof. Hier lebte und wirtschaftete der von ihm eingesetzte Verwalter, der die Arbeiten und Abgaben der Bauern ständig kontrollierte.

Die Leibeigenen

Neben den Grundholden gab es völlig unfreie Menschen. Diese befanden sich ganz in der Hand ihres Herrn und waren von seinen Entscheidungen abhängig. Wie das Vieh galten sie als Zubehör eines landwirtschaftlichen Anwesens.

1 *Fasst die Gründe zusammen, warum freie Bauern ihr Land einem Grundherrn übergaben.*

2 *Erläutert, welche Nachteile die Abhängigkeit mit sich bringt.*

3 *Spielt eine Szene, in der sich ein freier und ein höriger Bauer über ihr Leben unterhalten.*

Fortschritte in der Landwirtschaft

Im frühen Mittelalter löste ein Räderpflug mit eiserner Pflugschar den Hakenpflug ab, der den Boden nur aufreißen konnte.

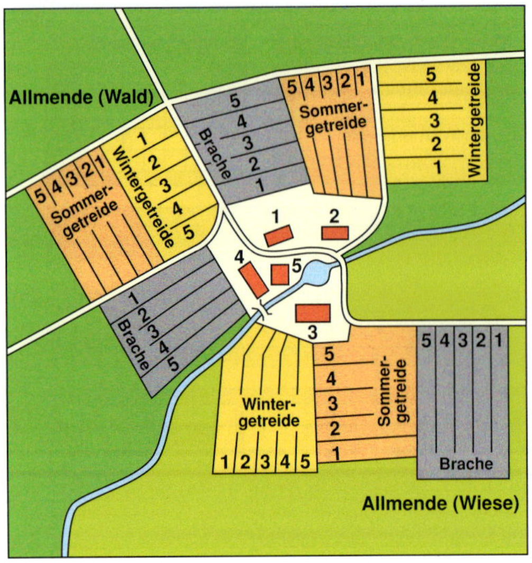

1 Die Flur einer bäuerlichen Dorfsiedlung im Mittelalter.

A	Feld 1	Feld 2
1. Jahr	Getreide	Brache
2. Jahr	Brache	Getreide
3. Jahr	Getreide	Brache

B	Feld 1	Feld 2	Feld 3
1. Jahr	Wintergetreide	Sommergetreide	Brache
2. Jahr	Sommergetreide	Brache	Wintergetreide
3. Jahr	Brache	Wintergetreide	Sommergetreide

2 Die Zwei- und Dreifelderwirtschaft.

Von der Zwei- zur Dreifelderwirtschaft

Jahrhundertelang bearbeiteten die Bauern ihre Äcker immer auf die gleiche Art: Sie teilten ihr Land in zwei gleich große Teile. Die eine Hälfte wurde beackert, die andere ließ man brach liegen. So konnte sich der Boden auf der ungebrochenen Hälfte erholen (Zweifelderwirtschaft). Die Ernteerträge waren allerdings sehr gering und reichten kaum zur Ernährung der Bevölkerung aus.

Seit dem 12./13. Jahrhundert setzte sich in ganz Europa eine neue Art der Bodennutzung durch: Die Bauern teilten ihre Ackerfläche jetzt in drei gleich große Teile. Ein Feld bestellte man mit Wintergetreide (Weizen, Roggen oder Gerste), das zweite mit Sommergetreide (Hafer, Gerste) und Hülsenfrüchten (Erbsen, Bohnen, Linsen) und das dritte blieb brach liegen. Es diente als Viehweide.

Diese Dreifelderwirtschaft brachte den Bauern große Vorteile:

– Die Ernteerträge fielen wesentlich höher aus.
– Die Arbeiten des Pflügens, Säens und Erntens konnten gleichmäßiger über das ganze Jahr verteilt werden.
– Zwei verschiedene Saaten boten größere Sicherheit vor Unwettern und somit Missernten.
– Die Felder, die brach lagen, konnten sich gut erholen. Da sie als Viehweide dienten, wurden sie gleichzeitig gedüngt. Zusätzlich brachten die Bauern dort ihren Stallmist auf.

Der Flurzwang

In vielen Dörfern ergaben sich durch die Dreifelderwirtschaft aber auch Probleme. Mancher Bauer konnte z. B. nur über den Nachbaracker sein eigenes Feld erreichen, um den Acker für die Einsaat des Sommergetreides umzupflügen. Stand auf dem Nachbaracker Wintergetreide, dann konnte er im Frühjahr seinen Acker nicht pflügen.

Man teilte deshalb das Ackerland in drei gleich große Teile, sog. Gewanne*. Die Bauern erhielten in jedem Gewanne ihren Acker (siehe Abbildung 1). Während in einem Gewanne nur Sommergetreide, im zweiten nur Wintergetreide angebaut wurde, blieb das dritte brach liegen. Die Dorfgemeinschaft oder der Dorfvorsteher setzte fest, wann gesät oder geerntet wurde. Jeder musste sich an diese Ordnung halten. Es herrschte Flurzwang*.

1 *Beschreibt mithilfe der Schaubilder 1 und 2 die Veränderungen von der Zwei- zur Dreifelderwirtschaft.*

2 *Erklärt die Vorteile der Dreifelderwirtschaft. Wie bewirtschaften heute Bauern ihre Felder?*

Gewanne*: *Mittelalterliche Flur, an der jeder Bauer einen Acker besitzt.*

Flurzwang*: *Von der Dorfgemeinschaft vorgeschriebene Bewirtschaftung der Felder und Äcker.*

Von der Sichel zur Sense

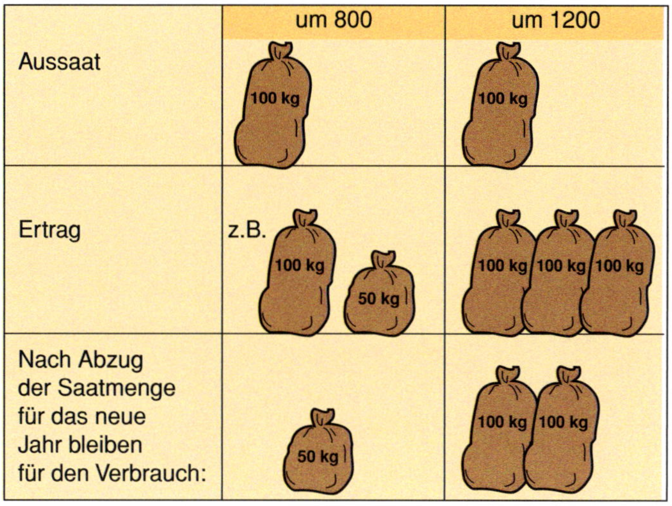

3 **Das Verhältnis zwischen Aussaat und Ernteertrag bei der Getreideernte zwischen 800 und 1200.**

Not macht erfinderisch

Q1 Zwei Bauern, Widrad und Ruodlieb, unterhalten sich über ihre Arbeit:

Widrad: Was habe ich mich heute wieder abgerackert. Mit dem Holzpflug ist es fast unmöglich, den harten Boden aufzureißen. Ich musste meinen Ochsen mit der Rute antreiben.

Ruodlieb: Warum besorgst du dir nicht das neue Kummetgeschirr? Damit geht es viel leichter. Man legt diesen Lederkragen dem Pferd einfach um den Hals, sodass beim Ziehen die Last gleichmäßig auf Brust und Schultern verteilt wird.

Widrad: Und das gibt es tatsächlich?

Ruodlieb: Ich habe es selbst ausprobiert. Meiner Meinung nach werden viele unserer mühsamen Arbeiten sowieso bald viel einfacher sein. Erst neulich sah ich zudem ein eigenartiges Gerät, das Sense heißt. Angeblich kann man damit viel schneller mähen als mit der Sichel.

Widrad: Dann sollte man aber auch einmal etwas für das Dreschen erfinden. Das anstrengende Schlagen mit den Stöcken mag ich am wenigsten, es bricht mir fast das Kreuz.

Ruodlieb: Sei unbesorgt! Kommt Zeit, kommt Rat.

3 *Gebt an, welche „modernen" Geräte in der Unterhaltung der beiden Bauern erwähnt werden. Worin liegt ihr Vorteil?*

Neue Arbeitsgeräte und Techniken

Seit dem frühen Mittelalter löste der Räderpflug mit eiserner Pflugschar allmählich den Hakenpflug ab, der den Boden nur aufriss. Mit dem neuen Pflug konnte der Boden stärker aufgelockert werden, und die im Boden befindlichen Nährstoffe gelangten leichter nach oben.

Für die Pferde wurde im 8. Jahrhundert eine neue Art des Anschirrens entdeckt: Das Kummet, ein gepolsterter versteifter Halsring, übertrug die Zuglast auf die Schulterblätter der Pferde und erhöhte so die Zuglast auf das Vier- bis Fünffache.

Die Sichel wurde seit dem 11. Jahrhundert durch die Sense ersetzt. Mit ihr konnten die Bauern rascher ernten und die Getreidehalme tief unten abschneiden.

Einfacher und ergiebiger wurde auch das Dreschen durch den Einsatz von Dreschflegeln. Der Dreschflegel, der das zuvor übliche Ausschlagen mit dem Stock oder das Ausstampfen oder Austreten durch Tiere oder Menschen überflüssig machte, war in Mitteleuropa bis zum vorigen Jahrhundert in Gebrauch. Erst dann wurde er von der Dreschmaschine abgelöst.

4 *Untersucht mithilfe des Schaubilds 3, wie sich das Verhältnis zwischen Aussaat und Ernteertrag zwischen 800 und 1200 verändert hat. Was bedeutete das für die Menschen?*

Die Steigerung der Ernteerträge durch neue Arbeitsgeräte und Techniken:

eiserner Pflug

Pferd als Zugtier

Sense
Seit dem 11. Jahrhundert als Verbesserung der Sichel genutzt. Mit ihr konnte rascher geerntet und die Halme tiefer geschnitten werden – Winterfutter für die Stalltiere.

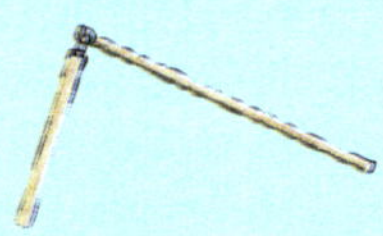

Dreschflegel

Düngung mit Mist und Mergel (Gestein aus Ton und Kalk)

besseres Saatgut

Geschichte vor Ort: Düppel und Lehde

1 Das Museumsdorf Düppel in Berlin-Zehlendorf. Rekonstruktion eines mittelalterlichen Dorfes um 1200. Foto, 1987.

Düppel: Ein mittelalterliches Dorf in Berlin

Wenn ein Wanderer, der vor 800 Jahren lebte und damals im Dorf Düppel Rast machte, heutzutage an der gleichen Stelle vorbeikäme, um wieder zu rasten, so würde er sich wohl wundern: Das Dorf gibt es nämlich noch, und es scheint sich in den letzten 800 Jahren kaum etwas verändert zu haben. Selbst die Menschen, die dort arbeiten, sehen genauso aus wie damals. Wie kommt das?
1170 gründeten Siedler, die aus dem Nordwesten kamen, in Düppel ein Dorf. Es war zunächst sehr klein und bestand nur aus zwei Höfen und einer Palisadenwand zum Schutz vor Eindringlingen und Tieren. Das Dorf wuchs schnell. Zwischen 1200 und 1230 entstanden 16 Höfe, die sich hufeisenförmig um den Dorfplatz gruppierten. 1230 jedoch zogen die Dorfbewohner um: Neue Methoden in der Landwirtschaft veranlassten die Menschen, im heutigen Zehlendorf zu siedeln. Sie nahmen ihr Hab und Gut mit. So blieben nur die leeren Häuser und ein paar Dinge zurück, die die Bewohner nicht mehr brauchten (z. B. Tonscherben) oder nicht mitnehmen konnten. Das ehemalige Dorf Düppel wurde vergessen.

Düppel wird wieder aufgebaut

Erst im Jahr 1960, als man sich wieder für die Zeit des Mittelalters zu interessieren begann, wurden Tonscherben, die man inzwischen gefunden hatte, genauer untersucht. Die Forscher kamen zu dem Ergebnis, dass in Düppel eine mittelalterliche Siedlung bestanden haben musste. 1964, als man mit Grabungen in Düppel begann, kam dann die Idee auf, das Dorf wieder aufzubauen. Man versuchte, es genau so wieder zu errichten, wie es auch im Mittelalter ausgesehen hatte. Die modernen Menschen sollten genau sehen können, wie die mittelalterlichen Menschen lebten, was sie gegessen hatten, welche Berufe sie ausübten, wie sie sich kleideten, welche Haustiere sie besaßen und vieles mehr.
1971 begann man, das mittelalterliche Dorf zu rekonstruieren, und zwar genau an der Stelle, wo es damals gestanden hatte, und genau so, wie es damals ausgesehen hatte. Nicht nur die Häuser wurden originalgetreu mit den mittelalterlichen Baumethoden wiederaufgebaut, auch die Umgebung des Dorfes wurde so gestaltet, wie sie vor 800 Jahren aussah. Damals lebende Haustierrassen und Pflanzenarten wurden erneut gezüchtet bzw. angebaut. So wurde in Düppel das Mittelalter wieder lebendig.

Lehde: Ein Inseldorf im Spreewald

Das Fischerdorf Lehde im Spreewald wurde erstmals 1315 in einer Urkunde erwähnt. Hier leben bis heute Sorben, auch Wenden genannt. Sie gehören zu der aus Osteuropa stammenden Volksgruppe der Slawen. Sogar eine eigene Flagge und eine eigene Sprache haben sie, das Sorbische, das mit dem Polnischen verwand ist. In ihrer Sprache bedeutet Lehde soviel wie „unbebauter Fleck".

Geschichte vor Ort: Düppel und Lehde

Im Mittelalter siedelten sie sich die Sorben vor allem nördlich des Erzgebirges zwischen Saale und Lausitzer Neiße an und leben heute größtenteils in den Landkreisen Spree-Neiße und Bautzen.

Über viele Jahrhunderte war das Inseldorf Lehde nur über den Wasserweg zu erreichen. Bis heute haben fast alle Grundstücke des Ortes einen eigenen Zugang zu den Kanälen, die das Dorf wie Straßen durchziehen. Sogar die Post und die Müllabfuhr kommen auf dem Wasserweg zu den Häusern.

Bis heute leben die Menschen in Lehde wie schon vor Jahrhunderten vom Fischfang und dem Gemüseanbau. Aber auch der Tourismus ist inzwischen zu einer wichtigen Einnahmequelle geworden. Wie auch in Düppel kommen viele Besucher in das kleine Dorf, um die Lebensweisen früherer Zeiten kennen zu lernen. Die Trachten und die Sprache der sorbischen Bewohner von Lehde lassen die Gäste nachempfinden, wie schon vor Jahrhunderten hier gelebt wurde.

1 *Informiert euch näher über das Dorf Düppel, z. B. im Internet unter* ***www.dueppel.de*** *oder* ***www.spreewald.de***

2 *Plant und organisiert einen Klassenausflug nach Düppel oder in den Spreewald. Bereitet euch darauf vor, indem ihr eine Liste von Fragen schreibt, die ihr den dort anwesenden Experten stellen wollt.*

2 **Eine Familie fährt in der traditionellen Festtagstracht der Sorben zu einer Feier. Mit einer über vier Meter langen Stange, dem Rudel, wird der Kahn durch die Kanäle geführt. Man nennt das Abstoßen vom Flussboden „staken".**

3 *In Düppel oder Lehde achtet auch besonders darauf, wie sich das Leben damals von dem heute unterscheidet.*

3 **Seit mehr als 100 Jahren hält die Post im Spreewald an dem traditionellen Kahn als Transportmittel fest. Versorgt werden damit etwa 80 Haushalte. Die tägliche Tour der Postfrau ist acht Kilometer lang.**

Siedler auf dem Weg nach Osten

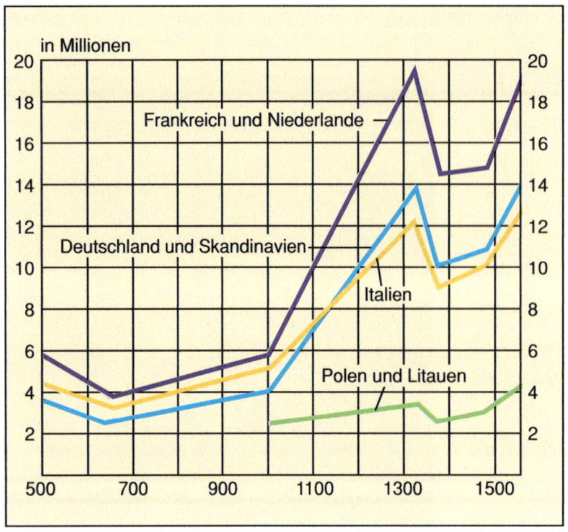

1 Bevölkerungsentwicklung in Europa.

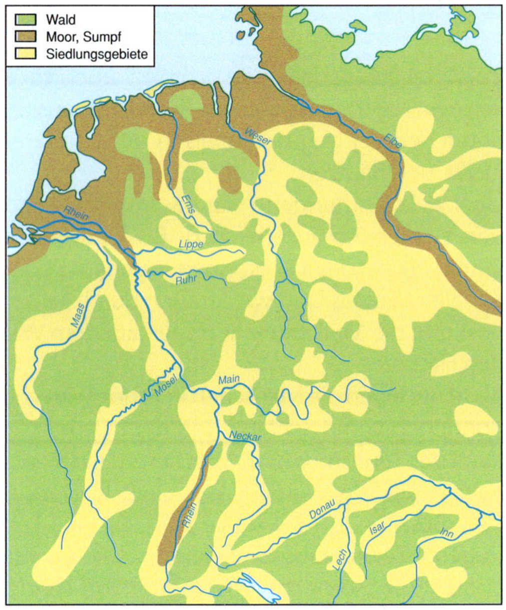

2 Das Landschaftsbild um 1000 n. Chr.

Auf der Suche nach neuem Ackerland

1 *Seht euch Abbildung 1 an. Sprecht über mögliche Ursachen und Folgen der Bevölkerungszunahme.*

2 *Spielt folgende Szene: Ein Bauer hat mehrere Söhne, die auch Bauern werden möchten. Sein Ackerland ist zu klein, um es unter den Söhnen aufzuteilen. Gemeinsam überlegen sie, welche anderen Möglichkeiten es gibt.*

Durch die starke Bevölkerungszunahme in Westeuropa seit dem 11. Jahrhundert gerieten zahlreiche bäuerliche Familien in Not. In Norddeutschland erbte nur der älteste Sohn den Hof, alle anderen erhielten nichts. Wie sollten sie sich ernähren? In Süddeutschland wurde das vorhandene Ackerland unter allen männlichen Erben aufgeteilt. Schon bald aber reichten die kleinen Äcker kaum noch aus um eine Familie zu versorgen. Naturkatastrophen verschlimmerten die Situation zusätzlich.

Q1 Der Mönch Sigebert von Gembloux berichtet in seinem Geschichtswerk zum Jahr 1144:

Dieses Jahr brachte einen harten Winter mit viel Regen und Sturm. Starke Waldbäume wurden entwurzelt. Kirchen, Türme und andere Gebäude, die man für fest gehalten hatte, größtenteils von Grund auf zerstört … Eine schwere Hungersnot bedrückte viele … und ließ die meisten Leute verarmen. Arme und auch wohlhabende Leute zwang der Hunger abzuwandern um dem Mangel zu entfliehen.

3 *Überlegt, wohin die Menschen auswandern konnten. Verwendet dazu Abb. 1 und 2.*

Viele Bauern begannen in den noch menschenleeren Gebieten Deutschlands Wälder zu roden und Moore oder Sümpfe trockenzulegen. Bäume wurden gefällt, das Unterholz abgebrannt. Die Arbeit war schwer. Dennoch nahmen die Bauern diese Mühen auf sich, weil der Grundherr von dem gerodeten Land nur geringe Abgaben verlangte. Viele Ortsnamen erinnern noch heute an diese Art der Urbarmachung mit der Axt, der Säge und dem Spaten. Es sind die Orte, deren Namen enden auf:
-rode, -rad, -reuth, -wald, -brand oder -hau.
Wenn Sümpfe trockengelegt wurden, lauten die Endungen -moos, -ried oder -bruch.

4 *Tragt in eine Liste alle Arbeiten ein, die die Bauern verrichten mussten, wenn sie ihr neues Siedlungsgebiet erreicht hatten.*

Landleben – Stadtluft

3 Ansicht der fürstlichen Residenz- und Doppelstadt Berlin-Cölln um 1650. Kolorierte Radierung von Caspar Merian, um 1646/1651.

Stadtluft macht frei!

Das Land bildete im Mittelalter die Ernährungsquelle schlechthin. Nicht nur die Bauern, die es bearbeiteten, und die Herren, die es besaßen, wurden von den Erträgen landwirtschaftlicher Arbeit versorgt. Aus den Überschüssen, die sie erwirtschafteten, ernährten Bauern auch die adligen und geistlichen Herren und versorgten auf dem Markt auch die Bevölkerung der Städte. Daher ist es nicht erstaunlich, dass im frühen Mittelalter noch mehr als 90 % der Gesamtbevölkerung auf dem Lande lebte.

Im Laufe des Mittelalters beschlossen jedoch immer mehr Menschen, in die wachsenden Städte zu ziehen. Auf dem Lande hatten die Familien meist viele Kinder, von denen jedoch nur wenige auf dem elterlichen Hof bleiben konnten. Wenn sie nicht in ein Kloster eintraten oder auswanderten, zogen sie in die nahegelegenen Städte, um als Handwerker oder Kaufleute tätig zu werden.

Verlockend war diese Möglichkeit vor allem für Unfreie. Wären sie auf dem Land geblieben, wären sie wie ihre Eltern und Geschwister Hörige eines Grundherren geblieben. In den Städten setzte sich hingegen früh das Gesetz durch, dass ein geflohener Leibeigener nach einem Jahr und einem Tag in der Stadt seine persönliche Freiheit wiedererlangte, wenn ihn sein Herr nicht vor dieser Zeit zurückverlangte. Daher sagte man: „Stadtluft macht frei".

5 *Worin liegt die Anziehungskraft der Stadt auf die Landbevölkerung?*

6 *Weshalb lebten im Mittelalter die Menschen dennoch größtenteils auf dem Land?*

Rechte müssen erworben werden

Die Tatsache allein, dass man in einer Stadt lebte, brachte noch nicht viele Vorteile: Um ein Handwerk auszuüben, musste man Mitglied in einer Zunft sein (s. S. 241). Für die Aufnahme musste jedoch eine hohe Geldsumme bezahlt werden, die die wenigsten Menschen sofort aufbringen konnten. Neben den Zünften hatten nur die Adligen und die reichen Kaufmannsgeschlechter alle Rechte eines Stadtbürgers. Wer das städtische Bürgerrecht innehatte, konnte frei wählen, wen man heiraten wollte, durfte Grundbesitz erwerben und konnte über seinen Besitz frei verfügen, ihn vergrößern oder verkaufen. Auf der anderen Seite musste man jedoch auch Verpflichtungen für die Stadtgemeinschaft übernehmen.

Q2 So verpflichtete die Stadt Köln um 1355 ihre Einwohner bei der Aufnahme in die Bürgerschaft auf die Ablegung des folgenden Eides:

> Dies sollen diejenigen schwören, welche man als Neubürger in Köln aufnimmt. Zum ersten sollen sie schwören, dem Rat und der Stadt Köln treu und hold zu sein und ihren Nutzen zu fördern und ihren Schaden abzuwenden, wo irgend sie davon wissen oder vernehmen; sodann der Sturmglocke zu folgen und eine volle Rüstung zu besitzen zum Nutzen des Rates und der Stadt Köln. Wenn sie diesen Eid geleistet haben, so soll man ihnen das Bürgerrecht verleihen mit der vollen Freiheit, die andere Bürger haben.

7 *Was erfährst du über die Rechte und Pflichten der Stadtbürger?*

Städte im Mittelalter

1 **Stadtansicht von Perleberg.** Holzschnitt.

Ein Bauer besucht die Stadt

Im Mittelalter gab es im Deutschen Reich rund 4000 Städte*, aber nur 20 % der Bevölkerung lebte innerhalb der Stadtmauern*.

Q1 Wie die Menschen die Stadt damals erlebten, erfahren wir aus einer heutigen Erzählung:

... Noch ehe der Tag angebrochen ist, macht sich der Bauer auf den Weg zur Stadt. Heute nimmt er zum ersten Mal seinen Sohn mit. Dieser trägt einen Korb mit Eiern. Über die Schulter hat er sich zwei Hühner gehängt. Der Vater hat in seinem schweren Tragkorb einige Maß Mehl, Butter und noch ein paar Felle.

Das Dorf liegt über vier Stunden Fußmarsch von der Stadt entfernt.

Endlich, als die Sonne aufgeht, sehen sie die Türme der Stadt vor sich. Der Sohn ist ganz aufgeregt.

„Vater! So viele Türme und Dächer habe ich noch nie gesehen. Jetzt weiß ich, was eine Stadt ist! Wo viele Menschen wohnen, das ist eine Stadt!"

„Nein", entgegnet der Vater, „das stimmt nicht ganz. Nicht die Zahl der Menschen ist entscheidend. Der Ort muss eine Mauer, sein eigenes Gericht und sein eigenes Rathaus haben. Dann kann er sich Stadt nennen. Außerdem hat jede Stadt einen Markt. Er befindet sich in der Nähe der großen Stadtkirche und des Rathauses. Wir sind bald dort."

Von allen Seiten haben sich inzwischen Bauern hinzugesellt. Mit vielen anderen stehen sie vor dem Stadttor. Ein Stadtknecht hält sie an. Er durchsucht den schweren Tragkorb. Dann dürfen sie passieren, ohne eine Abgabe zahlen zu müssen, denn sie tragen nur die für die Stadt wichtigen Lebensmittel mit sich. Für andere Waren muss man nämlich Torzoll bezahlen. Schnell haben sich die beiden durch das Gedränge der Wagen und Menschen hindurchgeschlängelt.

Sie laufen durch enge Gassen und gelangen endlich auf den Hauptmarkt. Hier wird alles angeboten, was die Bürger gebrauchen können: Fleisch und Gewürze, Fisch und Gemüse, aber auch Kleider, Töpfe und andere Handwerkserzeugnisse.

1 *Nennt die wichtigsten Merkmale, durch die sich eine Stadt von einem Dorf unterscheidet.*

Stadt*: *Größere Siedlung von Händlern und Handwerkern mit eigenen Stadtrechten, z. B. Markt- und Münzrecht, eigener Gerichtsbarkeit und Recht der Selbstverwaltung.*

Stadtmauer*: *Bei feindlichen Angriffen besetzten und verteidigten die Bürger die Tore und die Stadtmauer. Für ihren Bau und den Erhalt erhob der Rat der Stadt eine Steuer. Da Steine sehr teuer waren, begnügten sich viele Städte mit dem Bau eines Stadtgrabens und mit Wallanlagen, die aus Erde und Holz bestanden.*

Lesetipp:
Jörg Müller/Jürg Schneider/Anita Siegfried: Auf der Gasse und hinter dem Ofen. Eine Stadt im Spätmittelalter. Verlag Sauerländer, Frankfurt/M. 1996.

Ein Tag in einer Stadt

2 **Alltag in der Torstraße 1476.** Buchillustration.

Wägen, Rufen und Schwatzen

Q2 Das Leben und den Ablauf des Tages in einer mittelalterlichen Stadt beschreibt ein heutiger Wissenschaftler wie folgt:

… War der Tag heraufgezogen, herrschte ein munteres Treiben, ein unaufhörliches Kommen und Gehen, Messen und Wägen, Rufen und Schwatzen. In vielen Städten wurde deshalb der innerste Bereich freigehalten vom Handwerks- und Menschentreiben. Dort, zwischen Rathaus und Kirche, standen die Steinhäuser der vornehmen Patrizier, und die wollten verschont sein vom Lärm der Menge. So spielte sich das eigentliche städtische Leben in den Seitengassen und auf den Spezial-Märkten ab; alle Augenblicke Glockengetöse und fromme Gesänge, dazwischen das Brüllen und Grunzen des Viehs, das Grölen der Randalierer und Nichtstuer in den Wirtshäusern, das Hämmern, Hobeln und Klopfen der Tätigen in den offenen Werkstätten, das Rattern der Wagen und Stampfen der Zugtiere und dazu der Lärm der zahllosen Ausrufer, die in einer Zeit, da nur wenige lesen konnten, das Plakat und die Neonröhren ersetzen mussten.
Die Geschäfte, die Gerichte, Ämter und Ratssitzungen fingen gewöhnlich um 6 Uhr an. Um 10 Uhr wurde in den meisten Städten zu Mittag gegessen. Um 12 Uhr begannen die Geschäfte wieder; sie dauerten bis 3 oder 4 Uhr. Das Abendessen wurde in der Regel um 6.00 Uhr eingenommen.
Mit Anbruch der Dunkelheit wurde es fast schlagartig ruhiger. Es gab keine Straßenlaternen. Und in den Häusern brannten nur düstere Talgkerzen oder Kienspäne. Wer abends ausging, musste eine eigene Laterne haben oder sich einen Fackelträger mieten. Nach 9 Uhr abends versank die Stadt in tiefem Schlummer. …

2 *Beschreibt mit Hilfe von Text und Abbildung das Leben in einer mittelalterlichen Stadt.*

Die erste Leipziger Straßenbeleuchtung stammt aus dem Jahr 1701. Zuvor behalfen sich die Stadtbewohner bei Einbruch der Dunkelheit mit Fackeln, Kerzen und Laternen.

Von der Siedlung zur Stadt

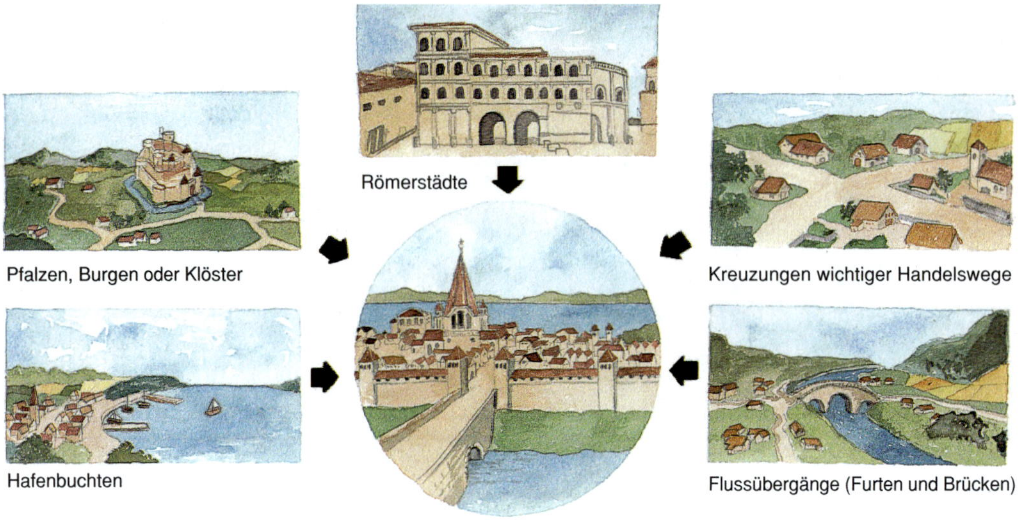

1 **Voraussetzungen für Stadtentwicklung.**

Kastell*:
Burgartige Befestigungsanlage.

Einwohnerzahlen europäischer Städte um 1300:

Paris	*300 000*
Florenz	*100 000*
Venedig	*100 000*
Brügge	*50 000*
Köln	*30 000*
Lübeck	*25 000*
Straßburg	*20 000*
Danzig	*20 000*
Rostock	*20 000*
Hamburg	*18 000*
Mainz	*6 000*

Im Deutschen Reich hatten
- *ca. 15 Städte mehr als 10 000 Einwohner*
- *ca. 35 Städte zwischen 2000 und 10 000 Einwohner*
- *ca. 150 Städte zwischen 1000 und 2000 Einwohner*
- *ca. 2800 Städte weniger als 1000 Einwohner.*

Fundgrube:
Die Stadt im Mittelalter. Alltagsleben hinter Turm und Mauern. CD-ROM. MicroMediaArts, Köln 1995.

Städte entwickeln sich

Q1 Ein Wissenschaftler schrieb über die Entstehung von Städten im Mittelalter:

… Die ältesten Städte auf deutschem Boden sind römischen Ursprungs. Dort, wo die Römer an Rhein und Donau ihre Kastelle* und Niederlassungen angelegt hatten, wuchsen auch die ältesten stadtartigen Siedlungen, in denen Soldaten und Kaufleute wohnten. In den Zeiten der Völkerwanderung wurden sie zerstört und geplündert. In der Zeit der fränkischen Könige aber, also im 8. und 9. Jahrhundert, ließen sich hier Grafen und die Bischofe nieder. Sie fanden in Kriegszeiten Schutz hinter den starken alten römischen Mauern.
Solche sicheren Plätze waren auch den Kaufleuten sehr willkommen. Sie schlossen sich zusammen in Niederlassungen, nahe genug an der Burg des Grafen oder Bischofs um sicheren Schutz zu haben, …

Bevorzugt wurden von den Kaufleuten insbesondere Niederlassungen an wichtigen Handelsstraßen, an Flussübergängen und Hafenbuchten, denn hier waren Verkehrsknotenpunkte, und meist bestanden auch schon kleine Siedlungen.

Q2 Über die Entstehung der Stadt Brügge im heutigen Belgien heißt es in einem Bericht aus dem 9. Jahrhundert:

… Vor dem Burgtor, an der Brücke, sammelten sich allmählich Gewerbetreibende, um für die zu arbeiten, die in der Burg wohnten. Außer Kaufleuten, die alles Mögliche feilboten, gab es Schank- und Gastwirte. Sie machten es sich zur Aufgabe, diejenigen, die beim Grafen zu tun hatten, zu beköstigen und zu beherbergen. Mit der Zeit begannen die Zuzügler, Häuser zu bauen und sich wohnlich einzurichten; dort fanden alle Aufnahme, die nicht in der Burg selbst wohnen konnten. Die Siedlung wuchs, sodass in kurzer Zeit ein großer Ort entstand. …

So wie hier bei Brügge entstanden auch an vielen anderen Orten zunächst kleine Siedlungen, die sich allmählich zu Städten entwickelten.

1 *Erklärt mithilfe der Abbildung 1 die Voraussetzungen für die Entstehung von Städten.*
2 *Sucht Beispiele für Städte in Brandenburg, bei denen sich der Grund für ihre Entstehung im Stadtnamen widerspiegelt.*
3 *Wie lässt sich die geringe Einwohnerzahl deutscher Städte (siehe Randspalte) erklären?*

Städteboom in ganz Europa

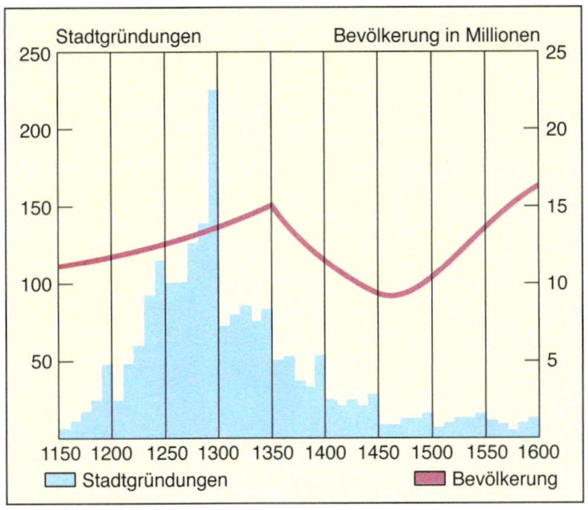

2 Stadtgründungen und Bevölkerungsentwicklung in Mitteleuropa von 1150 bis 1600.

Städte werden planmäßig gegründet

Jede Stadt hatte einen Stadtherrn. Das war meistens ein Graf, Herzog oder Bischof, auf dessen Grund und Boden die Stadt stand. Er sorgte für einen geordneten Handel in der Stadt und auf dem Markt, indem er Maße und Gewichte festsetzen und die Einhaltung aller Vorschriften überwachen ließ. Von den Kaufleuten und Händlern zog er dafür Zölle und Marktgebühren ein. Viele Landesherren gingen dazu über, planmäßig neue Städte zu gründen. Mit jeder neuen Stadt festigten sie ihre Herrschaft, zumal die Städte auch unentbehrliche Einnahmequelle waren.
Eine wichtige Rolle spielte dabei die jeweilige rechtliche Grundlage, das so genannte Stadtrecht. Berlin hatte sein Stadtrecht von Brandenburg erhalten. Es entsprach im Wesentlichen dem Magdeburger Stadtrecht. Die spätere Stadtgründung Frankfurt an der Oder erhielt 1253 wiederum Berliner Stadtrecht.

Q3 Auf diese Weise entstand eine Art Stadtrechtsfamilie, in der die Berliner Stadtverfassung überliefert wurde, obwohl ihre Original-Niederschrift verloren gegangen ist:
Wir, Johann, von Gottes Gnaden Markgraf von Brandenburg, tun kund … dass wir Unserem Lehnsmann Gottfried von Herzberg das Recht gegeben haben, die Stadt Frankfurt anzulegen, mit der Bestimmung, dass ein Drittel aller Abgaben auf Baugrundstücken und (Ackerland) ihm gehören soll, ebenso ein Drittel der Einkünfte aus dem Stadtgericht.
Wir weisen der Stadt Weide- und Ackerland zu. Wenn nun die sieben steuerfreien Jahre zu Ende sind, die wir der Stadt zugestanden haben, soll sich diese desselben Rechts erfreuen wie unsere Stadt Berlin.
Weiter sollen in der Stadt Käufer und Verkäufer keinerlei Marktsteuern zahlen. Für alle Großhandelswaren muss der übliche Zoll gezahlt werden. Von jedem Verkaufsstand haben wir uns eine festliegende Abgabe ausbedungen, wovon der … Schultheiß* auch ein Drittel haben soll.
Ein Brückenzoll wird festgelegt.
Der Schultheiß soll zwei Mühlen haben (und den Gewinn daraus ziehen) …

4 *Mithilfe der Gründungsurkunde könnt ihr diese Fragen beantworten: Wer ist der Stadtgründer und damit Stadtherr? Welche Bürger interessieren den Stadtherrn? Wie versucht er, sie für die Ansiedlung in der Stadt zu gewinnen?*

3 Rolandsstatue* in Brandenburg. Foto.

Schultheiß*:
hier: Bürgermeister.

Roland*/Rolandsstatuen*:
Die Figur des Rolands mit Schild und Schwert war Zeichen des besonderen städtischen Rechts, zu dem die Handelsfreiheiten und der Marktfrieden gehörten.

Städte erkämpfen ihre Freiheit

*Das älteste Berliner **Stadtsiegel** (1253) trägt die Umschrift „Sigillum de Berlin burgensium" (Siegel der Bürger Berlins). Das Siegelbild der Stadtmauer mit den drei Türmen symbolisiert die städtische Eigenständigkeit in Rechtsgeschäften und das Recht zum Mauerbau. Der brandenburgische Adler steht für die Oberherrschaft des askanischen Landes- und Stadtherrn.*

*Leipziger **Patrizier** in der Kleidung des 16. Jahrhunderts.*

1 **Vor dem Stadtherrn, einem Bischof, und seinen Beratern erscheinen ein Bürger, ein Bauer und ein Patrizier.** Buchmalerei, um 1500.

2 **Ein Patrizier mit seiner Familie.** Gemälde von Jean Bourdichon (etwa 1457–1521).

Kampf der Städte gegen ihre Stadtherren

Wie die Bauern auf dem Land einem Grundherrn unterstanden, so unterstanden anfangs auch die Stadtbewohner ihrem Stadtherrn. Im Lauf der Jahrhunderte wurden die Städte aber immer größer, und mit der Größe einer Stadt wuchs auch das Selbstbewusstsein ihrer Bürger. Vor allem die Kaufleute, die es zu beachtlichem Wohlstand gebracht hatten, wollten sich nicht länger von ihrem Stadtherrn bevormunden lassen. Voller Stolz nannten sie sich in vielen Städten selber Patrizier, ebenbürtig den Adligen. Zu den Freiheiten, die die Patrizier anstrebten, gehörten neben einer eigenen Gerichtsbarkeit und Verwaltung vor allem Handelsprivilegien wie Zollfreiheit, Messeprivilegien, das Münz- und Stapelrecht. In einigen Städten widersetzten sie sich immer mehr den Anordnungen des Stadtherrn. Es kam zu langjährigen bewaffneten Auseinandersetzungen. In anderen Städten kauften die Bürger ihrem Stadtherrn ein Recht nach dem anderen ab.

Q1 In einer erfundenen Erzählung heißt es:

… Stadtherr war Graf Bernhard. Von den reichen Kaufleuten seiner Stadt borgte er immer wieder Geld: Er wollte für seine Tochter eine teure Aussteuer kaufen. Er nahm an einem prunkvollen Turnier teil. Er schuldete einem Mailänder Händler eine größere Summe. Er begleitete den König zur Kaiserkrönung nach Rom. – Die Kaufleute gaben ihm das Geld. Sie verlangten aber jedes Mal, dass der Graf ihnen bestimmte Rechte überließ. Eines Tages hatten sie ihr Ziel erreicht. Im großen Rathaussaal legten die versammelten Bürger dem Grafen eine Urkunde vor. Darin stand: „Ich schwöre den Bürgern der Stadt für immer und ewig, alle Freiheiten zu gewähren." Der Graf schwor und unterschrieb …

1 *Spielt folgende Szene: Der Graf bittet die Städter, ihm Geld zu leihen. Die Kaufleute beraten, was sie ihrem Stadtherrn antworten sollen.*

Die Stadtbewohner: frei, aber nicht gleich

3 Eine Handwerkerfamilie. Gemälde von Jean Bourdichon (etwa 1457–1521).

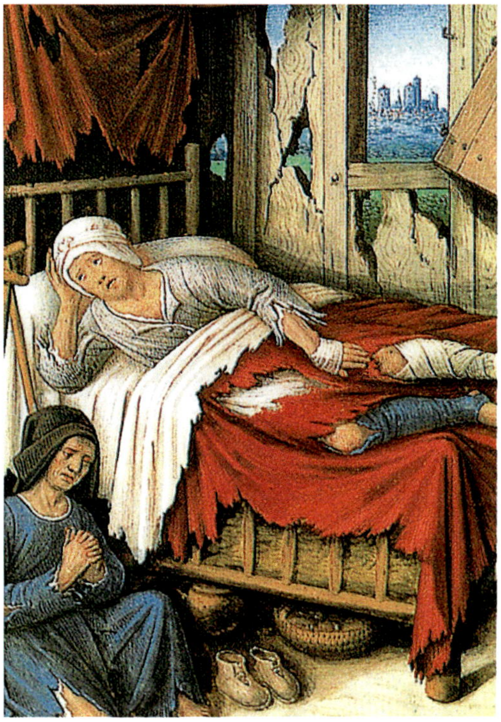

4 Tagelöhner mit seiner Frau. Gemälde von Jean Bourdichon (etwa 1457–1521).

Die Bevölkerung in den Städten ist nicht gleich

Am Ende des 12. Jahrhunderts hatten fast alle Stadtherren ihre Rechte an die Bürger abgetreten. Jetzt wurden die Städte von den mächtigen und angesehenen Kaufleuten, den Patriziern, regiert, die es durch ihren Fernhandel zu großem Wohlstand gebracht hatten. Die Patrizier wählten aus ihren Reihen die Ratsherren und stellten auch den Bürgermeister. Der Rat setzte die Steuern fest, zog die Zölle ein und entschied, für welche Maßnahmen diese Gelder verwendet werden sollten. Ebenso setzte der Rat Löhne und Preise fest und die Zeiten für das Öffnen und Schließen der Stadttore. Er bestimmte sogar, wie lange Familienfeste und Hochzeitsfeiern dauern durften. Die Patrizier zählten sich in der Stadt zum ersten Stand. Ihre prächtigen Häuser standen um den Marktplatz im Zentrum der Stadt. In den anschließenden Straßenzügen wohnten Handwerker und Krämer, die Mitglieder eines Gewerbes, häufig zusammen in der gleichen Straße. Sie bildeten die Mittelschicht. Unter ihnen gab es Wohlhabende, wie z. B. die Goldschmiede, aber auch Ärmere, wie etwa die Leineweber. Nicht zu den Bürgern zählten die Juden (vgl. S. 246) sowie die Angehörigen der Unterschicht. Sie wurden lediglich als „Stadtbewohner" bezeichnet. Dazu gehörten Mägde, Gesellen, Lehrlinge, Bettler, Krüppel, Arme, Außenseiter sowie die Angehörigen der „unehrlichen" Berufe wie z. B. Henker und Totengräber.

2 *Beschreibt mithilfe der Abbildungen 2–4 die Lebensbedingungen von Patriziern, Handwerkern und den Angehörigen der Unterschicht.*

Bürgertum: *Handwerker, Händler und Stadtbeamte.*

Unterschicht: *Dienstboten, Handelsgehilfen, Handwerksgesellen.*

Bettlerfamilie auf dem Weg zur Stadt. Holzschnitt, 1510.

Am Rande bemerkt:
Die sozialen Unterschiede bargen erheblichen gesellschaftlichen Sprengstoff. 1334 sah sich der Rat der beiden Städte Berlin und Cölln sogar zu einer Verordnung „wider Kleiderluxus und Wohlleben" genötigt, da das allzu protzige Auftreten der Patrizier in der Öffentlichkeit zu Empörung und Aufstand der städtischen Unterschichten geführt hatte.

Die Bevölkerung in den Städten

1 Die Ehefrau führt für ihren Mann, der Geldwechsler ist, die Bücher. Gemälde, 1538.

Die Mark:
Als alte Gewichts- und Rechnungseinheit ist die Mark seit dem 11. Jahrhundert in Deutschland bekannt. Die Kölner Mark wog 234 Gramm und war von 1524 das Münzgrundgewicht – heute würde man Leitwährung sagen. 1876 wurde mit der Goldmark die Unterteilung in 100 Pfennige eingeführt. 1948 wurde die Deutsche Mark (DM) Rechnungseinheit. Falschmünzerei wurde im Mittelalter mit dem Tod bestraft.

Kontor*:
Handelsniederlassung, Filiale.

Die Kaufleute

In jeder Stadt gab es die Kleinhändler, Krämer genannt, die die Waren des täglichen Bedarfs anboten. Auch die umliegenden Dörfer wurden von ihnen mitversorgt. Hoch angesehen waren jene Kaufleute, die im Fernhandel tätig waren. Oft waren sie wochen- oder monatelang unterwegs, um ihre Waren in Frankreich oder Italien anzubieten. Wenn sie von dort nach Hause zurückkehrten, brachten sie kostbare Tuche mit, aber auch orientalische Gewürze, Weine vom Mittelmeer, Parfüm oder Südfrüchte. Auch viele fremde Kaufleute kamen in die Städte, um ihre Waren anzubieten. Auf der Ratswaage mussten sie ihre Waren wiegen und kontrollieren lassen sowie Zölle und Schutzgelder entrichten. Außerdem waren selbst durchreisende Händler gezwungen, einen Teil ihrer Ware in der Stadt zu verkaufen (vgl. S. 250). Alle Kaufleute wollten für ihre Waren natürlich „gutes Geld". Da fast jede Stadt ihre eigene Währung hatte, wurde der Wert des Geldes berechnet nach der Menge an Silber oder Gold, das in jeder Münze eingeschmolzen war.

1 *Erklärt mithilfe von Abbildung 1, wie der Wert einer Münze festgestellt wurde.*

Gilden und Handelsniederlassungen

In den großen Fernhandelsstädten schlossen sich die Kaufleute in sogenannten Gilden zusammen, um den Handel erfolgreich durchführen zu können. Die Gilden vertraten auch die Interessen ihrer Mitglieder vor dem Rat der Stadt. Als die Städte immer größer wurden und der Handel immer mehr zunahm, konnten die Fernhandelskaufleute ihre zahlreichen Warentransporte nicht mehr selbst begleiten. Fuhrleute brachten jetzt die Waren, die vorher durch Boten bestellt und bezahlt worden waren. Mächtige Kaufmannsfamilien, wie z. B. die Fugger in Augsburg, errichteten in vielen Städten eigene Niederlassungen, die so genannten Handelskontore*. So konnten vor Ort die besten Einkaufs- und Verkaufsmöglichkeiten erkundet werden.

Q1 Wie reich man durch den Handel werden konnte, zeigt das Testament eines Kaufmanns aus Regensburg:

... Ich vermache meiner Frau Agnes 1600 Pfund Silber, meinen Töchtern Katrin und Anne je 200 Pfund, meinen vier Söhnen Hans, Matthäus, Wolfgang und Jörg mein Wohnhaus, meine zwei Badstuben, mein

Kaufleute, Handwerker und Zünfte

2 Bäuerliches Ehepaar beim Schuster. Holzschnitt, 16. Jahrhundert.

Redensarten aus der Sprache des mittelalterlichen Handwerks:
- *jemandem ins Handwerk pfuschen*
- *jemandem das Handwerk legen*
- *jemandem schwimmen die Felle davon*
- *jemandem ein X (= 10) für ein U (= V = 5) vormachen.*

Brauhaus und meine übrigen Höfe und Häuseranteile in Stadt und Umgebung. ...

Einem Pfund Silber entsprachen etwa 480 Pfennige. Es kosteten damals: ein Huhn ungefähr 2–3 Pfennige, ein Pfund Butter 2 Pfennige und 100 kg Gerste etwa 44 Pfennige.

Die Handwerker

Die Handwerker stellten in den Städten den größten Teil der Stadtbevölkerung. In Leipzig beispielsweise wurden um 1500 bereits 155 verschiedene gewerbliche Berufe ausgeübt, besonders in der Textilherstellung und in der Verarbeitung von Metall und Leder. Doch auch innerhalb des Handwerks gab es eine Kluft zwischen Arm und Reich. Die Leineweber beispielsweise galten als sehr arme Handwerker und auch die Wollweber und Tuchmacher waren nicht reich.

Die Aufgaben der Zünfte

Zur Verteidigung gemeinsamer Interessen schlossen sich die Handwerker seit dem 12. Jahrhundert zu Zünften zusammen. Jedes Handwerk hatte seine eigene Zunft. Jede Zunft
- erließ feste Regeln zur Ausbildung;
- setzte die Zahl der Lehrlinge und Gesellen für jeden Betrieb fest;
- überwachte die Qualität der Produkte und die Einhaltung der vorgeschriebenen Preise;
- schrieb den Mitgliedern genau vor, wie viel Ware sie produzieren durften;
- schlichtete Streitigkeiten der Zunftmitglieder untereinander.

Die Vorschriften waren für alle verbindlich. „Schaumeister" überwachten die Zunftgenossen. Pfuschern, d. h. Handwerkern, die nicht Mitglied waren, „legten sie das Handwerk". Minderwertige Erzeugnisse wurden eingezogen und die Hersteller bestraft.

2 *Besprecht, welches Ziel die einzelnen Zunftverordnungen hatten.*

3 *Erklärt folgende Behauptung: Die Zunftmitglieder wollten nicht Reichtum, sondern Sicherheit.*

Die enge Verbundenheit der Zunftmitglieder zeigte sich auch im alltäglichen Leben. An den Stadt- und Kirchenfesten nahm man gemeinsam teil. Kranke und arme Mitglieder wurden unterstützt, und gemeinsam sorgte man für Witwen und Waisen verstorbener Zunftgenossen. Auch an der Verteidigung der Stadt waren die Zünfte beteiligt. Jede Zunft hatte ein bestimmtes Stück der Stadtmauer zu verteidigen.

4 *Sucht auf einem Stadtplan Straßennamen, die an mittelalterliches Handwerk erinnern. Wo liegen diese Straßen?*

Zunftwappen:

Müller

Fleischer

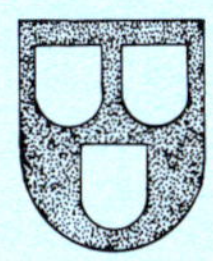

Maler

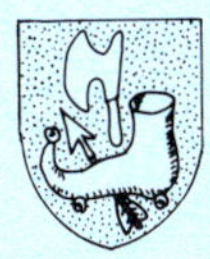

Schuster

Die Frauen in der Stadt

1 Eine Stadtbürgerin bei der Hausarbeit. Szenenfoto aus dem Film „Stadt im Wandel", 1985.

__Krämerinnen__ und Hökerinnen mussten ihre Ware an fliegenden Ständen verkaufen und suchten sich Nischen auf den Märkten.

Frauen in Handwerk und Handel

Neben den Handwerksmeistern gab es selbstständige Meisterinnen wie Fleischerinnen, Bäckerinnen, Fassbinderinnen oder Gerberinnen. Fast immer handelte es sich dabei um Witwen, die nach dem Tod ihres Mannes die Werkstatt leiteten. Von den Zünften erhielten diese Frauen meist den Auftrag, einen erfahrenen Gesellen einzustellen, der der Zunft angehörte. Eine wichtige Rolle spielten Frauen im Handel.

Q1 Eine heutige Wissenschaftlerin schreibt:

… In erstaunlichem Umfang waren Frauen am Groß- und Fernhandel beteiligt. Möglich war dies nur, weil die Frau seit dem 13. Jahrhundert als voll geschäftsfähig galt. Sie konnte eigenständig Geschäfte tätigen, Prozesse führen, über ihr Eigentum testamentarisch verfügen und haftete bei Schulden oder Konkurs. Frauen führten die Bücher, vertraten den Mann in Zeiten der Abwesenheit oder wenn dieser durch städtische Ämter belastet war. Sie besuchten Märkte und Messen, unternahmen Handelsreisen. …

Er verdient – sie führt das Haus: Männer- und Frauenrollen im Mittelalter

Die meisten Frauen heirateten im Alter zwischen 18 und 22 Jahren, manche waren auch jünger. Die Hausfrau hatte selbstständig für den manchmal recht großen Haushalt zu sorgen. Neben Eltern, Großeltern und Kindern konnten dazu auch die unverheirateten Verwandten sowie Knechte und Mägde zählen. Überarbeitet und von den vielen Schwangerschaften erschöpft, überlebten viele Frauen die Geburt eines Kindes nicht. So kam es vor, dass viele Männer dreimal und mehr heirateten und die Kinder nacheinander bei verschiedenen „Stiefmüttern" aufwuchsen.

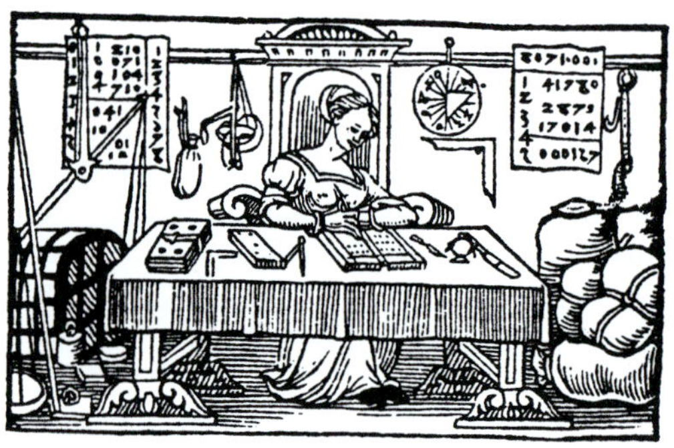

2 Kauffrau in ihrer Schreibkammer. Holzschnitt.

Familien und Kinder

3 **Eine Geburt.** Darstellung auf einer Altartafel, 1481.

4 **Mittelalterliche Stube einer Kaufmannsfamilie.** Holzschnitt, 15. Jahrhundert.

Im Mittelalter gab es zahlreiche „Hausbücher".
In ihnen wurden die Aufgabenbereiche von Männern und Frauen genauer beschrieben.

Q2 In einem Hausbuch aus dem Jahr 1393 lässt der unbekannte Verfasser einen über 60-jährigen Ehemann zu seiner 15-jährigen Ehefrau sagen:
... Pflegt euren Ehemann sorgsam und bitte, haltet ihn in sauberer Wäsche, denn das ist eure Aufgabe.
Und weil die Sorge für die Geschäfte draußen Männersache ist, muss der Ehemann ... hierhin und dorthin reisen, bei Regen, Wind und Schnee, schlecht verpflegt, schlecht untergebracht, schlecht gewärmt und schlecht gebettet. Und alles macht ihm nichts aus, denn ihn tröstet die Hoffnung auf die Fürsorge seiner Frau, wenn er zurückkommt, und auf die Gemütlichkeit, ... die sie ihm bereitet: die Schuhe beim warmen Feuer anziehen, die Füße waschen lassen, frische Schuhe und Strümpfe anziehen, gutes Essen und Trinken vorgesetzt bekommen, schön bedient und versorgt werden. ...

1 *Beschreibt die Rollenverteilung von Männern und Frauen, wie sie hier geschildert wird.*

Frau und Familie
Kinder wurden zu Hause geboren. Zehn, aber auch vierzehn oder sechzehn Kinder im Verlauf einer Ehe waren keine Seltenheit. Mangelnde Hygiene und für uns heute harmlose Kinderkrankheiten führten dazu, dass in der Regel die Hälfte oder mehr aller Kinder starben, bevor sie das 14. Lebensjahr erreicht hatten. Bis zum Alter von sechs Jahren trugen Jungen und Mädchen die gleiche Kleidung, spielten zusammen und wuchsen zusammen auf. Erst dann entschied es sich, ob Jungen und Mädchen auch eine Schule besuchten und eine Ausbildung erhielten. Häufig ließen die Eltern aber die Mädchen im Haus. Sie lernten von der Mutter Nähen, Kochen, Weben und Spinnen, um sich auf ihre künftige Rolle als Haus- und Ehefrau vorzubereiten.

2 *Erläutert, was der frühe Tod der Ehefrau für die Kinder bedeutete.*
3 *Überlegt, warum so viele Ehefrauen und Mütter schon nach wenigen Ehejahren starben.*

Sorgfältige Kinderpflege. *Damit der Säugling nicht in die Wanne rutschen und ertrinken konnte, wurde er mit einem Band festgebunden. Kupferstich, 15. Jahrhundert.*

Kinderspielzeug:

Holzpuppe, 13./14. Jahrhundert.

Dreirad

Drachen

Methode: Software als Informationsquelle

Vom Schreibtisch in die Welt des Mittelalters

Beim Umgang mit moderner Computer-Software findet man sich häufig in historischen Welten wieder. Solche Zeitreisen machen Spaß: Bilder und Filme, Grafiken und Modelle, Musik und Texte ziehen uns in ihren Bann. Aber wie sieht es aus, wenn man Software nicht nur zum Spaß sondern auch als Informationsquelle nutzen will? Heute sind viele CDs auf dem Markt, die sich mit Geschichte beschäftigen. Diese sind sehr unterschiedlich aufgebaut. Damit ihr dieses Medium so nutzen könnt, dass es euch Spaß bereitet und ihr zugleich Neues erfahrt, solltet ihr wissen, welche Möglichkeiten CD-ROMs bieten.

1 *Überlegt euch zunächst, welche CD-ROMs mit historischem Hintergrund ihr bereits kennt. Stellt sie euren Mitschülerinnen und Mitschülern kurz vor. Achtet besonders darauf, ob sie euch auch Informationen vermitteln können.*

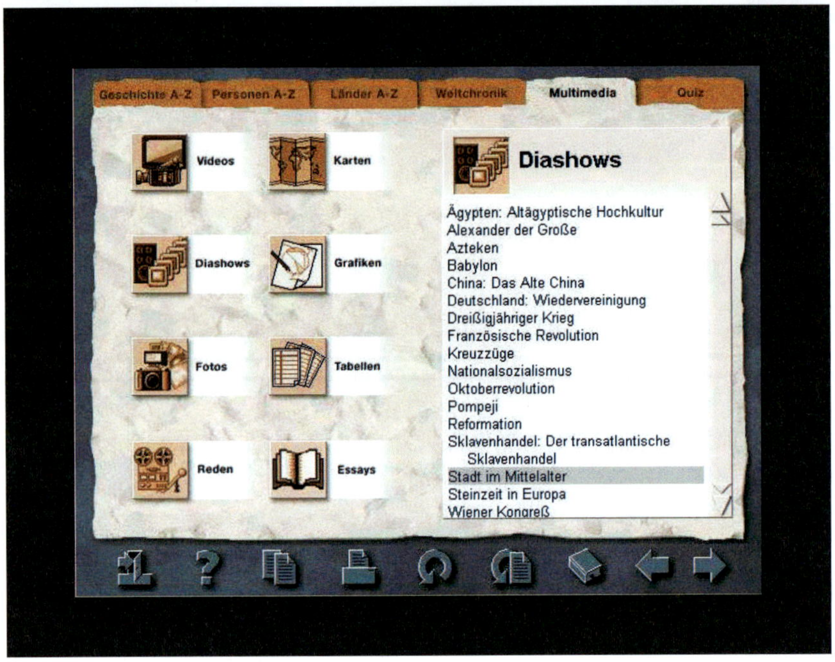

1 **Karteikartensystem auf einer Lexikon-CD-ROM.**

Computerspiele mit geschichtlichem Hintergrund

Grundsätzlich unterscheidet man zwischen „Knöpfchenspielen" (also Abschieß- und Geschicklichkeitsspielen) und „Köpfchenspielen" (also Abenteuer- und Rollenspielen). Bei der zweiten Gruppe kommt es darauf an, dass ihr euer Köpfchen anstrengt, wenn ihr gewinnen möchtet. Ihr übernehmt Aufgaben und besteht Abenteuer. Ab und zu müsst ihr auch kämpfen. Doch kommt es dann mehr auf kluges Überlegen als auf Schnelligkeit an. Zu dieser Gruppe gehören so genannte Simulationsspiele, bei denen man in eine historische Situation versetzt wird und unter historischen Bedingungen z. B. Länder verwalten, Städte aufbauen oder Handelshäuser führen kann.

Lernprogramme zu geschichtlichen Themen

Manche Programme haben nicht nur einen geschichtlichen Hintergrund, sondern sollen schwerpunktmäßig Geschichte verständlich machen. Eine solche CD-ROM ist z. B. „Die Stadt im Mittelalter". Hier habt ihr die Möglichkeit, selbst durch eine mittelalterliche Stadt zu gehen. Ihr durchstreift die Gassen und geht in Häuser, ihr steigt auf die Stadtmauer und besucht die Kirche. Zu den verschiedenen Bereichen könnt ihr gezielt Informationen abrufen – wenn ihr das wollt. Die Informationen sind aber auch über ein Inhaltsverzeichnis zugänglich. Nebenbei könnt ihr einen Mord aufklären!

Geschichtliche Nachschlagewerke

Direkt als Informationsquelle gedacht sind die verschiedenen Lexikon-CD-ROMs. Dabei ist es vor allen Dingen wichtig zu wissen, wie das Programm zu bedienen ist.

2 *Versucht, die euch bekannten CD-ROMs den drei Gruppen zuzuordnen.*

3 *Erklärt anhand der Abbildung 1, welche verschiedenen Medien in dieser Anwendung angeboten werden.*

– *Klärt diese Begriffe.*

– *Wo seid ihr in eurem Geschichtsunterricht diesen Medien schon einmal begegnet?*

– *Der Bildschirm ist wie ein Karteikartenkasten aufgebaut. Welche Karteikarten gibt es außer „Multimedia" noch? Was bedeuten die Symbole am unteren Bildschirmrand? (Ihr könnt diese Fragen auch am Beispiel von CDs beantworten, mit denen ihr schon gearbeitet habt.)*

Methode: Software als Informationsquelle

Bevor man eine CD-ROM zu einem historischen Thema kauft oder benutzt, sollte man sich überlegen, welche Erwartungen man hat. Vielleicht helfen euch folgende Schritte bei der Überlegung:

1. Schritt
Art der CD-ROM klären

Liegt vor euch
- ein Abenteuerspiel, das zwar in der Vergangenheit spielt, aber eher zur Unterhaltung gedacht ist;
- eine geschichtliche Lern-CD-ROM, mit der ihr in eine andere Zeit versetzt werdet;
- ein Trainingsprogramm (Frage-Antwort-Spiel) oder
- ein Nachschlagewerk?

2. Schritt
Thema eingrenzen

- Geht es um einen bestimmten zeitlichen Abschnitt aus der Geschichte? Wird die Zeit allgemein behandelt oder geht es um einen engeren Themenkreis, z. B. das Leben bestimmter sozialer Gruppen?
- Geht es um wirkliche Ereignisse, die sich weitgehend so zugetragen haben, oder wird eine erfundene Geschichte angeboten?

3. Schritt
Benutzerfreundlichkeit einschätzen

- Ist der CD-ROM eine Anleitung beigefügt, in der die wichtigsten Bedienungsschritte erklärt werden?
- Ist die Startseite übersichtlich? Macht sie euch neugierig?
- Gibt es ein Inhaltsverzeichnis? Ist es verständlich?
- Könnt ihr gleich verstehen, wie die CD-ROM aufgebaut ist? Ist sie z. B. nach bestimmten Themen geordnet oder stellt sie die Ereignisse in einem zeitlichen Zusammenhang dar?
- Ist Vorwissen notwendig?
- Ist die Bedienung des Programms einfach oder kompliziert?
- Könnt ihr gleich erkennen, wo Schaltflächen sind? Oder trefft ihr nur zufällig auf Elemente, bei denen sich etwas verändert?
- Gibt es ein Themenverzeichnis?

4. Schritt
Eigene Eindrücke klären

- Ist die CD-ROM abwechslungsreich gestaltet? (Wechseln Informationen und Rätsel/Spiele ab?)
- Ist die CD-ROM anschaulich und unterhaltsam?
- Welche Elemente kommen in der CD-ROM vor (Bilder, Fotos, Filme, 3D-Video, Toneinspielungen, Textquellen, Statistiken, Animationen, Karten)?
- Sind die Texte verständlich? Könnt ihr sie selbst lesen oder werden sie vorgelesen? Sind sie zu lang, werden sie zu schnell vorgetragen?
- Sind Bild und Ton gut verknüpft oder werdet ihr verwirrt?
- Erfahrt ihr Neues? Bekommt ihr vielleicht sogar zu viele oder zu komplizierte Informationen?
- Werden Fachausdrücke verwendet? Werden diese geklärt? Gibt es ein Wörterbuch, in dem die komplizierten Begriffe gesammelt sind?

5. Schritt
Programmmöglichkeiten untersuchen

- Könnt ihr im Programm stöbern oder müsst ihr euch an einen vorgegebenen Lehrpfad halten?
- Könnt ihr das Programm unterbrechen und später weitermachen?
- Gibt es eine Pausenfunktion?
- Könnt ihr nach vorne oder zurückspulen?
- Könnt ihr in die Handlung eingreifen?
- Sind die Aufgaben lösbar oder habt ihr das Gefühl, diese nicht erfüllen zu können? Wie lange braucht ihr dafür?
- Könnt ihr überprüfen, ob ihr etwas gelernt habt?
- Bekommt ihr Anleitung, wo ihr noch weitere Informationen besorgen könnt?

6. Schritt
Technische Voraussetzungen beurteilen

- Wie ist die Bild-/Tonqualität?
- Kann man Bilder und Texte vergrößern, kann man sie ausdrucken?
- Findet ihr eine Auflistung der Bilder, Texte usw., die auf der CD-ROM enthalten sind?

4 *Untersucht verschiedene CD-ROMs in Gruppenarbeit nach diesen Gesichtspunkten.*

5 *Fallen euch noch andere Punkte ein, die man beim Kauf und bei der Benutzung von geschichtlicher Software beachten muss?*

6 *Verfasst einen Artikel für die Schülerzeitung, in dem ihr eure Ergebnisse vorstellt.*

Die Juden in den Städten

1 **Mehrfach war die Würzburger Judengemeinde im Mittelalter schweren Bedrohungen ausgesetzt. Die Juden – zu erkennen an dem gelben Fleck auf der Kleidung – werden niedergeschlagen, ihre Häuser ausgeraubt.** Kolorierter Holzschnitt, 17. Jahrhundert.

Judenordnungen:
In den so genannten Judenordnungen wurden die Juden unter königlichen Schutz gestellt. Sie besaßen keine volle Rechts- und Handlungsfreiheit wie die Christen und hatten an die königliche Kammer gesonderte Abgaben zu leisten.

Ein am Judenhut zu erkennender Arzt am Krankenbett des heiligen Basilius.

Getto*:
Das aus dem Italienischen stammende Wort bezeichnet allgemein ein abgeschlossenes Wohnviertel. Als Synonym für Judenviertel bürgerte es sich erst allmählich seit dem 16. Jahrhundert ein, nachdem die bedeutende Judengemeinde in Venedig 1516 in das „Getto" genannte Viertel der Stadt umgezogen war. Im deutschsprachigen Raum waren bis ins 20. Jahrhundert die Bezeichnungen „Judenviertel", „Judengasse" oder auch „Städtl" viel gebräuchlicher.

Erst willkommen geheißen …

Die meisten Einwohner der Städte waren Christen. Unter ihnen wohnten aber auch Angehörige anderen Glaubens: die Juden.
Die Juden hatten ihr eigenes Bethaus: die Synagoge. Als Heilige Schrift galt ihnen das Alte Testament. Viele Juden waren gebildeter als die meisten anderen Städter, weil sich die jüdischen Gemeinden eigene Schulen zum Unterricht des Hebräischen und der Thora (die fünf Bücher Mosis) leisteten.
Bei den christlichen Herrschern waren sie hoch angesehen wegen ihrer bedeutenden Rolle im Fernhandel. Im 10. und 11. Jahrhundert, als das christliche Abendland und die muslimischen Staaten sich eher feindlich gegenüberstanden, knüpften jüdische Kaufleute aus dem Deutschen Reich über alle Grenzen hinweg Kontakte zu den jüdischen Gemeinden rund um das Mittelmeer und förderten dadurch den Handel.
Die Juden waren wie alle anderen Bewohner der Stadt Deutsche und besaßen daher ursprünglich auch die gleichen Bürgerrechte und -pflichten. Sie beteiligten sich an der Verteidigung der Städte, trieben Handel, kauften Häuser und kamen mit den Christen im Alltag lange ohne große Zerwürfnisse aus.

… dann isoliert in Gettos …

Frühzeitig aber begann ihre gesellschaftliche Ausgrenzung. Hatten die Juden anfänglich aus religiösen Gründen selbst eine gewisse Abgrenzung gegenüber den Christen betrieben, durften sie in vielen Städten bald nur noch in gesonderten Stadtvierteln leben, den Gettos*. Das Getto war von einer Mauer umgeben. Die Tore wurden von Stadtknechten bewacht und abends verschlossen. Auch wenn die jüdische Bevölkerung zunahm, wurden die Gettos nicht erweitert. So waren sie meist überbevölkert, verbaut, dunkel und schmutzig. Denn die christlichen Eigentümer der Gettohäuser waren nur an der Miete interessiert und ließen die Häuser verkommen.

Q1 Die Juden wurden seit dem 12. Jahrhundert immer weiter vom Marktwesen und vom Zunftgewerbe ausgeschlossen. So bestimmte etwa ein Innungsbrief der Berliner Wollweber 1295:

… Auch verbieten wir, dass jemand den Juden Garn beschaffe. …

Damit sie sofort zu erkennen seien, mussten Juden seit dem 12. Jahrhundert auch eine besondere Kleidung tragen, den Kaftan, einen

weiten Mantel, sowie einen spitzen Hut. Von dieser Zeit an verschlechterte sich auch ihre rechtliche Lage. Juden durften keinen landwirtschaftlichen Besitz und keine Häuser mehr erwerben. Untersagt wurde ihnen seit dem 12. Jahrhundert auch jegliches Handwerk, da die Zünfte nur Christen aufnahmen. Weil sie seit den Kreuzzügen von christlichen Kaufleuten außerdem auch immer mehr aus dem Fernhandel verdrängt wurden, blieb den Juden oft nur noch der Geldverleih gegen Zinsen, der den Christen von der Kirche untersagt war. Vom 12. bis 14. Jahrhundert spielten die Juden daher als Kreditgeber eine wichtige Rolle im Wirtschaftsleben.
Die Berliner Juden besaßen von den Markgrafen die so genannte Judenordnung, ein Sonderbürgerrecht, das ihnen Schutz vor Willkürakten bieten sollte. Als Gegenleistung wurden sie allerdings zu erheblichen Sonderabgaben verpflichtet. Sehr früh schon muss es auf dieser Grundlage auch eine große jüdische Gemeinde in Spandau gegeben haben, worauf aus Funden zwischen 1244 und 1347 datierter Grabsteine zu schließen ist.

1 *Erläutert, aus welchen Gründen die Juden gesellschaftlich zusehends ausgegrenzt wurden.*

... und schließlich verfolgt

Eine Wende im bis dahin einigermaßen friedlichen Miteinander von Juden und Christen hatten bereits die Kreuzzüge gebracht (vgl. S. 272). Der Aufruf zum Kampf gegen die „Ungläubigen im Heiligen Land" wurde von vielen Menschen schon bald umgedeutet in einen Kampf gegen die „Ungläubigen" im eigenen Land. So kam es noch im 11. Jahrhundert in rheinischen Städten zu den ersten blutigen Pogromen* gegen die Juden.
Im 14. Jahrhundert erreichten die Feindseligkeiten gegenüber den Juden einen grausamen Höhepunkt, als man ihnen vielerorts die Schuld an der europäischen Pestepidemie 1348/49 anlastete – so auch in Berlin.
Nicht selten nutzten die Christen solche Verfolgungswellen, um sich am Besitz der Juden zu bereichern. Ein Beispiel: Der Berliner Jude Meyer war in der großen Verfolgungswelle 1347–50 getötet oder vertrieben worden. Seinen Immobilienbesitz in Berlin, ein Haus hinter der Synagoge sowie diverse Mietsbuden für arme jüdische Familien, beschlagnahmte Markgraf Ludwig und verkaufte ihn zu eigenem Nutzen. Während des gleichzeitigen Pogroms in Spandau 1349 wurde der dortige jüdische Friedhof verwüstet. Die Grabsteine verwendete man beim Bau der markgräflichen Burg zu Spandau.

2 **Verbrennung der Juden auf dem Neuen Markt zu Berlin 1511.** Zeitgenössischer Holzschnitt.

Q2 Trotz dieser Pogrome sind die Judengemeinden in Spandau und Berlin damals nicht untergegangen, da die Markgrafen Ludwig und Otto noch 1363 bestimmten:

... Es sollen ferner unsere Juden (in Berlin und Cölln) in den Häusern wohnen und wohnen bleiben und die Ratsmannen sollen sie in unserem Namen schützen und verteidigen wie andere Bürger. ...

2 *Führt aus, warum diese Bestimmung trotz der vorangegangenen Pogrome zum Erhalt der jüdischen Gemeinden in Berlin und Spandau beitrug.*
3 *Informiert euch bei der Jüdischen Gemeinde von Berlin über die mittelalterliche Geschichte der Juden in Berlin.*

Jüdische Grabsteine des 14. Jahrhunderts, die als Baumaterial zur Errichtung der Spandauer Zitadelle verwendet wurden.

Ein jüdischer Geldverleiher.

Der Jüdische Friedhof in Berlin-Weißensee ist einer der größten jüdischen Friedhöfe Europas. Er wurde 1880 eingeweiht. Hier wurden bis heute mehr als 115 000 jüdische Mitbürger beigesetzt.

Pogrom*: *Ausschreitungen gegen nationale oder religiöse Minderheiten.*

Der Kampf um das Stadtregiment

1 **Vertreter der Zünfte betreten die Ratsstube. Im Hintergrund die Patrizier, in der Mitte die Bibel und der Schlüssel für die Truhe mit der Stadtkasse.** Aus dem Zunftehrenbuch der Stadt Augsburg, 16. Jahrhundert.

Wer regiert die Stadt?

Es waren vor allem die kleinen Kaufleute und die in Zünften organisierten Handwerker, die mit ihrem Steueraufkommen den Bau des prächtigen Rathauses und der Kirchen, des Spitals und der hohen Mauern ermöglichten. Wenn es in der Stadt brannte, organisierten sie die Löscharbeiten; im Kriegsfall trugen sie die Hauptlast bei der Verteidigung der Stadt. Vom Stadtregiment aber blieben sie ausgeschlossen.

1368:
Erhebung der Handwerker in Augsburg. Die Zünfte stellten fortan die Mehrheit der Stadträte.

In zahlreichen Städten Deutschlands kam es zu regelrechten Zunftkämpfen mit Toten und Verletzten. In einem Innungsbrief an die Schumacher zu Berlin bestimmten die Ratsmannen 1284, dass über die Aufnahme eines Handwerkers die Zunft nur mit Zustimmung des Stadtrats entscheiden dürfe.

Q1 In den folgenden rund 100 Jahren verkehrten sich die politischen Kräfte dann weitgehend ins Gegenteil, denn 1381 steht in einer Urkunde:

… Wir, die alten und die neuen Ratsmannen … bezeugen … mit Willen und Wissen der Gewerbe und der Bürgergemeinde. …

Die Zünfte erkämpfen sich ihr Recht

Q2 In einer Chronik der Stadt Augsburg heißt es:

… Am 22. Oktober 1368 versammelten sich die Zünfte bewaffnet am Perlachturm. Sie schlossen alle Stadttore und besetzten alle Straßen und Plätze der Stadt. … Sturmglocken riefen in der Frühe des 23. Oktobers die Ratsherren zu einer außerordentlichen Ratssitzung zusammen. Schweigend eilten die Ratsherren durch die Reihen der bewaffneten Handwerker dem Rathaus zu. Dann besetzten Wachen der Zünfte die Rathauspforten und schlossen so die Falle. … Nach stundenlangen Debatten gaben die Ratsherren schließlich nach. … Der Rat übergab als Unterpfand seines Wortes die Hoheitszeichen der Stadtregierung. … Dann schworen Ratsherren und Handwerker eine zünftliche Regierung einzuführen. …

Im brandenburgischen Stendal stellten in dieser Zeit die Zünfte acht Ratsherren, die übrige Bürgerschaft nur noch vier. Weniger erfolgreich waren die Aufständischen in Cölln und

Die Unruhen breiten sich aus

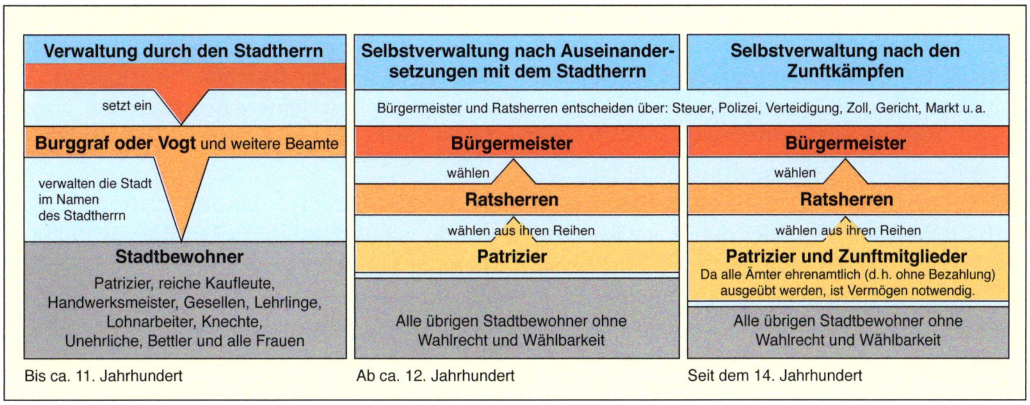

2 **Die Entstehung der städtischen Selbstverwaltung.** Schematische Darstellung.

Berlin. Hier durften die Zünfte zwar zwei bis vier Ratsmitglieder wählen, aber selbst dieser kleine Erfolg hielt nur fünf Jahre an, bis zum Jahr 1351. Dann waren die Patrizier wieder unter sich. Auch in einigen anderen Städten konnten die Patrizier ihre Macht noch länger behaupten, wie z. B. in Stralsund, wo ein Aufstand der Bürger niedergeschlagen wurde.

1 *Erklärt mithilfe der Grafik die Entstehung der städtischen Selbstverwaltung.*

Verlust der städtischen Freiheit

Den schwelenden Gegensatz von Bürgerschaft und Patriziat haben die brandenburgischen Markgrafen, seit 1415 in den Kurfürstenstand erhoben, für sich ausgenutzt.
1442 hob Kurfürst Friedrich II. von Hohenzollern den gemeinsamen Rat der Doppelstadt Berlin-Cölln auf: Er bestätigte zwölf Ratsmannen für Berlin und sechs für Cölln, die gewählte Mitglieder der Zünfte und der gemeinen Bürgerschaft sein sollten. Mit der Aufhebung des gemeinsamen Rathauses auf der Langen Brücke fielen alte Privilegien an den Landesherrn zurück, vor allem Einkünfte aus Gerichtsrechten.
Friedrich II. ließ sich nach weiteren Auseinandersetzungen Land in Cölln zur Errichtung einer festen Residenz übertragen. 1443 legte er selbst den Grundstein für das Cöllner Stadtschloss. Während der Baumaßnahmen kam es noch einmal zum Aufruhr der Berliner gegen den Landesherrn. Dieser „Berliner Unwille" von 1448 wurde aber vom Kurfürsten gewaltsam niedergeschlagen. 1449 konnte der neue Schlosskomplex bezogen werden, und Berlin wurde wider Willen Residenz der Kurfürsten und politisches Zentrum der Mark Brandenburg. Berlin war damit auch die erste Stadt des norddeutschen Raumes, die nach der Phase städtischer Unabhängigkeit wieder in landesherrliche Abhängigkeit zurückfiel.

2 *Begründet, warum sich die Berliner so gegen den Schlossbau gewehrt haben.*
3 *Beschreibt das Berliner Siegel von 1700.*

3 **Rathaus in Frankfurt (Oder).** Foto.

1300–1400:
Die reichen Kaufleute saßen im Stadtrat und regierten über die Städte. Dagegen empörten sich im 14. Jahrhundert in vielen Städten die Handwerker erfolgreich. Sie wollten mitregieren, schließlich zahlten sie auch Steuern.

Das Berliner Stadtsiegel um 1700.

Das Leben in der Stadt

Das Marktkreuz wird aufgestellt
Jeder Markt wurde durch die Kirchenglocken eingeläutet. Das Marktkreuz oder der Roland galt als Zeichen des Marktfriedens und signalisierte, dass es auf dem Markt eine strenge Gewerbeaufsicht gab. Verstöße gegen die Regeln wurden in der Gerichtslaube unter dem Rathaus verhandelt. Die dabei verhängten Geldbußen stellten eine wichtige Einnahmequelle für die Stadtkasse dar. Es gab aber auch andere Strafen: Zänkischen Marktleuten z. B. wurde ein schwerer „Schimpfstein" umgehängt.
Einkünfte hatte die Stadt neben den Gerichtsgebühren auch durch den „Stapelzwang", der jeden stadtfremden Kaufmann dazu verpflichtete, seine Waren für eine bestimmte Zeit in Berlin anzubieten, zu „stapeln", bevor er sie andernorts verkaufte. Dafür musste er außerdem noch Zoll zahlen. Von diesem Zoll waren nur die in Berlin ansässigen Kaufleute befreit.

An den Markttagen hatten neben den Kaufleuten auch andere Anbieter ihre Stände aufgestellt, z. B. die Bader (siehe Abbildung 2). Sie behandelten kleinere Beschwerden, zogen Zähne und schröpften Adern.

Q1 Auch Schreiber fanden sich auf dem Markt (siehe Abbildung 3). Über sie heißt es in einer heutigen Erzählung:
… Weil nur Wenige lesen und schreiben konnten, war der Schreiber am Markttag ein viel besuchter Mann. Bei ihm ließen sich die Leute Briefe oder Verträge, Listen und Abrechnungen schreiben. Als Werkzeuge diente ihm das Tintenhorn, Federn und Messerchen zum Radieren. Man schrieb auf Pergamentblätter, die aus Kalbs- oder Schafhäuten hergestellt waren. …

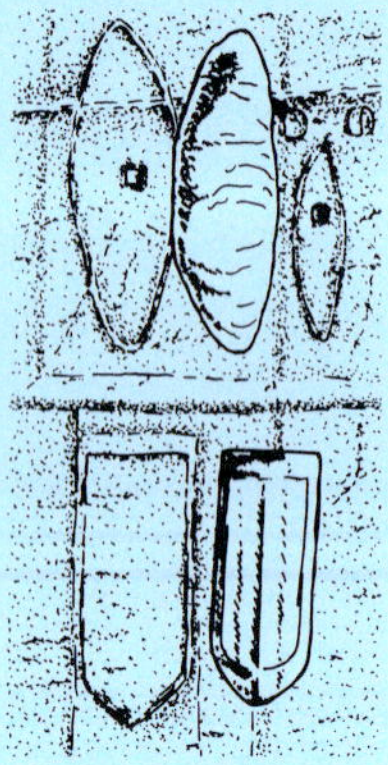

Maß für Brot und Dachziegel am Freiburger Münster.

1364:
Hinrichtung eines Geistlichen, weil er scherzweise eine Berliner Bürgersfrau aufgefordert hatte, mit ihm ins Bad zu gehen.

1380:
Ein Großbrand vernichtet das Berliner Rathaus, fast alle Kirchen und viele Bürgerhäuser. Beschuldigt wird die Familie der „Falken"; Ritter Erich von Falke wird hingerichtet.

1 **Markt in einer mittelalterlichen Stadt.** Rekonstruktionszeichnung nach schriftlichen und archäologischen Quellen von Jörg Müller, Biel, 1994.

Die Stadt als Markt

2 Stand eines Baders auf dem Markt. Rekonstruktionszeichnung nach schriftlichen und archäologischen Quellen von Jörg Müller, Biel, 1994.

1 *Beschreibt den Markttag auf den Abbildungen 1–3.*
2 *Vergleicht anhand des Textes und der Abbildungen einen Markt im Mittelalter mit einem heutigen Wochenmarkt.*

Die Marktordnung

Q2 In einer Rechtsbelehrung der Berliner Richter für die das gleiche Stadtrecht anwendende Stadt Frankfurt (Oder) aus dem Jahr 1253 erfahren wir, wie die Marktangelegenheiten in Berlin und Cölln geregelt waren:

... Falschen Scheffel*, unrechtes Gewicht und unrichtige Elle* verbieten wir, wer aber überführt wird, solcherlei falsches Maß angelegt zu haben, soll ... zur Strafe 36 Schillinge (zahlen). ... Die Bäcker ... sollen ihr Brot an den Markttagen an ihren Ständen ungehindert verkaufen können; aber in der Woche ... dürfen sie es nur in ihrem Haus verkaufen. ... Es soll dem Urteil der Ratsmannen überlassen sein, wer wegen falschen und betrügerischen Kaufs oder Verkaufs verdient hat, auf dem „Schubstuhl"* zu sitzen. In gleicher Weise sollen die Ratsmannen in Betreff der „Schimpfsteine" richten, welche die Weiber für ihre Vergehen zu tragen haben. ...

3 Ein Schreiber auf dem Markt. Rekonstruktionszeichnung nach schriftlichen und archäologischen Quellen von Jörg Müller, Biel, 1994.

3 *Erläutert, welche Bedeutung die Marktregeln für den Marktfrieden hatten. Welchen Zweck hatten Bestrafungen wie der „Schimpfstein" oder der „Schubstuhl"?*

Öffentliche Bestrafung eines Bäckers, der zu kleine Brote gebacken hat. Darstellung auf einer Postkarte um 1900. Betrügerische Bäcker wurden häufig in einen Käfig gesperrt und so lange immer wieder unter Wasser getaucht, bis sie fast zu ertrinken drohten.

Scheffel*:
Ein altes Hohlmaß, in Brandenburg ca. 50 Liter.

Elle*:
Eine alte Längeneinheit, ursprünglich die Länge des Unterarms.

Schubstuhl*:
Pranger- und Folterinstrument.

Wohnungen, Straßen und Gassen

*So genannte **Trippen** wurden als Überschuhe getragen. Die schlechten Straßenverhältnisse erforderten einen wirksamen Schutz gegen Schmutz und Nässe. Die Trippen funktionierten wie kleine Stelzen, mit denen man sauberen und trockenen Fußes durch die üblichen Schmutz- und Wasserlachen auf den matschigen Straßen kam. Von dem etwas unsicheren Gang auf diesen Stelzenschuhen leitet sich das Wort „trippeln" ab.*

1 Eine vornehme und eine einfache mittelalterliche Stadtwohnung. Buchillustration, 1994.

„Entsorgung" im Mittelalter: Ein Nachttopf wird ausgeleert.

Städte aus Holz und Lehm

Nur sehr reiche Händler oder Stadtadlige konnten sich Häuser aus Stein leisten. Das teure Baumaterial verwendete man nur beim Bau der Stadtmauer, für das Rathaus, für Kirchen oder Klöster. Bei allen anderen Bauten handelte es sich um Holz- oder Fachwerkbauten, für die einfachstes Baumaterial verwendet wurde (Holz, Lehm, Sand). Viele Menschen wohnten zur Miete, und die Wohnungen hatten meist nur einen oder zwei Räume. Wer nicht einmal dafür Geld hatte, lebte in Bretterhütten unter den Bögen der Stadtmauer.

1 *Vergleicht die beiden Räume (Abbildung 1). Notiert Unterschiede von Bauweise und Ausstattung. Bedenkt dabei auch, dass das Zimmer der vornehmen Familie nur eines von mehreren war.*

Gestank in Straßen und Gassen

Q1 In einer neuzeitlichen Darstellung über die mittelalterliche Stadt heißt es:

… Wer am Morgen die Stadt betritt, der begegnet sicher zuerst dem Stadtvieh. In den Gassen der Stadt traben die Kühe, ein Schäfer führt mit seinem Hund die Schafherde auf die nahe Höhe. Große Tauben heben sich aus den Gassen, sie sind Lieblinge der Bürger. Noch mehr Mühe machen dem Rat die Borstentiere und ihr Schmutz, denn die Schweine fahren durch die Haustüren in die Häuser und suchen auf dem Weg ihre unsaubere Nahrung. In den Flussarmen, welche durch die Stadt führen, hat das Vieh seine Schwemmen*. Dort brüllt und grunzt es und verengt den Weg für Menschen und Karren. Da fehlt

Schwemme*: *Flache Uferstelle als Badeplatz des Viehs.*

2 **Aussätzige vor der Stadt.** Ausschnitt aus einer französischen Buchillustration (zwischen 1333 und 1350).

auch der Mist nicht. Auf abgelegenen Plätzen lagern große Haufen. Wenn die Stadt sich einmal zu einem Kaiserbesuch oder einer großen Messe schmückt, dann lässt sie, um säuberlich auszusehen, nicht nur die Gehängten vom Galgen nehmen, sondern auch den Dung von Straßen und Plätzen schaffen. …

Q2 Viele Städte erließen daher Vorschriften wie diese:

… Niemand soll Mist oder Kot vor sein Haus legen, wenn er ihn nicht gleich wegfahren will, außer auf den hierzu bestimmten Plätzen, nämlich neben dem Fleischmarkt, ferner neben dem Brunnen auf dem Pferdemarkt und bei dem Platze, welcher Gewirke heißt. … Jeder, der sein Nachtgeschirr auf die Straße entleeren will, muss nach dem Öffnen des Fensters zunächst rufen: Achtung, Wasser! …

2 *Nennt Maßnahmen, mit denen heutzutage die Sauberkeit der Städte und ihrer Abwässer gewährleistet wird.*

Spitäler und Siechenhäuser

Die Unsauberkeit in den engen Straßen begünstigte die Entstehung und Ausbreitung von Krankheiten. In manchen Jahren rafften Seuchen bis zu einem Drittel der Bewohner hinweg. Zur Behandlung der Kranken gab es in allen Städten Spitäler. Die Krankenzimmer waren teilweise äußerst klein, manchmal nur sechs Quadratmeter; häufig mussten sich zwei Kranke ein Bett teilen, und daher war die Ansteckungsgefahr sehr groß. Menschen mit schweren ansteckenden Krankheiten, wie der Lepra, mussten außerhalb der Stadt in den Siechenhäusern wohnen. Ihnen war das Betreten der Städte bei Strafe untersagt. Mit Klappern warnten sie jeden, der sich ihnen näherte.

Die Pest im 14. Jahrhundert

Die Unsauberkeit in den Städten begünstigte auch die rasche Ausbreitung der Pest. Die Pest, die vermutlich durch Kaufleute und Matrosen im Jahr 1347 aus dem Orient nach Italien eingeschleppt worden war, breitete sich innerhalb kürzester Zeit über fast ganz Europa aus. Sie hinterließ verödete Städte und verlassene Dörfer. Fast ein Drittel der europäischen Bevölkerung – so schätzt die heutige Forschung – starb an dieser Seuche, die allein im 14. Jahrhundert noch weitere drei Mal aufloderte.

3 *Überlegt, welche wirtschaftlichen Folgen die Pest hatte. Denkt z. B. an den Handel, das Handwerk und die Landwirtschaft.*

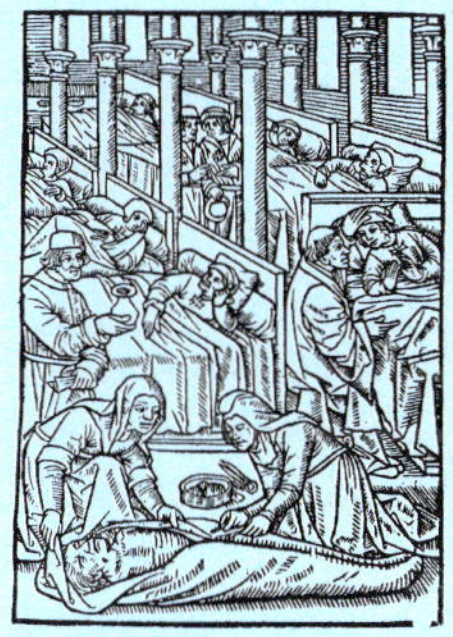

In einem mittelalterlichen Spital. *Holzschnitt, um 1500. Im Vordergrund wird ein Verstorbener in Leichentücher eingenäht, links stellt ein Arzt mithilfe der Harnschau eine Diagnose.*

Methode: Rollenspiel

Warum Rollenspiele?

- Ein Rollenspiel soll deutlich machen, wie Menschen in bestimmten schwierigen Augenblicken denken, fühlen und handeln. Das macht das Spiel lebendig.
- Zu einer wichtigen Frage gibt es oft verschiedene Meinungen. Und: Nicht jeder verhält sich gleich! Da gibt es unterschiedliche Typen: schüchterne und freche, offene und hinterhältige, ehrliche und verlogene, mutige und vorsichtige, witzige und verbissene usw.
- Will man ein aktuelles Problem begreifen oder lösen, kann man den „Ernstfall" proben und erfahren, was einen möglicherweise erwartet, wie man auf andere wirkt und wie man sich am günstigsten verhält.
- Ein Rollenspiel soll kein wissenschaftliches Buch ersetzen. Es darf also „improvisiert" und „ungefähr" bleiben.

Lasst euch nicht abschrecken, wenn Leute sagen, ihr wüsstet gar nicht, wie ein Mensch des Mittelalters gefühlt hat. Genau weiß das nämlich niemand. Es genügt, wenn ihr euch – so gut es geht – in die Lage der damaligen Menschen versetzt. Ob dieser Versuch auch geschichtlich einigermaßen stimmt, könnt ihr dann im Unterricht besprechen.

Und so gehts ...

1. Schritt
Auf Situationskarten die Ausgangslage beschreiben

Auf der „Situationskarte" wird beschrieben, was los ist. Die Karte wird zunächst nur den „Spielern" mitgegeben.

- Was soll im Spiel „geklärt" werden? Gibt es ein Problem?
- Wer ist beteiligt? Was wollen die Einzelnen erreichen? Wie sollen sie sich verhalten?
- Wo findet das Ganze statt?
- Soll eine Lösung gesucht werden oder ist sie schon bekannt?

2. Schritt
Rollen verteilen

Auf den „Rollenkarten" wird die spielende Person genau beschrieben: Beruf oder Funktion, Alter, Charakter, Art des Auftretens, Absichten usw.

- Rollen sollten freiwillig übernommen werden. Alle Rollen können von Mädchen oder Jungen gespielt werden, gleichgültig, ob Frauen oder Männer darzustellen sind.
- Wichtig: Die „Schauspieler" dürfen zwar frei gestalten, müssen sich aber mindestens an das „Drehbuch" (Rollenkarte) halten. Die „Zuschauer" müssen daran denken, dass sie jemanden, der eine unsympathische Rolle spielt, am Ende nicht auch so finden.

Es sollen – so gut das geht – die Rollen, nicht der eigene Charakter gespielt werden.

3. Schritt
Rollenspiel kurz vorbereiten

Da keine große „Theateraufführung" geplant ist, kann alles schnell und einfach angedeutet werden.

- Meist genügt es, ein paar Tische zu verrücken und den Spielern ein Schild mit der Rollenbezeichnung umzuhängen.
- Die Spieler besprechen (untereinander) kurz:
  - die Lage („Situationskarte") und
  - die Rollen („Rollenkarten").

Ist alles verstanden, beginnen sie auf ein Zeichen mit dem Spiel.

4. Schritt
Spielen und Spiel beobachten

Wenn ihr wollt, könnt ihr Spielbeobachter einsetzen – am besten gleich je zwei bis drei Beobachter für eine Rolle:

- Welche Argumente wurden während des Spiels genannt?
- Welche Rolle spielen die Einzelnen?
- Wie wird die Rolle gespielt?

Methode: Rollenspiel

5. Schritt
Spiel auswerten und besprechen

Die Zuschauer sagen anschließend, was sie gesehen und verstanden haben:
- Worum ging es?
- Welche Rollen spielten die Einzelnen, wie verhielten sie sich?
- Wie entwickelte sich die Handlung?
- Wenn nötig, überprüfen: Stimmte das mit der „Rollenkarte" überein?
- Was hat gut gefallen? (Loben hilft mehr als meckern!)

Die „Spieler" erklären,
- wie sie sich beim Spiel gefühlt haben und
- ob sie von den Zuschauern richtig verstanden wurden.

Abschließende gemeinsame Runde:
- Welche Fragen sind entstanden?
- Wie war/ist die Wirklichkeit?
- Soll nochmal gespielt werden? (Andere Schüler/innen, andere Rollen, anderer Verlauf, anderes Ende?)

Situationskarte
1. Im Ratskeller haben sich unzufriedene Bürger versammelt. Sie sind wütend, weil sie ihre eigenen Angelegenheiten noch immer nicht selbst regeln dürfen. Sie warten auf den Vertreter des Stadtherrn; dem wollen sie ihre Forderungen nach Selbstverwaltung vortragen.
2. Als er eintrifft, gibt es eine erregte Diskussion.
3. Wenig später mischt sich ein Schreinergeselle ein. Gegen ihn wenden sich jetzt alle: Mitreden soll nur, wer einer Zunft oder Gilde angehört.
4. Kann eine Lösung gefunden werden?

Rollenkarte 1
Gerhard Rink, Kaufmann, 45 Jahre; würdevoll; auf Ausgleich bedacht; einer der reichsten Leute in der Stadt; Mitglied und Sprecher der Gilde „Eisenmarkt"
- Einstellung: Streit und Kampf bringen nichts.
- Ziel: Jeder, der Steuern zahlt, soll auch „mitregieren".

Rollenkarte 2
Hannes, Weber, 18 Jahre; aufbrausend, gewaltbereit, radikal
- Einstellung: hat „die Schnauze voll" vom dauernden Reden.
- Ziel: Will, dass sich das Stadtregiment ändert, auch wenn das Blut der Adligen und Reichen dafür fließen müsste.
- „Wer den Reichtum der Stadt erarbeitet, soll auch entscheiden dürfen. Die andern müssen weg!"

Rollenkarte 3
Griet van Berchem, Seidenmachermeisterin, 27 Jahre; kluge, ruhige Frau
- Einstellung: Probleme löst man am besten durch Absprachen – ohne Streit und Gewalt.
- Ziel: Will, dass die Zunftmeister in Zukunft die Stadt regieren.

Rollenkarte 4
Sebastian von Spiegel, adliger Grund- und Hausbesitzer, 64 Jahre; arrogant; eingebildet
- Einstellung: „Meine Familie gab es schon, da wusste man von euch anderen noch nichts …"
- Ziel: Will mit wenigen adligen Familien die Stadt regieren. Der Stadtherr soll sich nicht einmischen – aber erst recht nicht irgendwelche „Zunft-Heinis"!

Rollenkarte 5
Hubert von Nettersheim, adliger „Greve", das heißt: Vertreter des Stadtherrn, 45 Jahre; machtbewusst; herablassend
- Einstellung: versteht gar nicht, was die Leute alle wollen; der Stadtherr ist im Recht; seine Macht braucht er nicht zu teilen. Mitbestimmung für Kaufleute und Handwerker findet er eine Zumutung.
- Ziel: Ordnung schaffen! „Wer sich nicht fügt, findet sich vor Gericht oder im Gefängnis wieder!"

Rollenkarte 6
Tilmann, Schreinergeselle, 15 Jahre; lässig, macht sich lustig über alle Anwesenden; nur der Grundherr Spiegel macht ihn superwütend
- Einstellung /Ziel:
1. Alle sollen mitbestimmen; vor allem die vielen kleinen Leute, nicht nur die Reichen oder die Zunftmitglieder.
2. findet Griet zu lahm („… kriechst denen in den Hintern, nur weil sie dich als Frau mitmachen lassen …")
3. Typen wie Spiegel möchte er verprügeln („Halsabschneider", „Leuteschinder").

Schulen und Universitäten entstehen in den Städten

Darstellung des Lesenlernens. Holzschnitt, um 1480.

Schulgeräte:

Tintenfass

Griffel mit Griffelbehälter und Rechenpfennige

Schreibtafeln

Schandesel

1 Inneres einer Schule. Holzschnitt, 1519.

Der König kann nicht lesen

Lesen und Schreiben – das kann heute jedes Kind. Im Mittelalter war dies anders: Weder die Bauern auf dem Land, noch die Bürger in den Städten sahen darin einen Sinn, waren doch selbst Adlige und Könige in der Regel Analphabeten. Noch weniger erwartet wurde diese Fähigkeit von Frauen.

Q1 Ein Wissenschaftler schreibt:

... Um sich als Frau Ansehen zu verschaffen, war zu dieser Zeit Lesen und Schreiben nicht unbedingt nötig. Dies gilt vor allem für die Frau auf dem Land. Es gab andere Möglichkeiten, sich Ansehen zu verschaffen: Getreide musste zu Mehl, Fladen und Brot verarbeitet werden, Bier musste man sieden, die Viehhaltung war wichtig, Milch musste zu Butter, Käse und Quark verarbeitet werden, spinnen und weben musste man können. ...

Die Handwerkerfrau war angesehen, wenn es im Laden und in der Werkstatt klappte. Was hatte man schon davon, in der Bibel lesen zu können; das meiste wusste man ohnehin auswendig und hörte es täglich in der Kirche.

1 *Überlegt, welche Konsequenzen es für die Menschen hatte, weder lesen noch schreiben zu können.*

Nonnen und Mönche unterrichten in den Klosterschulen

Lesen und Schreiben – so sagte man damals – sei eine Pfaffen- und Weiberkunst.

Tatsächlich waren es in erster Linie Priester, Mönche und Nonnen, die in den Klosterschulen Unterricht erhielten (s. auch S. 269). An erster Stelle stand „Religion", d.h., die Klosterschüler und -schülerinnen lernten die Bibel kennen, Kirchenlieder und -gebete. Weitere Fächer waren: Lesen, Schreiben, Singen und etwas Latein. Außerdem beschäftigte man sich mit dem Leben der Heiligen und erwarb so auch Grundkenntnisse in Geschichte, Geographie und Völkerkunde.

Insbesondere Nonnen lernten außerdem, Krankheiten aller Art zu behandeln. Berühmt wegen ihrer Arzneikenntnisse war z.B. Hildegard von Bingen (s. S. 266), deren Bücher gerade heute wieder sehr viel gelesen werden.

In der Schule herrschte eine strenge Disziplin mit harten Bestrafungen. Zu den üblichen Schulstrafen zählten: Ohrfeigen, Stockschläge, Schulpranger, Karzer (Arrest), Knien auf harten Erbsen, Sitzen auf der Strafbank. Daneben gab es den „Eselskopf", den ein Schüler tragen musste, wenn er seine Hausaufgaben nicht gemacht hatte.

2 *Derartige Schulstrafen sind heute verboten. Nennt mögliche Gründe für das Verbot.*

Schulen und Universitäten entstehen in den Städten

2 Das graue Kloster um 1830. Das vor 1250 gegründete Franziskanerkloster war eine der ältesten Schulen Berlins. Das damalige Schulgebäude ist der gedrungen wuchtige Bau links von der Klosterkirche. An dieser Stelle stand auch schon der Vorgängerbau der Schule. Stahlstich, um 1830.

Stadtschulen für Mädchen und Jungen

Seit dem 13. Jahrhundert förderte der Stadtrat vor allem in den Handelsstädten die Gründung neuer Schulen; allein in der Mark Brandenburg waren es über achtzig. Die Kinder von Kaufleuten und Handwerkern lernten hier in deutscher Sprache das Briefeschreiben, das Verfassen von Urkunden und Verträgen, die Buchführung und das Rechnen. In manchen Schulen lernte man auch Latein, da man sich in dieser Sprache überall in Europa verständigen konnte.

Q2 Mit dem Aushang eines Schildes warben der Schulmeister oder die „Lehrfrau" für den Besuch ihrer Schulen. Sie brachten dann eine Tafel an, auf der z. B. zu lesen war:

… Alle, die gern lernen möchten, Deutsch zu schreiben oder zu lesen, die eine Rechnung ausstellen oder sie lesen können müssen, Alt und Jung, Bürger und Handwerksgesellen, Frauen und Jungfrauen, mögen hier hereinkommen …

Die Schule begann morgens um 5 Uhr oder 6 Uhr und dauerte bis nachmittags gegen 16 Uhr. Ferien gab es keine. Auch Sonn- und Feiertage brachten keine Freizeit, weil die Schüler bei Gottesdiensten, Hochzeiten und Beerdigungen singen mussten. Schulmeister und Lehrfrauen lebten von dem Schulgeld, das jeder zahlen musste. Erst eine größere Zahl von Kindern sicherte ihnen ein ausreichendes Einkommen.

Im Berliner Raum stammt die früheste Quelle hierüber aus dem Jahr 1299: Markgraf Hermann von Brandenburg wies damals seine Beamten an, solche Bürger umgehend zu pfänden, die ihre Kinder im Benediktinerinnenkloster zu Spandau unterrichten ließen, ohne die Schulgebühren rechtzeitig zu bezahlen.

3 *Erklärt den Zusammenhang zwischen dem zunehmenden Handel und der Gründung von Stadtschulen.*

4 *Erläutert, warum heute der Schulbesuch kostenlos ist und oft auch die Schulbücher von den Schulen kostenlos zur Verfügung gestellt werden.*

Die Universitäten

In den großen Städten entwickelten sich – zumeist aus den Domschulen – Universitäten. Die berühmteste Universität war im 13. Jahrhundert Paris. Studenten und Professoren kamen aus ganz Europa, um hier Philosophie, Recht, Medizin und vor allem Theologie zu studieren. Im deutschsprachigen Raum gehörten die Universitäten in Erfurt, Leipzig und Greifswald zu den ersten Hochschulen.

Gründungsdaten der Universitäten im deutschsprachigen Raum:

Prag	*1348*
Wien	*1365*
Heidelberg	*1368*
Erfurt	*1392*
Leipzig	*1409*
Rostock	*1419*
Greifswald	*1456*
Freiburg	*1457*
Ingolstadt	*1472*
München	*1472*
Trier	*1473*
Tübingen	*1477*
Mainz	*1477*
Wittenberg	*1502*
Frankfurt/O.	*1506*
Marburg	*1527*
Jena	*1558*
Helmstedt	*1576*
Würzburg	*1582*
Herborn	*1584*
Graz	*1585*
Berlin	*1810*

Fernhandel und Städtebünde

Transportarten im Mittelalter:

Wandernde Händler. Zeichnung nach einem Holzschnitt.

1 **Die überschwemmte Landstraße.** Gemälde von Jan Breughel dem Älteren, 1614.

Handelswege im Mittelalter

Die Bewohner der mittelalterlichen Städte mussten ständig mit frischen Lebensmitteln versorgt werden. Die Handwerker benötigten außerdem zahlreiche Rohstoffe. Viele Waren wurden von weithergebracht. Tag für Tag rollten die Planwagen der Fernhandelskaufleute durch die Stadttore. Sie brachten Getreide, Mehl, Fisch, Wein, Salz und Honig, aber auch Tuche, Pelze, Leder, Farbstoffe, Eisen, Zinn usw.

Der Warentransport über weite Strecken bereitete den Kaufleuten große Schwierigkeiten. Die „Fernverkehrsstraßen" waren meist in schlechtem Zustand; es handelte sich häufig um holprige, unbefestigte Wege, die bei Regen oder im Winter kaum passierbar waren. Die von mehreren Pferden gezogenen Lastkarren blieben nicht selten mit Achsenbruch liegen, stürzten um oder versanken im Morast. Gefährlicher für die Kaufleute als diese natürlichen Hindernisse waren Wegelagerer und Raubritter. Ständig mussten sie damit rechnen, durch Raubüberfälle ihr Hab und Gut, wenn nicht sogar das Leben zu verlieren. Die Landesherren beauftragten oft regionale Adlige mit dem Schutz der Straßen, die dafür von den Marktstädten Schutzgelder einziehen durften, sich aber nicht selten selbst als Raubritter erwiesen. So schlossen sich schon im 12. Jahrhundert Kaufleute aus verschiedenen Städten zu Fahrtgenossenschaften, so genannten Hansen (= Schar), zusammen.

In großen Geleitzügen, von Söldnern gegen Überfälle und Plünderungen geschützt, wurden die Waren jetzt zu ihren Bestimmungsorten gebracht. Im 13. Jahrhundert, als die Macht der Könige in Deutschland sehr geschwächt war, kleinere Herren überall neue Zollstellen errichteten und die Überfälle immer mehr zunahmen, kam es zur Bildung von verschiedenen Städtebünden, die jetzt den Schutz der Transporte übernahmen.

1 *Schreibt mithilfe von Text und Abbildung eine kleine Geschichte: „Bauern und Händler auf dem Weg zur Stadt".*

Die Hanse beherrscht Nordeuropa

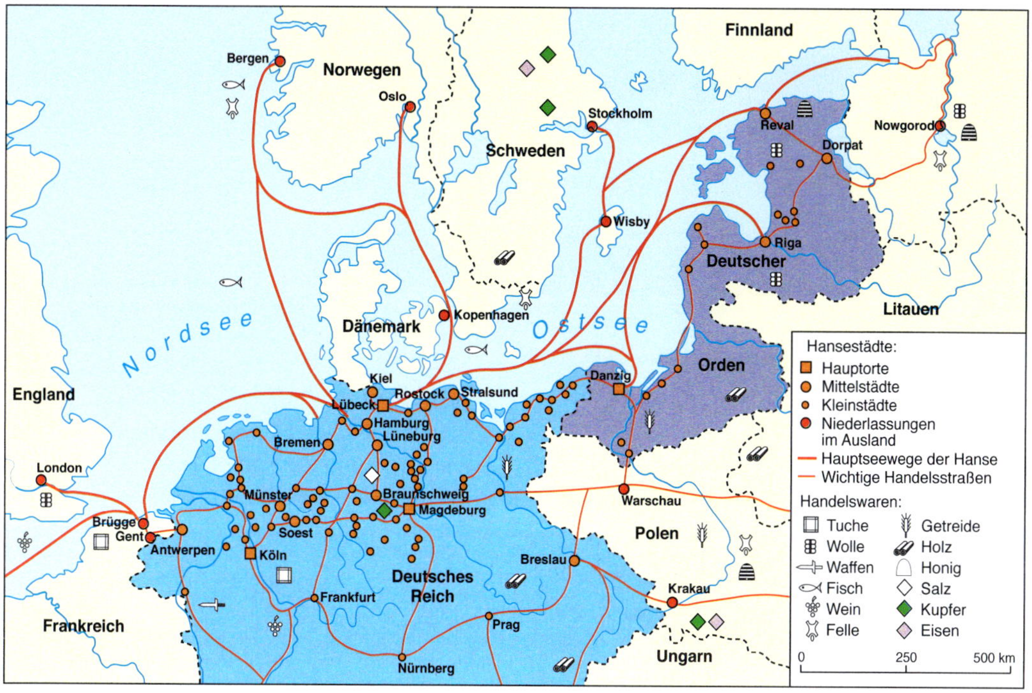

2 Das Wirtschaftsgebiet der Hanse um 1400.

Aufstieg und Niedergang der Hanse

Kaufleute, die die Nord- und Ostsee befuhren, hatten sich im 12. Jahrhundert in verschiedenen Hansen zusammengefunden.

In wichtigen Handelsstädten im Ausland unterhielten sie eigene Häuser, hatten eine eigene Kirche und besaßen gemeinsame Lagerräume für ihre Waren. Im Jahr 1356 schlossen sich die Städte dieser Hansen zum Städtebund der deutschen Hanse unter der Führung Lübecks zusammen. Lübeck war schon im 13. Jahrhundert der wichtigste Umschlagplatz für den Ost West Handel.

In Lübeck und in anderen Hansestädten fanden seit 1356 in unregelmäßigen Abständen die Hansetage – die Versammlungen der Hansestädte – statt. Hier wurden Streitigkeiten zwischen Hansestädten beigelegt, Verhandlungen mit ausländischen Staaten und Herrschern geführt, über Aufnahme und Ausschluss von Mitgliedern beraten sowie über Krieg und Frieden entschieden.

Denn die Hanse, die noch im 14. Jahrhundert fast 170 Städte umfasste, war nicht nur eine wirtschaftliche, sondern auch eine politische Macht. Wie mächtig diese tatsächlich war, mag ein Beispiel zeigen: Als Waldemar IV., König von Dänemark (1340–1375), die Handelsvorrechte der Hanse in Dänemark aufhob und die Hansestadt Wisby überfiel, erklärte ihm die Hanse den Krieg (1361–1370). Nach der Eroberung von Kopenhagen gab sich Waldemar geschlagen. Im Frieden von Stralsund (1370) wurde festgelegt, dass ohne Zustimmung der Hanse kein dänischer König gewählt werden durfte.

Doch um die Mitte des 15. Jahrhunderts begann der Niedergang der Hanse. Die stärker gewordenen Staaten Dänemark und Schweden, schließlich auch die Niederlande und Russland hoben die Vorrechte der Hanse auf. Durch die Entdeckung Amerikas verlagerte sich der Handel jetzt zum Atlantik. An dem letzten Hansetag im Jahr 1669 nahmen nur noch Lübeck, Hamburg und Bremen teil.

2 *Stellt mithilfe der Karte fest, welche heutigen Staaten zum einstigen Wirtschaftsraum der Hanse gehörten.*

1359:
Berlin und Cölln werden Hansestädte.

Berühmt gewordener Hansespruch:
Lübeck – ein Kaufhaus
Köln – ein Tuchhaus
Rostock – ein Holzhaus
Danzig – ein Kornhaus
Hamburg – ein Brauhaus
Braunschweig – ein Zeughaus
Lüneburg – ein Salzhaus
Magdeburg – ein Backhaus
Stettin – ein Fischhaus

***Hanseschiff** um 1500. Die Kogge war das Handels- und Kriegsschiff der Hanse. Sie war 23 m lang, 7 m breit und erheblich größer und schneller als die bis dahin gebräuchlichen Schiffe. Das Beladen einer Kogge – sie konnte bis zu 200 Tonnen Fracht aufnehmen – dauerte zwei bis drei Wochen.*

Das Rittertum entsteht

Helme *aus zwei Jahrhunderten:*

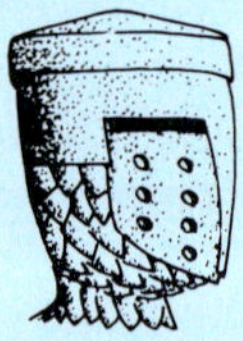

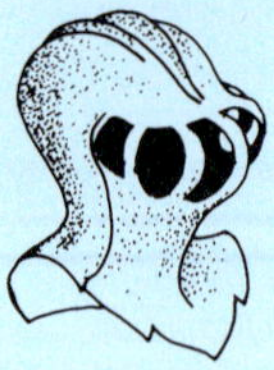

Ritterrüstung. *Ende 15. Jahrhundert.*

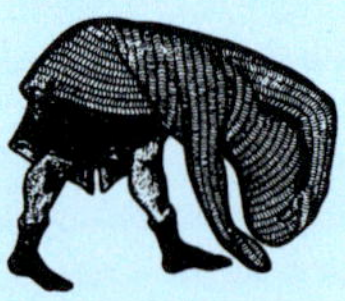

Ein Ritter legt sein Kettenhemd ab. Darunter erscheint ein Hemd aus dickem Stoff, das den Druck des Eisengeflechts abpolstert. Buchmalerei, um 1300.

1 **Darstellung am Züricher Großmünster.** Um 1000.

2 **Ritter mit Pferd.** Farblithographie, um 1880.

Die fränkischen Panzerreiter

Ritter, also Reiterkrieger, gab es im christlichen Abendland erst seit dem 8. Jahrhundert. Die Germanen der Völkerwanderungszeit hatten noch zu Fuß gekämpft. Bewaffnet waren sie mit Kurzschwert und Schild. In Friedenszeiten waren die germanischen Krieger Bauern.

Als die Araber ab 632 die neue Religion des Islam mit militärischer Gewalt verbreiteten, eroberten sie Nordafrika und setzten 711 nach Spanien über. Dort zerschlugen sie das Reich der Westgoten, überschritten im Jahr 732 die Pyrenäen und fielen in das Reich der Franken ein. Die Franken setzten sich zur Wehr, indem sie ein berittenes Heer aufstellten. Außerdem schützten sich die fränkischen Krieger vor Pfeilen und Schwerthieben durch eine Panzerrüstung. Ende Oktober 732 wurden die Araber von diesen fränkischen Reiterkriegern in den Schlachten von Tours und Poitiers besiegt. Damit war das Vordringen der Araber nach Europa gestoppt.

1 *Vergleicht die Darstellungen der Krieger auf dieser Doppelseite. Nennt Veränderungen der Bewaffnung und der Kampfweise.*

2 *Nennt den Anlass für das Entstehen eines Reiterheeres im Frankenreich.*

Die Rüstung eines Ritters

Kein Ritter trug ständig seine Rüstung. Dazu war sie zu schwer und unbequem. Eine Ketten- oder Maschenrüstung wog schon 20 kg.

Nach Einführung der Armbrust mit ihrer höheren Durchschlagskraft führte man den Plattenpanzer (s. Abbildung 3, Randspalte) aus Stahl ein. Er wog bis 50 kg. Zwei Knappen waren nötig, um den Ritter zu rüsten. Fiel er im Kampf vom Pferd, war er recht hilflos. Half ihm sein Knappe nicht rechtzeitig auf die Füße, konnte er leicht besiegt werden. Über der Rüstung trug der Ritter noch einen ärmellosen Waffenrock, der die leicht rostende Rüstung vor Feuchtigkeit schützen sollte und bei starkem Sonnenschein das Aufheizen der Rüstung milderte. Die Ausrüstung der fränkischen Krieger war teuer. Ein Reitpferd hatte den Wert von acht Ochsen, eine Panzerrüstung entsprach dem Wert eines mittleren Bauernhofs. Außerdem setzte die teure Ausrüstung ständige Waffenübung und dauernde Kriegsbereitschaft voraus. Die Reiterkrieger mussten ihr „Handwerk" berufsmäßig betreiben. Man nannte sie Ritter. Dies war aber zunächst nur ein Berufsstand. Ritter konnte jeder sein, der ein Pferd und eine Rüstung besaß.

Das Aufkommen der Fern- und Feuerwaffen im 17. Jahrhundert machte die Ritter bedeutungslos. Die Rüstung bot keinen Schutz

Der Aufstieg der Ritter

3 **Kreuzfahrer töten Muslime.** Christliche Miniatur, 1287.

mehr, und sie wurde nur noch bei festlichen Anlässen getragen oder als Prunkstück auf Gemälden dargestellt.

3 *Seht euch die Abbildungen an. Beschreibt die Ausrüstung eines Ritters.*

Ein neuer Stand entsteht

Da ein Berufskrieger sich nicht um seinen Lebensunterhalt kümmern konnte, musste er begütert sein. Etwa 150 Hektar mit seinen landwirtschaftlichen Erträgen waren nötig, um Ausrüstung und Lebensunterhalt eines Ritters zu finanzieren. Nur Adlige waren deshalb in der Lage, diesen Beruf auszuüben. Sie verfügten über ererbten Grundbesitz. Für ihre Dienste als Reiterkrieger erhielten die Adligen vom König außerdem noch weiteren Grund und Boden als Lehen.

Diese Lehen wurden bereits unter Karl dem Großen zu Eigentum. Deshalb sahen viele Adlige nicht mehr ein, warum sie überhaupt für den König Kriegsdienst leisten sollten. Lieber wollten sie ihren Besitz und Reichtum genießen, als sich den Gefahren von Kriegen auszusetzen. So weigerten sie sich, ihren Kriegsdienst zu leisten.

Um trotzdem genügend Reiterkrieger zur Verfügung zu haben, wurden auch Nichtadlige mit Lehen bedacht. Diese so genannten Ministerialen* wurden Verwalter auf Burgen und waren sogar Heerführer. In ihrer gesamten Lebensweise glichen sie sich bald dem Adel an. So verschwanden die alten Unterschiede zwischen den Adligen von Geburt und den nichtadligen Reiterkriegern sehr schnell. Zusammen bildeten sie einen neuen Stand: den Ritterstand. Im Verlauf des 12. Jahrhunderts schloss sich der Ritterstand endgültig nach unten hin ab. Ritter wurde nur noch der, dessen Vater bereits Ritter war.

Mit dem Aufstieg des Ritterstands sank zugleich die Bedeutung der Bauern als Krieger. Damit verschlechterte sich auch die Stellung und das gesamte Ansehen des Bauernstands in der mittelalterlichen Gesellschaft.

4 *Vermutet, warum seit dem 12. Jahrhundert nicht mehr jeder Ritter werden konnte.*

Ministeriale*:
Im Mittelalter Angehöriger des niederen Adels. Er verrichtete Hof- und Kriegsdienste.

Die Ausbildung zum Ritter

1 **Page beim Tischdienst.**

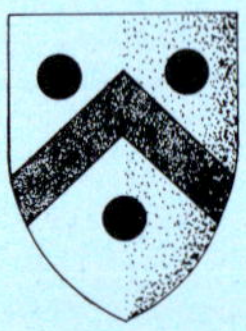

Wappen: *Wappenzeichen auf den Schilden halfen den Rittern, sich zu orientieren, wenn sie mit geschlossenen Visieren kämpften. Heiratete ein Ritter, so wurden die Wappen beider Familien auf dem Schild abgebildet. Heirateten die Nachkommen, wurde das Wappen viergeteilt usw.*

Was musste ein Ritter können?

Q1 In einer Schrift aus dem 14. Jahrhundert heißt es über die Anforderungen an einen Ritter:

... Zu einem vollkommenen Ritter gehört, dass er gut reiten, schnell auf- und absitzen, gut traben, rennen und wenden kann. Zum Zweiten muss er schwimmen, im Wasser tauchen und sich vom Rücken auf den Bauch und vom Bauch auf den Rücken drehen können. Zum Dritten muss er mit Armbrust und Bogen schießen können: Davon hat er bei Fürsten und Herzögen wohl Nutzen. Zum Vierten muss er auf Leitern klettern können, wenn es nötig ist, wie etwa im Kriege, auch an Stangen und Seilen. Zum Fünften muss er wohl turnieren können, streiten und stechen und recht und redlich im Zweikampf bestehen. Zum Sechsten muss er zu Abwehr und Angriff ringen können, auch weit springen und mit der Linken ebenso gut fechten wie mit der Rechten. Zum Siebten muss er bei Tische aufwarten können, tanzen und hofieren, auch Schach zu spielen verstehen und alles, was ihm zur Zierde gereicht. ...

1 *Erstellt eine Liste der Fertigkeiten, die von einem Ritter erwartet wurden.*

2 *Sprecht darüber, bei welchen Gelegenheiten der Ritter diese Fertigkeiten brauchte.*

Die Ausbildung zum Ritter

Die Erziehung zum Ritter begann mit dem siebten Lebensjahr. Der Junge wurde an den Hof eines anderen Ritters gegeben. Dort lernte er als Page zunächst höfisches Benehmen, d. h. ein Betragen, wie es an einem Adels- oder Königshof üblich war, vor allem das Benehmen bei Tisch.

Q2 In einer Anweisung aus dem Jahre 1250 heißt es:

... Man schmatzt und rülpst auch nicht und schnäuzt nicht in das Tischtuch. Ein Edelmann isst nicht mit einem anderen zusammen vom gleichen Löffel ... Es ist bäuerliche Sitte, mit angebissenem Brot wieder in die Schüssel einzutunken. Aus der Schüssel trinkt man nicht wie ein Schwein. Wird einem das Trinkgefäß gereicht, soll man sich den Mund abwischen und nicht in den Trunk blasen und nicht zu viel heraustrinken. ...

Der Ritterschlag

Um Schreiben und Lesen musste sich ein zukünftiger Ritter nicht kümmern. Jagd und Waffenhandwerk bestimmten die Ausbildung. Mit 14 Jahren erhielt der Page ein Schwert. Als Knappe trug er nun Speer und Schild des Lehrmeisters und bediente ihn beim Essen.

Mit 21 Jahren wurde der Knappe zum Ritter geschlagen. Die Nacht davor verbrachte er mit Gebeten in der Kapelle, bevor ihn andere Knappen in die Messe führten. Hier empfing er nach dem Rittergelübde sein Schwert, das der Priester zuvor gesegnet hatte.

3 *Diskutiert darüber, warum man Regeln für Tischsitten festlegte.*

Höfisches Leben und höfische Kultur

2 **Ein Ritterturnier***. Buchmalerei für den Herzog von Burgund, um 1470.

Ritter im Turnier

4 *Seht euch Abbildung 2 an und benennt die Personengruppen, die beim Turnier anwesend sind.*

Nach dem Ritterschlag durfte der junge Ritter erstmals als Kämpfer an einem Turnier teilnehmen. Als Berufskrieger musste er sich ständig in der Beherrschung seiner Waffen üben. Bei diesem ursprünglich rein militärischen Charakter blieb es aber nicht. Die Turniere entwickelten sich zu prächtigen Festen der ritterlich-höfischen Gesellschaft. Siege im Turnier galten als ebenso ehrenhaft wie Siege im Krieg. Jeder Ritter kämpfte im Namen einer Dame, der er den Dienst der hohen Minne* erweisen wollte. Der Turnierplatz war durch Schranken abgetrennt. Dahinter drängten sich die Zuschauer. Vornehme und edle Damen saßen auf einer Tribüne.

Beim Zweikampf kam es darauf an, dass der gepanzerte Ritter beim Aufeinandertreffen im schärfsten Galopp seinen Gegner mit der 3,70 Meter langen Stechlanze aus dem Sattel hob. Der Sieger erhielt aus der Hand einer Dame den Siegespreis. Der in den Sand gestoßene Gegner verlor oft Pferd und Rüstung an den Sieger. Manch armer Ritter erkämpfte sich dabei ein wertvolles Pferd und eine moderne Rüstung.

Nach den Einzelkämpfen begannen die Gruppenkämpfe. Scharen von Rittern stürmten aufeinander los.

Q3 … Man gab den Rossen die Sporen, zu kräftigem Stoß sprengten die Ritter aufeinander los. Mann und Ross sah man stürzen. Mächtig krachten die Speere, heftig stießen die Schilde aneinander, davon schwollen die Knie. Beulen und Wunden von den Speeren gab es genug, die Panzerringe bereiteten Schmerzen, und manches Glied war verrenkt. Das Turnier war wirklich gut. Man verstach viele große Speere, und wer durch sie zu Boden gefällt wurde, der litt viel Schmerz durch Tritte. …

Nicht immer ging es mit Beulen und Wunden ab. Aus Listen, die uns überliefert sind, wissen wir, dass zahlreiche Adlige bei Turnieren getötet wurden. Für die einfachen Ritter, mithin die große Mehrheit der Turnierkämpfer, besitzen wir keine genauen Zahlen, da die Chroniken nur über Hochgestellte berichten. Doch vereinzelte Angaben zeigen, wie hoch die Gesamtverluste bei einem Turnier sein konnten. So blieben 1241 bei einem Turnier in Neuss bei Köln 60 Ritter tot auf dem Platz.

5 *Ein Knappe begleitet seinen Herrn zum ersten Mal zu einem Turnier. Nach Hause zurückgekehrt berichtet er davon. Überlegt, was der Knappe erzählt haben könnte. Berichtet auch, was die Zuschauer und der Ritter gesagt oder empfunden haben könnten.*

6 *Findet heraus, welche Eigenschaften heute mit dem Begriff „Ritterlichkeit" gemeint sind.*

Ritterturnier*:
Es gab drei unterschiedliche Formen des Turniers:
– der Buhurt, ein Massenkampf zwischen zwei gleich großen Heerhaufen;
– der Tjost, ein Zweikampf, bei dem die Gegner nach mehreren Runden den Kampf zu Fuß und mit dem Schwert fortsetzen mussten;
– der Turnei, der Kampf zwischen zwei Gruppen mit stumpfen Lanzen; Sieger war die Partei, die die meisten Gegner aus dem Sattel werfen konnte.

Die höfische Minne*:
Die Verehrung eines Ritters gegenüber einer höher gestellten Dame – ohne Aussicht auf Erfüllung – wurde Minne genannt und unterlag strengen Regeln. Die hohe Minne hatte mit unserem Liebesbegriff wenig zu tun und körperliche Liebe war gar nicht erlaubt. Der Ritter verhielt sich seiner Dame gegenüber vorbildlich und warb um sie. Durch seine Anstrengungen, ihrer würdig zu sein, erhöhte er gleichzeitig ihr gesellschaftliches Ansehen. Für das Entstehen höfischer Formen und gesellschaftlicher Regeln war die Minne damit ein entscheidender Faktor. Unsere Vorstellungen von höflichem Verhalten und von Ritterlichkeit haben hier ihren Ursprung.

Das Leben auf der Burg

Wartburg*:
Der Sage nach wurde die Burganlage 1067 von Graf Ludwig dem Springer gegründet. Er soll beim Anblick des Felsens ausgerufen haben: „Wart' Berg, du sollst mir eine Burg werden." – Tatsächlich aber leitet sich der Name vom Begriff „Warte" (= Beobachtungspunkt) ab. Dieser Namenszusammenhang ist sehr verbreitet. So steht z. B. auch die Burg des fränkischen Städtchens Wertheim auf dem dortigen Wartberg.

1 **Die Wartburg* bei Eisenach.** Luftbild.

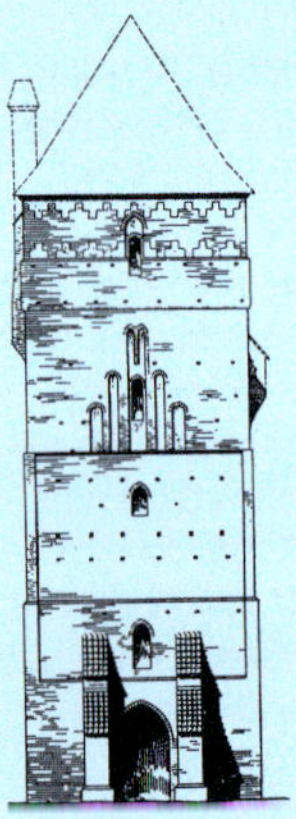

Torturm der Burg Wittstock an der Dosse.

Höhenburgen und Wasserburgen

Im 12. Jahrhundert gab es im Deutschen Reich über 19 000 Burgen. Heute gibt es noch etwa 6000. Im Mittelalter dienten alle Burgen denselben Zwecken:

- Ausbau der Herrschaft über ein Gebiet,
- Sicherung von Handelswegen an Straßen, Flüssen und Häfen,
- Verteidigung in Kriegszeiten sowie
- Wohnsitz des Burgherrn.

Die auf Bergkuppen errichteten Burgen heißen Höhenburgen. Im flachen Gelände Norddeutschlands entstanden überwiegend Wasserburgen, die in einen Fluss oder See gebaut oder von künstlichen Wassergräben umgeben waren.

1 *Vergleicht beide Burganlagen miteinander und sammelt Unterschiede.*

2 *Stellt fest, welche landschaftlichen Bedingungen die Baumeister der Burgen zur Verteidigung ausnutzten.*

3 *Erstellt mithilfe der Abbildungen 1 und 2 und der Zeichnung auf der nächsten Seite eine Liste der Verteidigungsanlagen von außen nach innen.*

4 *Benennt die Aufgaben der einzelnen Anlagen bei einer Belagerung der Burg.*

2 **Die Spandauer Zitadelle.** Foto, 1980.

Burgen als Wohn- und Lebensstätten

① Zugangsstraße
② Burgtor
③ Zugbrücke
④ Pechnase
⑤ Torhaus
⑥ Fallgatter
⑦ Burghof
⑧ Bergfried
⑨ Zinnenkranz
⑩ Ziehbrunnen
⑪ Stallungen
⑫ Zeughaus
⑬ Kapelle
⑭ Kemenate
⑮ Wirtschaftsgebäude
⑯ Wehrgang
⑰ Zwinger
⑱ Ringmauer
⑲ Schießscharte
⑳ Ringgraben
㉑ Ringwall

3 Eine mittelalterliche Burg. Buchillustration.

Das Leben auf der Burg

5 *Macht anhand der Abbildung 3 einen Rundgang durch die Burg. Erklärt die Burganlage und berichtet vom Leben der Burgbewohner. Besprecht außerdem, was ihr gerne noch genauer wissen möchtet.*

Q1 Über sein Leben auf der Burg Steckelberg bei Fulda schrieb im Jahr 1518 der Reichsritter Ulrich von Hutten:

... Die Burg selbst, mag sie auf dem Berg oder im Tal liegen, ist nicht gebaut, um schön, sondern um fest zu sein. Sie ist von Wall und Graben umgeben und innen eng, da sie durch die Stallungen für Vieh und Herden versperrt wird. Daneben liegen die dunklen Kammern angefüllt mit Pech, Schwefel und dem übrigen Zubehör der Waffen und Kriegswerkzeuge. Überall stinkt es, dazu kommen die Hunde mit ihrem Dreck, eine liebliche Angelegenheit, wie sich denken lässt, und ein feiner Duft.
Reiter kommen und gehen; unter ihnen sind Räuber, Diebe und Banditen. Denn fast für alle sind unsere Häuser offen, entweder, weil wir nicht wissen, wer ein jeder ist, oder weil wir nicht weiter danach fragen. Man hört das Blöken der Schafe, das Brüllen der Rinder, das Hundegebell, das Rufen der Arbeiter auf dem Feld, das Knarren und Rattern von Fuhrwerken und Karren. Ja, wahrhaftig, auch das Heulen der Wölfe wird im Haus vernehmbar, da der Wald so nahe ist. Der ganze Tag, vom frühen Morgen an, bringt Sorge und Plage, beständige Unruhe und dauernden Betrieb. Die Äcker müssen gepflügt und gegraben werden; man muss eggen, säen, düngen, mähen und dreschen. Es kommt die Ernte und Weinlese. Wenn es dann einmal ein schlechtes Jahr gewesen ist, wie es bei jener Magerkeit häufig geschieht, so tritt furchtbare Not und Bedrängung ein. Bange Unruhe und tiefe Niedergeschlagenheit ergreifen alle. ...

6 *Vergleicht den Bericht des Reichsritters (Q1) mit euren Ergebnissen aus Aufgabe 5.*
7 *Vermutet mithilfe der Abbildungen und des Textes auf dieser Seite, wie sich die Burgbewohner in Kriegs- und in Friedenszeiten versorgten.*

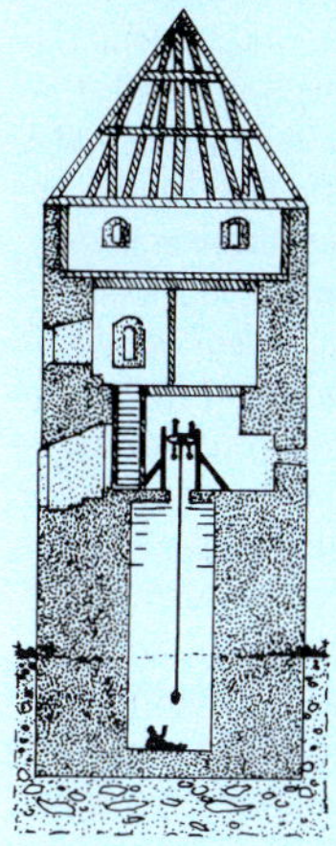

Schnitt durch einen Bergfried.
Der Bergfried war der Hauptturm der Burg und bei Belagerungen der letzte Zufluchtsort. Sein Eingang war nur über eine Leiter erreichbar, die man einziehen konnte.
Im unteren Teil des Bergfrieds befand sich oft ein Gefängnis, das Verlies.

Früheste Burgen im Berliner Raum um 825:
Der slawische Stamm der Heveller gründet dort, wo heute die Straße Spandauer Berg verläuft, eine Art von befestigtem Herrensitz.
Sprewanen legen eine Burg auf der Schlossinsel von Köpenick an.

Adliges Frauenleben in der Ritterzeit

Hildegard von Bingen (1098–1179): *Hildegard kam mit acht Jahren in ein Benediktinerinnenkloster (vgl. S. 267). Dort lernte sie Schreiben und Lesen und erhielt eine umfassende wissenschaftliche Ausbildung. Sie stieg zu einer bedeutenden Vertreterin ihres Ordens auf und konnte 1150 ihr eigenes Kloster Rupertsberg gründen. Große Verdienste erwarb sie sich mit ihren Arbeiten zur Pflanzenkunde und Medizin. Sie entwickelte eine Gesundheitslehre, die auf der Verbindung von Körper, Geist und Seele beruhte. Ihr umfangreiches Wissen schrieb sie in ausführlichen Lehrbüchern nieder. Sie gehörte zu den führenden Theologen ihrer Zeit in Europa. Sie stand in Briefkontakt mit Päpsten, Kaisern und Königen.*

Elisabeth von Thüringen (1207–1231). *Sie gehörte zu den bekanntesten Frauen der Ritterzeit, wuchs auf der Wartburg auf und heiratete den Thüringer Landgrafen. Ihr Leben widmete sie ganz der Fürsorge und Pflege von armen und kranken Menschen. Nach ihrem frühen Tod wurde sie heilig gesprochen. Für viele Frauenklöster wurde Elisabeths Tätigkeit zum Vorbild.*

1 **Frau beim Hanfschlagen.** Buchmalerei, 14. Jahrhundert.

3 **Ein Händler bietet der Burgherrin seine Waren an.** Buchmalerei, 14. Jahrhundert.

2 **Frauen im Garten.** Gemälde eines unbekannten Meisters, um 1410.

Die Erziehung der Mädchen

Auch die Töchter der Ritter wurden durch eine besondere Erziehung auf ihre zukünftigen Aufgaben vorbereitet. Auf der väterlichen Burg oder bei einem benachbarten Ritter erlernten die Mädchen neben den in den Bildern dargestellten Fähigkeiten vor allem das höfische Benehmen, manchmal sogar Fremdsprachen. Doch auch die Rolle der künftigen Hausfrau musste erlernt werden. Alle Kleidung z. B. musste von der Burgherrin und ihren Mägden selbst genäht werden. Die Mädchen verfügten häufig über mehr Bildung als die Jungen. Dennoch war die rechtliche Stellung der Frau schlecht. Scheidungen waren unmöglich und vor Gericht galt die Frau lange als nicht „eidesfähig". Aber einige Frauen haben schon im Mittelalter um ihre Rechte gekämpft.

1 *Beschreibt, welche Tätigkeiten von Frauen auf den Abbildungen dieser Seite ausgeübt werden.*

Das Leben in den Klöstern

Seit 400 n. Chr.:
Das Mönchstum breitet sich in Europa aus.

529 n. Chr.:
Benedikt von Nursia gründet ein Kloster in Monte Cassino.

Das Mönchstum breitet sich aus

Im 3. Jahrhundert zogen sich, zuerst in Ägypten, einzelne Christen in die Einsamkeit zurück, um als Eremiten (= Einsiedler) ihr Leben ganz Gott zu weihen. Nur ein Jahrhundert später kam es, ebenfalls in Ägypten, zur Gründung von Klöstern, in denen Mönche in einer Gemeinschaft Gott dienen wollten. Seit dem 4. Jahrhundert breitete sich das Mönchstum auch in Europa aus.

Ein mittelalterliches Kloster

1 *Aus dem Klosterplan von St. Gallen könnt ihr die Berufe und Tätigkeiten der Mönche erkennen. Tragt in eine Liste ein:*

Gebäude und Gebäudeteile	Berufe	Tätigkeit
...	...	...
...	...	...

2 *Sprecht darüber, welche Aufgaben des mittelalterlichen Klosters heute von der Stadt oder dem Bundesland übernommen werden.*

3 *Berichtet, was ihr über Klöster, die Tätigkeiten von Nonnen und Mönchen heutzutage wisst.*

Die Regeln des heiligen Benedikt

Die Mönche lebten, von der Außenwelt durch Mauern abgeschirmt, nach festen Regeln unter der Leitung eines Abtes. Gebet und Arbeit bestimmten den Tagesablauf. Diese Lebensform wurde zum Vorbild für Benedikt von Nursia in Italien. Er hatte einige Jahre als Eremit gelebt, bevor er 529 auf dem Monte Cassino ein Kloster gründete. Nicht viel später wurde auch seine Schwester Scholastika Äbtissin eines Frauenklosters in der Nähe des Monte Cassino.

Frauen und Männer, die in ein Kloster eintreten wollten, mussten drei Gelübde ablegen: Sie verpflichteten sich, arm, also ohne Besitz zu leben. Ferner gelobten sie, ehelos zu bleiben und dem Abt unbedingt zu gehorchen. In 73 Kapiteln gab Benedikt klare Anweisungen für das Leben im Kloster. Diese Regeln wurden die Grundlage des ersten Mönchsordens, der Benediktiner.

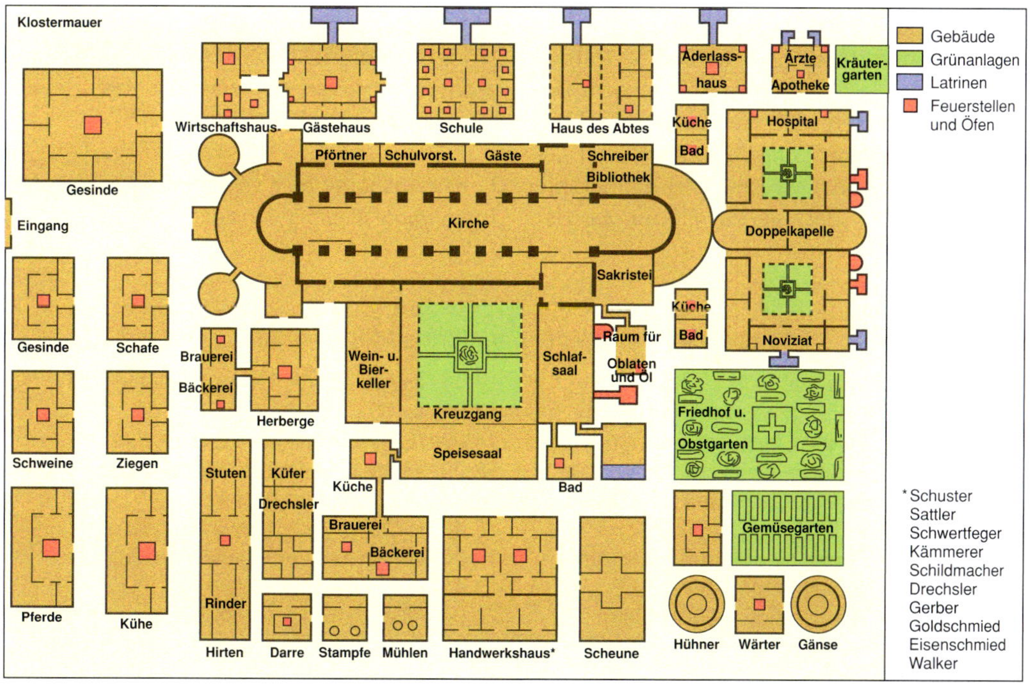

4 **Klosterplan von St. Gallen.** Die Abbildung ist eine moderne Umgestaltung des Originals von 820.

Bete und arbeite

Mönch als Handwerker.

Mönch mit Kutte: *Die Ordenskleidung bestand aus einer Kutte, einem Hemd, das bis zu den Knöcheln reichte mit einem Strick oder Ledergürtel. Dazu kam ein Schulterumhang mit einer Kapuze (bei den Ordensfrauen der Schleier).*

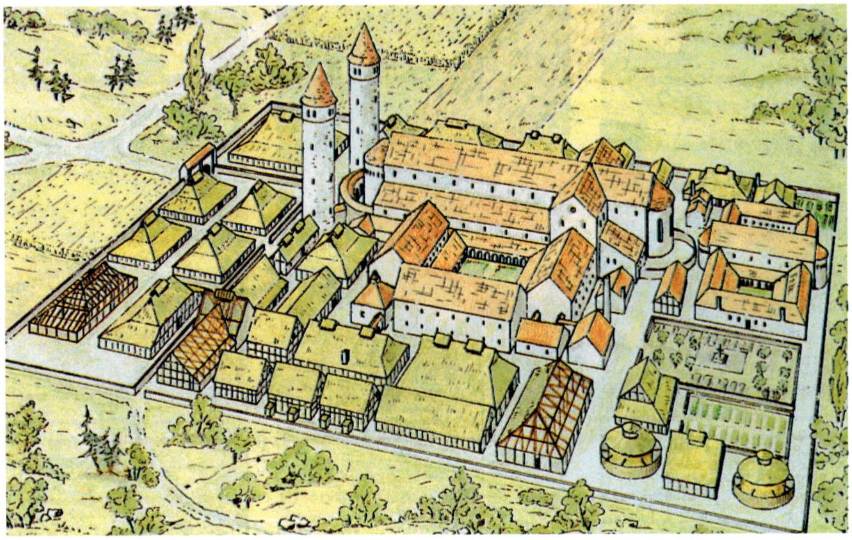

1 Rekonstruktionszeichnung nach dem Klosterplan von St. Gallen. Um 820.

Q1 In den Ordensregeln des heiligen Benedikt heißt es unter anderem:

… 33: Vom Eigentum

Keiner wage es, ohne Erlaubnis des Abtes etwas wegzunehmen oder zu empfangen oder etwas zu Eigen zu besitzen, durchaus nichts, weder Buch noch Tafel, nein, überhaupt nichts. Alles sei allen gemeinsam …

48: Von der täglichen Handarbeit

Müßiggang ist ein Feind der Seele. Deshalb sollen sich die Brüder beschäftigen: zu bestimmten Zeiten mit Handarbeit, zu bestimmten anderen Stunden mit heiliger Lesung. Wenn die Ortsverhältnisse oder die Armut fordern, dass sie das Einbringen der Ernte selbst besorgen, sollen sie deswegen nicht missmutig werden. Sie sind nämlich erst wahre Mönche, wenn sie von der Arbeit ihrer Hände leben …

66: Von der Anlage des Klosters

Wenn möglich, ist das Kloster so anzulegen, dass alles Notwendige, nämlich Wasser, Mühle, Garten und die verschiedenen Werkstätten sich innerhalb der Klostermauern befinden. So brauchen die Mönche nicht draußen umherzulaufen, was für ihre Seelen durchaus nicht zuträglich ist. …

1 *Beschreibt mit Hilfe von Text und Tabelle den Tagesablauf in einem Kloster.*

Tagesablauf in einem Benediktinerkloster heute

4.40 Uhr	Wecken
5.00–6.00	Nachtgebet und Morgenlob
6.00–7.00	Bibellesung und Besinnung der Mönche in ihren Zimmern
7.00–7.30	jeder Mönch kann für sich das Frühstück einnehmen
7.30–11.00	kurzes gemeinsames Morgengebet; Beginn der Arbeit
11.15–12.00	gemeinsamer Gottesdienst
12.20	kurzes gemeinsames Mittagsgebet
12.30–13.00	gemeinsames Mittagessen
13.00–14.00	Ruhepause
14.00–18.00	Arbeit
18.00–18.30	feierlicher Gottesdienst am Ende des Arbeitstages
18.40–19.00	gemeinsames Abendessen
19.00–19.40	Zeit zur eigenen Verfügung
19.45	Abendgebet
20.00– 4.40	strenges Stillschweigen im Kloster. Die Mönche sind auf ihren Zimmern.

Zentrum des Glaubens und der Gelehrsamkeit

2 Hochmittelalterliche Schreiberszene. 11. Jahrhundert.

3 Mönche spalten bei Rodungsarbeiten einen Baum. Buchmalerei aus dem 12. Jahrhundert.

Im Zentrum des klösterlichen Lebens stand der Gottesdienst, der mit prächtigen, prunkvollen Prozessionen, Gesang und kostbarem Altargerät ausgestaltet wurde. Über das religiöse Leben hinaus waren die Klöster im Mittelalter fast die einzigen Orte, an denen Bildung und Wissenschaft gepflegt wurden.

In den Skriptorien der Klöster entstanden prachtvolle Kodizes*, die von künstlerisch begabten Nonnen und Mönchen mit Initialen* und anderen Buchmalerein verziert wurden. Der wertvollste Besitz eines Kloster waren seine handgeschriebenen Bücher. Sie wurden oft unter den Klöstern ausgetauscht und kopiert. So konnte ein einziges kostbares Buch zur Vorlage von ganzen Schulen von Schreibern und Buchmalern werden. Da der Schreibvorgang sehr zeitaufwändig war – man benötigte zum Kopieren einer umfangreichen Handschrift oft über ein Jahr – umfassten die frühen Klosterbibliotheken bestenfalls ein paar hundert Bände. In diesen Bibliotheken wurde das gesamte Wissen der Zeit gesammelt: die für den Gottesdienst benötigten Bücher, Schriften der Kirchenväter sowie antike Autoren und mittelalterliche Dichtung in der Volkssprache.

Die Klöster trugen somit zur Verbreitung von Dichtung bei und bewahrten zahlreiche auch nichtchristliche Werke davor, in Vergessenheit zu geraten. Darüber hinaus verfassten gelehrte Nonnen und Mönche selber Dichtungen, wissenschaftliche Schriften und Geschichtswerke – etwa Chroniken* oder Lebensbeschreibungen – meist in lateinischer Sprache.

Bildung und Erziehung im Kloster

An den Klöstern entstanden Klosterschulen, aus denen sich im Lauf der Zeit Stifts- und Domschulen und später von den Orden errichtete Hochschulen, Vorläufer der heutigen Universitäten, entwickelten.

Zunächst wurden in den Klöstern nicht nur Mönche unterrichtet, sondern meist auch Kinder von Laien, die für den geistlichen Stand bestimmt waren. Neben der Ausbildung der Kleriker, die mit der Priesterweihe abschloss, kam den Klöstern auch die Aufgabe zu, qualifizierte Beamte für den Hof und die Verwaltung heranzuziehen. Auch diese Schüler erhielten Schreibunterricht, eine Ausbildung in Latein sowie die Unterweisung in den heiligen Schriften. Das Lernen war sehr zeitraubend, da der Stoff meist, weil es nicht genügend Lehrbücher für alle gab, diktiert und auswendig gelernt wurde (s. auch S. 256).

2 *Erläutert, worin die Bedeutung der Klöster für das kulturelle und soziale Leben im Mittelalter besteht.*

3 *Beschreibt die Arbeiten der Mönche auf den Abbildungen 1 und 2.*

4 *Nennt Aufgaben der damaligen Klöster, die heute vom Staat übernommen werden.*

5 *Wie wirkt die Kleidung der Mönche und Nonnen auf euch? Sucht Erklärungen dafür.*

Kodex (Mehrzahl: Kodizes)*: *Sammlung von Handschriften, Gesetzen usw.*

Chronik*: *Aufzeichnung geschichtlicher Ereignisse in zeitlicher Reihenfolge.*

Skriptorium: *Schreibstube eines mittelalterlichen Klosters*

Initiale*: *Großer, kunstvoll gestalteter Anfangsbuchstabe*

Mönch in der Schreibstube. Buchmalerei, um 1150.

Nonne in der Schreibstube. Holzschnitt, um 1550.

Christianisierung mit Feuer und Schwert

1 **Urban II. ruft in Clermont zum Kreuzzug auf.** Miniatur.

„Gott will es!" – Der Papst ruft zum Kreuzzug auf

Wie auf der Iberischen Halbinsel – Spanien und Portugal gerieten 711 unter arabische Herrschaft – lebten Christen und Muslime* auch in den übrigen Teilen des islamischen Weltreichs über lange Zeit friedlich miteinander. Obwohl Palästina bereits um die Mitte des 7. Jahrhunderts von den Arabern erobert worden war, konnten Christen dennoch ungestört Pilgerreisen zu den heiligen Stätten wie Jerusalem, Bethlehem oder Nazareth unternehmen. Die Zahl der Pilger, die ins Heilige Land zogen, stieg trotz der Strapazen seit dem 10. Jahrhundert ständig an. Nicht nur die Kirche förderte diese Pilgerfahrten, auch die Kalifen* sahen sie gern, brachte doch die Pilgersteuer Geld ins Land.

Diese Situation änderte sich schlagartig im 11. Jahrhundert. Die Seldschuken, ein türkisches Reitervolk aus Mittelasien, eroberten Syrien, Palästina, Kleinasien und bedrohten Konstantinopel. Die Pilgerwege wurden unterbrochen, Christen ausgeraubt und ermordet. Der byzantinische Kaiser, der zu schwach war, um diesen Angriff abzuwehren, richtete deshalb im Jahr 1095 einen dringenden Hilferuf an Papst Urban II. Zum Abschluss des Konzils* von Clermont in Frankreich forderte der Papst die Teilnehmer und alle Christen auf, in einem Kreuzzug Jerusalem von der Herrschaft der Muslime zu befreien, denn „Gott will es!"

Muslime*:
Angehörige des islamischen Glaubens.

Kalif*:
Bezeichnung der Nachfolger und Stellvertreter des Propheten Mohammed. Der Kalif war geistliches Oberhaupt aller Muslime und zugleich Herrscher des arabischen Weltreichs.

Konzil*:
Versammlung hoher Vertreter der Kirche.

1095:
Papst Urban II. ruft in Clermont/Frankreich zum Kreuzzug gegen die Muslime auf.

Q1 Aus der Rede Papst Urbans:

... Ihr Volk der Franken, ihr seid Gottes geliebtes und auserwähltes Volk. An euch richtet sich unsere Rede: Von Jerusalem und Konstantinopel kam schlimme Nachricht zu uns. Ein fremdes und gottloses Volk hat die Länder der dortigen Christen besetzt und durch Mord, Raub und Brand entvölkert. Die Kirchen wurden gründlich zerstört oder beschlagnahmt ... Unerschrockene Ritter, gedenkt der Tapferkeit eurer Väter. Das Land, in dem ihr wohnt, ist von euch viel zu dicht bevölkert. Es hat keinen Überfluss an Reichtum und liefert seinen Bauern kaum die nötigste Nahrung.

Tretet den Weg zum Heiligen Grab an, nehmt das Land dort dem gottlosen Volk, macht es euch untertan. Jerusalem ist der Mittelpunkt der Erde, das fruchtbarste aller Länder. Wir aber erlassen allen gläubigen Christen, die gegen die Heiden die Waffen erheben, alle Strafen, die die Kirche für ihre Sünden über sie verhängt hat ...

1 *Nennt die Hinweise, mit denen der Papst die Zuhörer für den Kreuzzug gewinnen will.*

2 *Welches Bild von den Muslimen entwirft der Papst in seiner Predigt?*

3 *Nehmt Stellung zu der Aussage: „Gott will es!"*

4 *Wieso wendet sich der byzantinische Kaiser mit seinem Hilferuf an den Papst und nicht an den deutschen Kaiser?*

Germanen und Slawen werden missioniert

2 Diese rechte Bildhälfte zeigt, wie Bonifatius den Märtyrertod erleidet. Buchmalerei aus dem Kloster Fulda, um 875.

Schon lange vor den Kreuzzügen wollte man das Christentum unter nicht christlichen Völkern verbreiten.
Im 7. Jahrhundert kamen Mönche aus Irland und Schottland ins Frankrenreich und kämpften als Wanderprediger gegen den nicht christlichen Glauben an. Der bedeutendste dieser Mönche war Wynfried von Wessex. Er wurde vom Papst zum Bischof geweiht, mit dem Namen Bonifatius* geehrt und übernahm die Aufgabe, die germanischen Stämme zum Christentum zu bekehren. Er wirkte vor allem in Thüringen und Hessen, wo er das Kloster Fulda gründete.

Feldzüge gegen die Slawen

In der Zeit der Kreuzzüge, einige Jahrhunderte später, waren es die aus Osteuropa stammenden Völker der Slawen, die missioniert* werden sollten – notfalls gewaltsam.
Das slawische Volk der Sorben siedelte im heutigen Brandenburg. Man hatte seit dem 10. Jahrhundert mehrfach versucht, sie zu christianisieren. Der Erfolg war jedoch gering. In der Folge der Kreuzzugsbewegung griff man daher den Gedanken der Christianisierung „mit Feuer und Schwert" wieder auf.
So riefen sächsische Bischöfe und Adlige zum Kampf gegen den slawischen Stamm der Obodriten auf, der im heutigen Mecklenburg siedelte.

Q2 In ihrem Aufruf aus dem Jahr 1108 heißt es:

… Schon lange werden wir durch Unrecht und vielerlei Gewalttaten bedrängt. Die Heiden haben sich mit unvergleichlicher Grausamkeit gegen uns erhoben und richten uns fast zugrunde. Sie sind Männer ohne Mitleid, denen es noch gefällt, sich ihrer Bosheit zu rühmen. … Diese Heiden sind zwar verdorben und schlecht, aber ihr Land ist erstaunlich reich: Dort fließen Milch und Honig und die Ernten sind unvergleichlich gut … Auf denn, ihr Franken, Lothringer und Flamen. … Hier könnt ihr euer Seelenheil erwerben und, wenn es euch gefällt, noch das beste Siedelland dazu. …

5 *Warum werden die Slawen im Bericht als verdorben und bösartig bezeichnet? Bedenkt, von wem der Aufruf stammt.*

Nordostdeutsche Fürsten hofften, das Slawentum jenseits der Elbe unterwerfen und besiedeln zu können. So kam es 1147 zum sogenannten „Wendenkreuzzug" gegen die slawischen Stämme der Obotriten. Norddeutsche, die an dem Kriegszug in der eigenen Region teilnahmen, wurden durch den Papst von der Teilnahme am Zug ins Heilige Land entbunden. Trotz polnischer und dänischer Hilfe blieb der Feldzug weitgehend erfolglos. Erst unter Führung Heinrichs des Löwen, des sächsischen Herzogs, wurden die Obodriten im Jahr 1160 vollständig besiegt. Ihr Hauptsitz, die Mecklenburg, wurde erobert. Siedler aus dem Westen kamen in großer Zahl und gründeten hier eine neue Heimat. Nach der Christianisierung leben die Sorben bis heute als letzte slawische Minderheit in Brandenburg

6 *Informiert euch über Missionare, die in eurer Heimat gewirkt haben.*
7 *Sprecht mit euren Religionslehrerinnen und -lehrern darüber, wo und wie die christlichen Kirchen heute Missionsarbeit betreiben.*

Bonifatius** (672 oder 673–754): *(lateinisch: der Wohltäter) geboren im Königreich Wessex; 722 zum Bischof geweiht; vom Papst mit der Missionierung der Germanen beauftragt („Apostel der Deutschen"); 734 zum Erzbischof ernannt; gründete zahlreiche Klöster und Bistümer; starb 754 als Märtyrer in der Friesenmission.*

Missionar*: *(lateinisch: Missio = Auftrag, Sendung); Bezeichnung für Glaubensboten, die im Auftrag der Kirche den christlichen Glauben unter Nichtchristen verkündeten.*

Motive der Kreuzfahrer

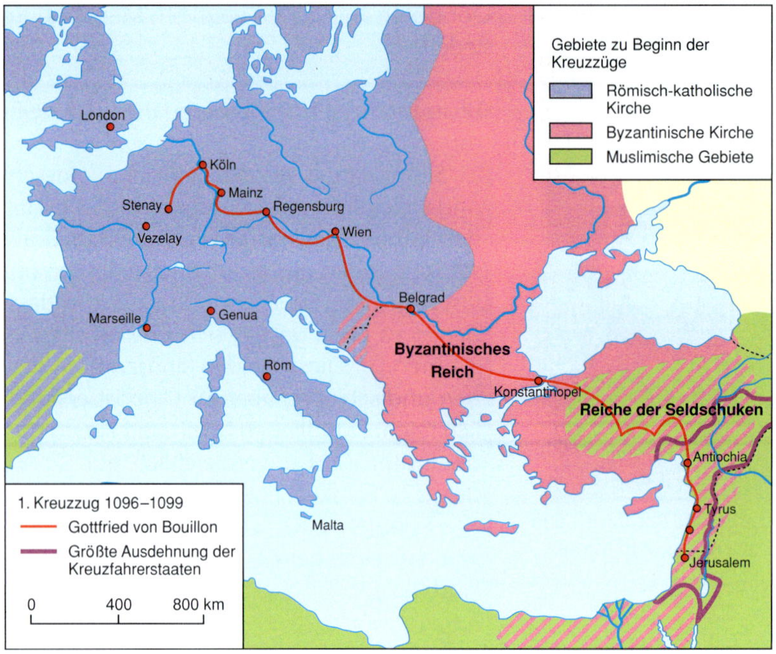

1 **Der erste Kreuzzug.**

Christus als Anführer der Kreuzfahrer. Buchmalerei aus dem 13. Jahrhundert.

Die Kreuzfahrer – ein wilder Haufen?

Q1 Die Würzburger Jahrbücher berichten 1147 über die Motive der Kreuzfahrer Folgendes:

... Verschieden aber waren ihre Absichten: Die einen nämlich, gierig nach Neuigkeiten, gingen, um neue Länder zu sehen. Andere, gezwungen durch Armut ... waren bereit, gegen die Feinde des christlichen Kreuzes zu kämpfen, wo immer es ihnen günstig erschien, um ihre Armut zu lindern. Ferner gab es Leute, die von Schulden bedrückt wurden, wieder andere waren bestrebt, die ihrem Herrn geschuldeten Dienste loszuwerden oder sie erwarteten sogar für ihre Verfehlungen die verdienten Strafen ...
Es fanden sich kaum welche, die von heiliger oder heilsamer Absicht geleitet wurden. ...

1 *Stellt Gründe für die Beteiligung an den Kreuzzügen zusammen. Welchen Gruppen erscheint die Teilnahme an den Kreuzzügen besonders lohnenswert?*

Der Aufbruch zum ersten Kreuzzug

Noch im Jahre 1096 brachen mehrere Heere mit Zehntausenden von Teilnehmern auf, um nach Jerusalem zu ziehen. Für die jüdischen Gemeinden hatte der christliche Kreuzzugseifer furchtbare Folgen. Den Juden wurde unterstellt, sie hätten Schuld am Tod Jesu. Die Kreuzfahrer gingen deshalb schon im eigenen Land gegen die angeblichen Feinde des Christentums vor. Jüdische Häuser und Synagogen wurden ausgeplündert, die Juden selbst zur Taufe gezwungen oder getötet. Als die Truppen des ersten Kreuzzuges Worms erreichten, wurde die gesamte jüdische Bevölkerung der Stadt ermordet. In Mainz wurde die jüdische Gemeinde vom Erzbischof geschützt, schließlich aber an die Kreuzfahrer ausgeliefert. Eintausenddreihundert Juden wurden ermordet. In Xanten, Trier, Straßburg und Erfurt ereigneten sich ähnliche Massaker. Der Hass der Kreuzfahrer auf die Muslime war umgeschlagen in einen Hass gegen Andersdenkende überhaupt – gegen Nichtgläubige, gegen Ketzer*, vor allem aber gegen die Juden (siehe auch S. 246–247).

Ketzer*: *Menschen, die der amtlichen Kirchenlehre widersprechen.*

Der Kampf um Jerusalem

2 Kreuzfahrer erobern Jerusalem. Miniatur, um 1450.

Blutbad in Jerusalem

Im Juni 1099 erreichten nach langen verlustreichen Märschen die Reste der Kreuzfahrerheere die Stadt Jerusalem. Fast fünf Wochen tobte der Kampf vor den Mauern. Dann konnten die Ritter in die Stadt eindringen.

Q2 Wilhelm von Tyrus, ein christlicher Geschichtsschreiber, schilderte fast 100 Jahre später das Ereignis:

… Sofort durchzogen die Ritter die Straßen und Plätze der Stadt. Alle Feinde, die sie finden konnten, streckten sie mit dem Schwert nieder. Bald lagen überall so viele Erschlagene, dass man nur noch über Leichen gehen konnte. Über zehntausend Feinde sollen in diesem Bezirk umgebracht worden sein. Es geschah sicherlich nach dem gerechten Urteil Gottes, dass die, welche das Heiligtum des Herrn mit ihren abergläubischen Gebräuchen entweiht hatten, es mit ihrem eigenen Blut reinigen mussten. Als endlich auf diese Weise die Ordnung der Stadt hergestellt war, legten sie die Waffen nieder, wuschen sich die Hände und zogen reine Kleider an. Dann gingen sie mit demütigem und zerknirschtem Herzen an den heiligen Orten umher, an denen auch Christus gewesen war. …

Der islamische Historiker Ibn-al-Atir (1160–1223) berichtet, dass in der al-Aqsa-Moschee von den Kreuzfahrern mehr als siebzigtausend Muslime getötet wurden. Darunter waren viele muslimische Pilger, die ihr Land verlassen hatten, um an diesem heiligen Ort zu beten. Dem ersten Kreuzzug folgten bis zum Jahre 1270 noch sechs weitere.

2 *Ein Kreuzfahrer schreibt einen Bericht über die Eroberung Jerusalems an seine Angehörigen. Überlegt, was er berichten wird über die Bewohner Jerusalems.*

3 *Ein Bewohner Jerusalems, ein Muslim, berichtet seinen Angehörigen das gleiche Ereignis. Schreibt dazu eine kurze Erzählung.*

4 *Sprecht über das Vorgehen der Kreuzfahrer und versucht, euch ein Urteil zu bilden.*

5 *Seht euch die Grafik in der Randspalte genau an. Wie viele Kreuzfahrer haben Jerusalem gar nicht erreicht? – Überlegt euch mögliche Ursachen. Seht euch dazu die Karte der Vorseite an.*

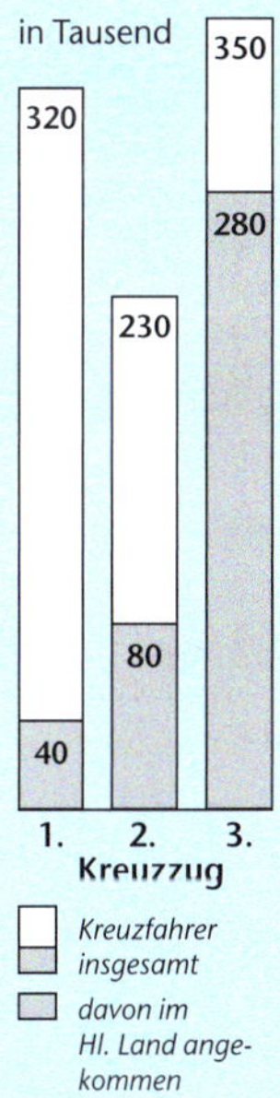

Kreuzfahrer leben im Orient

1 **Kreuzfahrerburg Krak des Chevaliers in Syrien.** Luftaufnahme, 1963.

Ritterorden*: *Orden sind Gemeinschaften von Männern oder Frauen, die sich feierlich verpflichten, ihr Leben in den Dienst Gottes zu stellen. Am bekanntesten sind die Orden von Mönchen oder Nonnen. Bei den Ritterorden gehörte zum gottgeweihten Leben der Krieg gegen die Nichtchristen.*

Abzeichen des Malteserordens.

Abzeichen des Deutschen Ordens.

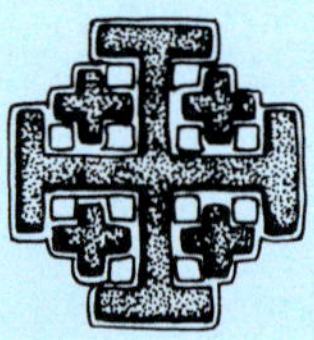

Abzeichen des Ordens vom Heiligen Grab.

Die Kreuzfahrerstaaten

Die Kreuzfahrer gründeten im Heiligen Land eigene Staaten, die Kreuzfahrerstaaten, die sie mit starken Burgen sicherten (vgl. Foto).
Gegen diese Kreuzfahrerstaaten richteten sich die Angriffe der Muslime. Unter ihrem Sultan Saladin konnten sie die meisten Gebiete zurückerobern. Im Jahre 1187 gelang Saladin auch die Besetzung Jerusalems. Dabei sollen so viele Christen in Gefangenschaft geraten sein, dass der Preis für einen christlichen Sklaven nicht höher war als für ein paar Sandalen. Allen Christen gab Saladin die Möglichkeit, sich freizukaufen. Wer kein Geld hatte, geriet in die Sklaverei. Witwen und Waisen der gefallenen Kreuzritter soll er unterstützt haben.

Q1 Der muslimische Geschichtsschreiber Imad ad-Din berichtet:

… Manche Christen zahlten neben dem Lösegeld noch einen Tribut und blieben in Jerusalem in aller Ruhe ansässig. … Tausende von Christen blieben in der Stadt und ihrer Umgebung und gingen friedlichen Beschäftigungen nach. …

1 *Vergleicht das Vorgehen der Kreuzritter nach der Eroberung Jerusalems mit der Haltung des Sultans.*

Die Ritterorden*

Zum Schutz gegen die Muslime und zur Pflege der Kranken schlossen sich die Kreuzfahrer in verschiedenen Orden zusammen: den Templern, den Johannitern und den Deutschherren. Als die Muslime immer weiter vordrangen, zogen sich diese Orden zurück. Die Johanniter gingen nach Malta und werden deshalb heute „Malteser" genannt; der Deutsche Ritterorden suchte sich ein neues Aufgabengebiet im späteren Ostpreußen.

2 *Informiert euch, welche Aufgaben der Johanniterorden heute übernimmt.*

Das Ende der Kreuzfahrerstaaten und die Vertreibung der Mauren

Im Jahre 1291 wurde die Hafenstadt Akkon, die letzte christliche Festung, von den Türken erobert. Damit war das Ende der christlichen Herrschaft im Heiligen Land gekommen. In den folgenden Jahrhunderten galt der Kampf der christlichen Heere den Muslimen auf der Iberischen Halbinsel. Der letzte Stützpunkt der Mauren, so hießen die Muslime in Spanien, war die Stadt Granada. Sie konnte erst im Jahre 1492 erobert werden.

Die Folgen der Kreuzzüge

2 **Die Rückseite eines Wagens bei einer christlichen Prozession auf Sizilien. Dargestellt ist der Kampf zwischen Christen und Muslimen.** Foto eines heute noch benutzten Wagens.

Frauen und Männer im Heiligen Land

Viele Kreuzfahrer entschlossen sich, im Heiligen Land zu bleiben. Sie nahmen Häuser und Grundstücke in Besitz und heirateten Frauen aus ihrer neuen Heimat.

Q2 Über sie schrieb Abt Fulcher von Chartres:
... Wir, die wir Abendländer waren, sind Orientalen geworden; dieser, der Römer oder Franke war, ist hier Galiläer oder Bewohner Palästinas geworden; jener, der in Reims oder Chartres wohnte, betrachtet sich als Bürger von Tyrus oder Antiochia. Wir haben schon unsere Geburtsorte vergessen ... Manche von uns besitzen in diesem Land Häuser und Diener ..., ein anderer hat eine Frau geheiratet ..., eine Syrerin oder Armenierin ...; der eine bebaut Weingärten, der andere Felder ...

3 *Erklärt mithilfe der Quelle, wie es zur Annäherung zwischen „Abendländern" und „Orientalen" kam. Vergleicht mit der Abbildung 2. Wie wird hier die Erinnerung an die Kreuzzüge wach gehalten?*

Europa und der Orient

Sichtbare Auswirkungen der Kreuzzüge zeigten sich als Erstes im verfeinerten Lebensstil der Ritter. Von ihren Kreuzzügen brachten sie kostbare Stoffe wie Damast und Musselin mit, ferner prächtige Teppiche, Porzellan und die Kunst des Schachspiels*. Muskat und Pfeffer, Safran und Nelke fanden Eingang in die europäische Küche. Da immer mehr Menschen nach diesen Gütern aus dem Orient verlangten, nahm der Fernhandel beträchtlich zu. Es waren vor allem die italienischen Kaufleute in Genua und Venedig, die diesen Handel organisierten. Kaum interessiert waren die Kreuzfahrer hingegen an den Erkenntnissen islamischer Gelehrter. Wissenschaftliche Bücher, z. B. über Mathematik oder Medizin, kamen nicht mit den Kreuzfahrern, sondern über Spanien nach Europa.

Christen und Muslime beim Schachspiel. Aus einem Schachbuch, um 1283.

Das Schachspiel*: *Das Spiel und der im Spiel übliche Ausruf „Schah matt" (arab. = der König ist tot) sind persisch-arabischer Herkunft. Bekannt wurde es zunächst in Spanien durch die Herrschaft der Araber seit 711. Durch die Kreuzzüge wurde es in ganz Europa verbreitet.*

Zusammenfassung

529

Benedikt von Nursia gründet das Kloster auf dem Monte Cassino und verfasste die Ordensregel für das klösterliche Leben.

Seit 700

Entstehung und gesellschaftlicher Aufstieg des Ritterstandes.

800–1000

Die Bauern werden von Grundherren abhängig und müssen Abgaben oder/und Frondienste leisten.

seit etwa 1100

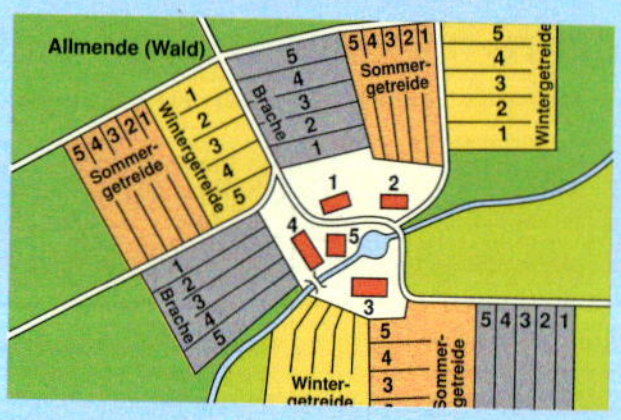

Fortschritte in der Landwirtschaft.

Das Leben der Bauern

Im Mittelalter lebten 95 % der Menschen auf dem Land. Um 800, zur Zeit Karls des Großen, gab es noch viele freie Bauern. Diese hatten jedoch die Pflicht, mit ihrem König in den Krieg zu ziehen. Da Karl der Große viele Kriege führte, konnten sich die Bauern nicht um ihr Land kümmern. Sie mussten es an einen Herrn übergeben, der zwar ihre Kriegspflicht übernahm, dafür aber ihr Grundherr wurde, dem sie zu Diensten und/oder Abgaben verpflichtet waren.

Das Leben der Bauern war hart, und die Landwirtschaft warf kaum genug Erträge ab, um die eigene Familie am Leben zu erhalten. Durch neuartige Arbeitsgeräte und -techniken und die Dreifelderwirtschaft setzte sich im Mittelalter aber allmählich eine effektivere Nutzung des landwirtschaftlichen Bodens durch.

Von der Siedlung zur Stadt

Städte, wie wir sie aus dem Alten Griechenland oder dem Römischen Reich kennen, entwickelten sich in Europa aus den alten Römer- und Bischofsstädten oder aus Kaufmannssiedlungen. Seit 1100 wurden immer mehr Städte von einem Stadtherrn gegründet, der dadurch seine Herrschaft sicherte und wichtige zusätzliche Einnahmen erhielt. Die Rechte des Stadtherrn wurden seit 1200 fast überall von den reichen Kaufleuten übernommen. Sie wählten aus ihren Reihen den Rat der Stadt und stellten den Bürgermeister. Erst um 1400 erkämpften sich die Zünfte in vielen Städten ein Mitspracherecht. Von der politischen Mitwirkung ausgeschlossen blieben die Frauen ebenso wie Angehörige der Unterschichten und die Juden. Letztgenannte wurden in Notzeiten zum „Sündenbock“ gemacht und grausam verfolgt.

Der Markt und der Handel bestimmten das Leben in der Stadt. Der Rat erließ hierfür genaue Vorschriften. Die große Unsauberkeit in den Städte trug zur Verbreitung von Seuchen und der Pest entscheidend bei.

Die Städte schließen sich zusammen

Ständigen Gefahren ausgesetzt waren die Fernhandelskaufleute: Seeräuber, Wegelagerer oder Raubritter überfielen ihre Warentransporte. Die Kaufleute schlossen sich daher zu Genossenschaften zusammen. Aus einem derartigen Bund entstand auch die deutsche Hanse, die schnell zu einer bedeutenden Wirtschaftsmacht heranwuchs und in zahlreichen europäischen Städten Handelsniederlassungen unterhielt.

Zusammenfassung

Bildung des Ritterstandes
Zu Beginn des 8. Jahrhunderts entwickelten die Franken eine neue Art der Kriegsführung: das gepanzerte Reiterheer. Die teure Ausrüstung und das langwierige Erlernen des Waffenhandwerks machten den Beruf des Kriegers zu einer Vollzeitbeschäftigung. Ende des 11. Jahrhunderts hatte sich aus diesen Reiterkriegern ein eigener, abgeschlossener Stand gebildet. Die Ritter wurden mit einem Lehen versehen, das ihren Lebensunterhalt sicherte. Die Burg war seit dem 10. Jahrhundert ihr typischer Wohn- und zugleich Herrschaftssitz. Der Ritterstand besaß feste Vorstellungen davon, wie standesgemäßes Leben von Mann und Frau auszusehen hatte. Den Idealen der Treue und Gerechtigkeit sollte sich jeder Ritter verpflichtet fühlen, während die Frauen bereits im Mädchenalter auf ihre zukünftige Rolle als Dame des Hofes vorbereitet wurden.

Das Leben in den Klöstern
Seit dem 5. Jahrhundert zogen sich in Europa Christen an der Alltagswelt zurück, um in der Einsamkeit ihr Leben ganz Gott zu weihen. Manche von ihnen schlossen sich zusammen und gründeten Klöster. Der Tageslauf der Mönche und Nonnen vollzog sich in einer strengen Ordnung von Gebets- und Ruhezeiten. Durch die vielen Tätigkeiten der Mönche wurden die Klöster zu Mittelpunkten von Bildung, Wissenschaft, Landwirtschaft und Handwerk.
Seit dem 12. Jahrhundert gründeten die Zisterzienser in der Mark Brandenburg und in Berlin Klöster. Sie waren stark an der kulturellen und wirtschaftlichen Entwicklung Brandenburgs und Berlins beteiligt.

Die Kreuzzüge
Nach einem Aufruf von Papst Urban II. begann ein Jahr später der erste Kreuzzug. Viele Menschen nahmen aus religiöser Überzeugung an den Kreuzzügen teil, andere verbanden damit eigene, ganz handfeste Interessen. Ziel der Kreuzzüge war die Eroberung Jerusalems, das unter muslimischer Herrschaft stand. Nach anfänglichen Erfolgen und der Gründung von Kreuzfahrerstaaten eroberten die Muslime um 1300 die letzten der von den Kreuzrittern besetzten Gebiete zurück.

1099

Die Kreuzfahrer erobern Jerusalem.

Seit 1100

Städte entstehen in ganz Europa.

Um 1400

Zünfte erkämpfen sich Mitspracherecht im Stadtregiment.

1356 – 1500

Aufstieg und Niedergang der deutschen Hanse.

Werkstatt Geschichte: Städte in Brandenburg

1 Stadtpfarrkirche St. Marien in Beelitz. Kinder der Diesterweg Grundschule malten ihre 1000-jährige Stadt. Sven Schulze, 6b.

Beelitz: Bilder einer tausendjährigen Stadt
In leuchtenden Farben zauberten die 6. Klassen der Diesterweg-Schule in Beelitz (Potsdam-Mittelmark) ihre Stadt aufs Papier. Vorher hatten sie emsig beobachtet, verglichen und „Augenmaß" genommen. Zum tausendjährigen Stadtjubiläum sollten die farbenprächtigen Werke das Schulhaus schmücken.
Nicht nur Beelitz, sondern viele weitere Städte in Brandenburg haben eine sehr alte Geschichte.

1 *Findet mithilfe der Karte (Abbildung 2, S. 279) heraus,*
- *welche Städte in eurem Heimatkreis bis 1500 gegründet wurden.*
- *wer als Stadtherr für die Stadtgründung verantwortlich war.*
- *ob die Städte über eine Stadtbefestigung verfügten.*

Städte in Brandenburg
Während der Ostsiedlung hatten sich Adelige und Bischöfe nicht nur um die Ansiedlung von Bauern in ihren ländlichen Gebieten gekümmert.
Sie wollten auch Städte gründen: Kaufmanns- und Handwerkersiedlungen, in denen Handel und Gewerbe ihren Platz hatten.
So entstanden vor allem unter den Markgrafen Johann I. (1213–1226) und seinem Bruder Otto III. (1215–1267) zahlreiche Städte auf dem Gebiet des heutigen Brandenburgs.

Auf den Spuren der Heimatstadt
Ihr könnt selber die Geschichte eurer (Kreis-) Stadt erkunden. Dazu ist es am besten, kleine Arbeitsgruppen zu bilden. Jede Gruppe kann dann eine der folgenden Aufgaben bearbeiten:

- *Besorgt euch Bücher und Bilder zur Geschichte eurer Stadt in der Stadt- oder Pfarrbücherei.*
- *Besorgt euch beim Verkehrsamt oder im Rathaus alte und neue Stadtpläne. Zeichnet in den neuen Plan eurer Stadt die Umrisse der mittelalterlichen Stadt ein.*
- *Erstellt für eure Klasse eine Wandzeitung mit Aufnahmen von alten Häusern, Kirchen usw. Schreibt dazu auf, wann sie gebaut wurden.*
- *Auf dem Friedhof könnt ihr die ältesten Grabsteine suchen. Wie alt wurden die Menschen? Welche Berufe sind angegeben? Woher kamen sie? Erkundigt euch auch, wo die Menschen zuvor beerdigt wurden.*
- *Bereitet einen Besuch im nächstgelegenen Stadtmuseum vor und berichtet von eurer Erkundung.*

Werkstatt Geschichte: Städte in Brandenburg

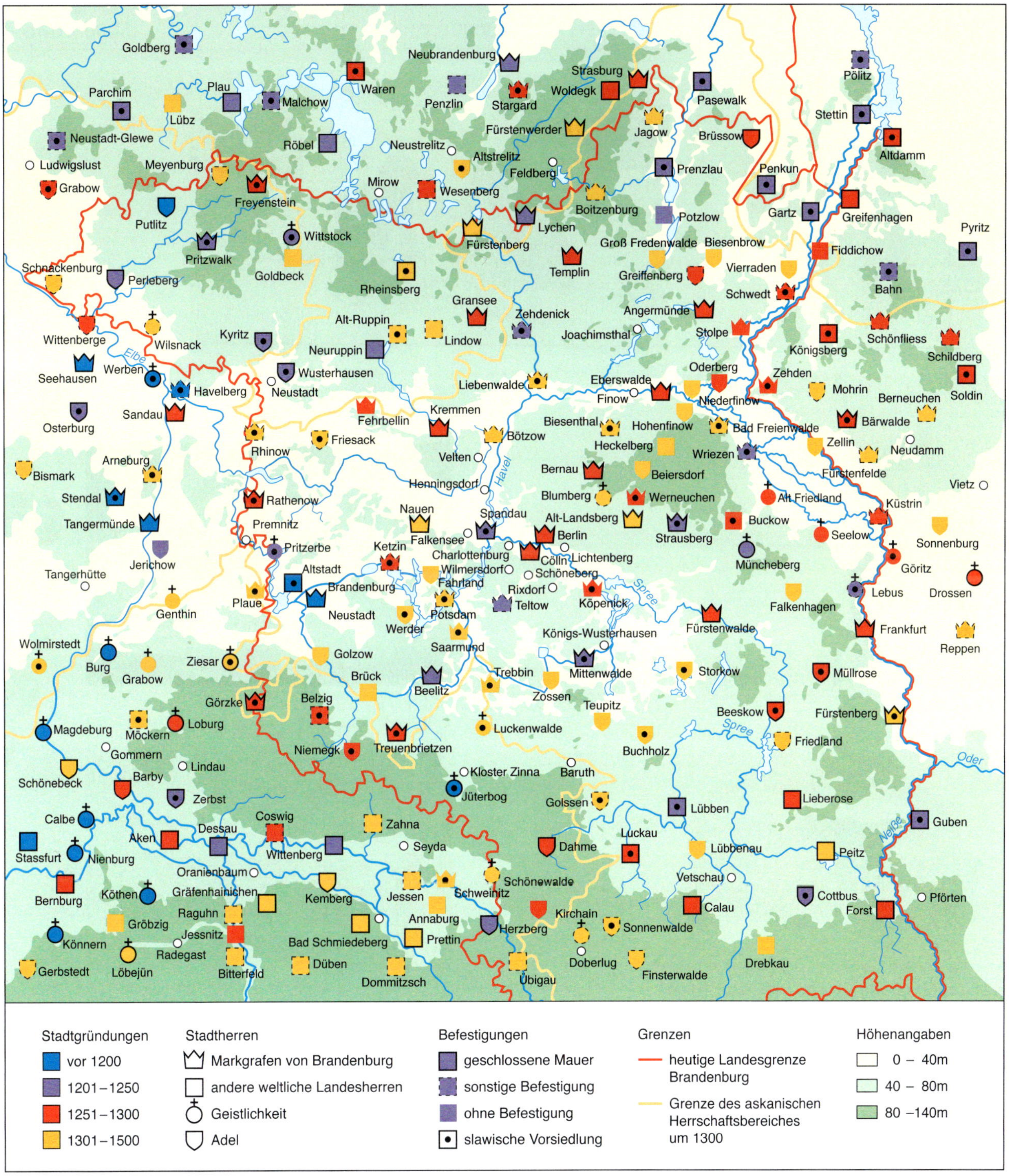

2 Stadtgründungen in Brandenburg bis 1500.

Altsteinzeit

Jungsteinzeit

2 Millionen — 10000 v. Chr. — 5000 v. Chr.

vor ca. 2 Mio. Jahren	erste Menschen
vor ca. 600 000 Jahren	ältester Menschenfund in Deutschland
vor ca. 300 000 Jahren	Frühmenschen in Bilzingsleben
vor ca. 35 000 Jahren	Cro-Magnon-Mensch

In der gesamten Altsteinzeit lebten die Menschen als Jäger und Sammler

10000 v. Chr.	erster Getreideanbau und erste Viehzucht im Vorderen Orient
7000 v. Chr.	erste stadtähnliche Siedlung in Jericho
um 6000 v. Chr.	die hochentwickelte Stadt Catal Hüyük wird gebaut
4500 v. Chr.	erste Siedlung der Bandkeramiker in Sachsen

Metallzeit

Altertum

00 v. Chr. | 1000 v. Chr. | 500 v. Chr. | 100 v. Chr. | Christi Geburt

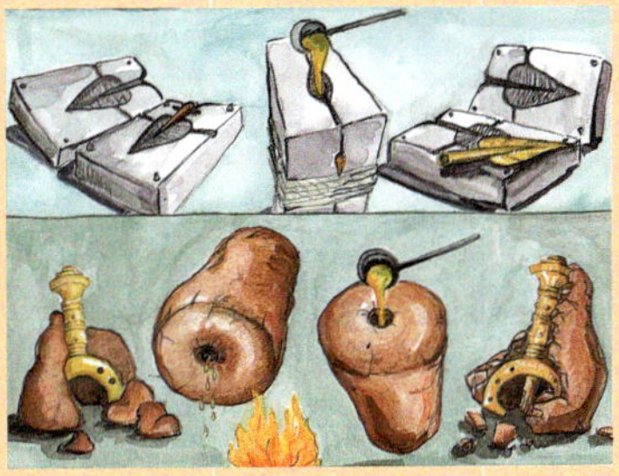

Bronzezeit/Eisenzeit

Um 3000 v. Chr.	erste Bronzeverarbeitung im Vorderen Orient
um 2000 v. Chr.	Ausdehnung der Bronzetechnik bis Mitteleuropa
um 1300 v. Chr.	erste Eisenverarbeitung in Kleinasien
um 500 v. Chr.	jüngere Eisenzeit in ganz Deutschland

Ägypten

3000 v. Chr.	Staatsgründung in Ägypten
1900 v. Chr.	Ägypten wird Großmacht
1000 v. Chr.	Ägyptens Großreich zerfällt
30 v. Chr.	Ägypten wird römische Provinz

Griechenland

750–550 v. Chr.	Griechische Kolonisation
500 v. Chr.	Entstehung der Demokratie in Athen
477 v. Chr.	Gründung des Attischen Seebundes
356–336 v. Chr.	Philipp von Makedonien unterwirft Griechenland
300–30 v. Chr.	Hellenistische Staaten entstehen in Ägypten, Persien und Makedonien

Mittelalter

Altertum

500 900 1000 110

Rom

753 v. Chr.	Gründung Roms (Sage)
500 v. Chr.	Beginn der römischen Republik
um 250 v. Chr.	Rom ist stärkste Landmacht im Mittelmeerraum
44 v. Chr.	Alleinherrschaft Caesars

31 v.–14 n. Chr.	Herrschaft des Kaisers Augustus
391 n. Chr.	Das Christentum wird Staatsreligion
395 n. Chr.	Teilung des Römischen Reiches
476 n. Chr.	Der letzte weströmische Kaiser wird von den Germanen abgesetzt
1453 n. Chr.	Ende des Oströmischen Reiches

Ausbreitung des Islam

570	Geburt Mohammeds in Mekka
622	Mohammed flieht nach Medina
630	Mohammed erobert Mekka
632–715	Ausbreitung des Islam bis Indien und Europa
632	Tod Mohammeds
711	Araber dringen in Europa (Spanien) ein
11. Jh.	Zerfall des islamischen Reiches in Spanien

Vom Frankenreich zum Reich der Deutschen

Deutsches Reich

482 Chlodwig wird König der Franken
722 Bonifatius wird mit der Missionierung der Germanen beauftragt

768 Karl der Große wird König der Franken
2–804 Sachsenkriege
800 Kaiserkrönung Karls des Großen
814 Tod Karls des Großen

919 Sachsenherzog Heinrich wird deutscher König
936–973 Otto I.
962 Otto I. wird in Rom zum Kaiser gekrönt
1056–1106 Kaiser Heinrich IV.

1095 Papst Urban ruft zum Kreuzzug auf
1099 Eroberung Jerusalems
1122 Wormser Konkordat

Städte in Europa

lltag im Mittelalter

t 4. Jh. Ausbreitung des christlichen Einsiedlertums
529 Benedikt von Nursia gründet ein Kloster auf dem Monte Cassino

t 8. Jh. Erstes Auftreten von Reiterkriegern.
12. Jh. Entgültige Ausbildung des Ritterstandes
17. Jh. Funktionsverlust des Rittertums durch Aufkommen der Feuerwaffen

seit 9. Jh. Zunehmender Verlust der bäuerlichen Freiheit Übergang in die Abhängigkeit
seit 12./13. Jh. Dreifelderwirtschaft

12.–15. Jh. Städteboom in Europa
seit 1300 Gotische Kirchen werden in ganz Europa errichtet
1300–1400 Zünfte erkämpfen sich in zahlreichen Städten ein Mitspracherecht
14. Jh. Die Hanse beherrscht Nordeuropa

Register / Verzeichnis der Worterklärungen*

Register / Verzeichnis der Worterklärungen*

Register / Verzeichnis der Worterklärungen*

Register / Verzeichnis der Worterklärungen*

Quellenverzeichnis

Textquellen

S. 28: Gerhard Mildenberger, Brandenburg – Eine historische Landeskunde. Weidlich, Würzburg 1986, S. 12f. – **S. 31:** friedrich Behn, Vorgeschichtliche Welt. Cotta, Leipzig 1962, S. 11 – **S. 32:** Gerda Rottschalk, Vom Feuertier und den Wildpferdejägern. Kinderbuchverlag, Berlin 1985 – **S. 34:** Herbert Kühn, Auf den Spuren der Eiszeitmenschen. Brockhaus, Mannheim 1956, S. 86f. – **S. 35:** Otto Hauser, Unsere Welt, Bd. 1. Henn, Ratingen o.J., S. 27 – **S. 53:** Wolfgang Kleinknecht/Herbert Krieger (Hrsg.), Materialien für den Geschichtsunterricht – Das Altertum. Diesterweg, Frankfurt/Main 1983, S. 31 (Herodot) – **S. 77:** Michail Rostovtzeff, Geschichte der Alten Welt, Bd. 1: Der Orient und Griechenland. Schünemann, Bremen 1941, S. 53ff., übers. von Hans-Heinrich Schäder – **S. 80:** Adelheid Schlott, Schrift und Schreiber im alten Ägypten. Beck, München 1989, S. 52ff. – **S. 90:** Emma Brunner-Traut, Die alten Ägypter – Verborgenes Leben unter den Pharaonen. Kohlhammer, Stuttgart 1976, S. 60. – **S. 93:** AP, Ägypter betrieben eine regelrechte Kosmetikindustrie – **S. 94:** Josef Carl Grund, Rette dich, Pharao. Loewe, Bindlach 1985 – **S. 100:** Erinnern und Urteilen, Bd. 6. Klett, Stuttgart o.J., S. 59 (Xenophon) – **S. 102:** Ludwig Drees, Olympia. Kohlhammer, Stuttgart 1967, S. 59; Wolfgang Kleinknecht/Herbert Krieger (Hrsg.), Materialien für den Geschichtsunterricht, Bd. 2. Diesterweg, Frankfurt/M. 1978, S. 72 – **S. 104:** Pierre Miquel, So lebten sie im Alten Griechenland. Tessloff, Nürnberg 1982, übers. von Heike Renwrantz – **S. 107:** Zit. nach: Plutarch. Artemis, Zürich/Stuttgart 1954, S. 154f. (Plutarch), eingel. und übers. von Konrat Ziegler; a.a.O., S. 146ff. – **S. 109:** Karl Wilhelm Weeber, Smog über Attika. Artemis, Zürich 1990, S. 20f. – **S. 111:** Zit. nach: Herodot, Historien. Heimeran, München 1977, S. 78, übers. von Josef Feix – **S. 112:** Wolfgang Kleinknecht/Herbert Krieger (Hrsg.), a.a.O., S. 120 – **S. 114:** Zit. nach: Geschichte in Quellen, Bd. 1, bearb. von Walter Arend. BSV, München 1965, S. 221 – **S. 115/116:** William Tarn, Die Kultur der hellenistischen Welt. Wissenschaftliche Buchgesellschaft, Darmstadt 1966, S. 302f., übers. von Gertrud Bayer – **S. 117:** Pierre Miquel, a.a.O. – **S. 127:** Zit. nach: Norbert Zwölfer, Geschichtsbuch 1, Neue Ausgabe, Cornelsen, Berlin 1992, S. 134f. (Livius) – **S. 130:** Zit. nach: Walther Sontheimer, Römische Geschichte 10-12. Reclam, Stuttgart o.J. – **S. 131:** Zit. nach: GiQ, Bd. 1, bearb. von Walter Arend. BSV, München 1970, S. 527 – **S. 133:** Zit. nach: GiQ, Bd. 1, bearb. von Walter Arend. BSV, München 1975, S. 598 – **S. 134:** Zit. nach: Große Griechen und Römer, Bd. 1. Artemis, Zürich/Stuttgart 1954, S. 347f. (Plutarch), eingel. und übers. von Konrat Ziegler – **S. 135:** Zit. nach: Stoa und Stoiker. Artemis, Zürich 1948, S. 265 (Seneca), übers. von Max Pohlenz – **S. 136:** Wilhelm Ax (Hrsg.), Römische Heldenleben. Kröner, Stuttgart 1953 (Tiberius Gracchus) – **S. 137:** Wasiliw Struwe, Geschichte der Alten Welt. Volk und Wissen, Berlin-Ost 1957, S. 112 – **S. 138:** Jens Köhn, Die Wölfin vom Kapitol. Kinderbuchverlag, Berlin 1985, S. 86f. – **S. 140:** Zit. nach: GiQ, Bd. 1, bearb. von Walter Arend. BSV, München 1975, S. 527 (Plutarch) – **S. 141:** Zit. nach: GiQ, Bd. 1, bearb. von Walter Arend. BSV, München 1975, S. 535 – **S. 142:** Wolfgang Kleinknecht/Herbert Krieger (Hrsg.), a. a. O., S. 317 – **S. 143:** Jerome Carcopino, Rom – Leben und Kultur in der Kaiserzeit. Reclam, Stuttgart 1977, S. 247, übers. von Wilhelm Niemeyer – **S. 144:** Zit. nach: GiQ, Bd. 1, bearb. von Walter Arend. BSV, München 1975, S. 599 (Strabo); Zit. nach: Juvenal, Satiren III. Artemis, Zürich 1993, S. 55, übers. von Joachim Adamietz – **S. 146:** Zit. nach: Tacitus, Annalen II. Langewiesche Brandt, Ebenhausen o.J., S. 52f. – **S. 147:** Zit. nach: GiQ, Bd. 1, bearb. von Walter Arend. BSV, München 1975, S. 667 – **S. 148:** Mike Corbishley, Das Buch vom Alten Rom. Arena, Würzburg 1990, übers. von Barbara Weiner – **S. 151:** Jerome Carcopino, a. a. O., S. 155 – **S. 152:** Robert Etienne, Pompeji – Das Leben in einer antiken Stadt. Reclam, Stuttgart 1974, S. 37, 113, übers. von Irmgard Rauthe-Welsch – **S. 153:** Robert Etienne, Pompeji – Das Leben in einer antiken Stadt. Otto Maier, Ravensburg 1974, S. 37, 113, übers. von Annette Fiebig/Martin Sulzer – **S. 154:** Zit. nach: Apicius, Küchengeheimnisse der Antike. Stürtz, Würzburg 1996, hrsg. von Roland Vocke – **S. 155:** Jerome Carcopino, a.a.O., S. 247 – **S. 159:** Zit. nach: GiQ, Bd. 1, bearb. von Walter Arend. BSV, München 1975, S. 647 (Frontinius) – **S. 160:** Zit. nach: GiQ, Bd. 1, bearb. von Walter Arend. BSV, München 1965, S. 598 – **S. 167:** Herbert Gutschera/Jörgen Thierfelder (Hrsg.), Brennpunkte der Kirchengeschichte. Schöningh, Paderborn o.J., S. 44, 88; Zit. nach: GiQ, Bd. 1, bearb. von Walter Arend. BSV, München 1965, S. 718f. (Tertullian); Heinrich Rinn/J. Jüngst (Hrsg.), Kirchengeschichtliches Lesebuch. Mohr, Tübingen o. J.; Zit. nach: GiQ, Bd. 1, bearb. von Walter Arend. BSV, München 1965, S. 280 – **S. 168:** Wolfgang Kleinknecht/Herbert Krieger (Hrsg.), a. a. O., S. 408 (Eusebios) – **S. 170:** Westfälisches Landesmuseum, 2000 Jahre Römer in Westfalen. Philipp von Zabern, Mainz 1989, S. 132 – **S. 172:** P. Cornelius Tacitus, Germania (Kap. 4). dtv, München 1979, hrsg. und übers. von Josef Lindauer – **S. 173:** Zit. nach: GiQ, Bd. 1, bearb. von Walter Arend. BSV, München 1965, S. 699 – **S. 174:** Zit. nach: Ammianus Marcellinus 31. Akademie Verlag, Berlin o. J., S. 3f., übers. von Wolfgang Seyfarth; Zit. nach: GiQ, Bd. 1, bearb. von Walter Arend. BSV, München 1965, S. 763 – **S. 177:** P. Cornelius Tacitus, Germania, a. a. O. – **S. 187:** Hippokrates, Fünf auserlesene Schriften. Artemis, Zürich/München 1955, S. 162, hrsg. von Wilhelm Capelle – **S. 198:** Zit. nach: GiQ, Bd. 1, bearb. von Walter Arend. BSV, München 1965, S. 845f. – **S. 200:** Christel Kneppenberg (Hrsg.), Weltgeschichte in 10 Bänden. Berlin 1963 – **S. 203:** Zit. nach: GiQ, Bd. 2, bearb. von Wolfgang Lautemann. BSV, München 1980, S. 38 – **S. 204:** Ibn Ishaq, Das Leben der Propheten. Erdmann, Tübingen 1976, S. 111f., übers. von Gernot Rotter – **S. 205:** Zit. nach: GiQ, Bd. 2, bearb. von Wolfgang Lautemann. BSV, München 1975, S. 39f. – **S. 206:** Zit. nach: GiQ, Bd. 1, bearb. von Walter Arend. BSV, München 1975, S. 803f. – **S. 210:** Zit. nach: GiQ, Bd. 2, bearb. von Wolfgang Lautemann. BSV, München 1975, S. 27 – **S. 211:** Zit. nach: Einhard, Vita Caroli Magni (Kap. 19) – **S. 212:** Johannes Bühler, Das Frankenreich. Insel, Frankfurt/M. 1923, S. 370f. – **S. 214:** Zit. nach: GiQ, Bd. 2, bearb. von Wolfgang Lautemann. BSV, München 1978, S. 90 – **S. 216:** Zit. nach: GiQ, Bd. 2, bearb. von Wolfgang Lautemann. BSV, München 1978, S. 73 – **S. 217:** Zit. nach: GiQ, Bd. 2, bearb. von Wolfgang Lautemann. BSV, München 1965, S. 147 – **S. 218:** Rudolf Buchner (Hrsg.), Quellen zur Geschichte der sächsischen Kaiserzeit. Wissenschaftliche Buchgesellschaft, Darmstadt 1971, S. 69 – **S. 219:** Zit. nach: GiQ, Bd. 2, bearb. von Wolfgang Lautemann. BSV, München 1975, S. 146f. – **S. 220:** Zit. nach: GiQ, Bd. 2, bearb. von Wolfgang Lautemann. BSV, München 1975, S. 299 – **S. 221:** Zit. nach: GiQ, Bd. 2, bearb. von Wolfgang Lautemann. BSV, München 1975, S. 313f. – **S. 224:** Hans Christian Kirsch, England aus erster Hand. Arena Verlag, Würzburg 1975, S. 183 – **S. 226:** Fischer Weltgeschichte, Band 27. S. Fischer, Frankfurt/M. 1965, S. 27, bearb. von Sigrid Metken; Günther Franz (Hrsg.), Der Bauernstand im Mittelalter. Wissenschaftliche Buchgesellschaft, Darmstadt 1967, S. 135 – **S. 234:** Paul Ackermann, Wurzeln unserer Gegenwart, Band 2. Ehrenwirth Verlag, München 1987, S. 46 – **S. 235:** Heinrich Pleticha, Bürger, Bauern und Bettelmann. Arena Verlag, Würzburg 1976, S. 11 – **S. 236:** Heinrich Pleticha, a.a.O., S. 11; Heinrich Pleticha, Deutsche Geschichte, Band 2. Bertelsmann, Gütersloh 1982, S. 213 – **S. 242:** Zit. nach: Ingeborg Seltmann, Frauenleben – Frauenarbeit, in: Praxis Geschichte 2/1994, S. 37 – **S. 243:** Zit. nach: Arno Borst, Lebensformen im Mittelalter. Ullstein, Berlin 1979, S. 66 – **S. 248:** W. Ripper, Von den bürgerlichen Revolutionen. Diesterweg, Frankfurt/M. 1973, S. 165 – **S. 250:** Anita Siegfried, Auf der Gasse und hinter dem Ofen. Sauerländer, Aarau 1995, S. 40 – **S. 252:** Otto Borst, Alltagsleben im Mittelalter. Insel, Frankfurt/M. 1983, S. 213f. – **S. 253:** Zit. nach: GiQ, Bd. 2, bearb. von Wolfgang Lautemann. BSV, München 1970, S. 724f. – **S. 256:** Max Liedtke, Der weite Schulweg der Mädchen. Julius Klinkhardt, Bad Heilbronn 1990, S. 119 – **S. 262:** Wolfgang Kleinknecht/Herbert Krieger (Hrsg.), Materialien für den Geschichtsunterricht, Bd. 3. Diesterweg, Frankfurt/M. 1982, S. 154f.; Zit. nach: Thomas Perry Thornton (Hrsg.), Höfische Tischzuchten, Bd. 4. E. Schmidt, Berlin 1957, S. 38ff. – **S. 263:** Wolfgang F. Schürl, Burgen und Städte des MittelaltersS. Ebeling, Wiesbaden 1968, S. 53 – **S. 265:** Heinrich Pleticha, Ritter, Burgen und Turniere. Arena Verlag, Würzburg 1963, S. 32ff. – **S. 268:** Zit. nach: Franz Fässler (Hrsg.), Die großen Ordensregeln. Johannes Verlag Einsiedeln, Freiburg 1994, S. 149f. – **S. 270:** Zit. nach: Arno Borst, a. a. O., S. 318ff. – **S. 271:** Wolfgang Kleinknecht/Herbert Krieger (Hrsg.), a. a. O., Bd. 3, S. 149f. – **S. 272:** Arno Borst, Idee und Wirklichkeit der Kreuzzüge. Stahlmann, Germering 1965, S. 19 – **S. 273:** Gottfried Guggenbühl (Hrsg.), Quellen zur Allgemeinen Geschichte, Bd. 2. Schulthess, Zürich 1954, S. 58 – **S. 274:** Paloma Kaltenborn-Stachau/Lutz Richter-Bernburg/Francesco Gabrieli (Hrsg.), Die Kreuzzüge in arabischer Sicht. Artemis, Zürich 1973, S. 49 – **S. 275:** Hagen Thürnau (Hrsg.), Kreuzzüge in Augenzeugenberichten. Karl Rauch, Düsseldorf 1994, S. 983